Sophie Lorenz
»Schwarze Schwester Angela« – Die DDR und Angela Davis

Histoire | Band 178

Für Karla, Benedikt und Philipp

Sophie Lorenz, geb. 1982, studierte Geschichte, Politikwissenschaft und Öffentliches Recht an der Universität Heidelberg. Sie war dort als wissenschaftliche Mitarbeiterin am Historischen Seminar tätig und schloss 2018 ihre Dissertation ab.

Sophie Lorenz

»Schwarze Schwester Angela« – Die DDR und Angela Davis

Kalter Krieg, Rassismus und Black Power 1965-1975

[transcript]

Gedruckt mit Unterstützung der Philosophischen Fakultät der Universität Heidelberg.
Die vorliegende Publikation wurde unter dem Titel »Weil ihre Haut schwarz und ihr Herz rot ist: Die Verbindungen zwischen der DDR und Angela Davis, 1965-1975« als Dissertation 2017 an der Universität Heidelberg eingereicht.

Bibliografische Information der Deutschen Nationalbibliothek
Die Deutsche Nationalbibliothek verzeichnet diese Publikation in der Deutschen Nationalbibliografie; detaillierte bibliografische Daten sind im Internet über http://dnb.d-nb.de abrufbar.

Umschlaggestaltung: Maria Arndt, Bielefeld
Umschlagabbildung: Bundesarchiv, Bild 183-L0911-029/ Fotograf: Peter Koard
Lektorat: Katrin Herbon
Druck: Majuskel Medienproduktion GmbH, Wetzlar
Print-ISBN 978-3-8376-5031-0
PDF-ISBN 978-3-8394-5031-4
https://doi.org/10.14361/9783839450314

Gedruckt auf alterungsbeständigem Papier mit chlorfrei gebleichtem Zellstoff.
Besuchen Sie uns im Internet: *https://www.transcript-verlag.de*
Unsere aktuelle Vorschau finden Sie unter *www.transcript-verlag.de/vorschau-download*

Inhalt

Danksagung

An erster Stelle möchte ich meinem Doktorvater Prof. Dr. Manfred Berg danken. Er hat mich und mein Promotionsvorhaben von Anfang an unterstützt und als Betreuer mit Rat und Tat begleitet. Gleichzeitig hat er als Vorgesetzter ein Arbeitsklima und wertvolle Freiräume geschaffen, in denen ich an meiner Dissertation arbeiten und sie weiterentwickeln konnte.

Außerdem gilt mein Dank Prof. Dr. Tanja Penter, die sich als Zweitgutachterin zur Verfügung stellte und deren Kolloquium mir eine neue und für diese Arbeit grundlegende Perspektive auf die Geschichte der Sowjetunion und Osteuropas eröffnete.

Zu Dank verpflichtet bin ich auch dem Deutschen Historischen Institut in Washington D.C. für dessen finanzielle Förderung und Unterstützung im Rahmen des *Doctoral Fellowship in the History of African Americans and Germans/Germany*. Dies ermöglichte mir die dieser Arbeit zugrundeliegende Archivforschung in unterschiedlichen US-amerikanischen Archiven. Durch zahlreiche Gespräche und unsere Zusammenarbeit im Rahmen seines Projektes *Civil Rights Struggle, African American GIs, and Germany (AACVR) – Digital Archive* hat Prof. Dr. Martin Klimke wesentlich zum Entstehen dieser Arbeit beigetragen.

Dem Heidelberg Center for American Studies unter der Führung von Prof. Dr. Detlef Junker und Dr. Wilfried Mausbach sowie seinen Mitarbeiterinnen und Mitarbeitern danke ich herzlich für die langjährige Unterstützung und Verbundenheit, die zeitlich weit über den Rahmen der Doktorarbeit hinausreicht. Die unzähligen Gespräche und Diskussionen habe ich fachlich und persönlich als große Bereicherung erlebt. Danken möchte ich auch meinen Kolleginnen und Kollegen am Historischen Seminar der Universität Heidelberg für die Unterstützung, die kollegiale Zusammenarbeit und die vielen anregenden Gespräche. Insbesondere gilt dies für Andreas Riffel, mit dem ich nicht nur freundschaftlich und kollegial Büro und Lehrstuhlverpflichtungen geteilt habe, sondern auch die Hoch- und Tiefphasen, die eine solche Arbeit begleiten.

Die Philosophische Fakultät der Universität Heidelberg förderte im Rahmen des heiDOCS-Programms die Drucklegung in vollem Umfang, wofür ich sehr dankbar bin. Ich danke auch Katrin Herbon, die mit hilfreichen Anmerkungen, großem

Einsatz und ebensolcher Sorgfalt dazu beigetragen hat, dass diese Arbeit publiziert werden konnte.

Besonders bedanken möchte ich mich bei Anne und Daniel. Sie haben diese Arbeit fachlich mit ihren Anregungen und Rückmeldungen sowie freundschaftlichen Ratschlägen über die gesamte Entwicklung vom Exposé über die Abgabe und Verteidigung bis zur Publikation begleitet.

Ich danke meinen Eltern, die an mich geglaubt haben und mich immer in meinem Weg unterstützt und bestärkt haben. Meine Familie hat von Heidelberg, Verden und Leipzig aus mit inhaltlichem Feedback, vor allem aber auch mit Einsatz und Hilfsbereitschaft insbesondere in der letzten Phase die Fertigstellung der Arbeit ermöglicht. Jan danke ich für seine unermüdliche Unterstützung und unendliche Geduld – ohne ihn wäre diese Arbeit nicht möglich gewesen.

Einleitung

Am 12. September 1972 lautete die Überschrift der Titelseite der Zeitung *Neues Deutschland*, dem Zentralorgan der *Sozialistischen Einheitspartei Deutschlands* (SED): »Ein Tag im Zeichen unserer internationalen Solidarität[1]«. Sie stand damit ganz im Zeichen des Internationalismus und war in der DDR nichts Ungewöhnliches, galt internationale Solidarität doch als eine »mächtige moralische Triebkraft der Sozialistischen Gesellschaft« im Kampf gegen den Kapitalismus. Dementsprechend wurde ihr von der Parteiführung große Bedeutung im Alltag der DDR beigemessen.[2] Von Alltäglichkeit konnte bei den dazugehörigen Presseaufnahmen jedoch nicht die Rede sein. Gleich zuoberst war auf der Titelseite ein Bild zu sehen, das Erich Honecker, Erster Sekretär des Zentralkomitees der SED, in händeschüttelnder Pose mit einer jungen schwarzen Frau zeigte. Beide lächelten sich freundlich an und schienen sichtlich erfreut über diese, wie es in der Bildunterschrift hieß, »herzliche Begegnung im Geiste des proletarischen Internationalismus und der Kampfsolidarität«.[3] Die Aufnahme zeugte von einer Diskrepanz, wie sie größer nicht hätte sein können. Dem zu diesem Zeitpunkt sechzigjährigen Honecker, »erster Repräsentant« der DDR und kommunistisch »konservativer Hardliner«[4], wie immer eher unauffällig gekleidet, stand die achtundzwanzigjährige Afroamerikanerin Angela Davis gegenüber, die mit ihrer Afrofrisur und ihren großen Creolen im Ohr den revolutionären Glamour und die neue militante Radikalität der *Black Power*-Bewegung symbolisierte.[5] Dessen ungeachtet sollte der in dem Bild festgehaltene Empfang eine besondere Verbundenheit ausdrücken. So habe Honecker

1 »Ein Tag im Zeichen unserer internationalen Solidarität«, in: *Neues Deutschland* (12.09.1972), S. 1.

2 »Solidarität«, in: Dietz Verlag (Hg.), *Kleines Politisches Wörterbuch*, Berlin (Ost) 1967, S. 577-578, hier: S. 578.

3 »Erich Honecker empfing Genossin Angela Davis«, in: *Neues Deutschland* (12.09.1972).

4 Martin Sabrow, »Der führende Repräsentant. Erich Honecker in generationsbiographischer Perspektive«, in: *Zeithistorische Forschungen/Studies in Contemporary History*, Online-Ausgabe, 10 (2013), H. 1, URL: www.zeithistorische-forschungen.de/1-2013/id=4665, (zuletzt abgerufen: 01.02.2020).

5 »Ein Tag im Zeichen unserer internationalen Solidarität«, in: *Neues Deutschland* (12.09.1972), S. 1.

die »mutige Haltung, Standhaftigkeit und Tapferkeit« der »Genossin Angela« gewürdigt und betont, die Bürger der DDR würden sich »stolz und glücklich« fühlen, die tapfere Kommunistin in »ihrer Mitte zu wissen.«[6] Tatsächlich stand der Empfang von Angela Davis in der DDR einem Staatsbesuch in keiner Weise nach. Vergegenwärtigt man sich allerdings Davis' politische Symbolik als Vertreterin[7] einer neuen linken, militanten Aktivistengeneration zu diesem Zeitpunkt, ist dieses offizielle Treffen keineswegs so selbstverständlich, wie es auf der Titelseite erscheinen mag.[8]

Im August 1970 war Angela Davis wegen ihrer angeblichen Mittäterschaft bei einer missglückten Geiselnahme in einem kalifornischen Gerichtsgebäude vom *Federal Bureau of Investigation* (FBI) auf die Liste der zehn meistgesuchten Verbrecherinnen der USA gesetzt worden. Ziel der Geiselnahme war die Befreiung dreier afroamerikanischer Gefängnisinsassen, den sogenannten Soledad Brothers, denen der Mord an einem Gefängniswärter vorgeworfen wurde. Davis hatte sich in einer Bürgerinitiative, die den Freispruch der drei Männer forderte, politisch engagiert. Weil die bei der Geiselnahme verwendeten Waffen auf ihren Namen registriert waren, wurde Davis der Mittäterschaft verdächtigt, obwohl sie sich nicht im Gerichtsgebäude befunden hatte. Nachdem sie zwei Monate untergetaucht war, wurde Davis schließlich am 13. Oktober 1970 vom FBI verhaftet.

Vor dem Hintergrund der sich zunehmend radikalisierenden neuen linken Protestbewegungen zählte das FBI Angela Davis zu den gefährlichsten Frauen Amerikas. Das Magazin *Newsweek* porträtierte Davis als »schwarze Revolutionärin«.[9] Diese Darstellung spiegelte die Angst vor der Gewalt und den Bomben eines politisch motivierten, linken Terrorismus von linksradikalen Gruppierungen wie dem *Weathermen Underground* wider, den man nun auch durch Angela Davis gestärkt sah.[10] Sowohl für die Nixon-Regierung als auch für viele andere US-Amerikaner –

6 »Erich Honecker empfing Genossin Angela Davis«, in: *Neues Deutschland* (12.11.1972).

7 Wenn möglich, wurden in diesem Buch im Sinne einer geschlechtergerechten Sprache geschlechtsneutrale Formulierungen verwendet oder, sofern dies aus geschichtswissenschaftlicher Perspektive eindeutig zutreffend ist, beide Geschlechter durch eine Beidnennung sichtbar gemacht.

8 Inwiefern dieses öffentliche Bild auch von Davis' symbolischer Selbstinszenierung beeinflusst wurde, wird im Folgenden genauer betrachtet.

9 »The FBI's Toughest Foe: ›The Kids‹«, in: *Newsweek* (26.10.1970), S. 23.

10 Für diese politisch motivierte Form der Gewalt bürgerte sich sowohl in der Bundesrepublik als auch in den USA der Begriff des Terrorismus ein. Die hierzu entstandene historische Forschung übernahm den Begriff ebenfalls (vgl. Herfried Münkler, »Guerillakrieg und Terrorismus. Begriffliche Unklarheit mit politischen Folgen«, in: Wolfgang Kraushaar (Hg.), *Die RAF und der linke Terrorismus*, 2 Bde., Hamburg 2006, Bd. 1, S. 78-102). Zu den Weathermen siehe Jeremy Varon, *Bringing the War Home. The Weathermen Underground, the Red Army Faction, and Revolutionary Violence in the Sixties and Seventies*, Berkeley 2004. Zum staatlichen Umgang mit linker Gewalt siehe Gabriele Metzler, »Konfrontation und Kommunikation. Demokratischer

besonders die durch einen festen Glauben an das amerikanische Gesellschaftsmodell geprägte weiße Mittelschicht – war Davis zur Personifikation einer neuen Generation von »jungen, unabhängigen Revolutionären« geworden, die laut *Newsweek* eine »neue und besondere Herausforderung für die erprobten Methoden des FBIs« darstellten.[11] *Newsweek* zeichnete damit ein Bedrohungsszenario, in dem Angela Davis als entschiedene Vertreterin einer neuen linken Radikalität zur ultimativen Gegenspielerin des Modells des *Liberalen Konsens* wurde.

Der Begriff *Liberaler Konsens* beschreibt die Übereinstimmung zwischen Vertretern unterschiedlicher Parteien zu Fragen der sozialen und politischen Ordnung, die vor allem in den zwei Jahrzehnten nach dem Zweiten Weltkrieg die Politik und Gesellschaft in den USA prägte. Dieser Konsens gründete auf einer vergleichsweise langen Phase der Prosperität und umfasste Werte der Mittelklassegesellschaft wie die Herausbildung einer Wohlstandsgesellschaft, den Glauben an eine kapitalistische Wirtschaftsordnung sowie eine Idealisierung der Familie und traditioneller Geschlechterrollen. Gleichzeitig wurde Ideologiefreiheit proklamiert, die allerdings mit einem dezidierten Antikommunismus einherging. Im historischen Rückblick nahm gerade diese öffentlich erklärte Ideologiefreiheit als sogenannte Konsensideologie einen ideologischen Charakter an, der in den USA während der als McCarthyismus bezeichneten antikommunistischen Hysterie (ungefähr von 1947 bis 1954) eine extremistische Zuspitzung erfuhr.[12]

Mit Beginn der 1960er Jahre wurde die politische und soziale Ordnung des *Liberalen Konsens* durch die afroamerikanische Bürgerrechtsbewegung, die Neue Linke, Proteste gegen den Vietnamkrieg sowie die Frauenbewegung immer offensiver herausgefordert. Die Kritik am Modell des *Liberalen Konsens* geriet, wie Manfred Berg schrieb, »leicht in den Geruch des Subversiven, des unpatriotischen *radicalism*«.[13] Damit wurden neben dem Kommunismus auch die Akteure der neuen sozialen Bewegungen Teil des von der US-amerikanischen Mehrheitsgesellschaft gefürchteten Bedrohungsszenarios.[14] Als bekennende Kommunistin, als afroamerikanische Intellektuelle und als Aktivistin in den neuen Protestbewegungen vereinte Angela Davis gleich in mehrfacher Hinsicht jene Feindbilder in sich.[15]

Staat und linke Gewalt in der Bundesrepublik und den USA in den 1970er Jahren«, in: *Vierteljahrshefte für Zeitgeschichte*, 2/2012, S. 248-277.

11 »The FBI's Toughest Foe: ›The Kids‹«, in: *Newsweek* (26.10.1970), S. 23. Für eine ähnliche Berichterstattung siehe »The Making of a Fugitive. The Path of Angela Davis«, in: *LIFE Magazine* (11.09.1970).

12 Vgl. Manfred Berg, »Die innere Entwicklung: Vom Zweiten Weltkrieg bis zur Watergate-Krise 1974«, in: Bundeszentrale für politische Bildung (Hg.), *Länderbericht USA: Geschichte, Politik, Wirtschaft, Gesellschaft, Kultur*, Bonn 1998, S. 144-168.

13 Ebenda, S. 150.

14 Ebenda.

15 Im Verlauf der 1970er Jahre kam es aufgrund von sozioökonomischen Reformprozessen, die unter anderem auch durch die sozialen Bewegungen in den vorausgegangenen zwei Deka-

Für große Teile der afroamerikanischen Bevölkerung wurde Davis gerade deshalb zur Ikone. So schien sie für »Amerikas unterdrückte Schwarze«, wie *Der Spiegel* kurz nach ihrer Verhaftung schrieb, »die zweite amerikanische Revolution, den Aufstand gegen ein System der Ausbeutung und Unterdrückung« zu symbolisieren.[16] Dies galt insbesondere für die *Black Power*-Bewegung, die im Gegensatz zur Bürgerrechtsbewegung der 1950er und 1960er Jahre den Erfolg der Integrationsidee anzweifelte und stattdessen in der politischen, wirtschaftlichen und kulturellen Selbstbestimmung einen Schlüssel für die vollständige Emanzipation der schwarzen Bevölkerung sah. Die Proteste gegen Davis' Verhaftung beschränkten sich allerdings nicht auf die afroamerikanische Gemeinschaft. Angeklagt wegen Mordes, Verschwörung und Geiselnahme hätte Davis bei einer Verurteilung die Todesstrafe erwartet. Nicht zuletzt wegen dieser drohenden Strafe fanden kurze Zeit nach ihrer Verhaftung die ersten rassenübergreifenden Demonstrationen in den USA statt, auf die bald eine weltweite Protestwelle folgte. Die Unterstützer protestierten nicht nur wegen des drohenden Strafmaßes, sondern betrachteten Davis' Fall als Ausdruck von Rassismus und zunehmenden politischen Repressionen in den USA. Davis' Mentor, der Soziologieprofessor Herbert Marcuse, betonte bei einer Protestveranstaltung in Berkeley, sie sei nicht nur »hochintelligent«, sondern auch eine auffallend attraktive Afroamerikanerin, die als bekennende Kommunistin über eine Kombination an Eigenschaften verfüge, die das westlich-kapitalistische System unmöglich tolerieren könne.[17]

Zweifel an der demokratischen Rechtstaatlichkeit der USA wurden nicht nur bei US-amerikanischen Campus-Protesten, sondern auch in der Bundesrepublik Deutschland laut. Hier widmete sich *Der Spiegel* in einer Ausgabe mit dem Titel »Angeklagte Angela Davis. Faschismus in Amerika« der Frage, ob Davis' Fall als erstes Anzeichen dafür zu sehen sei, dass sich beim ehemaligen Befreier Hitlerdeutschlands nun selbst faschistische Tendenzen zeigen würden.[18] Während sich dieser Eindruck freilich nicht uneingeschränkt bestätigen lasse, sei man sich jedoch sicher, dass Davis' Fall eine »Cause célèbre des Jahrhunderts« darstellen würde.[19] Diese Feststellung war jedoch weder »im Sinne herkömmlicher Kriminaljus-

---

den angestoßen worden waren, zu einer umfassenden Transformationsphase, während der auch nationale Identitätsdebatten neu geführt wurden (siehe Beth Bailey/David Farber, »Introduction«, in: Beth Bailey/David Farber (Hg.), *America in the Seventies*, Lawrence 2004, S. 1-8, hier: S. 4; Thomas Borstelmann, *The 1970s. A New Global History from Civil Rights to Economic Inequality*, Princeton 2012, S. 74-121.

16 »Schwarzer Prinz«, in: *Der Spiegel* 43/1970 (19.10.1970).

17 Herbert Marcuse, »Solidaritätsrede Berkeley« (24.10.1969), in: Peter-Erwin Jansen (Hg.), *Herbert Marcuse. Nachgelassene Schriften. Die Studentenbewegung und ihre Folgen*, Bd. 4, Springe 2004, S. 158-164, hier: S. 164.

18 »Angeklagte Angela Davis. Faschismus in Amerika?«, in: *Der Spiegel* 46/1971 (11.08.1971).

19 Ebenda.

tiz«[20] noch auf die Vorwürfe gegen Davis bezogen, stattdessen begründete *Der Spiegel* sie mit der weltweiten Aufmerksamkeit für den Fall. Neben Che Guevara und Mao Zedong wurde Davis zu Beginn der 1970er Jahre – als einzige Frau – zu einer revolutionären Symbolfigur der antiautoritären Jugendproteste.[21]

Dieser antiautoritäre Impetus in Davis' politischer Symbolik lässt die eingangs geschilderte Begegnung mit Honecker selbst vor dem Hintergrund des Antagonismus des Kalten Krieges ungewöhnlich erscheinen. Denn die durch Davis repräsentierte, neue Generation junger linker Radikaler folgte in ihrem revolutionären Kampf weder dem Führungsanspruch noch dem ideologischen Dogma der Sowjetunion. Die Aktivisten der Neuen Linken und schwarze nationalistisch ausgerichtete Gruppen wie die militante *Black Panther Party* (BPP) grenzten sich mit emanzipatorisch-sozialistischen Ideen vom Staatssozialismus, wie er in der DDR zu finden war, ab. Angela Davis' politische Symbolik suggeriert somit nicht, dass sie und die DDR dieselben politisch-ideologischen Ziele verfolgten und sich als Verbündete wahrnahmen. Mit ihrer Nähe zur Neuen Linken und Herbert Marcuse zähle Davis vielmehr zu den Vertretern eines, wie es in der DDR hieß, »Neuen Kommunismus«, mit dem die »bestehende Welt des Sozialismus von links« angegriffen werde.[22] Dennoch organisierte die DDR-Führung eine Solidaritätskampagne für Angela Davis, die nicht nur unter den Staaten des Ostblocks hervorstechen sollte. Auch im Vergleich mit anderen Solidaritätsbekundungen, zum Beispiel in westeuropäischen Ländern, blieben die Unterstützungsaktivitäten der DDR bei der US-Unterstützungsbewegung für Angela Davis besonders in Erinnerung.[23]

Die Unterstützung der DDR-Führung für Angela Davis sowie die folgenden Begegnungen zwischen Davis und der DDR können als klassischer Propagandafall gedeutet werden, der sich als Teil der politischen Herrschaftsgeschichte der DDR erforschen lässt. Gestützt wird diese Interpretation durch die Tatsache, dass die Kampagne für Davis vom DDR-Parteiapparat mithilfe der Abteilung Propaganda und Agitation unter der Leitung von Werner Lamberz organisiert wurde. Als eine Form der ideologischen Propaganda sollte sie der Bevölkerung ein spezifisches Welt-, Feind- und Selbstbild vermitteln und damit letztlich dem Machterhalt des Regimes dienen. Die DDR-Solidaritätskampagne für Angela Davis war nach dieser Lesart eine Propagandaaktion, die als ein »auf Machtbildung orientierter Kommunikationsprozess« zur Konstruktion einer speziellen ideologischen

---

20 Ebenda.

21 Vgl. Martin Klimke, *The ›Other‹ Alliance. Student Protest in West Germany and the United States in the Global Sixties*, Princeton 2010, S. 134ff.

22 Harald Wessel, »Inwendig reißende Wölfe. Eine Betrachtung über die politische Funktion des ›neuen Kommunismus‹«, in: *Neues Deutschland* (05.09.1968), S. 5.

23 Shola Lynch, *Free Angela & All Political Prisoners* (Film), USA 2012.

Wirklichkeit beitragen sollte.[24] Wie im Folgenden noch ausführlicher dargestellt wird, waren Solidaritätskampagnen als solche nicht ungewöhnlich, sondern gehörten zur propagandistischen DDR-Routine dazu. Ihnen wurde eine besondere Eignung zur Vermittlung ideologischer Freund-Feind-Vorstellungen zugeschrieben.[25] Dabei vollzog sich »Solidarität«, wie der Historiker Detlev Brunner schreibt, »in einem klaren Rahmen, der sich in die zentralistische Herrschaftspraxis der SED einfügte.«[26]

Wie aber fügten sich Angela Davis und ihre Symbolik als Ikone der *Black Power*-Bewegung und Neuen Linken in die ideologischen Freund-Feind-Vorstellungen der DDR ein? Eine wissenschaftliche Historisierung von Angela Davis, an die diese Arbeit bei der Untersuchung der Frage anknüpfen könnte, steht noch aus. Stattdessen dominiert in der westlichen Erinnerungskultur folgendes Bild von Davis: Eine schwarze Frau mit Afrofrisur, die im Sinne eines »Sweet Black Angels« nicht selten eine revolutionsromantische Idealisierung und exotische Verklärung erfahren hat.[27] Davis selbst kritisierte in diesem Zusammenhang nicht nur einmal, man reduziere ihren politischen Aktivismus auf ihre Frisur: »It is humiliating because it reduces a politics of liberation to a politics of fashion.«[28] Tatsächlich verdeckte Davis' Image als kulturelle Ikone der *Black Power*-Bewegung, die in der öffentlichen Darstellung ihre Versinnbildlichung vor allem in ihrer Afrofrisur gefunden zu haben schien, in der Vergangenheit immer wieder ihre »politische Botschaft«.[29] Was aber war diese politische Botschaft und was verstand Davis unter »politics of liberation«?

Im Mittelpunkt der politischen Botschaft standen weder die antiautoritäre Systemkritik der 68er-Generation noch die militant-separatistischen Ideen der *Black Panthers*, sondern vielmehr, wie Willi Winkler anlässlich ihres siebzigsten Geburtstages in der *Süddeutschen* treffend feststellte, ihr Bekenntnis zum Kommunismus.

---

24 Vgl. Klaus Arnold, »Propaganda als ideologische Kommunikation«, in: *Publizistik*, 48/1 (2003), S. 63-82, hier: S. 74.

25 Zur Bedeutung des Solidaritätsbegriffs in der politisch-ideologischen Selbstdarstellung der DDR siehe Patrice G. Poutrus, »Die DDR als Hort der internationalen Solidarität. Ausländer in der DDR«, in: Thomas Großbölting (Hg.), *Friedensstaat, Leseland, Sportnation. DDR-Legenden auf dem Prüfstand*, Bonn 2010, S. 134-154.

26 Detlev Brunner, »DDR ›transnational‹. Die ›internationale Solidarität‹ der DDR«, in: Alexander Gallus/Axel Schildt/Detlef Siegfried (Hg.), *Deutsche Zeitgeschichte – transnational*, Göttingen 2015, S. 64-80, hier: S. 66.

27 Das 1972 von den Rolling Stones verfasste Lied »Sweet Black Angel« gilt als politische Hymne auf Davis. Trotzdem spiegelt auch dieses Lied die exotisierte Darstellung Davis' wider.

28 Angela Davis, »Afro Images. Politics, Fashion, and Nostalgia«, in: *Critical Inquiry*, Vol. 21/1 (1994), S. 37-45, hier: S. 37; »Angela Davis laments her legacy as ›a hairdo‹«, in: *The Baltimore Sun* (04.12.1994).

29 Willi Winkler, »Der schwarze Engel der Revolution«, in: *Süddeutsche Zeitung* (25./26.01.2014), S. 14.

Im Jahr 1968 war sie der Kommunistischen Partei der USA (*Communist Party of the USA*, CPUSA) beigetreten und verbrachte dort bis zu ihrem Austritt 1991 viele »prägende Jahre« ihrer politisch-ideologischen Entwicklung, wie sie selbst anlässlich des hundertjährigen Bestehens der CPUSA sagte.[30] So liegt in ihrem Bekenntnis zum Kommunismus auch ein Teil der Antwort auf die Frage, wie sie sich in die ideologischen Freund-Feind-Vorstellungen der DDR einfügen konnte. Gleichzeitig standen jedoch Davis' enge Verbindungen zu Herbert Marcuse und die Vorrangstellung, die sie dem Kampf um politische und soziale Gleichheit der afroamerikanischen Bevölkerung in ihrer politischen Analyse einräumte, dem politisch-ideologischen Leitbild der DDR-Führung und ihrem sowjettreuen, unbeugsamen Glauben an die revolutionäre Führungsrolle der Arbeiterklasse entgegen. Die Kulturwissenschaftlerin Cynthia A. Young spricht daher zurecht von einer »komplizierten politischen und intellektuellen Tradition«, in der Davis' politisch-ideologische Positionen Ende der 1960er und zu Beginn der 1970er Jahre stehen, wobei Young auch auf die Verflechtung sich zum Teil widersprechender Positionen anspielt.[31]

Aktuelle erinnerungskulturelle Beiträge zu Angela Davis, wie die 2012 erschienene Dokumentation von Shola Lynch mit dem Titel »Free Angela & All Political Prisoners«, die Davis' Fall nachzeichnet, sowie der Dokumentarfilm »The Black Power Mixtape« (2011) sind in Bezug auf diese »komplizierte politische und intellektuelle Tradition« ebenfalls nur begrenzt aufschlussreich.[32] Die Filme betonen Davis'

---

30 Angela Davis, »Angela Davis praises CPUSA for its history ›of militant struggle‹«, in: *People's World* (20.06.2019).

31 In ihrer Untersuchung der Bedeutung der Dritten Welt für die US-Linke in den 1970er Jahren beleuchtet Cynthia A. Young in einem Kapitel Davis' Rolle im Zusammenhang mit dem aufkommenden Dritte-Welt-Aktivismus dieser Jahre (vgl. Cynthia A. Young, *Soul Power. Culture, Radicalism, and the Making of a US Third World Left*, Durham 2006, S. 184-208, hier: S. 185). Hierzu außerdem Kimberly N. Brown, *Writing the Black Revolutionary Diva. Women's Subjectivity and the Decolonizing Text*, Bloomington 2010, S. 112-149; Joy James (Hg.), *The Angela Y. Davis Reader*, Malden 2008.

32 Göran Hugo Olsson, *The Black Power Mixtape 1967-1975* (Film), Schweden 2011; Shola Lynch, *Free Angela & All Political Prisoners* (Film), USA 2012. Außerdem: Yolanda Du Luart, *Angela Davis: Portrait of a Revolutionary* (Film), USA 1972; Christel Priemer/Ingeborg Weber, *Angela Davis. Eine Legende Lebt* (Film), Deutschland 1998. Für eine wissenschaftliche Rezension siehe zum Beispiel Simon Wendt, »The Black Power Mixtape 1967-1975. Dir. by Göran Hugo Olsson. Prod. by Annika Rogell, Joslyn Barnes, and Danny Glover. Louverture Films, 2011«, in: *Journal of American History*, 99/1 (2012), S. 380-382. Bereits kurz nach dem Ende des Prozesses entstanden Versuche, Davis' Aktivismus und Prozess zu interpretieren. Sie bieten bezüglich der Frage nach Davis' politisch-ideologischem Selbstentwurf keine wissenschaftlichen Antworten und lassen sich nur als Beispiele für das Spektrum an zeitgenössischen Rezeptionen des Davis-Falls verwenden. Beispiele hierfür sind: Regina Nadelson, *Who is Angela Davis. The Biography of a Revolutionary*, New York 1972; Blythe F. Finke, *Angela Davis. Traitor or Martyr of the Freedom of Expression*, Charlotteville 1972 und Mary Timothy, *Jury Woman. The Story of the Trial of Angela Y. Davis – Written by a Member of the Jury*, San Francisco 1974.

Bedeutung als Leitfigur der *Black Power*-Ära und porträtieren sie als Leuchtfeuer im afroamerikanischen Kampf für politische und soziale Freiheit, Gleichheit und Gerechtigkeit, während Davis selbst als Zeitzeugin der facettenreichen Geschichte dieser Ära zu Wort kommt. Beide Dokumentationen folgen mit ihren Darstellungen dem aktuellen Stand der Forschung, wonach sich die *Black Power*-Bewegung vor allem durch ihre Heterogenität auszeichnet.[33] Allerdings finden Davis' marxistisch-leninistische Positionen und die speziellen Implikationen, die diese für die Gestaltung des schwarzen Freiheits- und Gleichheitskampfes mit sich brachten, in den unzähligen Betrachtungen ihres Lebens nur am Rande Erwähnung, obwohl sie durchaus als Beispiel für die Heterogenität von *Black Power* stehen könnten.[34]

Ungeachtet dieser Lücken wird aber auch in den Betrachtungen deutlich, dass sich Davis mit ihrem politisch-ideologischen Selbstentwurf nicht problemlos in die Freund-Feind-Vorstellungen der DDR-Regierung einfügte. Gleichzeitig stellt sich die Frage, wie sich ihre Identifikation mit *Black Power* und ihre Mitgliedschaft in der CPUSA vereinbaren lassen und wie es dazu kam, dass Davis die DDR mit ihrem orthodoxen Parteisozialismus als Verbündeten im afroamerikanischen Freiheitskampf wahrnahm. Vor diesem Hintergrund lassen sich für die vorliegende Untersuchung folgende erkenntnisleitende Fragestellungen formulieren:

- In welchen Bedeutungszusammenhang bettete das SED-Regime Angela Davis, ihren Fall und ihren Aktivismus ein?
- Welche Vorstellungswelten und kollektiven Sinngebungen standen dafür während der ersten Hälfte der 1970er Jahre zur Verfügung oder wurden bereitgestellt?
- Welche politisch-ideologischen Prägungen leiteten Angela Davis' Wahrnehmungs- und Handlungshorizont vor allem in der Zeit nach ihrem ersten Besuch in der DDR im Jahr 1965 bis in die Mitte der 1970er Jahre?
- Auf welchem politisch-ideologischen Identitätsentwurf basierte Davis' Verbundenheit mit der DDR?

Ausgehend von diesen Überlegungen liegt der vorliegenden Untersuchung die These zugrunde, dass die Verbindung zwischen der DDR und Angela Davis nicht ausschließlich auf der Propaganda des Kalten Krieges aufbaute, sondern ein transnationales kommunistisch-afroamerikanisches Bündnis im gemeinsamen Kampf

---

33 Für einen historiografischen Überblick siehe Peniel E. Joseph, »The Black Power Movement: A State of the Field«, in: *The Journal of American History*, 96/3 (2009), S. 751-776.

34 Eine solche Vernachlässigung der multidimensionalen Interpretation der *Black Power*-Bewegung kritisiert auch Wendt, »The Black Power Mixtape 1967-1975«, S. 381.

gegen Rassismus und Imperialismus darstellte, das mit der Vorstellung einer besonderen Solidarität zwischen Kommunisten und Afroamerikanern einherging.[35]

Zur Beantwortung der erkenntnisleitenden Fragestellungen wird ein gesellschafts- und kulturgeschichtlicher Erklärungsansatz herangezogen. Mit einem solchen Zugang lassen sich ideologische Denkmuster und politische Vorstellungswelten in den Blick nehmen, die beide Seiten des kommunistisch-afroamerikanischen Bündnisses prägten und eine gegenseitige Wahrnehmung als Verbündete überhaupt erst möglich werden ließen.[36] Diesem Vorgehen liegt die Annahme zugrunde, dass die als Kalter Krieg bezeichnete Blockkonfrontation zwischen Ost und West nicht nur als geopolitische Konfliktsituation zu verstehen ist, sondern auch über eine gesamtgesellschaftliche Dimension verfügt.[37] Bei der Untersuchung dieser Dimension richtete sich der Forschungsfokus bisher meist auf einen abgegrenzten thematischen Bereich jenseits politischer, ökonomischer oder sozialer Handlungsfelder. Untersucht wurden dabei die kulturpolitische Propaganda und die Frage, wie etwa Kulturpolitik und Intellektuelle in den Wettlauf der beiden Supermächte eingebunden und so unterschiedliche kulturelle Gattungen wie Belletristik, Musik, Ballett, Film oder Design und die Massenmedien für die Austragung des Systemkonflikts nutzbar gemacht wurden.[38] Die gesellschaftliche Dimension

---

35 Als transnational werden hier diejenigen Austauschprozesse und Interaktionen verstanden, »die über Grenzen hinweg agieren und dabei gewisse über den Nationalstaat hinausgehende Strukturmuster« ausbilden. Hartmut Kaelble/Martin Kirsch/Alexander Schmidt-Gernig, »Zur Entwicklung transnationaler Öffentlichkeiten und Identitäten im 20. Jahrhundert. Eine Einleitung«, in: Hartmut Kaelble/Martin Kirsch/Alexander Schmidt-Gernig (Hg.), *Transnationale Öffentlichkeiten und Identitäten im 20. Jahrhundert*, Frankfurt 2002, S. 7-33, hier: S. 9. Außerdem: David Thelen, »The Nation and Beyond: Transnational Perspectives on United States History«, in: *Journal of American History*, 86/3 (1999), S. 965-975; Kiran Klaus Patel (Hg.), *Nach der Nationalfixiertheit. Perspektiven einer transnationalen Geschichte*, Berlin 2004; Gunilla Budde/Sebastian Conrad/Oliver Janz (Hg.), *Transnationale Geschichte: Themen, Tendenzen und Theorien*, Göttingen 2006; Kahgram, Sanjeev/Peggy Levitt (Hg.), *The Transnationalism Studies Reader. Intersections and Innovations*, London 2007; Katherine Pence/Andrew Zimmerman, »Transnationalism«, in: *German Studies Review*, 35/3 (2012), S. 495-500.

36 Dies bedeutet auch eine »Erweiterung des Blickfeldes« auf die Adressaten der Propaganda (vgl. Rainer Gries, »Zur Ästhetik und Architektur von Propagemen. Überlegungen zu einer Propagandageschichte als Kulturgeschichte«, in: Rainer Gries/Wolfgang Schmale (Hg.), *Kultur der Propaganda*, Bochum 2005, S. 9-36).

37 Vgl. Melvyn P. Leffeler/Odd Arne Westad (Hg.), *The Cambridge History of the Cold War*, 3 Bd., Cambridge 2010; John Lewis Gaddis, *Der Kalte Krieg. Eine Neue Geschichte*, München ²2007; Bernd Stöver, *Der Kalte Krieg 1947-1991. Geschichte eines radikalen Zeitalters*, München 2007.

38 Greg Castillo, *Cold War on the Home Front. The Soft Power of Midcentury Design*, Minneapolis 2010; David Crowley, *Cold War Modern. Design 1945-1970*, London 2008; David Caute, *The Dancer Defects. The Struggle for Cultural Supremacy during the Cold War*, Oxford 2003; Andrew Hammond (Hg.), *Global Cold War Literature. Western, Eastern and Postcolonial Perspectives*, New York 2011; Thomas Lindenberger (Hg.), *Massenmedien im Kalten Krieg. Akteure, Bilder, Resonanz*, Köln 2006; Tim B. Müller, *Krieger und Gelehrte. Herbert Marcuse und die Denksysteme im Kalten*

des Kalten Krieges ging jedoch über kulturpolitische Propaganda und einschlägige, dem Kulturbegriff zugeordnete Bereiche wie Musik oder Literatur hinaus.[39] Vielmehr ist anzunehmen, dass Solidaritätskampagnen wie jene für Angela Davis aufgrund des Gestaltungsanspruchs der SED-Führung und des ihr unterstellten Staatsapparates jenseits ihrer propagandistischen Funktion auch lebensweltliche Folgen hatten und mit gesellschaftlichen Verinnerlichungsprozessen im DDR-Alltag verbunden werden können.[40]

Der Historiker Martin Sabrow bezeichnete diese Verinnerlichungsprozesse in der Alltagswelt der DDR als »komplementäre Rückseite« von Herrschaft, deren Untersuchung zu einem besseren Verständnis der SED-Diktatur beitragen könne.[41] Zu solchen Verinnerlichungsprozessen gehört die Aneignung von gesellschaftlichen Werten, Sitten, Normen und sozialen Rollen im Rahmen der Sozialisierung.[42] Es ist davon auszugehen, dass die DDR-Führung mit der Vermittlung des moralischen Wertes der internationalen Solidarität auch eine spezifische sozialistische Sozialisierung und folglich gesellschaftliche Integration zur Stärkung der Legitimität ihrer Herrschaft anstrebte. Der Fokus richtet sich hier auf die mit der Solidaritätskampagne ideologisch intendierten Deutungs- und Durchdringungsmechanismen und entsprechende kollektive Aneignungsprozesse. Deshalb wird die

---

Krieg, Hamburg 2010; Uta G. Poiger, *Jazz, Rock, and Rebels. Cold War Politics and American Culture in a Divided Germany*, Berkeley 2000; Tony Shaw, *Hollywood's Cold War*, Edinburgh 2007; Frances Sonor Saunders, *The Cultural Cold War. The CIA and the World of Arts and Letters*, New York 2000; Tony Shaw/Denise Jeanne Youngblood, *Cinematic Cold War. The American and Soviet Struggle for Hearts and Minds*, Lawrence 2010.

39 Patrick Major/Rana Mitter (Hg.), *Across the Blocks. Cold War Culture and Social History*, London 2004; Bernd Greiner/Tim B. Müller/Claudia Weber (Hg.), *Macht und Geist im Kalten Krieg*, Hamburg 2011; Annette Vowinckel/Marcus M. Payk/Thomas Lindenberger (Hg.), *Cold War Cultures. Perspectives on Eastern and Western European Societies*, New York 2012; Patrick Bernhard/Holger Nehring (Hg.), *Den Kalten Krieg denken. Beiträge zur sozialen Ideengeschichte nach 1945*, Essen 2014.

40 Brunner, »DDR ›transnational‹«, S. 66. Brunner bewertet hier die im Zusammenhang mit der Debatte um die »Zukunft der DDR-Geschichte« gemachte Feststellung, der »proletarische Internationalismus« und »die Parole der ›Völkerfreundschaft‹« habe für die Mehrheit der DDR-Bevölkerung keine lebensweltlichen Folgen gehabt, als »nicht abschließend befriedigend«. Die Feststellung, auf die sich Brunner hier bezieht, findet sich in Henrik Bispinck et al., »Die Zukunft der DDR-Geschichte. Potentiale und Probleme zeithistorischer Forschung«, in: *Vierteljahresheft für Zeitgeschichte* 53/4 (2005), S. 547-570, hier: S. 567.

41 Martin Sabrow, »Sozialismus als Sinnwelt. Diktatorische Herrschaft in kulturhistorischer Perspektive«, in: Martin Sabrow (Hg.), *Zeiträume. Potsdamer Almanach des Zentrums für Zeithistorische Forschung 2007*, Göttingen 2008, S. 164-181, hier: S. 171.

42 Überlegungen zur Bedeutung von Verinnerlichung und Adaption von Werten und Normen für die Integration von Individuen finden sich schon bei Emile Durkheim oder in Talcott Parsons strukturfunktionaler Systemtheorie. Der Soziologe Emile Durkheim ging davon aus, die Internalisierung von Werten und Normen könne zur Integration von Individuen beitragen.

Verinnerlichung von internationaler Solidarität im Kontext der Kampagne für Angela Davis im Rahmen dieser Arbeit nicht auf individueller Ebene untersucht und es werden somit keine Aussagen über die Bedeutung der Kampagne in der individuellen Wahrnehmung einzelner Beteiligter getroffen.

Zur Erfassung der ideologisch intendierten Deutungs- und Durchdringungsmechanismen und der entsprechenden kollektiven Aneignungsprozesse werden die Empfänger des propagandistischen Kommunikationsprozesses aber auch nicht nur als passive Masse verstanden. Es ist vielmehr anzunehmen, dass sich erst unter Beachtung der kulturellen, sozialen oder politischen Bedürfnislagen unterschiedlicher Bevölkerungsgruppen sowie ihrer Deutung durch das Parteiregime die mit der Solidaritätskampagne kommunizierte Botschaft und mögliche kollektive Verinnerlichungsprozesse in der Alltagswelt erfassen lassen. Im Fall der Solidaritätskampagne für Angela Davis berücksichtigt die vorliegende Untersuchung besonders die gesellschaftliche Gruppe der Jugendlichen.[43] Dabei wird auf den von der SED verwendeten Begriff der Jugend zurückgegriffen, der Heranwachsende im Alter zwischen 14 bis 25 Jahren einschließt.[44]

Um die gesellschaftliche Durchdringung der DDR im Kontext der Solidaritätsbemühungen des SED-Regimes für Angela Davis zu erfassen, werden nicht nur Ereignisse und Akteure untersucht, sondern auch symbolische Systeme und Strukturen. Dabei stützt sich diese Arbeit auf einen breit gefassten, bedeutungsorientierten Kulturbegriff, der laut dem Kulturwissenschaftler Andreas Reckwitz »symbolische Ordnungen, kulturelle Codes und Sinnhorizonte« erfassen kann, durch die Gesellschaften bestimmt werden.[45] Demnach bildet sich Kultur aus einer Gesamtheit von Praktiken und Wirklichkeitsdeutungen. Kulturelles Handeln ist demnach als »symbolische Organisation der Wirklichkeit« zu verstehen.[46] Gesellschaften bewegen sich dabei, wie die Kulturhistoriker Tschopp und Weber es formulieren, »in doppeltem Sinn in einem Spannungsfeld von Identität und Alterität, von Eigenem

43 Die vorliegende Untersuchung folgt dem klassischen Modell von Sender und Empfänger, wobei von einer einseitigen/asymmetrischen Kommunikation vonseiten der Herrschenden ausgegangen wird. Allerdings nimmt die Untersuchung die Seite der Empfänger auch als aktive – statt ausschließlich passive – Akteure in den Blick. Von Interesse ist dabei die gezielte, strategische Aktivierung von Aktivität auf Seiten der Empfänger (siehe hierzu: Silke Satjukow/Rainer Gries, »Feindbilder des Sozialismus. Eine Theoretische Einführung«, in: Silke Satjukow/Rainer Gries (Hg.), *Unsere Feinde. Konstruktionen des Anderen im Sozialismus*, Leipzig 2004, S. 13-75, hier: S. 25).

44 Siehe hierzu Wiebke Janssen, *Halbstarke in der DDR. Verfolgung und Kriminalisierung einer Jugendkultur*, Berlin 2010, S. 33ff.

45 Andreas Reckwitz, »Die Kontingenzperspektive der ›Kultur‹. Kulturbegriff, Kulturtheorien und das kulturwissenschaftliche Forschungsprogramm«, in: Friedrich Jaeger, Jörn Rüsen (Hg.), *Handbuch der Kulturwissenschaft*, Bd. 3, Stuttgart 2004, S. 1-20, S. 2.

46 Ebenda, S. 7. Außerdem: Heonik Kwon, *The Other Cold War*, New York 2010, S. 152.

und Fremdem.«[47] In Bezug auf die DDR und Angela Davis bildet dieser Kulturbegriff die Grundlage für die Erfassung von Welt- und Wirklichkeitsdeutungen, welche die DDR und Davis möglicherweise miteinander teilten und mit denen sich die Vorstellung einer gegenseitigen Verbundenheit vor dem Hintergrund der bipolaren Lagerbildung des Kalten Krieges, aber auch über Rassenschranken hinweg erklären ließen.

Bereits kurz nach dem Ende des Ost-West-Konflikts hat Mary Kaldor mit dem Begriff »imaginary war« versucht, den bipolaren Systemkonflikt als eine Epoche greifbar zu machen, die stark vom Imaginären mitgeprägt war.[48] Gerade mit Blick auf Ost- und Westeuropa, wo nicht reale kriegerische Auseinandersetzungen, sondern militärische Aufrüstung, aggressive Kampfreden, rigide Organisations- und Kontrollmechanismen sowie nicht zuletzt die ständig aktualisierte Kriegsangst den Kalten Krieg nährten, sei der Begriff des »imaginären Krieges« aufschlussreich.[49] Betrachtet man Europa – Ähnliches lässt sich zu einem gewissen Grad auch für die USA sagen –, handelte es sich beim Kalten Krieg demnach um einen Konflikt, dessen Dauer maßgeblich durch die Vorstellungskraft der Menschen genährt wurde. Der Konflikt zwischen Ost und West konnte folglich auch deshalb so lange andauern, weil das »gesellschaftlich Imaginäre«, das sich beispielsweise in Form von Bedrohungsmetaphern, Feindbildern, kollektiv wirksamen Emotionen und apokalyptischen Szenarien äußerte, den Systemkonflikt permanent reproduzierte und damit neben der militärischen auch eine mentale Abrüstung erschwerte.[50] Somit bietet der Begriff des politisch und gesellschaftlich Imaginären, verstanden als kollektive Sinngebungen und symbolische Deutungsmuster, einen geeigneten Zugang für die Untersuchung der Verbindung zwischen der DDR und Angela Davis sowie

---

47 Silvia Serena Tschopp/Wolfgang E. J. Weber, *Grundfragen der Kulturgeschichte*, Darmstadt 2007, S. 51.

48 Mary Kaldor versteht einen solchen *Imaginary War* basierend auf Foucault als eine »Disziplinierungstechnik«, bei der es sich um einen Wahrheitsdiskurs handelt, der »Machtverhältnissen in modernen Gesellschaften Ausdruck und Legitimation verleiht.« (Mary Kaldor, *Der Imaginäre Krieg. Eine Geschichte des Ost-West-Konflikts*, Hamburg 1992, S. 20. Außerdem: Guy Oakes, *The Imaginary War. Civil Defense and American Cold War Culture*, New York 1994). Patrick Bernhard, Holger Nehring und Anne Rohstock sprechen in ähnlicher Weise vom Kalten Krieg als einem simulierten Krieg, wobei »im politischen Handeln des Westens die Sicherung von Demokratie und Marktwirtschaft gegen die vermeintliche allgegenwärtige Bedrohung durch den Staatssozialismus osteuropäischer Provenienz zu einer beinah alles beherrschenden Leitidee« wurde (siehe Patrick Bernhard/Holger Nehring/Anne Rohstock, »Der Kalte Krieg im langen 20. Jahrhundert. Neue Aufsätze, Befunde und Perspektiven«, in: Bernhard/Nehring (Hg.), *Den Kalten Krieg denken*, S. 11-39, hier: S. 11-12.

49 Kaldor, *Der Imaginäre Krieg*, S. 20.

50 Siehe David Eugster/Sibylle Marti, »Einleitung. Das Imaginäre des Kalten Krieges«, in: David Eugster/Sibylle Marti (Hg.), *Das Imaginäre des Kalten Krieges. Beiträge zu einer Kulturgeschichte des Ost-West-Konfliktes in Europa*, Essen 2015, S. 3-16, hier: S. 5.

der DDR-Solidaritätskampagne für Angela Davis. Hierbei, so die These, gewann das Imaginäre im Sinne eines kommunistisch-afroamerikanischen (»rot-schwarzen«) Verbundenheitsgefühls an Wirksamkeit für die bipolare Wirklichkeitsdeutung im Kontext des Kalten Krieges.

Um zu untersuchen, wie sich die Idee einer solchen kommunistisch-afroamerikanischen Verbundenheit in Davis' teils ambivalente politisch-ideologische Entwicklung und dementsprechend in ihre Selbst- sowie auch Weltdeutung einfügte, wirft diese Arbeit einen biografischen Blick auf die Ereignisse. Die Begegnungen zwischen Davis und der DDR werden dadurch zu einem Brennglas, durch das ein schärferes Bild sowohl von Davis' politisch-ideologischem Identitätsentwurf innerhalb des afroamerikanischen Freiheitskampfes der 1960er und 1970er Jahre als auch von den antirassistischen Solidaritätsbemühungen des SED-Regimes für afroamerikanische Aktivisten zu dieser Zeit gezeigt wird. Unter dem Begriff Identität wird hier jenes »Bündel von Wahrnehmungs- und Deutungsschemata, Selbstdefinition und Zugehörigkeitsgefühlen, Wertideen und Normen, Orientierungen und Loyalitäten« verstanden, aus dem sich die Vorstellung von Ich, Gesellschaft und Welt zusammensetzt.[51]

Außerdem wird eine zeitlich breitere Untersuchungsperspektive zugrunde gelegt, um einerseits die Besonderheiten der DDR-Solidaritätskampagne für Angela Davis sowie Davis' Verbundenheit mit der DDR deutlich zu machen, andererseits aber auch Kontinuitäten zwischen der DDR-Solidaritätskampagne für Angela Davis und früheren Begegnungen zwischen afroamerikanischen Kommunisten und der Sowjetunion aufzeigen zu können. Die Verbindungen zwischen Davis und der DDR werden mit bis in die 1920er Jahre zurückreichenden Beziehungen zwischen linken Aktivisten des afroamerikanischen Freiheitskampfes und europäischen Kommunisten verknüpft. Diese älteren Beziehungen können als soziales und ideologisches Netzwerk beschrieben werden, das namhafte afroamerikanische Aktivisten und Aktivistinnen wie W.E.B. Du Bois und Paul und Eslanda Robeson, aber auch schwarze Kommunisten und Kommunistinnen wie den CPUSA-Vorsitzenden Henry Winston, James E. Jackson (zuständig für die Außenbeziehungen der CPUSA) und dessen Frau Esther Cooper Jackson (Herausgeberin des afroamerikanischen Magazins *Freedomways*) umfasste. Dieses Aktivisten-Netzwerk – einschließlich seiner politisch-ideologischen Ausrichtung sowie seiner Beziehungen zur Sowjetunion und zur DDR – wird in die Untersuchung eingebunden. Dabei wird an-

51 Volker Depkat, »Autobiographien und die soziale Konstruktion von Wirklichkeit«, in: *Geschichte und Gesellschaft*, 29 (2003), S. 441-476, hier: S. 466. Die Identitätsbildung setzt Selbst- und Fremddefinition in ein Verhältnis zueinander, sie ermöglicht die Integration des Einzelnen in größere Gruppen und macht so sinnvolles Handeln in der Gesellschaft erst möglich (vgl. hierzu: Peter L. Berger/Thomas Luckmann, *Die gesellschaftliche Konstruktion der Wirklichkeit. Eine Theorie der Wissenssoziologie*, Frankfurt 1980, S. 185-195).

genommen, dass Angela Davis' politisch-ideologisches Denken und Handeln bereits seit ihrer Kindheit von diesen schwarzen linken Internationalisten geprägt waren und diese Prägung in ihre Vorstellung des afroamerikanischen Freiheitskampfes sowie in ihr Verständnis von *Black Power* zu Beginn der 1970er Jahre einfloss.

Zur Untersuchung der Verbindungen zwischen Angela Davis und der DDR wird außerdem die Kategorie *race* genutzt. Nach dem US-Historiker George Fredrickson entfaltet *race* immer dann Wirkung, sobald ethnische Zugehörigkeit als essenziell oder unauslöschlich erachtet oder hierarchisch bewertet wird.[52] Weil solche Rassenvorstellungen reale Auswirkungen nach sich ziehen, ist *race* vor allem in der US-amerikanischen Forschung zu einer wichtigen Analysekategorie geworden.[53] Entsprechend dieser Anwendung als Analysekategorie wird der Rassebegriff in der vorliegenden Untersuchung als soziale Konstruktion und nicht als objektive Tatsache verstanden.[54] So werden Formen der Selbst- und Fremdzuschreibung im Rahmen der DDR-Solidaritätskampagne für Angela Davis und auch kollektive Identitätsbildungsprozesse im Zusammenhang mit der Entstehung eines kommunistisch-afroamerikanischen Verbundenheitsgefühls unter Rückgriff auf die Kategorie *race* analysiert.

Zur Beantwortung der erkenntnisleitenden Fragestellungen sind Untersuchungen und Debatten von Bedeutung, die ein kulturwissenschaftliches Forschungsinteresse mit einer internationalen oder transnationalen Perspektive sowohl auf die Geschichte des afroamerikanischen Freiheits- und Gleichheitskampfes als auch auf die Geschichte der DDR verbinden. Mit diesem Ansatz fügt sich die Verbindung zwischen Angela Davis und der DDR zum einen in die internationale Geschichte des modernen Kampfes für Rassengerechtigkeit ein, die unter anderem von Wissenschaftlerinnen und Wissenschaftlern wie Brenda Gayle Plummer, Mary Dud-

---

52 George M. Fredrickson, *Rassismus. Ein historischer Abriss*, Hamburg 2004, S. 157.

53 Nancy Foner/George M. Fredrickson, »Immigration, Race, and Ethnicity in the United States. Social Constructions and Social Relations in Historical and Contemporary Perspective«, in: Nancy Foner, George M. Fredrickson (Hg.), *Not Just Black and White: Historical and Contemporary Perspectives on Immigration, Race, and Ethnicity in the United States*, New York 2004, S. 1-22. Für die Verwendung von »Rasse« als analytische Kategorie sowie zur Untersuchung der US-Rassenbeziehungen aus transnationaler Perspektive siehe Simon Wendt, »Transnational Perspectives on the History of Racism in North America«, in: *Amerikastudien*, 54/3 (2009), S. 473-498; Manfred Berg/Paul Schor/Isabel Soto, »The Weight of Words. Writing about Race in the United States and Europe«, in: *American Historical Review*, 119/3 (2014), S. 800-808.

54 Dabei kann keine deutliche Unterscheidung zwischen »Rasse« und Ethnizität getroffen werden. Um den sozial konstruierten Charakter von »Rasse« zu verdeutlichen, wird »Rasse« im Weiteren in Anführungszeichen gesetzt. Zur Problematik der Verwendung des Begriffs als Analysekategorie im Deutschen siehe ebenda, S. 802.

ziak, Penny van Eschen oder Kevin Gaines ausführlich untersucht wurde.[55] Durch deren Arbeiten wurden die afroamerikanische Bürgerrechtsbewegung und der US-amerikanische Rassenkonflikt als ein bestimmender Faktor der US-Außenpolitik sichtbar, gleichzeitig gewannen afroamerikanische Bürgerrechtsaktivisten als internationale Akteure vor dem Hintergrund des Kalten Krieges an Bedeutung. Zum anderen rückte aber ebenso die Bedeutung globaler Entwicklungen wie der Zweite Weltkrieg, die Dekolonialisierung oder der Kalte Krieg als Einflussgröße für den schwarzen Freiheitskampf in den USA in den Mittelpunkt des Forschungsinteresses.[56]

Hinzu kam außerdem, dass führende schwarze Aktivisten und Aktivistinnen Rassismus als einen Gegner mit globaler Reichweite sahen, weshalb sie ihren Kampf nicht auf den sogenannten Jim-Crow-Süden[57] oder die USA beschränk-

---

55 Brenda Gayle Plummer, *Rising Wind: Black Americans and US foreign affairs, 1935-1960*, Chapel Hill 1996; Manfred Berg, »Ein amerikanisches Dilemma. Die Rassenfrage und der Kalte Krieg«, in: Manfred Berg et al. (Hg.), *Macht und Moral. Beträge zur Ideologie und Praxis amerikanischer Außenpolitik im 20. Jahrhundert*, Münster 1999, S. 189-207; Azza Salama Layton, *International Politics and Civil Rights Politics in the United States, 1941-1960*, Cambridge 2001; Mary L. Dudziak, *Cold War Civil Rights. Race and the Image of American Democracy*, Princeton 2000; Brenda Gayle Plummer (Hg.), *Window on Freedom. Race, Civil Rights, and Foreign Affairs, 19451988*, Chapel Hill 2003; Jonathan Rosenberg, *How far the Promised Land? World Affairs and the American Civil Rights Movement from the First World War to Vietnam*, Princeton 2006; Kevin K. Gaines, »The Civil Rights Movement in World Perspective«, in: Gary W. Reichard/Ted Dickson (Hg.), *America on the World Stage: A Global Approach to U.S. History*, Urbana 2008, 189-207.

56 Dazu zählen: Kobena Mercer, *Welcome to the Jungle: New Positions in Black Cultural Studies*, New York 1994; Paul Gilroy, *The Black Atlantic. Modernity and Double Consciousness*, Cambridge 1995; Penny M. von Eschen, *Race Against Empire. Black Americans and Anticolonialism, 1937-1957*, Ithaca 1997; Marc S. Gallicchio, *The African-American Encounter with Japan and China. Black Internationalism in Asia, 1895-1945*, Durham 2000; James H. Meriwether, *Proudly We Can Be Africans. Black Americans and Africa, 1935-1961*, Chapel Hill 2002; Rosenberg, *How Far the Promised Land?*; Manning Marable/Vanessa Agard-Jones, *Transnational Blackness. Navigating the Global Color Line*, New York 2008; Gerald Horne, *The End of Empire. African Americans and India*, Philadelphia 2008; Gerald Horne, *Mau Mau in Harlem? The U.S. and the Liberation of Kenya*, New York 2009; Michael O. West et al. (Hg.), *From Toussaint to Tupac. The Black International since the Age of Revolution*, Chapel Hill 2009. Für einen historiografischen Überblick der Forschung über transnationale und internationale Verbindungen von Afroamerikanern und Afroamerikanerinnen siehe auch Gerald Horne, »Toward a Transnational Research Agenda for African American History in the 21st Century«, in: *Journal of African American History*, 91/3 (2006), S. 288-303. Zur internationalen Dimension der *Black Panther Party* siehe Michael L. Clemons/Charles E. Jones, »Global Solidarity. The Black Panther Party in the International Arena«, in: Kathleen Cleaver/George Katsiaficas (Hg.), *Liberation, Imagination, and the Black Panther Party*, New York 2001, S. 20-39; Kathleen Cleaver, »Back to Africa. The Evolution of the International Section of the Black Panther Party (1969-1972)«, in: Charles E. Jones (Hg.), *The Black Panther Party Reconsidered*, Baltimore 2005, S. 211-254.

57 Der Name »Jim Crow« geht auf die stereotype Figur eines naiven, einfältigen, ständig fröhlichen Schwarzen zurück, der in sogenannten Minstrel Shows in den USA des späten 19.

ten.[58] Sie definierten den afroamerikanischen Kampf für Freiheit und Gleichheit innerhalb des größeren Kontextes der Bekämpfung kolonialer Unterdrückung nicht-weißer Menschen weltweit, wobei sie ein besonderes Interesse an Afrika antrieb.[59] Diesem durch panafrikanische Theorien beeinflussten schwarzen Internationalismus mit Fokus auf Afrika widmeten sich in den letzten beiden Jahrzehnten diverse Forschungsbeiträge.[60]

Zu den Arbeiten über die internationale Geschichte des afroamerikanischen Freiheitskampfes zählen auch Schriften, die die Verschränkungen zwischen dem schwarzen Freiheitskampf in den USA und der Geschichte des Kommunismus sowohl in den USA als auch auf internationaler Ebenen beleuchten. Hier sind über die letzten drei Jahrzehnte eine Vielzahl von Beiträgen über die Geschichte linker afroamerikanischer Aktivisten und Aktivistinnen und ihrer Verbindungen zum Kommunismus entstanden. Arbeiten wie die von Manning Marable, Gerald Horne, Robin D.G. Kelley oder auch Glenda Gilmore richten ihren Fokus dabei vor allem auf die Rolle, die linke Radikale und die CPUSA für die Erfolge des afroamerikanischen Freiheitskampfes spielten.[61] Die CPUSA erscheint in diesen Darstellungen

---

Jahrhunderts von schwarz angemalten, weißen Schauspielern dargestellte wurde. Nach dem Ende der Sklaverei setzten ab den 1870er Jahren bis zur gesetzlichen Gleichstellung afroamerikanischen Bevölkerung durch den Civil Rights Act (1964) und den Voting Rights Act (1965) sogenannte Jim-Crow-Gesetze die Rassentrennung in den US-Südstaaten weiter durch. »Jim Crow« wurde dadurch zu einem Synonym für die rassistische Segregation im US-amerikanischen Süden.

58 Marilyn Lake/Henry Reynolds, *Drawing the Global Colour Line. White Men's Countries and the International Challenge of Racial Equality*, Cambridge 2008. Für eine wissenschaftliche Auseinandersetzung mit Rassismus als globalem Phänomen siehe den Sammelband Manfred Berg/Simon Wendt (Hg.), *Racism in Modern World: Historical Perspectives on Cultural Transfer and Adaptation*, New York 2011.

59 Judith Stein, *The World of Marcus Garvey. Race and Class in Modern Society*, Baton Rouge 1986; Robin D. G. Kelley, »›But a Local Phase of a World Problem‹. Black History's Global Vision, 1883-1950«, in: *Journal of American History*, 86/3 (1999), S. 1045-1077; David Levering Lewis, *W.E.B. Du Bois. Biography of a Race 1868-1919*, New York 1993; David Levering Lewis, *W.E.B. Du Bois. The Fight for Equality and the American Century 1919-1963*, New York 2001; Colin Grant, *Negro with a Hat. The Rise and Fall of Marcus Garvey and His Dream of Mother Africa*, London 2009.

60 Dazu zählen William R. Scott, *The Sons of Sheba's Race. Afro-Americans and the Italo-Ethiopian War, 1935-1941*, Bloomington 1993; Carol Anderson, *Eyes off the Prize. African Americans, the United Nations, and the Struggle for Human Rights, 1944-1955*, New York 2003; Francis Njubi Nesbitt, *Race for Sanctions. African American Against Apartheid, 1946-1994*, Bloomington 2004; Horne, *Mau Mau in Harlem?*

61 Gerald Horne, *Communist Front? The Civil Rights Congress, 1946-1956*, London 1988; Gerald Horne, *Black Liberation/Red Scare: Ben Davis and the Communist Party*, London 1994; Robin D. G. Kelley, *Hammer and Hoe. Alabama Communists during the Great Depression*, Chapel Hill 1990; Manning Marable, *Race, Reform and Rebellion: The Second Reconstruction and Beyond in Black America, 1945-2006*, Jackson [2]1991; Glenda E. Gilmore, *Defying Dixie: The Radical Roots of Civil Rights, 1919-1950*, New York 2008. Dieser linken Perspektive, nach der (afro-)amerikanische

meist als erste oder auch einzige mehrheitlich weiße Organisation, die im 20. Jahrhundert kompromisslos für Rassengleichheit eintrat und diese auch in ihren eigenen Reihen praktizierte. Die von Autoren und Autorinnen wie Gilmore gezogene Schlussfolgerung, die afroamerikanische Bürgerrechtsbewegung habe ihren Ursprung in einem linken Radikalismus, der in den 1920er Jahren entstanden sei und während der Popular-Front-Phase bis zum Kriegsende seine Blütezeit erlebt habe, trug zu einer der großen Paradigma-Debatten in der US-Geschichte bei.[62]

Eine analytische Erweiterung erfuhr dieses Feld erst in jüngster Zeit durch Untersuchungen, die mit einer transnationalen Perspektive und kulturgeschichtlichen Fragestellung eben diese Ambivalenzen, Wechselwirkungen und Differenzen zwischen der Selbstwahrnehmung der afroamerikanischen linken Akteure und den Interessen Moskaus in den Blick nehmen.[63] Diese Arbeiten zeigen, dass die Sowjetunion bereits ab den 1920er Jahren und später wieder nach dem Zweiten Weltkrieg einen wichtigen politisch-ideologischen Bezugspunkt für linke afroamerika-

---

Kommunisten und KommunistinnenTeil einer progressiven sozialen Bewegung seien, die sich für soziale Gerechtigkeit und Rassengleichheit eingesetzt habe, steht eine traditionelle historiografische Schule gegenüber, die bis zum Untergang der Sowjetunion die politische und finanzielle Abhängigkeit der CPUSA vom Kreml aus stark antikommunistischer und oftmals stark vereinfachter Perspektive dargestellt hat (siehe hierzu Harvey Klehr, *The Heyday of American Communism: The Depression Decade*, New York 1984; Harvey Klehr/John Earl Haynes, *The American Communist Movement: Storming Heaven Itself*, Boston 1992; Harvey Klehr/John Earl Haynes/Fridrikh Igorevich Firsov, *The Secret World of American Communism*, New Haven 1995; John Earl Haynes, *Red Scare or Red Menace? American Communism and Anticommunism in the Cold War Era*, Chicago 1996; Guenter Lewy, *The Cause That Failed: Communism in American Political Life*, New York 1997; James G. Ryan, *Earl Browder: The Failure of American Communism*, Tuscaloosa 1997; Harvey Klehr/John Earl Haynes/Kyrill M. Anderson, *The Soviet World of American Communism*, New Haven 1998).

62 Jacquelyn Dowd Hall, »The Long Civil Rights Movement and the Political Uses of the Past«, in: *The Journal of American History*, 91/4 (2005), S. 1233-1263.

63 Kate A. Baldwin, *Beyond the Color Line and the Iron Curtain: Reading Encounters between Black and Red, 1922-1963*, Durham 2002; Woodford McCellan, »Black Hajj to ›Red Mecca‹«. Africans and Afro-Americans at KUTV, 1925-1938«, in: Maxim Matusevich (Hg.), *Africa in Russia, Russia in Africa. Three Centuries of Encounters*, Trenton 2007, S. 61-83; Kate A. Baldwin, »The Russian Routes of Claude McKay's Internationalism«, in: Maxim Matusevich (Hg.), *Africa in Russia, Russia in Africa. Three Centuries of Encounters*, Trenton 2007, S. 85-109; Joy Gleason Carew, *Blacks, Reds, and Russians. Sojourners in Search of the Soviet Promise*, New Brunswick 2008; Hakim Adi, »Pan-Africanism and Communism: The Comintern, the ›Negro Question‹ and the First International Conference of Negro Workers, Hamburg 1930«, in: *African and Black Diaspora: An International Journal*, 1/2 (2008) S. 237-254; Maxim Matusevich, »›Harlem Globe-Trotters‹: Black Sojourners in Stalin's Soviet Union«, in: Jeffrey O. G. Ogbar (Hg.), *The Harlem Renaissance Revisited. Politics, Arts, and Letters*, Baltimore 2010, S. 211-244; Minkah Makalani, *In the Cause of Freedom. Radical Black Internationalism from Harlem to London, 1917-1939*, Chapel Hill 2011; Hakim Adi, *Pan-Africanism and Communism. The Communist International, Africa and the Diaspora, 1919-1939*, Trenton 2013.

nische Aktivisten und Aktivistinnen darstellte, die glaubten, in der Sowjetunion einen Verbündeten in einem international ausgefochtenen Kampf gegen Rassismus gewonnen zu haben. Umgekehrt wird auch deutlich, dass die Sowjetunion schon früh einen propagandistischen Antirassismus vertrat, der sich zwar gezielt gegen den Jim-Crow-Rassismus im US-amerikanischen Süden richtete, jedoch primär zur Diskreditierung der USA beitragen sollte, ohne dabei notwendigerweise den Interessen afroamerikanischer Aktivisten und Aktivistinnen zu dienen.[64] Das belegen auch eine Reihe von biografisch angelegten Studien, in denen die politisch-ideologische Entwicklung von bisher kaum bekannten linken schwarzen Aktivistinnen wie Louise Thompson Patterson (Frau des prominenten afroamerikanischen Aktivisten William L. Patterson), Esther Cooper Jackson (Herausgeberin des afroamerikanischen Magazins *Freedomways*) oder Eslanda Robeson (Frau des afroamerikanischen Sängers und linken Aktivisten Paul Robeson) in den Blick nehmen und die Bedeutung des Kommunismus und eines internationalen Bezugsrahmens für deren Vorstellungen des schwarzen Freiheitskampfes herausgearbeitet wird.[65] Innerhalb dieses Forschungsfeldes verortet Erik McDuffie Angela Davis und ihren Aktivismus aufgrund ihrer politisch-ideologischen Positionen hinsichtlich der analytischen Trias aus *race*, *class* und *gender*, aber auch wegen ihrer persönlichen Verbindungen zu einigen der oben genannten Aktivistinnen in der Tradition dieses dezidiert linken schwarzen Internationalismus.[66]

Zur internationalen Perspektive auf den afroamerikanischen Freiheits- und Gleichheitskampf gehört auch das Interesse an transatlantischen Transferprozessen zwischen Afroamerikanern und Deutschen und ihrer Bedeutung für Rasse- und Rassismusdiskurse. Der regelrechte Boom, den diese Auseinandersetzung in den vergangenen fünfzehn Jahren erfahren hat, belegen beispielsweise Studien

64 Meredith L. Roman, *Opposing Jim Crow: African Americans and the Soviet Indictment of U.S. Racism, 1928-1937*, Lincoln 2012; Maxim Matusevich (Hg.), *Africa in Russia, Russia in Africa. Three Centuries of Encounters*, Trenton 2007.

65 Siehe Carole Boyce Davies, *Left of Karl Marx. The Political Life of Black Communist Claudia Jones*, Durham 2007; Dayo F. Gore/Jeanne Theoharis/Komozi Woodard (Hg.), *Want to Start a Revolution? Radical Women in the Black Freedom Struggle*, New York 2009; David Levering Lewis/Michael H. Nash/Daniel J. Leab (Hg.), *Red Activists and Black Freedom: James and Esther Jackson and the Long Civil Rights Revolution*, New York 2010; Dayo F. Gore, *Radicalism at the Crossroads. African American Women Activists in the Cold War*, New York 2011; Erik S. McDuffie, *Sojourning for Freedom. Black Women, American Communism, and the Making of Black Left Feminism*, Durham 2011; Barbara Ransby, *Eslanda: The Large and Unconventional Life of Mrs. Paul Robeson*, New Haven 2014. Diese Beiträge überschneiden sich auch mit Untersuchungen zur Wechselwirkung zwischen der Kommunistischen Partei und der Frauenbewegung in den USA (siehe Kate Weigand, *Red Feminism. American Communism and the Making of Women's Liberation*, Baltimore 2002; Beth Slutsky, *Gendering Radicalism. Women and Communism in Twentieth-Century*, Lincoln 2015).

66 McDuffie, *Sojourning for Freedom*, S. 203.

von Maria Höhn (2002), Petra Goedde (2003), Heide Fehrenbach (2005), Timothy L. Schroer (2007) oder Martin Klimke (2010). Sie haben grundlegend zur Erforschung der Verbindungen während des Kalten Krieges, aber auch zur Wiedereinführung des Rassebegriffs in den deutschen Diskurs und die Auseinandersetzung mit rassistischen Ressentiments in der Bundesrepublik beigetragen.[67] Maria Höhn und Martin Klimke (2010) haben diesen auf Westdeutschland ausgerichteten Analyserahmen erstmals auf die DDR ausgeweitet.[68] In ihrer Studie geben sie erstmalig einen Überblick über die Solidaritätsaktivitäten der DDR für das sogenannte *andere Amerika* – angefangen mit den Besuchen von W.E.B. Du Bois und Martin Luther King in den späten 1950er und frühen 1960er Jahren bis hin zur DDR-Solidaritätskampagne für Angela Davis zu Beginn der 1970er Jahre.[69] Klimke

67 Maria Höhn, *GIs and Fräuleins. The German-American Encounter in 1950s West Germany*, Chapel Hill 2002; Petra Goedde, *GIs and Germans. Culture, Gender, and Foreign Relations, 1945-1949*, New Haven 2003; Heide Fehrenbach, *Race after Hitler. Black Occupation Children in Postwar Germany and America*, Princeton 2005; Timothy L. Schroer, *Recasting Race After World War II. Germans and African Americans in American-Occupied Germany*, Boulder 2007; Manfred Berg, »American Wars and the Black Struggle for Freedom and Equality«, in: Georg Schild (Hg.). *The American Experience of War*, Paderborn 2009, S. 133-54; Klimke, *The ›Other‹ Alliance*; Maria Höhn/Martin Klimke, *A Breath of Freedom: The Civil Rights Struggle, African American GIs, and Germany*, New York 2010; Larry A. Greene/Anke Ortlepp (Hg.), *Germans and African Americans. Two Centuries of Exchange*, Jackson 2011; Katharina Gerund, *Transatlantic Cultural Exchange. African American Women's Art and Activism in West Germany*, Bielefeld 2013.

68 Höhn/Klimke, *A Breath of* Freedom, S. 123-141. Im Jahr 2016 ist die Studie auch in deutscher Übersetzung erschienen: Maria Höhn/Martin Klimke, *Ein Hauch von Freiheit. Afroamerikanische Soldaten, die US-Bürgerrechtsbewegung und Deutschland*, Bielefeld 2016.

69 In den vergangenen Jahren haben Begegnungen zwischen der DDR und Afroamerikanern sowie afroamerikanische Einflüsse in der DDR an Aufmerksamkeit gewonnen: Michael Rauhut, »The Voice of the Other America. African-American Music and Political Protest in the German Democratic Republic«, in: Timothy Scott Brown/Lorena Anton (Hg.), *Between the Avant-Garde and the Everyday. Subversive Politics in Europe from 1957 to the Present*, New York 2011, S. 92-108; Aribert Schroeder, »Ollie Harrington. His Portrait Drawn on the Basis of East German (GDR) Secret Service Files«, in: Greene/Ortlepp (Hg.), *Germans and African Americans*, S. 185-200; Astrid Haas, »A Raisin in the East. African American Civil Rights Drama in GDR Scholarship and Theater Practice«, in: Greene/Ortlepp (Hg.), *Germans and African Americans*, S. 166-184; Victor Grossman, »African Americans in the German Democratic Republic«, in: Greene/Ortlepp (Hg.), *Germans and African Americans*, S. 3-16; Michael Rauhut, *Ein Klang – Zwei Welten. Blues im geteilten Deutschland, 1945 bis 1990*, Bielefeld 2016. Maria Schubert, »*We Shall Overcome*«. *Die DDR und die amerikanische Bürgerrechtsbewegung*, Paderborn 2018. Auch wenn in der DDR-Forschung gerne über die DDR als eine der »dichtesten und gründlichsten erforschten Regionen der Weltgeschichte nach 1945« gesprochen wird (siehe Thomas Lindenberger, »Ist die DDR ausgeforscht? Phasen, Trends und ein optimistischer Ausblick«, in: *Aus Politik und Zeitgeschichte [APuZ]. Beilage zur Wochenzeitung das Parlament*, 3. Juni 2014 [24-26/2014], S. 27-32) steht die Erforschung der ambivalenten Beziehungen zwischen den USA und der DDR gerade hinsichtlich der kulturellen Bedeutung der USA weiterhin noch am Anfang. Einen historiografischen Überblick bietet Uta A. Balbier/Christiane Rösch, »Mehr als

und Höhn verorten die DDR-Solidaritätskampagne für Angela Davis damit im Kontext einer transatlantischen Bürgerrechts- und *Black Power*-Bewegung, die beide deutsche Staaten mit den USA verband.[70] Die Solidaritätskampagne für Davis stellte, wie Höhn und Klimke darlegen, den spektakulären Höhepunkt dieser DDR-Solidaritätspolitik für das *andere Amerika* dar.

Gleichzeitig kann die DDR-Solidaritätskampagne für Angela Davis auch, wie Katrina Hagen zeigt, als Teil der international ausgerichteten Anerkennungsbemühungen der DDR-Führung in Abgrenzung zur Bundesrepublik interpretiert werden, die vor dem Hintergrund einer zunehmenden diplomatischen Normalisierung in den deutsch-deutschen Beziehungen zu Beginn der 1970er Jahre stattfanden.[71] Über die internationale Solidaritätspolitik der DDR-Führung und ihre Beziehungen zum *Globalen Süden* sind in den letzten beiden Jahrzehnten eine Reihe unterschiedlicher Arbeiten entstanden, die von diplomatiegeschichtlichen Themen wie die DDR-Entwicklungshilfe in Asien und Afrika[72] bis hin zu kulturgeschichtli-

---

eine Fußnote: Das Verhältnis zwischen der DDR und den Vereinigten Staaten von Amerika«, in: dies. (Hg.), *Umworbener Klassenfeind. Das Verhältnis der DDR zu den USA*, S. 11-23. Folgende Beiträge existieren bereits: Jürgen Große, *Amerikapolitik und Amerikabild der DDR: 1974–1989*, Bonn 1999; Heinrich Bortfeldt, »In the Shadow of the Federal Republic. Cultural Relations Between the GDR and the United States – Cultural Relations Before Diplomatic Recognition«, in: Detlef Junker et al. (Hg.), *The United States and Germany in the Era of the Cold War, 1945-1990: A Handbook*, Bd. 1, New York 2004, S. 305-311; Rainer Schnoor, »The Good and the Bad America«, in: Detlef Junker et al. (Hg.), *The United States and Germany in the Era of the Cold War, 1945-1990: A Handbook*, Bd. 2, New York 2004, S. 618-626. Zu den kulturellen Einflüssen der USA besonders auf die Jugend der DDR siehe Poiger, *Jazz, Rock, and Rebels*. Im weiteren Sinne lassen sich zu der Erforschung der kulturellen Einflüsse der USA auch Arbeiten im Bereich der DDR-Jugend zählen, die ihren Fokus auf transnationale Transfer- und Adaptionsprozesse sowie die Formierung einer vom Westen beeinflussten Jugendkultur in der DDR richten (siehe Michael Rauhut, *Beat in der Grauzone. DDR-Rock 1964 bis 1972. Politik und Alltag*, Berlin 1993; Rebecca Menzel, *Jeans in der DDR. Vom tieferen Sinn einer Freizeithose*, Berlin 2004; Peter Wurschi, *Rennsteigbeat. Jugendliche Subkulturen im Thüringer Raum 1952-1989*, Köln 2007; Janssen, *Halbstarke in der DDR*; Leonard Schmieding, *»Das ist unsere Party«. HipHop in der DDR*, Stuttgart 2014.

70 Höhn/Klimke, *Ein Hauch von Freiheit*, S. 242-250.

71 Katrina M. Hagen, *Internationalism in Cold War Germany*, Ph.D. Diss., University of Washington 2008 (zugänglich via ProQuest), S. 325-374.

72 Ulrich van der Heyden/Ilona Schleicher/Hans-Georg Schleicher (Hg.), *Die DDR und Afrika*, Münster 1993; Werner Killian, *Die Hallstein-Doktrin. Der Diplomatische Krieg zwischen der BRD und der DDR 1955-1973*, Berlin 2001; Ingrid Muth, *Die DDR-Außenpolitik 1949-1972. Inhalte, Strukturen, Mechanismen*, Berlin 2000; Young-Sun Hong, »›The Benefits of Health Must Spread Among All‹: International Solidarity, Health and Race in the East German Encounter with the Third World«, in: Katherine Pence/Paul Betts (Hg.), *Socialist Modern. East German Everyday Culture and Politics*, Ann Arbor 2008, S. 183-210; Klaus Storkmann, *Geheime Solidarität. Militärbeziehungen und Militärhilfe der DDR in die ›Dritte Welt‹*, Berlin 2012; Young-Sun Hong, *Cold War Germany, the Third World, and the Global Humanitarian Regime*, Cambridge 2015.

chen Fragestellungen zu ausländischen Vertragsarbeitern und Vertragsarbeiterinnen[73], Studenten und Studentinnen[74] sowie »politische[n] Immigranten«[75] in der DDR reichen. Die in diesen Studien sichtbar gewordenen Widersprüche zwischen den offiziell propagierten Zielen der internationalen Solidarität und ihrer Praxis stehen auch im Fokus des 2015 erschienenen Bandes *Comrades of Color. East Germany in the Cold War World.*[76] Die dort versammelten Beiträge beschäftigen sich mit Begegnungen zwischen der DDR und nicht-weißen Akteuren und gehen der Frage nach, welche Rolle *race*, Rassismus und Antirassismus über den offiziellen Internationalismus hinaus in der DDR spielten. Wie Katrina M. Hagen in ihrem Aufsatz »Ambivalences and Desire in the East German ›Free Angela Davis‹ Campaign« zeigt, stellte Angela Davis eine zentrale Figur im Rassismusdiskurs der DDR zu Beginn der 1970er Jahre dar.[77] Dabei wurde Davis nicht nur, wie der Herausgeber

73 Bernd Bröskamp (Hg.), *Schwarz-weisse Zeiten. AusländerInnen in Ostdeutschland vor und nach der Wende. Erfahrungen der Vertragsarbeiter aus Mosambik*, Bremen 1993; Annegret Schüle, »›Proletarischer Internationalismus‹ oder ›ökonomischer Vorteil für die DDR‹?«, in: *Archiv für Sozialgeschichte*, 42 (2002), S. 191-210; Dennis Kuck, »›Für den sozialistischen Aufbau ihrer Heimat?‹ Ausländische Vertragsarbeiter in der DDR«, in: Jan C. Behrends/Thomas Lindenberger/Patrice G. Poutrus (Hg.), *Fremde und Fremd-Sein in der DDR. Zu Historischen Ursachen der Fremdenfeindlichkeit in Ostdeutschland*, Berlin 2003, S. 245-256; Karin Weiss/Mike Dennis (Hg.), *Erfolg in der Nische? Die Vietnamesen in der DDR und in Ostdeutschland*, Münster 2005; Mike Dennis/Norman LaPorte, *State and Minorities in Communist East Germany*, New York 2011; Christina Schwenkel, »Rethinking Asian Mobilities. Socialist Migration and Post-Socialist Repatriation of Vietnamese Contract Workers in East Germany«, in: *Critical Asian Studies*, 42/2 (2014), S. 235-258.

74 Frank Hirschinger, *Der Spionage verdächtig. Asylanten und ausländische Studenten in Sachsen-Anhalt 1945-1970*, Göttingen 2009.

75 Patrice G. Poutrus, »›Teure Genossen‹. Die ›Politischen Emigranten‹ als ›Fremde‹ im Alltag der DDR-Gesellschaft«, in: Christian Th. Müller/Patrice G. Poutrus (Hg.), *Ankunft, Alltag, Ausreise. Migration und interkulturelle Begegnungen in der DDR-Gesellschaft*, Berlin 2003, S. 221-266; Patrice G. Poutrus, »An den Grenzen des proletarischen Internationalismus. Algerische Flüchtlinge in der DDR«, in: *Zeitschrift für Geschichtswissenschaft*, 2/2007, S. 162-178.

76 Quinn Slobodian (Hg.), *Comrades of Color. East Germany in the Cold War World*, New York 2015. Der Band kann als Teil einer Reihe von Studien gesehen werden, die sich mit der Zirkulation von Symbolen und Menschen, Transfer- und Austauschprozessen sowie Wechselwirkungen sowohl innerhalb des Ostblocks als auch zwischen Staaten der sogenannten sozialistischen Zweiten Welt und dem postkolonialen Globalen Süden beschäftigen (siehe Alexander Cook (Hg.), *Mao's Little Red Book. A Global History*, New York 2014; Robeson Taj Frazier, *The East is Black. Cold War China in the Black Radical Imagination*, Durham 2015; Robert Gildea/James Mark/Niek Pas, »European Radicals and the ›Third World‹. Imagined Solidarities and Radical Networks, 1958-1973«, in: *Cultural and Social History*, 8/4 (2011), S. 449-472.

77 Katrina M. Hagen, »Ambivalences and Desire in the East German ›Free Angela Davis‹ Campaign«, in: Slobodian (Hg.), *Comrades of Color*, S. 157-187. In ihrer Dissertation »Internationalism in Cold War Germany« (2008) beschreibt Katrina Hagen »Rasse« und Rassismus bereits als bestimmende Themen der außenpolitischen Selbstdarstellung des SED-Regimes.

in der Einleitung des Bandes feststellt, zur »de facto Botschafterin für die Sache des Antirassismus«[78] in der DDR, sondern forderte die SED-Führung, die Angela Davis als linientreue Kommunistin darzustellen versuchte, mit ihren politisch-ideologischen Positionen zur Intersektionalität von »Rasse«, Klasse und Geschlecht durchaus heraus.[79]

Zur Erforschung der ideologischen Denkmuster und politischen Vorstellungswelten, die das kommunistisch-afroamerikanische Verbundenheitsgefühl zwischen der DDR und Angela Davis bestärkten, wird in der vorliegenden Untersuchung auf schriftliche und bildliche Quellenüberlieferungen zurückgegriffen. Diese wurden aus deutschen und US-amerikanischen Archiven zusammengetragen und erstmals in einem Quellenbestand zusammengeführt. Der Bestand umfasst Dokumente aus den Parteiarchiven der SED und der CPUSA, publizistische Quellen (Zeitungen, Zeitschriften, Sachbücher, Newsletter, Broschüren, Pamphlete), Plakate, illustrierte Flugblätter, Rundfunkbeiträge sowie bildliche Überlieferungen wie Fotografien und Filmdokumente. Diese verschiedenen Quellentypen vernetzen unterschiedliche gesellschaftliche und politische Bereiche und ermöglichen so ein vertieftes Verständnis der politischen und kulturellen »Breitenwirkung« staatlich organisierter Solidaritätskampagnen in der Alltagswelt der sozialistischen Diktatur. Ergänzt wird diese Perspektive durch Protokolle und Korrespondenzen des Zentralkomitees der SED, des Friedensrats der DDR, der DDR-Jugendorganisation *Freie Deutsche Jugend* (FDJ) und anderer Massenorganisationen und Verbände anlässlich der Planung und Durchführung der Solidaritätskampagne und der Besuche von Davis. Hinzu kommen Reportagen und Berichte über Davis und ihren Justizprozess im *Neuen Deutschland* (Tageszeitung und Zentralorgan der DDR), der *Jungen Welt* (Tageszeitung, herausgegeben vom Zentralrat der FDJ) und der *Für Dich* (Frauenzeitschrift) sowie Fernseh- und Radiobeiträge, Publikationen und Beiträge, die bei verschiedenen Wettbewerben (Mal-, Lied- und Kunstwettbewerbe) im Zusammenhang mit der DDR-Solidaritätskampagne für Angela Davis eingegangen sind.

Für die Formierung der Solidaritätskampagne spielten die Leitmedien der DDR in ihrer vom Zentralkomitee (ZK) der SED zugedachten Funktion als »ideologische Waffe der Partei für Frieden und Sozialismus« eine zentrale Rolle.[80] Entsprechend Lenins medienpolitischen Dogmas, wonach die Zeitungen »kollektiver Propagandist, Agitator und Organisator« seien, fand in der DDR zu jeder Zeit eine »de-

78 Quinn Slobodian, »Introduction«, in: Slobodian (Hg.), *Comrades of Color*, S. 1-22, hier: S. 6.

79 Hagen, »Ambivalences and Desire«, S. 177.

80 ZK der SED, »Die ideologische Waffe der Partei für Frieden und Sozialismus – Presse, Rundfunk und Fernsehen beim umfassenden Aufbau des Sozialismus in der Deutschen Demokratischen Republik«, in: ZK der SED (Hg.), Dokumente der SED, *Beschlüsse und Erklärungen des ZK sowie seines Politbüros*, Bd. X, Berlin (Ost) 1967, S. 275-287, S. 257.

taillierte inhaltliche Lenkung« der Medieninhalte statt.[81] Die Art, wie Informationen in der Presse dargestellt wurden, diente der Herrschaftsausübung des Parteiregimes. Diese kommunikative Praxis regelte, wie wichtige Handlungsakteure sprachlich kenntlich gemacht wurden, wie Ideologie und »Realität« in ein Verhältnis zueinander gesetzt wurden und welches Vokabular zur Bezeichnung sozialer Sachverhalte gebraucht wurde.[82] Die Berichterstattung erlaubte es den Lesern, auf »Interessen und Probleme der Herrschenden zu schließen« und sich so »an die geltenden Normen anzupassen«.[83] Folglich kann davon ausgegangen werden, dass die zunehmende Berichterstattung über Angela Davis, die kurze Zeit nach ihrer Verhaftung am 13. Oktober 1970 in der DDR-Presse einsetzte, allen voran im *Neuen Deutschland* und der *Jungen Welt*, eine wichtige Quellensammlung für die Beantwortung der Frage ist, welche Vorstellungswelten und kollektiven Sinngebungen für die Solidarisierung mit Angela Davis bereitstanden oder bereitgestellt wurden. Berichte des Ministeriums für Staatssicherheit, die anlässlich Davis' Besuch 1972 verfasst wurden, geben – wenn auch nur bedingt – Aufschluss über die Bedenken der Parteiführung hinsichtlich ihrer Person und der vermeintlich mit ihr verbundenen ideologisch-politischen Risiken.

Leider hat Angela Davis ihren persönlichen Nachlass erst nach Abschluss dieser Doktorarbeit der Öffentlichkeit zugänglich gemacht, weshalb dieser für die Untersuchung nicht mehr genutzt werden konnte.[84] Daher stellt die kurz nach ihrem Freispruch erschienene Autobiografie (1974) eine zentrale Quelle dar, um ihre Verbundenheit mit der DDR im Kontext ihrer politisch-ideologischen Selbstidentifikation und Identitätsbildung nachzuvollziehen.[85] Damit folgt diese Arbeit der An-

---

81 Gunter Holzweißig, »Massenmedien in der DDR«, in: Jürgen Wilke (Hg.), *Mediengeschichte der Bundesrepublik Deutschland*, Bonn 1999, S. 573-602, hier: S. 574; Anke Fiedler/Michael Meyen (Hg.), *Fiktionen für das Volk: DDR-Zeitungen als PR-Instrument, Fallstudien zu den Zentralorganen Neues Deutschland, Junge Welt, Neue Zeit und Der Morgen*, Münster 2011. Zur Einflussnahme des Ministeriums für Staatssicherheit in den Zeitungsredaktionen siehe Anke Fiedler, »DDR-Zeitungen und Staatssicherheit: Zwischen staatlicher Öffentlichkeitsarbeit und operativer Absicherung«, in: Deutschland Archiv Online, 10.05.2013, URL: www.bpb.de/159750 (zuletzt abgerufen: 01.02.2020). Anke Fiedler/Michael Meyen, »Jenseits von Gleichförmigkeit und Propaganda. Warum es sich lohnt, DDR-Zeitungen zu untersuchen«, in: Fiedler/Meyen (Hg.), *Fiktionen für das Volk*, S. 7-24.

82 Jessen, Ralph, »Diktatorische Herrschaft als kommunikative Praxis. Überlegungen zum Zusammenhang von ›Bürokratie‹ und Sprachnormierung in der DDR-Geschichte«, in: *Presse in der DDR: Beiträge und Materialien*, 01.06.2011, URL: https://pressegeschichte.docupedia.de//wiki/Diktatorische_Herrschaft_als_kommunikative_Praxis_Version_1.html (zuletzt abgerufen: 01.02.2020).

83 Ebenda.

84 Seit November 2019 zugänglich unter: *Angela Y. Davis Papers, 1937-2017*. MC 940. Schlesinger Library, Radcliffe Institute, Harvard University.

85 Angela Davis, *Angela Davis. An Autobiography*, New York ²1988. Davis verstand das Verfassen ihrer Autobiografie als Teil ihres politischen Aktivismus. Im Vorwort zu der knapp 15 Jahre

sichtsweise der neueren Sozial- und Kulturgeschichte, autobiografische Texte als relevante Quellen anzusehen, statt Davis' Autobiografie wegen ihrer Subjektivität den historischen Erkenntniswert abzusprechen. So sind autobiografische Texte in der Lage, wie Volker Depkat schreibt, »das überaus komplexe und dynamische Verhältnis von Identität und Erinnerung« zu offenbaren.[86] Bezieht man die Textualität von Autobiografien mit ein und billigt dem Text einen Eigenwert zu, kann die Autobiografie – anders als bisher – nicht nur als »vermittelndes Material« verstanden werden, das lediglich »Informationen über eine außertextuelle Realität enthält«, sondern auch als »Quelle für die historische Rekonstruktion von Erinnerungs- und Identitätsbildungsprozessen« herangezogen werden. Auch in Davis' Autobiografie offenbart der hier entworfene Strukturzusammenhang die »Wirkung von Sozialisationsinstanzen und die Geltung von kollektiv geteilten Wertideen, Normen und Vorstellungswelten ebenso wie den Wandel dieser Prägung« und trägt so dazu bei, ihre Beziehung zur DDR und die damit verbundenen Zusammengehörigkeitsvorstellungen zu erklären.[87] Interviews, die Davis afroamerikanischen Medien wie der *Ebony*, *JET* oder *Muhammed Speaks* gegeben hat, und Aufsätze, zum Beispiel aus dem 1971 von Davis herausgegebenen Band *If they Come in the Morning*[88], werden deshalb genutzt, um diese 1974 verfasste Selbstdarstellung zu ergänzen und in Perspektive zu setzen.

Die in der *Tamiment Library* der New York University verwahrte Sammlung der CPUSA, die sich zum Zeitpunkt der Archivrecherche teilweise noch in der Inventarisierungsphase befand, und in unterschiedlichen Archiven[89] aufbewahrten Mate-

nach ihrem Erscheinen herausgegebenen Neuauflage schreibt Davis, dass sie das Verfassen ihrer Autobiografie als Möglichkeit betrachte, um die »politische Bedeutung ihrer Erfahrungen« zu bewerten. Der politische Charakter ihrer Erfahrungen entspringe, so Davis weiter, »ihrer Arbeit als Aktivistin in der schwarzen Bewegung und ihrer Mitgliedschaft in der Kommunistischen Partei« (siehe ebenda, S. VIII). Der Literaturwissenschaftlerin Margo V. Perkins zufolge solle das Verfassen der eigene Autobiografie dazu beitragen, die eigenen Umstände mit denen anderer Aktivisten und Aktivistinnen über historische Perioden hinweg zu verbinden (siehe Margo V. Perkins, *Autobiography as Activism. Three Black Women of the Sixties*, Jackson 2011, S. 1ff.). Im Sinne einer Form des politischen Aktivismus verfassten auch andere Aktivisten und Aktivistinnen der *Black Power*-Ära ihre Autobiografien, zum Beispiel Elaine Brown mit *A Taste of Power. A Black Woman's Story* (New York 1994), Assata Shakur mit *Assata: An Autobiography* (New York 1987) oder Bobby Seale mit *A Lonely Rage. The Autobiography of Bobby Seale* (New York 1978).

86 Depkat, »Autobiographien und die soziale Konstruktion von Wirklichkeit«, S. 445.

87 Ebenda, S. 452, S. 466-468.

88 Angela Davis (Hg.), *If They Come in the Morning. Voices of Resistance*, London 1971.

89 Im Rahmen dieser Arbeit wurden folgende Sammlungen gesichtet: *Bettina Aptheker Papers* (MS 157), Special Collections and Archives, University Library, University of California, Santa Cruz; *Angela Davis Academic Freedom Case & Trial and Defense Movement Records* (MSS 093), Southern California Library for Social Studies and Research, Los Angeles; *Angela Davis Legal Defense Collection* (Sc MG 410), Schomburg Center for Research in Black Culture, The New York

rialien des *National United Committee to Free Angela Davis* (NUCFAD) wurden im Verlauf der Archivrecherche erstmals umfassend gesichtet. Neben Korrespondenzen, Flugblättern, Broschüren, Reden und internen Positionspapieren fand sich hier auch ein Großteil der Solidaritätsbriefe- und Postkarten wieder, die aus der DDR an Davis ins Gefängnis geschickt wurden. Alleine im Bestand der *Special Collection* der Stanford University befinden sich rund 200 Kisten, die zum Großteil mit – meist noch ungeöffneter – Solidaritätspost aus der DDR gefüllt sind.[90] Eine umfassende quantitative und qualitative Untersuchung der gelagerten Solidaritätspost muss daher zukünftigen Arbeiten überlassen werden.

Die Zeitungen und Periodika *Black Panther Intercommunal News, Daily World, Ebony, Freedomways, JET, Newsweek, New York Times, People's World, Washington Post* sowie die *Frankfurter Allgemeine Zeitung* (FAZ), die *Süddeutsche Zeitung, Der Spiegel* und *Die ZEIT* geben einen Überblick über die verschiedenen Reaktionen und Rezeptionen im öffentlichen Diskurs der USA sowie der Bundesrepublik.

Beobachtungsprotokolle der CIA über Entwicklungen in den Ostblockstaaten und Westeuropa (zugänglich über das »CIA Records Search Tool« in den *National Archives* in College Park, Maryland)[91] sowie veröffentlichte Anhörungen vor dem *Committee on Internal Security* des US-Repräsentantenhauses, vormals *House Committee on Un-American Activities* (HUAC), geben außerdem Einblick in die

---

Public Library, NYC, *Communist Party of the United States of America Records* (TAM.132), Tamiment Library/Robert F. Wagner Labor Archives, NYU, sowie die *Angela Y. Davis Collection*, Stuart A. Rose Manuscript, Archives, and Rare Book Library, Emory University, Atlanta.

90 *National United Committee to Free Angela Davis records, circa 1970-1972* (M0262), Departement of Special Collections, Stanford University. Weitere Solidaritätspost aus der DDR befindet sich in den Beständen *Communist Party of the United States of America Records* und *National Alliance Against Racial and Political Repression Records/Angela Davis Defense Committee*. Der Inhalt wurde allerdings bisher noch nicht bearbeitet, sodass nur eine stichprobenartige Auswahl zur Anschauung und Auswertung bereitgestellt werden konnte. Darunter befanden sich neben einer Reihe von mit Unterschriften versehenen Postern und Bannern beispielsweise auch Gegenstände wie die Arthur-Becker-Medaille in Gold, von der FDJ im Oktober 1971 in absentia an Angela Davis verliehen, oder eine noch original verpackte FDJ-Bluse.

91 Seit Januar 2017 sind die bereits archivierten CREST-Unterlagen als Online-Sammlung unter CREST: 25-Year Program Archive zugänglich, URL: https://www.cia.gov/library/readingroom/collection/crest-25-year-program-archive zuletzt abgerufen: 01.02.2020). Um Einsicht in Aufzeichnungen und Akten des amerikanischen Justizministeriums und des FBI über Angela Davis zu erhalten, wurde im Rahmen dieser Arbeit ein Freedom of Information Act (FOIA)-Antrag eingereicht. Die Überprüfung der rund 800 Seiten umfassenden Akte »FBI case file 100-HQ-461537« wurde auf Grundlage des FOIA im März 2016 abgeschlossen und es wurden rund 600 Seiten zur Einsicht in den National Archives (College Park, Maryland) freigegeben. Diese Unterlagen konnten aufgrund des langwierigen Verfahrens im Rahmen dieser Arbeit nicht mehr als Quellen berücksichtigt werden, dies muss späteren Arbeiten überlassen werden.

US-Regierungsperspektive auf Davis' politische Aktivitäten. Der Lesbarkeit wegen wurden die meisten hier verwendeten englischen Quellen übersetzt.

Trotz dieser Vielzahl an Quellen aus verschiedenen Bereichen sieht sich auch diese Arbeit mit der für die kulturgeschichtliche Erforschung kommunistischer Parteidiktaturen eigenen Frage konfrontiert, in welchem Verhältnis die Herrschaftspraktiken des Parteiregimes und der Eigensinn und die Freiwilligkeit der Bevölkerung stehen und wie sie zu interpretieren sind. Denn wie die Propagandaforschung gezeigt hat, stimmte die Botschaft »von oben« mit der Bedeutungszuweisung »von unten« zumeist kaum überein.[92] Mit den hier verwendeten Quellen lassen sich Antworten auf mögliche gesellschaftliche Wirkungsmechanismen oder subjektive Wahrnehmungen daher nur hypothetisch formulieren. Auch können an dieser Stelle keine Aussagen darüber getroffen werden, wie groß beispielsweise die Verankerung und das gesellschaftliche Integrationspotenzial der DDR-Solidaritätskampagne für Angela Davis auf individueller Ebene wirklich war. Um die mögliche Bandbreite an individuellen Perspektiven auf die Solidaritätskampagne und die Person Angela Davis in der DDR zu erfassen, müsste der untersuchte Quellenbestand durch subjektive Erinnerungszeugnisse, zum Beispiel durch die Erhebung und Analyse narrativer Interviews, erweitert werden. Eine solche Untersuchung subjektiver Perspektiven muss jedoch ebenfalls zukünftigen Arbeiten überlassen werden. Dasselbe gilt für Angela Davis' persönliche Perspektive auf die DDR-Solidaritätskampagne und die Wahrnehmung ihrer Beziehung zur DDR. Mehrere Interviewanfragen blieben unbeantwortet und werden als Hinweis interpretiert, dass Angela Davis ihrer wiederholt öffentlich kundgegebenen Verbundenheit zur DDR und ihrer Wahrnehmung der DDR-Solidaritätskampagne als Teil einer internationalen Bewegung aktuell nichts hinzuzufügen hat.

Die Untersuchung gliedert sich in insgesamt vier Kapitel. Zunächst liegt der Fokus bei der Untersuchung der internationalen Solidaritätspolitik der DDR und dem sozialistischen Antirassismus auf der Beantwortung der Frage nach den Vorstellungswelten und Wirklichkeitskonstruktionen, die als Grundlage für die Solidarisierung mit Angela Davis bereitstanden.

Das zweite Kapitel widmet sich der personellen Dimension der Vorstellungswelten und Wirklichkeitskonstruktionen. Frühe Begegnungen zwischen schwarzen linken Aktivisten und Aktivistinnen ab den 1920er Jahren sowie die Entstehung kommunistisch-afroamerikanischer Verbundenheitsvorstellungen werden nachgezeichnet und in ihrer Bedeutung für den Selbstlegitimierungsdiskurs der jungen DDR sichtbar gemacht. Dies bildet den Kontext für die Initiierung und Ausgestaltung der DDR-Solidaritätskampagne für Angela Davis.

---

92 Rainer Gries, »Propagandageschichte als Kulturgeschichte. Methodische Erwartungen und Erfahrungen«, in: *Deutschland Archiv*, 33/4 (2000), S. 558-570.

Das dritte Kapitel legt den Fokus auf die Frage nach Angela Davis und ihrer politisch-ideologischen Prägung und inwiefern diese als Grundlage für die Verbundenheit mit der DDR diente. Dementsprechend wird die Entwicklung ihres Identitätsentwurfs chronologisch und biografisch nachgezeichnet. Die augenscheinlichen Widersprüche zwischen Angela Davis' politisch-ideologischer Symbolik und ihrer Verbundenheit zur DDR werden hier besonders beachtet.

Im vierten Kapitel wird die DDR-Solidaritätskampagne für Angela Davis dargestellt. Dabei werden Kontinuitäten und Neuerungen sowohl der Verbundenheitsvorstellungen der DDR als auch von Angela Davis aufgezeigt. Der Fokus liegt hier darauf, wie in der DDR zu Beginn der 1970er Jahre internationale Solidarität mit dem *anderen Amerika* verstanden und Angela Davis in die DDR-Vorstellungswelt eingebettet wurde. Die Perspektive von Angela Davis wird anhand ihrer Besuche in der DDR 1972 und 1973 herausgearbeitet. Gleichzeitig werden transnationale Wechselwirkungen und Transferprozesse im Kontext der DDR-Solidaritätskampagne in den Blick genommen. Eine Zusammenfassung der Ergebnisse, eine Beantwortung der erkenntnisleitenden Fragestellungen sowie eine abschließende Bewertung finden sich im letzten Kapitel.

1 Internationale Solidaritätspolitik und sozialistischer Antirassismus in der DDR

Die Solidarisierung mit Angela Davis durch die DDR konnte nur auf der Grundlage einer politisch-ideologischen Sinngebung erfolgen. Nachfolgend wird untersucht, welche Sinngebungen in der DDR zu Beginn der 1970er Jahre existierten oder erst entwickelt wurden. Zunächst wird daher gezeigt, wie internationale Solidarität als politische und soziale Praxis Teil einer spezifischen Kultur des Kalten Krieges der DDR und dann zum Leitbegriff des sozialistischen Antirassismus der DDR wurde. Von besonderem Interesse ist dabei, warum der afroamerikanische Freiheitskampf in den Fokus der Solidaritätspolitik der DDR geriet. Schließlich wird dargelegt, wie das SED-Regime mit seinen Solidarisierungsbemühungen mit dem afroamerikanischen Freiheits- und Gleichheitskampf an Debatten zu »Rasse« und Rassismus anknüpfte und dabei sozialistisch-afroamerikanische Verbundenheitsvorstellungen aufgriff, die bis in die Sowjetunion der 1920er Jahre zurückreichen.

1.1 Der ideologische Kampfbegriff Solidarität

Der Begriff *Internationale Solidarität* galt als fester Bestandteil der DDR-Politik. Nur vor dem Hintergrund der Entwicklung dieses internationalistischen Solidaritätsbegriffs kann die DDR-Solidaritätskampagne für Davis gedeutet werden. Der Solidaritätsbegriff gehörte bereits seit den 1920er Jahren zur institutionalisierten Sprache des Marxismus-Leninismus, war jedoch noch stark an sozialistische Parteien gebunden. Im klassischen marxistischen Sinne meinte Solidarität zunächst Klassensolidarität, die Brüderlichkeit und Klassenverbundenheit einschloss. Mit dem Aufkommen der Vorstellung einer Sozialistischen Internationale entwickelte sich der Begriff Solidarität unter Einschluss des Begriffs Internationalismus zu einem ideologischen Kampfbegriff und erfuhr als programmatische Parole unter Lenin weite Verbreitung.[1] Während der Zeit der studentischen Protestbewegungen ab

1 Zur Begriffsgeschichte siehe Peter Friedemann/Lucian Höscher, »Internationale. International, Internationalismus«, in: *Geschichtliche Grundbegriffe. Historisches Lexikon zur politisch-so-*

den 1960er Jahren erlebte der internationalistische Solidaritätsbegriff dann eine theoretische Öffnung: Solidarität wurde von einem verbindlichen sozialistischen Dogma zu einer Idee »im Sinne eines das Denken und Handeln lenkenden ›Leitgedanken‹«.[2]

In der DDR ging der Begriff der internationalen Solidarität, den ideologischen Vorgaben der Sowjetunion entsprechend, mit der Staatsgründung in die politische Sprache ein. Solidarität wurde dabei als Grundsatz verstanden, der die Arbeiterklassen aller Länder verband und als Bestandteil des proletarischen Internationalismus der Herrschaftssicherung des SED-Regimes – in Loyalität zur Sowjetunion – diente. So proklamierte die Propagandaabteilung des Zentralkomitees (ZK) zwei Jahre nach der Gründung der DDR 1951: Die internationale Solidarität gilt als »Verpflichtung der Arbeiterklasse jedes Landes«, die zum »Aufbau des Sozialismus im eigenen Lande, ununterbrochene Festigung der Kräfte des Sozialismus im eigenen Lande und die uneigennützige Unterstützung der Arbeiterklasse der anderen Länder im Kampf für die Freiheit« beitragen soll.[3] Damals zeichnete sich bereits ab, was schließlich mit der Aufnahme in den Verfassungstext von 1968 nochmals manifestiert wurde: Für die SED-Führung zählte die internationale Solidarität als Teil des sozialistischen Internationalismus zu den Grundprinzipien der Gesellschafts- und Staatsordnung der DDR.[4] Dargestellt als »wichtige Kraft im Befreiungskampf« blieb sie aus Sicht der Herrschaftselite bis zum Zusammenbruch des Regimes eines der zentralen politisch-ideologischen Leitmotive der DDR.[5]

---

zialen Sprache in Deutschland, Bd. 3, Stuttgart 2004, S. 367ff.; Stephen Gill, »Internationale Beziehungen«, in: Wolfgang Fritz Haug (Hg.), *Historisch-Kritisches Wörterbuch des Marxismus*, Bd. 6/II, Berlin 2004, S. 1371.

2 Dorothee Weitbrecht, *Aufbruch in die Dritte Welt. Der Internationalismus der Studentenbewegung von 1968 in der Bundesrepublik Deutschland*, Göttingen 2012, S. 37. Im Verlauf der 1960er Jahre fand der Begriff eine breitere Anwendung und wurde unter Verwendung von neomarxistischem und befreiungstheoretischem Schriftgut speziell im Zusammenhang mit der Unterstützung nationaler Befreiungsbewegungen in der Dritten Welt verwendet. Zur Bedeutung der internationalen Solidarität für die studentische Protestbewegung um 1968 in der Bundesrepublik siehe ebenda. Zur ideengeschichtlichen Entwicklung des Solidaritätsbegriffs im europäischen Kontext siehe Steinar Stjernø, *Solidarity in Europe. The History of an Idea*, Cambridge 2005.

3 Richard Herber, »Sowjetpatriotismus und proletarischer Internationalismus«, in: *Neues Deutschland* (28.02.1951), S. 6.

4 Verfassung der Deutschen Demokratischen Republik, 09.04.1968, Art. 6, Abs. 2, 3, URL: www.documentarchiv.de/ddr/verfddr1968.html (zuletzt abgerufen: 01.02.2020). In der Verfassung von 1974 kam unter anderem der Begriff der »friedlichen Koexistenz« hinzu (URL: www.documentarchiv.de/ddr/verfddr.html [zuletzt abgerufen: 01.02.2020]).

5 Kurt Seibt, »Solidarität – wichtige Kraft im Befreiungskampf«, in: *Neue Deutsche Presse* (19.08.1979), abgedruckt in: Deniz Göktürk/David Gramling/Anton Kaes (Hg.), *Transit Deutschland. Debatten zu Nation und Migration*, Konstanz 2011, S. 110.

Der Solidaritätsbegriff stärkte, der marxistisch-leninistischen Logik eines zweigeteilten Weltbildes folgend, im Systemkonflikt somit die Abgrenzung zum »Anderen« und diente der ideologisch-politischen Selbstvergewisserung. Er war Teil eines Selbstlegitimierungsdiskurses, der – den ideologischen Eigenheiten der Blöcke entsprechend – auf beiden Seiten des Eisernen Vorhangs geführt wurde und einen zentralen Bestandteil der knapp 40-jährigen Auseinandersetzung zwischen Ost und West darstellte. Dieser Diskurs sollte in der DDR dazu beisteuern, die universalen Geltungsansprüche der sozialistischen Herrschaft zu legitimieren und letztlich den Konflikt in den Köpfen und Herzen der Menschen virulent zu halten.[6] Die Solidaritätsaktivitäten der DDR können dabei als charakteristische (Ersatz-)Handlungen des Systemkonflikts im Sinne eines imaginierten Krieges interpretiert werden. Im Rahmen ihrer Anerkennungsoffensive, aber auch im Kontext des sogenannten sozialistischen Aufbaus der DDR als eigenständige deutsche Gesellschaft – mit anderen Worten: des angestrebten Prozesses der Nationenbildung zu einem »sozialistischen Staat deutscher Nation«, wie es in der Verfassung von 1968 hieß – entwickelte die SED-Führung in den 1950er und 1960er Jahren eine Strategie, die im Folgenden als »sozialistische Solidaritätspolitik« bezeichnet wird.[7] Sie sollte der Herrschaftslegitimation des Regimes nach außen wie nach innen dienen.

Außenpolitisch stand der Aufbau eines internationalen Bündnissystems im Mittelpunkt der Bestrebungen des Regimes. Die SED-Führung kritisierte die Nichtanerkennungspolitik des Westens, die auf der 1955 durch die Bundesrepublik Deutschland proklamierten Hallstein-Doktrin basierte, als Verletzung der Souveränität anderer Staaten.[8] Gleichzeitig stellte sie ihre Außenpolitik auf die veränderten internationalen Konstellationen nach dem Beginn der Dekolonialisierung ein. Zunehmend bemühte sich die DDR-Regierung, diplomatische Verbindungen zu den gerade unabhängig gewordenen Staaten in Afrika und Asien aufzunehmen. Innerhalb dieses Handlungsrahmens entwickelte die SED-Führung eine Bündnispolitik, die nicht selten von den traditionellen, durch staatliche Akteure ausgeübten Formen der westlichen Diplomatie abwich und stattdessen nationale Befreiungsbewegungen als Bündnispartner einschloss – vorzugsweise

6 Zur Bedeutung des Selbstlegitimierungsdiskurses siehe auch Kaldor, *Der Imaginäre Krieg*, S. 20.

7 Verfassung der Deutschen Demokratischen Republik, 09.04.1968, Art. 1, Abs. 1, URL: www.documentarchiv.de/ddr/verfddr1968.html (zuletzt abgerufen: 01.02.2020). Hiernach ist die DDR die »politische Organisation der Werktätigen in Stadt und Land, die gemeinsam unter Führung der Arbeiterklasse und ihrer marxistisch-leninistischen Partei den Sozialismus verwirklichen.« Damit sind der Führungsanspruch der SED innenpolitisch und die »Zweistaatentheorie« in der Deutschlandpolitik verfassungsrechtlich verankert.

8 Vgl. Werner, *Die Hallstein-Doktrin*, S. 345ff.

solche mit einem antiimperialistischen Selbstverständnis.[9] Die Aufnahme diplomatischer Beziehungen zu Staaten der sogenannten Dritten Welt erwies sich für die DDR als schwierig und blieb häufig auf eine entwicklungspolitische Zusammenarbeit in Form finanzieller Unterstützung, zwischenstaatlicher Abkommen und kultureller Austauschprogramme beschränkt.[10]

Innerhalb der DDR betrachtete die SED-Führungselite Solidarität als »Triebkraft der gesamten Gesellschaft« zum »sozialistischen Aufbau« der Gesellschaft und als Beitrag zur »politisch-moralischen Einheit« des Volkes.[11] Das imaginierte Kriegsszenario veranlasste das Parteiregime zur Ausweitung der politisch-ideologische Rhetorik: Solidarität sollte als politische und soziale Praxis mittels staatlich gelenkter Massenorganisationen, der Medien oder der Schulen verschiedene Sphären der Gesellschaft durchdringen. So wurde internationale Solidarität im Verlauf der 1970er Jahre etwa als offizielles Lern- und Erziehungsziel in die Lernpläne aufgenommen.[12]

Für die von der Parteiführung verordnete Praktizierung von Solidarität spielten neben dem bereits in den Anfängen der DDR etablierten Friedensrat auch andere Organisationen eine Rolle, wie das unter dem Eindruck der in Afrika beginnenden Dekolonialisierung 1960 gegründete »DDR-Komitee für Solidarität mit den Völkern

---

9 Hermann Wentker, *Außenpolitik in engen Grenzen. Die DDR im internationalen System, 1949-1989*, München 2007, S. 298. Zur DDR-Anerkennungsoffensive in Afrika siehe Ulrich van der Heyden, *Kalter Krieg in Ostafrika. Die Beziehungen der DDR zu Sansibar und Tansania*, Münster 2009, S. 183-210; Mark Philip Bradley, »Decolonization, the Global South, and the Cold War, 1919-1962«, in: Melvyn P. Leffler/Odd Arne Westad (Hg.), *The Cambridge History of the Cold War, Vol. 1: Origins*, Cambridge 2010, S. 464-486. Die Solidaritätspolitik der DDR war keinesfalls frei von rassistischen Vorurteilen und Eigeninteressen (vgl. Hong, »›The Benefits of Health Must Spread Among All‹«; Hagen, *Internationalism in Cold War Germany*, S. 325ff.; Sara Lorenzini, »East-South Relations in the 1970s and the GDR Involvement in Africa. Between Bloc Loyalty and Self-Interest«, in: Max Guderzo/Bruna Bagnato (Hg.), *The Globalization of the Cold War. Diplomacy and Local Confrontation, 1975-85*, New York 2010, 104-116).

10 Wentker, Außenpolitik in engen Grenzen, S. 291ff.

11 Artikel »Solidarität«, in: Institut für Internationale Beziehungen (Hg.), *Wörterbuch der Außenpolitik und des Völkerrechts*, Berlin (Ost) 1980, S. 528. Aktuelle Forschungsarbeiten im Bereich der DDR-Entwicklungshilfe, etwa über die FDJ-Freundschaftsbrigaden, öffnen neue Perspektiven auf Solidaritätspraktiken in der DDR und ihre teilweise nicht von der Parteiführung intendierte Wirkungsweise (siehe hierzu etwa das Forschungsprojekt »Entsandte ExpertInnen von Entwicklungshilfe und Sozialistischer Hilfe in Zeiten der Systemkonkurrenz« unter der Leitung des Univ. Doz. Dr. Berthold Unfried am Institut für Wirtschafts- und Sozialgeschichte der Universität Wien, URL: https://entwicklungsexperten.univie.ac.at/[zuletzt abgerufen: 01.02.2020]).

12 Siehe hierzu Marianne Krüger-Potratz/Annette Krüger/Werner Winter, »Völkerfreundschaft und internationale Solidarität«, in: Ministerium für Bildung, Jugend und Sport des Landes Brandenburg (Hg.), *Freundschaft! Die Volksbildung der DDR in ausgewählten Kapiteln*, Berlin 1996, S. 171-255, hier: S. 192.

Afrikas«, das 1961 um das »Komitee für die Solidarität mit Kuba« erweitert wurde. Mit Beginn des Vietnamkrieges wurde die Organisation in »Afro-Asiatisches Solidaritätskomitee der DDR« umbenannt. Im Zuge des chilenischen Militärputsches 1973 fand schließlich die letzte Umbenennung in »Solidaritätskomitee der DDR« statt.[13] Ihm kam eine zentrale Rolle für die Solidaritätspolitik der DDR zu. So führte es Solidaritätstage, -wochen oder -monate länderspezifisch und mit aktuellem Bezug durch, mit der Zielsetzung einer »Aussprache über den antiimperialistischen Kampf« mit den Bürgern, wie es im Parteijargon hieß.[14] Diese organisierten Solidaritätsbekundungen, etwa für Nordvietnam[15] oder Chile[16], fanden ihre Umsetzung vor allem in der Sammlung von Unterschriften und Spenden, die »in Treue zum proletarischen Internationalismus und zu den Prinzipien der anti-imperialistischen Völkerfreundschaft« offiziell von »80 Prozent aller Gewerkschaftsmitglieder« gezahlt wurden.[17] Solidaritätsbekundungen dieser Art waren häufig ein feststehender Programmpunkt etwa bei Treffen von Gewerkschaften, FDJ-Gruppen und Kreisdelegierten.

Vor dem Hintergrund der permanent befürchteten Existenzbedrohung durch das feindliche System des Westens boten Solidaritätsaktionen für die nach Unabhängigkeit strebenden Völker in Afrika und Asien der SED-Führung die Möglichkeit, der Bevölkerung den Kampf zwischen Gut und Böse als eine erfahrbare politische Realität zu vermitteln. Durch die Solidarisierung mit dem kommunistischen Norden Vietnams versuchte die Parteiführung zum Beispiel, einen Bezug zwischen dem imaginierten Krieg und den realen Kämpfen herzustellen. Solidarität lässt sich so als eine Praxis zur Systemerhaltung verstehen, die ideologische Entspannung verhindern, Machtverhältnissen Legitimation verleihen, gesellschaftlichen Zusammenhalt schaffen und so die SED-Herrschaft als Teil des Blocksystems festigen und reproduzieren sollte.[18]

Als Teil eines imaginierten Krieges und dem ihm innewohnenden Selbstlegitimierungsdiskurs diente die Solidaritätspolitik des SED-Regimes auch dazu, eine

---

13 Jadwiga E. Pieper Mooney, »East Germany. Chilean Exile and the Politics of Solidarity in the Cold War«, in: Kim Christiaens/Idesbald Goddeeris/Magaly Rodriguez García (Hg.), *European Solidarity with Chile, 1970s-1980s*, Frankfurt a.M. 2014, S. 275-299, hier: S. 277.

14 Afro-Asiatisches Solidaritätskomitee der DDR, »Bericht über die Solidaritätsbewegung in der Deutschen Demokratischen Republik zur Unterstützung des kämpfenden vietnamesischen Volkes«, in: Göktürk/Gramling/Kaes (Hg.), *Transit Deutschland*, S. 101-102, hier: S. 101.

15 Schwenkel, »Rethinking Asian Mobilities«; Weiss/Dennis (Hg.), *Erfolg in der Nische?*

16 Inge Emmerling, *Die DDR und Chile. Außenpolitik, Außenhandel und Solidarität*, Berlin 2013; Mooney, »East Germany«.

17 Afro-Asiatisches Solidaritätskomitee der DDR, »Bericht über die Solidaritätsbewegung in der Deutschen Demokratischen Republik«, S. 101.

18 Jost Düffler, »Self-Sustained Conflict« – Systemerhaltung und Friedensmöglichkeiten im Ost-West-Konflikt 1945-1991«, in: Corinna Hauswedell (Hg.), *Deeskalation von Gewaltkonflikten seit 1945*, Essen 2006, S. 33-60, hier: S. 39.

imaginierte Gemeinschaft zu erzeugen. Eine solche Gemeinschaft sollte »Wesen und Eigenarten der jeweiligen Blöcke« festlegen und den jeweiligen Zugehörigkeitsgefühlen Sinn verleihen.[19] Ähnlich der Handlungsweise eines Nationalstaates definierte sich jeder Block mittels eines gemeinsamen Gesellschaft- und Wertesystems, das scheinbar allen Mitgliedern gemeinsam war und sich von ihrer demokratischen oder sozialistischen Ausrichtung herleiten ließ. Bei der Definition eines solchen Gesellschafts- und Wertesystems verfolgten beide Seiten einen universalistischen Ansatz. Während der Westen – angeführt von den USA und ihrem *American Way of Life* – seinem Selbstverständnis nach die *Freie Welt* repräsentierte, vertrat man in den Staaten des Ostblocks ein ideologisches Selbstbild, das Odd Arne Westad als »Empire of Justice« bezeichnet.[20] Diese kollektive Selbstzuordnung schloss den (Integrations-)Versuch ein, die jeweilige Bevölkerung auch emotional an Werte, Symbole, Traditionen und kulturhistorische Leistungen der Gemeinschaft in Abgrenzung zum »Anderen« des ideologischen Großkonflikts zu binden.[21]

Als sozialistischer Wertebegriff war die Solidarität Teil eines polaren Denk- und Gefühlsschemas, das die Wahrnehmung von Welt und Wirklichkeit in der DDR prägen sollte. Das DDR-Regime ergänzte durch ihn seine ideologisch-politischen

---

19 Kaldor, *Der Imaginäre Krieg*, S. 20. Dieses Zugehörigkeitsgefühl der Blöcke wird durch gesellschaftliche Konstruktionsprozesse erst erschaffen und erinnert an Benedict Andersons Konzept der Nation als »imagined community« (siehe hierzu Benedict R. Anderson, *Die Erfindung der Nation: Zur Karriere eines folgenreichen Konzepts*, Frankfurt a.M. 2005).

20 Siehe hierzu Wilfried Mausbach, »Erdachte Welten. Deutschland und der Westen in den 1950er Jahren«, in: Manfred Berg/Philipp Gassert (Hg.), *Deutschland und die USA in der Internationalen Geschichte des 20. Jahrhunderts*, Stuttgart 2004, S. 423-448, hier: S. 440ff. Zu Recht weist Mausbach darauf hin, dass »vorgestellte Gemeinschaften« nicht »einfach in dekonstruktivistischem Kurzschluß als Hirngespinste« entlarvt werden dürfen. Stattdessen folgt Mausbach Emile Durkheims Hinweis, gedachte Wirklichkeiten seien nicht weniger wirklich als reale, da es sich bei ihnen um Vorstellungen und Ideen handele, die soziales Handeln anleiten (vgl. Emile Durkheim, *Die Elementaren Formen des religiösen Lebens* [1912], Frankfurt a.M. 1981). Auch Max Weber erkannte in »Weltbildern« bereits »Weichensteller« für späteres Handeln (siehe Max Weber, *Gesammelte Aufsätze zur Religionssoziologie* [1920], [9]1988, hier: S. 252). Für den Begriff des »Empire of Justice« siehe Odd Arne Westad, *The Global Cold War. Third World Interventions and the Making of Our Time*, Cambridge 2005, S. 8-45.

21 Zur Entstehung einer DDR-spezifischen Emotionskultur im Kontext des Kalten Kriegs siehe Sophie Lorenz, »Konstruktionen einer Emotionskultur des Kalten Krieges. Das Beispiel der DDR-Solidaritätskampagne für Angela Davis, 1970-1972«, in: Eugster/Marti (Hg.), *Das Imaginäre des Kalten Krieges*, S. 213-239. Zur Formierung einer nationalen Identität in der DDR siehe Andreas Staab, *National Identity in Eastern Germany. Inner Unification or Continued Separation?*, London 1998, S. 5. Zum Konzept der »erfundenen Tradition« siehe Eric Hobsbawm/Terence Ranger, *The Invention of Tradition*, Cambridge 1983.

Abgrenzungsversuche.[22] So leitete das Parteiregime die Praktizierung von Solidarität aus einer spezifisch sozialistischen Moralvorstellung ab, womit Solidarität als eine dem Sozialismus eigene Handlungskonvention dargestellt wurde. Laut Walter Ulbricht galt die internationale Solidarität als eines der »zehn Gebote der sozialistischen Moral«, dessen Einhaltung das »moralische Gesicht des neuen, sozialistischen Menschen, der sich in diesem edlen Kampf um den Sieg des Sozialismus entwickelt«, ausmacht.[23] So handelte nur derjenige »sittlich und wahrhaftig menschlich«, der sich auch für die »internationale Solidarität der Arbeiterklasse und aller Werktätigen sowie für die unverbrüchliche Verbundenheit aller sozialistischen Länder« einsetzte.[24] Dementsprechend ist anzunehmen, dass in der DDR mit dem Aufbau einer sozialistischen Gesellschaftsordnung auch die Konstruktion einer genuinen Kultur im Sinne einer Gesamtheit von Praktiken der Welt- und Wirklichkeitsdeutung angestrebt wurde.

---

22 Mit der Untersuchung von Angst hat die historische Emotionsforschung im Kontext des Kalten Kriegs in den letzten Jahren an Bedeutung gewonnen (vgl. Bernd Greiner/Dierk Walter/Christian Th. Müller (Hg.), *Angst im Kalten Krieg*, Hamburg 2009). Eine erweiterte geschichtswissenschaftliche Perspektive und Konzepte zur Untersuchung von Emotionskulturen des Kalten Krieges stehen jedoch noch aus. Innerhalb der Geschichtswissenschaft hat Peter Stearns zusammen mit Carol Stearns mit dem Ansatz der »emotionology« eine Analyse zeitgenössisch proklamierter Gefühlsnormen vorgenommen. Dieser Ansatz plädiert für die Unterscheidung von »collective emotional standards of a society« einerseits, also den Gefühlsnormen in einer sozialen Gruppe, und der »emotional experience of individuals and groups« andererseits. Er bildet einen hilfreichen konzeptionellen Ausgangspunkt für die Untersuchung von Emotionskulturen des Kalten Kriegs (vgl. Peter N. Stearns/Carol Z. Stearns, »Emotionology: Clarifying the History of Emotions and Emotional Standards«, in: *American Historical Review*, 90/4 [1985], S. 813-836, hier: S. 813). Die soziokulturelle Dimension des Fühlens steht auch bei der Mediävistin Barbara Rosenwein im Mittelpunkt, die »emotional communities« zum Ausgangspunkt der Analyse macht. Rosenwein geht davon aus, »social communities«, dazu zählt sie etwa »families, neighbourhoods, parliaments, guilts, monasteries«, auch bestimmte »systems of feeling« ausbilden könne (siehe Barbara Rosenwein, »Worrying about Emotions in History«, in: *American Historical Review*, 107/3 [2002], S. 821-45, hier: S. 842). Einen Überblick über das Feld der historischen Emotionsforschung bietet Jan Plamper, *Geschichte und Gefühle. Grundlagen der Emotionsgeschichte*, München 2012.

23 Walter Ulbricht, »Der Kampf um den Frieden, für den Sieg des Sozialismus, für die nationale Wiedergeburt Deutschlands als friedliebender, demokratischer Staat. Aus dem Referat auf dem V. Parteitag der SED vom 10. Bis 16. Juli 1958. Grundsätze der sozialistischen Ethik und Moral«, in: Institut für Marxismus-Leninismus beim ZK der SED (Hg.), *Walter Ulbricht. Zur Geschichte der Deutschen Arbeiterbewegung. Aus Reden und Aufsätzen, Bd. VII, 1957-1959*, Berlin (Ost) 1964, S. 283-411, hier: S. 377.

24 Ebenda.

1.2 Solidarität mit dem *anderen Amerika*

Die Entwicklung einer DDR-spezifischen Kultur wurde maßgeblich durch die Bestrebungen des Parteiregimes bestimmt, Grundsätze einer sozialistischen Ethik und Moral zu verwirklichen.[25] Für dieses sozialistische Gesellschafts- und Wertesystem von zentraler Bedeutung war die doppelte Abgrenzung sowohl zur Bundesrepublik als auch zur deutschen NS-Vergangenheit. Die Grundlage hierfür lieferte der von der SED-Führung proklamierte antifaschistische und antirassistische Gründungsmythos der DDR.[26] Dieser Gründungsmythos schloss an die bereits vorhandene marxistisch-leninistische Vorstellung von Rassismus an, wonach »Rasse« neben »Klasse« als sozialer Ausschließungsmechanismus dazu diene, die »Unterdrückten« von einer Auflehnung gegen die »Unterdrücker« abzuhalten. Kommunismus und Rassismus, in der marxistisch-leninistische Terminologie häufig auch als »weißer Chauvinismus« bezeichnet, waren nach diesem ideologischen Verständnis einander diametral entgegengesetzt.[27]

Durch den Versuch der Rehabilitierung des DDR-Regimes von der deutschen NS-Vergangenheit gewann diese marxistisch-leninistische Vorstellung von Rassismus in der Darstellung der SED-Führung eine eigene Prägung.[28] Die SED-Führung sah im Einsatz gegen Rassendiskriminierung eine besondere Verpflichtung, weshalb »Rassenhetze«[29] und »Rassenhaß« in der DDR offiziell

25 Lorenz, »Konstruktionen einer Emotionskultur des Kalten Krieges«, S. 220.

26 Vgl. Harald Welzer (Hg.), *Eine offene Geschichte. Zur kommunikativen Tradierung der nationalsozialistischen Vergangenheit*, Tübingen 1999; Martin Sabrow, »Die NS-Vergangenheit in der geteilten deutschen Geschichtskultur«, in: Christoph Kleßmann/Peter Lautzas (Hg.), *Teilung und Integration. Die doppelte deutsche Nachkriegsgeschichte als wissenschaftliches und didaktisches Problem*, Schwalbach/Ts. 2006, S. 132-151; Katrin Hammerstein, »Schuldige Opfer? Der Nationalsozialismus in den Gründungsmythen der DDR, Österreichs und der Bundesrepublik Deutschland«, in: Regina Fritz/Carola Sachse/Edgar Wolfrum (Hg.), *Nationen und ihre Selbstbilder. Postdiktatorische Gesellschaften in Europa*, Göttingen 2008, S. 39-61.

27 Alfred Babing, »Einführung«, in: DDR-Komitee für die Kampfdekade gegen Rassismus und Rassendiskriminierung (Hg.), *Gegen Rassismus, Apartheid und Kolonialismus. Dokumente der DDR 1949-1977*, Berlin (Ost) 1978, S. 43-63, hier: S. 46. Vgl. »Klasse«, in: Dietz Verlag (Hg.), *Kleines Politisches Wörterbuch*, S. 330. Dagegen wird »Rasse« auf ein falsches (Klassen-)Bewusstsein zurückgeführt, weshalb Rassismus ebenso wie Antikommunismus als imperialistische Unterdrückungspraxis eng miteinander verknüpft sind (vgl. »Rassenideologie«, in: ebenda, S. 537-538).

28 Siehe hierzu auch Quinn Slobodian, »Socialist Chromatism. Race, Racism, and the Racial Rainbow in East Germany«, in: Quinn Slobodian (Hg.), *Comrades of Color. East Germany in the Cold War World*, New York 2015, S. 23-42, S. 26-27.

29 Art. 7 Abs. 2 Entwurf der SED für eine Verfassung der Deutschen Demokratischen Republik (14.11.1946), URL: www.documentarchiv.de/ddr/1946/sed-verfassungsentwurf-ddr.html (zuletzt abgerufen: 01.02.2020).

verboten waren.[30] Der Begriff Rassismus wurde dabei erst ab den 1960er Jahren allgemein gebräuchlich.[31] Als Deutsche, »deren Land unter der Herrschaft des Imperialismus Ausgangspunkt grausamer Rassenverfolgung gewesen ist«, sah die SED-Führungsriege die DDR-Bevölkerung in der Pflicht, gegenüber der »internationalen Arbeiterbewegung und allen friedliebenden Kräften in der Welt [...] zum Rassismus Stellung zu nehmen und ihn kompromißlos zu bekämpfen.«[32] Aus diesem »Propagem des historischen Antagonismus«[33] erschloss sich ein Set ideologisch begründeter, soziokultureller Werte und Normen wie zum Beispiel Antirassismus, Internationalismus und Völkerverbundenheit, die historisch mit der Selbstkonstitution der DDR verwachsen waren und der Abgrenzung gegenüber der Bundesrepublik dienten.[34] Dabei wurde internationale Solidarität als »Prinzip klassenbewussten Verhaltens« definiert, das im Sinne einer »sozialistischen Moral« innerhalb der Arbeiterklasse sowie gegenüber allen sozialistischen Ländern verbindlich war.[35] Internationale Solidarität wurde so zum politisch-ideologischen Leitbegriff des sozialistischen Antirassismus der DDR.[36]

Die nach innen und außen gerichtete Solidaritätspolitik der DDR-Führung bezog sich immer auch auf einen Antirassismus. So stellte die Vermittlung und Praktizierung internationaler Solidarität aus Sicht des Parteiregimes das »entscheidende Mittel im Kampf gegen rassistisches Gedankengut und Völkerhetze« in der DDR dar.[37] Anlässlich der 1973 von den Vereinten Nationen initiierten »Kampfdekade gegen Rassismus und Rassendiskriminierung« verwies die DDR-Führung auf die »außerordentlich große Aufmerksamkeit«, die seit Gründung der DDR »dem

30 Ebenda.

31 Dies galt auch für die Verwendung des Begriffs im Westen. Zum Begriff »Rassismus« im historischen Diskurs siehe Fredrickson, *Rassismus*, S. 168.

32 Klaus Bollinger, *Freedom now – Freiheit sofort! Die Negerbevölkerung der USA im Kampf um Demokratie*, Berlin (Ost), 1968, S. 4-5.

33 Unter Propagem wird ein »semantischer Marker politischen Inhalts« verstanden, der deutlich macht, dass Propaganda aus populären Topoi besteht, die über einen langen Zeitraum ihre Wirkung entfalten und die Gesellschaft durchdringen. Siehe Rainer Gries/Silke Satjukow, »Feindbilder des Sozialismus«, in: Rainer Gries/Silke Satjukow (Hg.), *Unsere Feinde: Konstruktionen des Anderen im Sozialismus*, Leipzig 2004, S. 13-73, hier: S. 23;

34 Gries, »Zur Ästhetik und Architektur von Propagemen«, S. 25.

35 »Solidarität«, in: Dietz Verlag (Hg.), *Kleines Politisches Wörterbuch*, S. 577-578, hier: S. 578.

36 Zu den Grenzen der antirassistischen Solidaritätspolitik der DDR siehe zum Beispiel Sara Pugach, »African Students and the Politics of Race and Gender in the German Democratic Republic«, in: Slobodian (Hg.), *Comrades of Color*, S. 131-156; Quinn Slobodian, »Bandung in Divided Germany. Managing Non-Aligned Politics in East and West, 1955-1963«, in: *The Journal of Imperial and Commonwealth History*, 41/4 (2013), S. 644-662, hier: S. 653ff.; Damian Mac Con Uladh, »Studium bei Freunden? Ausländische Studierende in der DDR bis 1970«, in: Christian Th. Müller/Patrice G. Poutrus (Hg.), *Ankunft, Alltag, Ausreise. Migration und interkulturelle Begegnung in der DDR-Gesellschaft*, Köln 2005, S. 175-220.

37 Babing, »Einführung«, S. 53.

Kampf gegen Rassismus, Apartheid und Kolonialismus« gewidmet worden sei.[38] Dabei habe die »Kraft der internationalen Solidarität mit allen von imperialistischer Rassen- und Kolonialideologien betroffenen Menschen« immer schon »eine wichtige Waffe für die Verwirklichung des Selbstbestimmungsrechts aller Völker« dargestellt.[39]

Auch wenn die DDR-Debatte über »Rasse« und Rassismus grundlegend durch ein ideologisches Verständnis geprägt war, fand sie nicht, wie Quinn Slobodian deutlich gemacht hat, in »totaler kommunistischer Isolation« statt.[40] Internationale Bemühungen, die Konzepte »Rasse« und »Rassendiskriminierung« in der Nachkriegszeit neu zu definieren, wurden auch in der DDR zur Kenntnis genommen.[41] Das *Neue Deutschland* veröffentlichte Beiträge von Wissenschaftlern, die sich entsprechend der ideologischen Vorgaben deutlich von Vorstellungen der »Rassenhierarchie« distanzierten, mit ihrem Konzept der »Rassengleichheit« jedoch an der Existenz menschlicher »Rassen« festhielten. So sprach der DDR-Wissenschaftler Joachim Heidrich 1956 im *Neuen Deutschland* unter dem Titel »Wie die Menschenrassen entstanden sind? Antwort auf eine vieldiskutierte Frage« von der Existenz dreier »Großrassen« im Sinne einer Einteilung in weiß, gelb und schwarz.[42] Trotz ihrer antirassistischen Selbstdarstellung und der Verurteilung von Rassismus hielt die DDR-Führung damit an einer Verwendung des Rassebegriffs fest, der seinen Ursprung in den biologistischen Rassentheorien des 19. Jahrhunderts hat. Die dabei formulierte »Trias der Großrassen« sollte laut Quinn Slobodian in der DDR (sowie im Ostblock im Allgemeinen) zur Grundlage der Ikonografie ihres Internationalismus und ihrer internationalen Solidarität werden.[43]

---

38 »Vorwort«, in: DDR-Komitee für die Kampfdekade gegen Rassismus (Hg.), *Gegen Rassismus, Apartheid und Kolonialismus*, S. 5-7.

39 Babing, »Einführung«, S. 62.

40 Slobodian, »Socialist Chromatism«, S 27.

41 Ebenda.

42 Heidrich benannte hier die »äquatoriale oder negro-australide Rasse, die europäisch-asiatische oder europide Rasse, und die asiatisch-amerikanische oder mongolische Rasse« (Joachim Heidrich, »Wie die Menschenrassen entstanden sind? Antwort auf eine vieldiskutierte Frage«, in: *Neues Deutschland* [25.08.1956], S. 8). Dies war jedoch keine Eigenheit der DDR oder des Ostblocks zu dieser Zeit. So verwendete eine von der UNESCO bereits 1950 veröffentlichte Stellungnahme mit dem Titel »Statement on Race« »Rasse« im Sinne einer biologischen Kategorie ebenfalls weiter. In der Stellungnahme war unter anderem die Rede von der Existenz dreier »Großrassen«, nämlich »Caucasian, Mongoloid and Negroid«. In Reaktion auf die Kritik daran wurde die Stellungnahme in den folgenden Jahren mehrmals überarbeitet (vgl. Slobodian, »Socialist Chromatism«, S. 27; Bruce Baum, *The Rise and Fall of the Caucasian Race: A Political History of Racial Identity*, New York 2008, S. 162-163).

43 Slobodian, »Socialist Chromatism«, S. 28-31. Slobodians Argumentation knüpft auch an Toni Weis' These an, nicht-weiße Menschen würden in sozialistischen Solidaritätsdiskursen als Ikonen und nicht als Individuen dargestellt (siehe Toni Weis, »The Politics Machine. On the

Auf internationaler Ebene richtete sich die DDR-Führung mit ihrer antirassistischen Solidaritätspolitik gegen »Imperialismus und Rassenhetze« im Kontext der Dekolonialisierung zunächst vor allem an die nationalen Befreiungsbewegungen und neu gegründeten Staaten in Afrika.[44] Seit Ende der 1950er Jahre standen jedoch auch afroamerikanische Aktivisten mit ihrem Kampf für Freiheit und Gleichheit im Fokus der antirassistischen Solidaritätspolitik.[45] Entscheidend hierfür war der Umstand, dass afroamerikanische Aktivisten und Aktivistinnen vor dem Hintergrund der Dekolonialisierung zu Beginn der 1950er Jahre erneut eine internationale Ausrichtung ihres Kampfes gegen die US-amerikanische Rassendiskriminierung zu forcieren begannen.[46] Solche Entwicklungen blieben in der DDR nicht unbemerkt, schließlich entwickelten afroamerikanische Aktivisten mit ihrer internationalen Positionierung zunehmend sozialistisches Bündnispotenzial. Und auf Bündnispartner war die DDR im Rahmen ihrer Bestrebungen nach internationaler Anerkennung und deutsch-deutscher Abgrenzung in den 1950er und 1960er Jahren verstärkt angewiesen. Vor allem als das Thema Rassismus im Verlauf der 1960er Jahre im Rahmen des politischen Vorstoßes der Vereinten Nationen mit der Verabschiedung einer Konvention gegen Rassendiskriminierung an Bedeutung gewann, versuchte sich die DDR-Regierung unter anderem mit ihrer »Erklärung für die Beseitigung aller Rassendiskriminierung« zu positionieren.[47]

Zudem eigneten sich die US-amerikanischen Rassenbeziehungen zur Diskreditierung der westlich-kapitalistischen Demokratien. Klaus Bollinger, Professor am Institut für Internationale Beziehungen in Potsdam, bezeichnete die »Rassenfrage in den USA« als einen »Prüfstein für die Hochburg des Imperialismus«, an dem sich die »ganze Lüge und Hohlheit« der amerikanischen Demokratie zeige.[48] Die afroamerikanische Bevölkerung hatte aus Sicht Bollingers das Potenzial eines »starken, nicht zu unterschätzenden Bundesgenossen, der mitten im Zentrum der

---

Concept of ›Solidarity‹ in East German Support for SWAPO«, in: *Journal of Southern African Studies*, 37/2 [2011], S. 351-367, hier: S. 366).

44 Zur Solidaritätspolitik und ihrer Funktion im bipolaren Wettstreit mit der BRD siehe Hubertus Büschel, *Hilfe zur Selbsthilfe: Deutsche Entwicklungsarbeit in Afrika 1960-1975*, Frankfurt a.M. 2014, S. 62ff.

45 Die gegen Afroamerikaner gerichtete Rassendiskriminierung in den USA war jedoch seit Gründung der DDR ein wiederkehrendes Thema in der Berichterstattung der DDR-Presse (siehe beispielsweise »Rassendiskriminierung im ›freien Amerika‹, in: *Neues Deutschland* [03.04.1949], S. 4).

46 Anderson, *Eyes off the Prize*, S. 180ff. Zur Wechselbeziehung zwischen dem Kalten Krieg und der afroamerikanischen Bürgerrechtsbewegung siehe Berg, »Ein amerikanisches Dilemma«.

47 »Regierung der DDR an UNO: Rassendiskriminierung beseitigen«, in: *Neues Deutschland* (02.11.1963), S. 7. Am 20.11.1963 verabschiedete die UN eine offizielle Erklärung zur Beseitigung aller Formen der Rassendiskriminierung (vgl. Baum, *The Rise and Fall of the Caucasian Race*, S. 199).

48 Bollinger, *Freedom now – Freiheit sofort!*, S. 4.

Weltreaktion« kämpfe. Außerdem verfüge das »amerikanische Negervolk über ein wachsendes Industrieproletariat«, das – so Bollinger weiter – zahlenmäßig größer sei als das »Proletariat eines jeden beliebigen ehemals kolonialen oder abhängigen Landes«. Es verfüge damit »über bedeutende revolutionäre Traditionen, die in seinem Bewusstsein lebendig« seien.[49]

So wurde die US-amerikanische Rassenfrage zu einem zentralen Bezugspunkt für den antirassistischen Selbstvergewisserungsdiskurs des Parteiregimes der DDR. Das politisch-ideologische Interesse des Parteiregimes führte zum Entwurf einer imaginierten Zusammengehörigkeit zwischen der DDR und Teilen der afroamerikanischen Bevölkerung. Diesem Entwurf einer Zusammengehörigkeit stand mit dem Begriff des *wahren Amerika* die passende ideologische Zuschreibung zur Seite. Ab den 1960er Jahren wurde das *wahre Amerika* zunehmend durch den Begriff des *anderen Amerikas* abgelöst, womit eine progressive Gruppe innerhalb der US-amerikanischen Gesellschaft gemeint war.[50] Innerhalb dieser Weltsicht wurden alle Afroamerikaner dem *anderen Amerika* zugeordnet und kamen somit auch für die DDR als politische Verbündete und Adressaten ihrer Solidaritätspolitik infrage. Die Solidarisierung mit Angela Davis und dem *anderen*, vor allem afroamerikanischen Amerika war somit an eine kollektive Imagination geknüpft: Propagiert wurden ideologisch-politische Gemeinsamkeiten, die zur Bildung eines antirassistischen Bündnisses führen sollten. Außerdem verortete sich das Regime auf der richtigen Seite des Freund-Feind-Schemas. Damit einher ging auch die Vorstellung eines kommunistisch-afroamerikanischen Zusammengehörigkeitsgefühls.

---

49 Ebenda, S. 5.

50 1962 veröffentliche der US-amerikanische Politologe Michael Harrington unter dem Titel »The Other America« eine Studie über Armut in den USA (vgl. Michael Harrington, *The Other America: Poverty in the United States*, New York 1962). Nachdem die Studie zunächst kaum auf Resonanz stieß, erhielt das Buch im Verlauf der politischen Debatten um President Lyndon B. Johnsons »Krieg gegen Armut« zunehmend an Aufmerksamkeit und der Begriff des »Other America« fand Eingang in die öffentliche Diskussion. Für eine solche Einschätzung siehe Maurice Isserman, *The Other American: The Life of Michael Harrington*, New York 2000. Wegen seines Bedeutungsgewinns in der US-Öffentlichkeit könnte der Begriff auch Eingang in den öffentlichen Sprachgebrauch der DDR gefunden haben. In seinem 1977 veröffentlichten Aufsatz diskutiert Louis F. Helbig den Begriff des »anderen Amerika« im DDR-Sprachgebrauch als Beispiel für die Tendenz in DDR-Medien »Fiktionen zu Fakten« zu machen (Louis F. Helbig, »The Myth of the ›Other‹ America in East German Popular Consciousness«, in: *Journal of Popular Culture*, 10/4 [1977], S. 797-807).

1.3 Rot-schwarze Verbundenheitsgefühle

Kommunistisch-afroamerikanische Verbundenheitsvorstellungen und die Idee eines *anderen Amerikas* der afroamerikanischen Massen tauchten in der DDR der 1950er Jahre keineswegs zum ersten Mal auf. Vielmehr war das Konzept eines *anderen Amerikas* tief im Marxismus-Leninismus verwurzelt und basierte auf Wladimir I. Lenins Diktum, in jeder Gesellschaft würden zwei Kulturen existieren: eine reaktionäre und eine progressive. So vertrat die SED-Führung die seit den frühen 1920er Jahren in der Sowjetunion etablierte Position, neben der bourgeoisen US-amerikanischen Mehrheitsgesellschaft bestehe auch ein *anderes Amerika* der unterdrückten Massen. Bereits hier wurden Afroamerikaner aufgrund ihrer Erfahrungen mit rassistischer Herabsetzung dem *anderen Amerika* der unterdrückten Massen zugeordnet. Die Zuordnung von Afroamerikanern zum *anderen Amerika* der unterdrückten Massen hatte ihre Ursprünge in marxistisch-leninistischen Debatten der Zwischenkriegszeit, die im Folgenden eingehender betrachtet werden.

Zu Beginn der 1920er Jahre durchlebte die kommunistische Bewegung unter der Führung der russischen Bolschewiki eine Phase der revolutionären Euphorie. Mit dem Sieg im russischen Bürgerkrieg und der bolschewistischen Machtergreifung in der Oktoberrevolution 1917 schien aus Sicht der bolschewistischen Revolutionäre der Moment gekommen zu sein, die sozialistische Revolution auch in andere Ländern zu tragen und so eine Weltrevolution in Gang zu setzen. Unter dem Vorsitz Lenins wurden mit der Einberufung der Dritten Kommunistischen Internationale (Komintern) im März 1919 derlei weltrevolutionäre Hoffnungen vorangetrieben.[51] Dabei strebte Lenin eine Festigung der Komintern an, da diese ein Jahr nach ihrer Gründung noch ein Konglomerat aus unterschiedlichen und zudem nur recht lose verbundenen Parteien war. Auf dem zweiten Kongress der Kommunistischen Internationale, der vom 23. Juli bis zum 7. August 1920 in den Räumen des Kremlpalastes in Moskau stattfand, sollten unter bolschewistischer Führung und nach dem Muster einer leninistischen Kaderpartei eine einheitliche politische Strategie und einheitliche Organisationsprinzipien für die Komintern beschlossen werden.[52] Als Mitglied des Exekutivkomitees der Komintern formulierte Lenin

---

51 Alexsandr Galkin, »Über einige Entstehungsphasen der internationalen Arbeiterbewegung«, in: Hermann Weber et al. (Hg.), *Deutschland, Russland, Komintern. Überblicke, Analysen, Diskussionen*, Berlin 2014, S. 401-435, hier: S. 408. Die Erste Internationale, eigentlich *Internationale Arbeiterassoziation* (IAA), wurde unter Beteiligung von Karl Marx und Friedrich Engels als erster international gegründeter Zusammenschluss von Arbeitergesellschaften 1864 in London ins Leben gerufen. Die Zweite Internationale wurde 1889 in Paris gegründet, löste sich jedoch zu Beginn des Ersten Weltkriegs auf. Zur Geschichte der Komintern siehe auch Alexander Vatlin, *Die Komintern. Gründung, Programmatik, Akteure*, Berlin 2009.

52 Zum Einfluss Wladimir Iljitsch Lenins und der Russischen Kommunistischen Partei auf die Dritte Kommunistische Internationale siehe Alexander Vatlin, »Zur Frage der ›Russifizierung‹

hierzu zwölf Thesen, zu denen die Genossen der Komintern Stellung nehmen sollten. Diese Thesen hatten den Zweck, die Geschlossenheit unter den weltweiten sozialistischen Bewegungen zu stärken und die weltrevolutionäre Hoffnung der Bolschewiki voranzubringen.[53]

Zu der von Lenin formulierten Agenda zählte auch die Entwicklung einer einheitlichen Position zur sogenannten »Nationalen und kolonialen Frage«, womit die US-amerikanische Rassenproblematik zum ersten Mal in den Fokus der damaligen Moskauer Führungsriege und ihrer machtpolitischen Bestrebungen geriet. Die kommunistischen Parteien müssten, wie Lenin schrieb, die »revolutionären Bewegungen in den abhängigen oder nicht gleichberechtigten Nationen (zum Beispiel in Irland, unter den Negern Amerikas usw.) und in den Kolonien direkt unterstützen.«[54] Anders als die »bürgerlichen Demokraten« sollte sich die Komintern bei der National- und Kolonialfrage, so Lenin weiter, nicht auf die »praktisch zu nichts verpflichtende Anerkennung der Gleichberechtigung der Nationen beschränken.«[55] Die kommunistischen Parteien müssten stattdessen die

> »Verletzung der Gleichberechtigung der Nationen und der Garantie der Rechte der nationalen Minderheiten […] unentwegt anprangern« und darüber aufklären, »dass nur die Sowjetordnung imstande ist, den Nationen wirkliche Gleichberechtigung zu geben.«[56]

Damit öffnete Lenin die innerhalb der Komintern geführten Diskussionen über die revolutionäre Bedeutung nationaler Befreiungsbewegungen nicht nur für koloniale Unabhängigkeitsbestrebungen in Asien und Afrika, sondern auch für die sogenannte US-amerikanische Rassenfrage. Indem man den afroamerikanischen Freiheitskampf in einen Zusammenhang mit antikolonialen Kämpfen in Afrika und Asien stellte, entstand eine wichtige Verknüpfung zwischen der Komintern und schwarzen Emanzipationsbestrebungen in den USA. Das vermeintlich revolutionäre Potenzial von Afroamerikanern erschloss sich für Lenin jedoch nicht aus einem Verständnis von Rassismus als eigenständiger Form der Unterdrückung. Vielmehr sah er Afroamerikaner als eigenständige Nation, die nicht Teil der USA, sondern

---

der Komintern«, in: Michael Buckmiller/Klaus Meschkat (Hg.), *Biographisches Handbuch zur Geschichte der Kommunistischen Internationale. Ein deutsch-russisches Forschungsprojekt*, Berlin 2007, S. 329-345, hier: S. 332ff.; Eric Hobsbawm, *Das Zeitalter der Extreme. Weltgeschichte des 20. Jahrhunderts*, München 2009, S. 95.

53 Siehe Kommunistische Internationale (Hg.), *Der Zweite Kongress der Kommunistischen Internationale. Protokolle der Verhandlungen vom 19. Juli in Petrograd und vom 23. Juli bis 7. August 1920 in Moskau*, Hamburg 1921, S. 137-167.

54 Wladimir I. Lenin, »Ursprünglicher Entwurf der Thesen zur Nationalen und zur Kolonialen Frage«, in: Institut für Marxismus-Leninismus beim Zentralkomitee der SED (Hg.), *W.I. Lenin. Werke, Bd.* 31 April-Dezember 1920, Berlin (Ost) 1959, S. 132-139, hier: S. 136.

55 Ebenda, S. 135.

56 Ebenda.

weiterhin fest mit Afrika verbunden war. Dementsprechend bewertete er ihre Unterdrückung als Unterdrückung einer Nation und verknüpfte den afroamerikanischen Kampf für Freiheit mit den antikolonialen Kämpfen in Afrika.

Entscheidend für diese Interpretation der US-amerikanischen Rassenfrage war das sowjetische Verständnis des nationalen Selbstbestimmungsrechts.[57] Dieses wurde als Instrument der Emanzipation verstanden, das ein unterdrücktes Volk zum einen dazu ermächtigte, über sein eigenes politisches Schicksal zu entscheiden, und zum anderen, sich der weltweiten Bewegung für eine sozialistische Revolution anzuschließen.[58] Dieser Logik entsprechend stellte sich die Komintern-Führung afroamerikanische Emanzipationsbestrebungen als nationale Unabhängigkeitsbewegung vor, die revolutionäres Potenzial in sich berge und die man darüber hinaus für die sozialistische Weltrevolution zu gewinnen hoffte.

US-amerikanische Kommunisten hatten hingegen bis zu diesem Zeitpunkt kaum politisches Interesse an der Rassenproblematik im eigenen Land gezeigt.[59] Dies änderte sich mit der angestrebten strategischen Vereinheitlichung der kommunistischen Bewegung weltweit, welche die Moskauer Führungsriege auch bei US-amerikanischen Kommunisten umzusetzen gedachte. Auf Weisung Lenins nahm John Reed, Mitbegründer der CPUSA und Mitglied der US-amerikanischen Delegation, in der Sitzung des zweiten Komintern-Kongresses zur Kolonial- und Nationalfrage Stellung zur Lage der schwarzen Bevölkerung in den USA.[60] Reed lieferte einen historischen Überblick und erklärte, man müsse Afroame-

57 Wladimir I. Lenin, »Über das Selbstbestimmungsrecht der Nationen« (März 1914), in: Institut für Marxismus-Leninismus beim Zentralkomitee der SED (Hg.), *W.I. Lenin. Werke*, Bd. 20 Dezember 1913 – August 1914, Berlin (Ost) 1965, S. 395-461.

58 Wie Kate Baldwin plausibel dargelegt hat, ist die sowjetische Debatte zur Lage von Afroamerikanern zu Beginn der 1920er Jahre im Zusammenhang mit sowjetischen Interessen in Afrika zu sehen. Dabei scheint es innerhalb der Komintern Unstimmigkeiten bezüglich der Einordnung schwarze Amerikaner als »nationale Minderheit« oder als »unterjochte Nation« gegeben zu haben. Wie im Folgenden noch dargelegt wird, wurde diese interne Diskussion erst mit dem Sechsten Kongress der Komintern und unter Teilnahme von afroamerikanischen Delegierten in Richtung auf eine eigenständige Strategie bezüglich der US-amerikanischen Rassenfrage durch die Formulierung der *Black Belt*-These 1928 geklärt (vgl. Baldwin, »The Russian Routes of Claude McKay's Internationalism«, S. 90ff.).

59 Rassismus als Teil der Klassenfrage wurde – wenn überhaupt – nur eine untergeordnete Bedeutung beigemessen. So fand das Problem der rassistischen Unterdrückung im Programm der 1919 gegründeten Kommunistischen Partei der USA (CPUSA) als Ausdruck von »economic bondage and oppression« lediglich am Rande Erwähnung (ebenda, S. 88).

60 John Reed war Mitbegründer und Vorstand der Kommunistischen Arbeiterpartei der USA, aus der 1919 die CPUSA hervorging. Angeklagt wegen Hochverrats flüchtete er 1919 nach Moskau, wo er ein Jahr später an Typhus starb. Für seinen Bericht über die Lage der afroamerikanischen Bevölkerung siehe Kommunistische Internationale (Hg.), *Der Zweite Kongress der Kommunistischen Internationale*, S. 156-157.

rikaner als »geknechtetes und unterdrücktes Volk« betrachten.[61] Anders als die sowjetische Seite schätzte Reed eine nationalistische Ausrichtung, wie sie durch den von Marcus Garvey und seiner *United Negro Improvement Association* (UNIA) forcierten Panafrikanismus vertreten wurde, als eher erfolglos ein. Der Großteil der Afroamerikaner würde Forderungen nach nationaler Unabhängigkeit nicht unterstützen, stattdessen würden sie sich »vor allem für Amerikaner« halten, die sich »in den Vereinigten Staaten zu Hause« fühlen.[62] Aus kommunistischer Perspektive war das zunehmende Rassenbewusstsein der schwarzen Bevölkerung jedoch trotzdem von Interesse. Reed rief die Komintern dazu auf, sich nicht von der afroamerikanischen Bewegung, »die ihre soziale und politische Gleichberechtigung fordert«, zu distanzieren. Vielmehr müssten die Kommunisten diese »Bewegung ausnützen, um die Lüge der bürgerlichen Gleichberechtigung und die Notwendigkeit der sozialen Revolution hervorzuheben.«[63] Auch wenn Reed Lenins Vorstellung vom *anderen Amerika* als eigenständige Nation nicht teilte, sah auch er bei der schwarzen Bevölkerung Amerikas ein großes revolutionäres Potenzial. Es sei jedoch entscheidend, das wachsende Gefühl einer ethnischen Zugehörigkeit innerhalb der schwarzen Bevölkerung in eine Vorstellung von »Klassensolidarität« umzuwandeln.[64]

Mit dieser ersten Debatte über das revolutionäre Potenzial der afroamerikanischen Bevölkerung etablierte sich die Vorstellung eines *anderen* schwarzen Amerika, die auf einem spezifischen sowjetisch-marxistischen Verständnis von Rassismus aufbaute.[65] Nach marxistisch-leninistischer Auslegung sei Rassismus – im damaligen ideologischen Duktus als »weißer Chauvinismus« bezeichnet – die auffälligste Erscheinungsform schwarzer Unterdrückung, die sich jedoch aus imperialen Herrschaftsansprüchen ableiten lasse.[66] »Rasse« im Sinne eines sozialen Ausschlie-

61 Kommunistische Internationale (Hg.), *Der Zweite Kongress der Kommunistischen Internationale*, S. 156.

62 Ebenda.

63 Ebenda, S. 157.

64 Ebenda.

65 Mit Sowjet-Marxismus (sowjetisch-marxistisch) ist hier die Weiterentwicklung der marxistischen Theorien durch Lenin gemeint. Dieser sogenannte Marxismus-Leninismus war ab den 1920er Jahren die offizielle politische Ideologie der Sowjetunion. Geprägt wurde der Begriff jedoch erst von Stalin, der den Marxismus-Leninismus später als die von »Lenin weiterentwickelte Marx'sche Lehre unter den neuen Verhältnissen des Klassenkampfes in der Epoche des Imperialismus und der proletarischen Revolutionen« zur offiziellen Staatsdoktrin erhob. Wegen der damit verbundenen repressiven Politik Stalins entstand auch die Bezeichnung Stalinismus (Wolfgang Leonhard, *Die Dreispaltung des Marxismus. Ursprung und Entwicklung des Sowjetmarxismus, Maoismus & Reformkommunismus*, Düsseldorf 1970).

66 Der Rassismusbegriff etablierte sich erst im Verlauf der 1920er und 1930er Jahre im Zusammenhang mit der Rassenideologie des Nationalsozialismus (siehe hierzu Fredrickson, *Rassismus*, S. 168). Spätere marxistische Interpretationsansätze betrachteten Rassismus als Manipulationsideologie der Herrschenden zur Spaltung des Proletariats. Ein solches Bewusstsein,

ßungsmechanismus könne genau wie »Klasse« durch die Bekämpfung von Kapitalismus und Imperialismus überwunden werden. Die bolschewistische Komintern-Spitze fügte den Begriff »Rasse« und die Forderung nach Gleichheit in das Konzept des Klassenkampfes ein, wodurch der Begriff »Rasse« in seiner revolutionären Bedeutung dem Begriff »Klasse« untergeordnet und eine weitere Diskussion über den Rassebegriff und damit verbundene weiße Überlegenheitsansprüche vermieden wurde.[67] Diese Position wurde im Verlauf der 1920er Jahre gerade von afroamerikanischen Komintern-Delegierten immer wieder kritisiert. Sie forderten, dass die Besonderheit einer auf »Rasse« gegründeten Unterdrückung und damit verbundene rassische Hierarchien auch in der marxistisch-leninistischen Interpretation des schwarzen Freiheitskampfes anerkannt werden müssten.[68]

Die langwierige Diskussion innerhalb der Komintern über die Bedeutung von ethnischer Zugehörigkeit und nationaler Selbstbestimmung im afroamerikanischen Freiheitskampf wurde durch den Erlass der sogenannten *Black Belt Resolution*, die wahrscheinlich auf Befehl Stalins initiiert wurde, während des sechsten Komintern-Kongresses 1928 beendet.[69] Nach dieser Resolution stellte die ehemalige Sklavenbevölkerung im Süden der USA eine eigene, vorwiegend

so das Verständnis, sei zwar falsch, könne jedoch durch eine klassenbewusste Aufklärung überwunden werden (vgl. »Rassenideologie«, in: Dietz Verlag [Hg.], *Kleines Politisches Wörterbuch*, S. 537-538).

67 Eine ausführliche Diskussion der *Negro Question* fand während des sechsten Komintern-Kongresses 1928 statt. Eine hier extra einberufene *Negro Commission* sollte eine Strategie bezüglich der US-Rassenfrage entwickeln (siehe hierzu Philip S. Foner [Hg.], *American Communism and Black Americans. A Documentary History, 1919-1929*, Philadelphia 1987, S. 163-199).

68 Vermieden wurde auch eine Diskussion über rassistisches Verhalten innerhalb der Komintern-Kader. Zwar warfen afroamerikanische Delegierte der CPUSA rassistisches Verhalten gegenüber schwarzen Genossen vor und kritisierten deren mangelndes Engagement für die *Negro Question*, Kritik an Komintern-Kadern wurde jedoch nicht zuletzt wegen des befürchteten politischen Einflussverlusts kaum geäußert. Ab den 1930er Jahren drohte eine solche Kritik sogar als konterrevolutionäres Verhalten lebensgefährlich zu werden. So endete Lovett Forte-Whiteman, der zu diesem Zeitpunkt als Exilant in der Sowjetunion lebte, wegen seiner anhaltenden Kritik an der Komintern-Politik im Umgang mit der *Negro Question* während der Säuberungsaktionen der 1930er Jahre in einem sibirischen Gulag, wo er als einziger schwarzer Exilant 1939 starb (siehe hierzu Klehr/Haynes/Anderson [Hg.], *The Soviet World of American Communism*, S. 218-227; McCellan, »Black Hajj to ›Red Mecca‹« S. 63; Carew, *Blacks, Reds, and Russians*, S. 181-183). Zu Fort-Whitemans Parteiaktivitäten und Verbindungen zur Sowjetunion siehe Gilmore, *Defying Dixie*, S. 43ff. Auch innerhalb der Gruppe afroamerikanischer Delegierter gab es im Umgang mit dem Begriff »Rasse« keine einheitliche Position. So sahen Delegierte des sechsten Komintern-Kongresses die revolutionäre Bedeutung des schwarzen Freiheitskampfs durch solche Forderungen gemindert. Laut Harry Haywood werde der schwarze Freiheitskampf zu einem »movement against prejudices« reduziert (Harry Haywood, *Black Bolshevik. Autobiography of Afro-American Communist*, Chicago 1978, S. 264).

69 Zur *Black Belt*-These und der damit verbundenen Debatte siehe Theodore Draper, *American Communism and Soviet Russia. The Formative Period*, New York 1960, S. 315-353; Harvey

schwarze Nation dar, die ihr Selbstbestimmungsrecht in einem revolutionären Kampf durchsetzen sollte. Die *Black Belt Resolution* verhinderte zwar weiterhin die Anerkennung von »Rasse« als eigenständige Form der Unterdrückung, verlieh dem afroamerikanischen Kampf für Freiheit jedoch neue politisch-ideologische Bedeutung. So bedeutete die *Black Belt Resolution* für schwarze Kommunisten wie Harry Haywood, Mitglied der *Negro Commission* während des sechsten Komintern-Kongresses, eine Anerkennung der revolutionären Bedeutung des afroamerikanischen Freiheitskampfes in den USA:

> »The struggle for equality is in and of itself a revolutionary question, because the special oppression of Black people is a main prop of imperialist domination over the entire working class and the masses of exploited American people.«[70]

Sie wurde so zur ideologisch-theoretischen Grundlage für Vorstellungen einer rassenübergreifenden Klassenverbundenheit, durch die Schwarze »und die Arbeiterklasse als Ganzes« auch in der Wahrnehmung afroamerikanischer Kommunisten und Kommunistinnen zu »gemeinsamen Verbündeten« wurden.[71] Mit der *Black Belt Resolution* gelang der Komintern damit die ideologische Integration afroamerikanischer Freiheits- und Gleichheitsforderungen in die Idee des sozialistischen Klassenkampfes.

Die Dritte Kommunistische Internationale richtete sich dementsprechend bei ihrer Gründung zum ersten Mal an die »Kolonialsklaven Afrikas und Asiens« und versprach, dass mit der bolschewistischen Revolution nicht nur »die Stunde der proletarischen Diktatur in Europa« gekommen sei, sondern auch »die Stunde« ihrer »Befreiung«. Diese Botschaft blieb im Kreis afroamerikanischer Intellektueller, Aktivisten, Reformer und Künstler mit internationalistischer Ausrichtung nicht ohne Resonanz.[72] Dort weckte die Kommunistische Internationale mit ihrem Ruf nach der Formierung einer weltweiten Bewegung die Hoffnung, mithilfe der Sowjetunion einer weltumspannenden Befreiung der unterdrückten schwarzen Völker näherkommen zu können.[73] Die rassenübergreifende Bündnisinitiative der Komintern und die international wirksame antirassistische Rhetorik fielen

---

Klehr/William Tompson, »Self-Determination in the Black Belt. Origins of a Communist Policy«, in: *Labor History*, 30/3 (1989), S. 354-366.

70 Haywood, *Black Bolshevik*, S. 279.

71 Ebenda.

72 Kommunistische Internationale, »Manifest, Richtlinien, Beschlüsse des Ersten Kongresses der Dritten Kommunistischen Internationalen«, in: Kommunistische Internationale (Hg.), *Bibliothek der Kommunistischen Internationale, Bd. I, Verlag der Kommunistischen Internationale*, Hamburg 1920.

73 Makalani, *In the Cause of Freedom*, S. 3; Mark Solomon, *The Cry was Unity. Communists and African Americans, 1917-1936*, Jackson 1998, S. 88-89; Hakim Adi, »The Negro Question. The Communist International and Black Liberation in the Interwar Years«, in: West et al. (Hg.), *From Toussaint to Tupac*, S. 155-175.

mit der Entstehung eines linken schwarzen Internationalismus zusammen, dessen Befürworter in einem weltweiten Zusammenschluss mit den sozialistischen Bewegungen ebenfalls ein geeignetes Vorgehen gegen die US-amerikanische Rassendiskriminierung sahen.

Das *rot-schwarze* Verbundenheitsgefühl – weißer Kommunisten und afroamerikanischer Linker – wurde zu einer Selbstbeschreibung, mit der sie versuchten, ihre marxistisch-leninistisch begründete Rassenverbundenheit von der rassenübergreifenden Bündnispolitik liberaler Bürgerrechtsorganisationen wie der *National Association for the Advancement of Colored People* (NAACP) abzugrenzen.

2 Die afroamerikanische Linke und ihre Verbindungen zum kommunistischen Ausland

Die antirassistische Bündnistradition mit dem *Amerika der schwarzen Massen* verlieh der DDR-Solidaritätskampagne für Angela Davis ihren ideologischen Sinn, der durch die deutsche NS-Vergangenheit und im Kontext der Anerkennungs- beziehungsweise Abgrenzungsbemühung der SED-Führung eine DDR-spezifische Auslegung erhielt. Die Vorstellungswelten und Wirklichkeitskonstruktionen, die in der DDR zur Solidarisierung mit Angela Davis führten, beruhten nicht nur auf ideologischen und konzeptionellen Kontinuitäten, sondern hatten auch eine personelle Dimension, deren Ursprung in Begegnungen zwischen afroamerikanischen Aktivisten und Aktivistinnen und der Sowjetunion lag und ebenfalls in die 1920er Jahre zurückreichte. Nachfolgend wird nachgezeichnet, wie diese Begegnungen rot-schwarze Verbundenheitsvorstellungen prägten und auch während des Kalten Krieges politisch-ideologisch Sinn stifteten. Hierzu erfolgt ein chronologischer Überblick beginnend bei den ersten Begegnungen in den 1920er Jahren und der ersten Hochphase des propagandistischen Antirassismus der Sowjetunion in den 1930er Jahren, über die Phase der *Popular Front* und des frühen Kalten Kriegs der 1940er Jahre, bis in die 1950er und 1960er Jahre. Insbesondere von Interesse sind dabei Ursachen und Entwicklungen des rassenübergreifenden Bündnisinteresses afroamerikanischer Aktivisten und Aktivistinnen an der DDR sowie auch dessen Bedeutung für den Selbstlegitimierungsdiskurs der jungen DDR.

2.1 Frühe kommunistisch-afroamerikanische Begegnungen

Die Formierung eines linken schwarzen Internationalismus in den frühen 1920er Jahren überschnitt sich mit einer sozialen, intellektuellen und politischen Transformationsphase in den USA. Nach dem Ende des Ersten Weltkriegs, in dem die USA unter Präsident Woodrow Wilson für die »Freiheit aller Nationen« und den »Triumph der Demokratie« eingetreten war, schienen sich auch die Möglichkeiten zur gesellschaftlichen Teilhabe für Afroamerikaner zu erweitern.[1] Neue Technologien, die Einführung des Frauenwahlrechts, der Durchbruch einer urbanen und industriellen Moderne, in der laut Zensus die Mehrheit der Amerikaner in Städten wohnte, sowie nicht zuletzt der durchschlagende Erfolg des Jazz, mit dem afroamerikanische Musik zunehmend Einfluss auf die amerikanische Populärkultur gewann, markierten den Beginn einer neuen Ära. Speziell in den urbanen Zentren des Landes, allen voran New York, wo sich im Laufe der *Great Migration* hunderttausende Afroamerikaner und Afroamerikanerinnen aus dem Süden der USA niedergelassen hatten, fand während dieser Zeit bei Teilen der afroamerikanischen Bevölkerung ein politisches und kulturelles Erwachen statt, das sich um 1920 in dem Begriff *Harlem Renaissance* manifestierte und bis zur Großen Depression zu Beginn der 1930er Jahre anhielt.

Der New Yorker Stadtteil Harlem, den Zeitgenossen wie der afroamerikanische Schriftsteller James Weldon Johnson als »intellektuelles und kulturelles Zentrum«[2] der Schwarzen in den USA beschrieben, wurde zur Geburtsstätte eines neuen schwarzen Selbstbewusstseins, das der afroamerikanische Philosoph Alain Locke 1925 mit dem Begriff *New Negro* zu fassen suchte.[3] Gleichwohl blieb die *Color Line* – die Rassentrennung – in Politik und Gesellschaft sowie rassistische Gewalttaten allgegenwärtig. Vor allem im Süden und Westen gab es Lynchmorde. Der Wiederaufstieg des *Ku Klux Klan* (KKK) spiegelte die weitverbreitete Xenophobie und den Rassismus dieser Jahre wider.[4] In den westlichen und nördlichen Industriezentren führte der Anstieg an afroamerikanischen Arbeitern aus dem Süden zu Spannungen, die sich 1919 mit den ersten Rassenunruhen in East St. Louis entluden. Im darauffolgenden *Red Summer* von 1919 bis Mitte der 1920er Jahre kam es zu weiteren blutigen Gewalttaten.[5]

Vor dem Hintergrund der Kombination aus Hoffnung auf Wandel und Desillusionierung aufgrund der noch ausstehenden Einlösung der Demokratisierungs-

---

1 Woodrow Wilson, »Die 14 Punkte der Botschaft des Präsidenten der Vereinigten Staaten von Amerika Woodrow Wilson an den US-Kongreß« (08.01.1918), in: documentArchiv.de Hg., URL: www.documentArchiv.de/in/1918/14-punkte-wilsons.html (zuletzt abgerufen: 01.02.2020).

2 James Weldon Johnson, »Harlem: The Cultural Capital«, in: Alain Locke (Hg.), *The New Negro. Voices of the Harlem Renaissance*, New York 1992, S. 301-311.

3 Alain Locke, »The New Negro«, in: Alain Locke (Hg.), *The New Negro. Voices of the Harlem Renaissance*, New York 1992, S. 301-331. Zu den Anfängen der *Harlem Renaissance* und der Popularisierung des Begriffs *New Negro* siehe Stephen Tuck, *We Ain't What We Ought To Be. The Black Freedom Struggle from Emancipation to Obama*, Cambridge 2010, S. 150-153.

4 Manfred Berg, *Lynchjustiz in den USA*, Hamburg 2014; Andreas Riffel, »*The Invisible Empire* – der Ku Klux Klan von 1866-1871 als Geheimgesellschaft«, in: Frank Jacob (Hg.): *Geheimgesellschaften: Kulturhistorische Sozialstudien/Secret Societies: Comparative Studies in Culture, Society and History*, Würzburg 2013, S. 237-273.

5 Tuck, *We Ain't What We Ought To Be*, S. 151, S. 158-159, S. 175ff.

versprechen der Kriegszeit entwickelte sich auch das Spektrum an afroamerikanischen Organisationen weiter. Diese Organisationen setzten sich zum Teil mit sehr unterschiedlichen politischen Vorstellungen und Strategien für die Verwirklichung ihrer Gleichheits- und Freiheitsansprüche ein. Bis zu diesem Zeitpunkt fungierte die 1909 unter anderem von dem Soziologen W.E.B. Du Bois mitgegründete NAACP als das wichtigste Sprachrohr für afroamerikanische Gleichstellungsforderungen.[6] Die NAACP verfolgte einen Integrationsansatz, glaubte an die Reformierbarkeit des amerikanischen Systems und versuchte, Freiheits- und Gleichheitsrechte in erster Linie auf dem rechtlichen Weg über Gerichtsverfahren zu erkämpfen. Im Gegensatz zu diesem liberalen reformorientierten Vorgehen entstand zu Beginn der 1920er Jahre in den Großstädten des Nordens ein kultureller schwarzer Nationalismus, zu dessen öffentlichkeitswirksamsten Vertretern Marcus Garvey mit seiner *Universal Negro Improvement Association* (UNIA) avancierte. Anders als Du Bois und die NAACP glaubte Garvey nicht an die Integrationsfähigkeit der weißen Gesellschaft und propagierte stattdessen unter dem Slogan »Back to Africa« einen panafrikanischen Zusammenschluss aller Schwarzen in Afrika.[7]

Wie der Historiker Stephen Tuck schreibt, war der *New Negro* dieser Zeit aber auch »ein Proletarier«, da schwarze Emanzipationsbestrebungen in dieser Phase auch Forderungen nach fairen Löhnen und besseren Arbeitsbedingungen einschlossen.[8] Aufgrund ihrer Öffnung für afroamerikanische Arbeiter erschienen Gewerkschaften um 1919/20 zunächst als eine wichtige Plattform für die Formulierung schwarzer Interessen.[9] Allerdings war der Bedeutungsgewinn der Gewerkschaften für die Formulierung und Durchsetzung afroamerikanischer Gleichheitsforderungen nur von kurzer Dauer.[10] Dies lag zum einen daran, dass die ameri-

---

6 Manfred Berg, *A Ticket to Freedom. The NAACP and the Struggle for Black Political Integration*, Gainesville 2005. Zwischen 1918 und 1920 nahm auch die Zahl der Ortsverbände der NAACP zu, deren Zahl sich sowohl im ländlichen Süden als auch in den Großstädten des Nordens verdreifachte (siehe Tuck, *We Ain't What We Ought To Be*, S. 152).

7 Ebenda, S. 159-164.

8 Ebenda, S. 155. Insgesamt divergiert die Interpretation der Bedeutung der Gewerkschaften für den afroamerikanischen Freiheitskampf beträchtlich. Für eine Geschichtsschreibung, die den schwarzen Radikalismus der 1920er und 1930er Jahre als Teil eines *Long Civil Rights Movement* betrachtet, siehe Kelley, *Hammer and Hoe*; Earl Ofari Hutchinson, *Blacks and Reds. Race and Class in Conflict, 1919-1990*, East Lansing, 1995; Gilmore, *Defying Dixie*.

9 Tuck, *We Ain't What We Ought To Be*, S. 154-155.

10 Zu einer Öffnung der Gewerkschaften für schwarze Mitglieder kam es erst ab Mitte der 1930er Jahre. Von Bedeutung hierfür war unter anderem die Gründung des Gewerkschaftsbunds *Congress of Industrial Organizations* (CIO) 1935, der sich im Gegensatz zur 1886 gegründeten *American Federation of Labor* (AFL), die als Facharbeitergewerkschaft fungierte, an ungelernte Arbeiter richtete und damit eine vergleichsweise radikale Gewerkschaftspolitik verfolgte. Der CIO richtete sich neben Frauen auch an afroamerikanische Arbeiter (siehe Nelson Lichtenstein, *State of the Union. A Century of American Labor*, Princeton 2003, S. 76ff.).

kanische Arbeiterbewegung trotz einer massiven Streikwelle im Anschluss an den Ersten Weltkrieg relativ schwach blieb. Zum anderen wurde das Verhältnis zwischen schwarzen und weißen Arbeitern weiterhin von Rassenspannungen dominiert. Unter dem Eindruck der bolschewistischen Revolution und einer Reihe von Bombenattentaten auf Politiker und Wirtschaftsführer, für die die US-Regierung kommunistische Gruppen verantwortlich machte, verbreitete sich in den USA eine als *Red Scare* bezeichnete Furcht vor einer kommunistischen Verschwörung. Sie führte zur Stigmatisierung und Verfolgung der politischen Linken.

Zu Beginn der 1920er Jahre entstand daher ein schwarzer linker Radikalismus, der sowohl bei der schwarzen Arbeiterklasse als auch in Intellektuellenkreisen auf Resonanz stieß. Organisationen wie die *African Blood Brotherhood* vereinten in ihrer Ideologie panafrikanische und nationalistisch-separatistische Vorstellungen mit Marx' Kapitalismusanalyse.[11] Diese Fusion aus schwarzem Nationalismus und Marxismus führte zu einem geschärften Bewusstsein für die globale Dimension des afroamerikanischen Freiheitskampfes. Viele radikale Schwarze sahen für sich eine zentrale Rolle in der künftigen Weltrevolution.[12]

Die verstärkt internationalistische Gesinnung wurde zu einem Merkmal schwarzer Selbstverwirklichungsbestrebungen während der *Harlem Renaissance*. Zudem zeigte sie sich in einem Verlangen nach größerer Mobilität und dem Überschreiten der bisherigen geografischen und gesellschaftlichen Grenzen des durch die Jim-Crow-Gesetze geprägten Amerikas.[13] Dabei begab sich während dieser Zeit eine wachsende Zahl afroamerikanischer Intellektueller, Künstler, Autoren und Musiker auf Reisen, wodurch es zu einer – wie der Historiker Maxim Matusevich es ausdrückte – Internationalisierung des »afroamerikanischen Gemüts« kam.[14] Vor dem Hintergrund einer grenzübergreifenden Vernetzung des schwarzen Freiheitskampfes gründete sich eine kommunistische Rekrutierungsinitiative in den USA, die nicht ohne Erfolg bleiben sollte.

2.1.1 Die ersten rot-schwarzen Kontakte

Die ersten schwarzen Besucher, die der Einladung der sowjetischen Führung nach Moskau folgten, waren der afrokaribische Schriftsteller Claude McKay und der aus

---

11 Vgl. Joyce Moore Turner, *Caribbean Crusaders and the Harlem Renaissance*, Chicago 2005, S. 55-59; Solomon, *The Cry was Unity*, S. 3ff. Für Überschneidungen zwischen links-radikalen Gruppen und der frühen CPUSA siehe Minkah Makalani, »Internationalizing the Third International. The African Blood Brotherhood, Asian Radicals, and Race, 1919-1922«, in: *Journal of African American History*, 96/2 (2011), S. 151-178.

12 Solomon, *The Cry was Unity*, S. 11.

13 Jeffrey O. G. Ogbar, »Introduction«, in: ders. (Hg.), *The Harlem Renaissance Revisited. Politics, Arts, and Letters*, Baltimore 2010, S. 1-4, hier: S. 1.

14 Matusevich, »›Harlem Globe-Trotters‹«, S. 211.

Niederländisch-Guayana stammende Otto Huiswood. Beide waren wenige Jahre zuvor nach New York emigriert und hatten dort die kulturelle und politische Blütezeit der *Harlem Renaissance* miterlebt. Als Romanautor, Dichter und Mitherausgeber der Zeitschrift *The Liberator* zählte McKay zu den prägenden Figuren der *Harlem Renaissance*. Otto Huiswood hatte als Mitglied der Sozialistischen Partei Amerikas eine Gewerkschafts- und Parteikarriere begonnen und wurde das erste schwarze Mitglied der CPUSA. Beide Männer hatten im Harlem der frühen 1920er Jahre das entsprechende Aktionsfeld für ihre politische und kulturelle Selbstverwirklichung gefunden und repräsentierten die neue schwarze Radikalität dieser Zeit. Politisch-ideologisch zeigte sich diese Zugehörigkeit in ihrer engen Verbindung zur *African Blood Brotherhood*. Sie sympathisierten mit sozialistischen Ideen und waren fasziniert von den Verheißungen der geglückten bolschewistischen Revolution. Beeindruckt von dem, wie McKay schrieb, »Russian thunder rolling round the world«, bereisten sie schließlich 1922 als erste schwarze Besucher die Sowjetunion, wo sie am Vierten Kongress der Komintern in Moskau teilnahmen.[15]

Als Mitglied der US-amerikanischen Delegation trat Huiswood für die Führungsrolle der Afroamerikaner in der weltweiten schwarzen Befreiungsbewegung ein. Er wurde zum Vorsitzenden der neu gegründeten *Negro Commission* gewählt, die für eine panafrikanische Ausrichtung der Komintern-Politik sorgen sollte[16] und setzte sich innerhalb der Komintern als profilierter Vertreter schwarzer Interessen durch. McKay dagegen war nicht parteigebunden und wurde wegen seiner internationalen Reputation und internationalistischen Haltung zur Teilnahme am Kongress eingeladen.[17] Die öffentliche Aufmerksamkeit richtete sich auf ihn, weil er aufgrund seiner sehr dunklen Hautfarbe eher den sowjetischen Vorstellungen eines Schwarzen entsprach als der hellhäutigere Otto Huiswood.[18] Obwohl McKay nicht zur US-Delegation gehörte, war er es schließlich auch, der auf dem Kongress eine Rede zur *Negro Question* hielt. In dieser bekräftigte er die kommunistische Vorstellung, Schwarze seien Teil der weltweit unterdrückten Arbeiterschaft:

> »My race on this occasion is honored, not because it is different from the white race and the yellow race, but [because it] is especially a race of toilers, hewers of

15 Claude McKay, *A Long Way From Home* (1937), New York 1969, S. 152. Daneben geben die Autobiografien weiterer afroamerikanischer Sowjetunionbesucher einen Einblick in die frühen Begegnungen zwischen der afroamerikanischen Linken und der Sowjetunion (siehe unter anderem Homer Smith, *Black Man in Red Russia. A Memoir*, Chicago 1964; Langston Hughes, *I Wonder as I Wander. An Autobiographical Journey*, New York 1964; Haywood, *Black Bolshevik*; Robert Robinson, *My 44 Years Inside the Soviet Union*, Washington D.C. 1988).

16 Haywood, *Black Bolshevik*, S. 147.

17 Zu McKays Internationalismus siehe Baldwin, »The Russian Routes of Claude McKay's Internationalism«, S. 85.

18 Allison Blakely, *Russia and the Negro. Blacks in Russian History and Thought*, Washington D.C. 1986, S. 84; Baldwin, *Beyond the Color Line and the Iron Curtain*, S. 50.

> wood and drawers of water, that belongs to the most oppressed, exploited, and suppressed section of the working class of the world.«[19]

McKays Auftritt während des Komintern-Kongresses kann als erste symbolträchtige sowjetische Inszenierung einer rot-schwarzen Verbundenheit interpretiert werden. Als Afroamerikaner, der den sowjetischen Vorstellungen entsprach, wurde McKay von der Moskauer Führungsriege hofiert und verkehrte mit den kommunistischen Größen seiner Zeit wie Grigori Zinoviev, Vorsitzender der Komintern, und Karl Radek, Mitglied des Zentralkomitees der KPdSU. Er bewegte sich als Ehrenmitglied des Moskauer Sowjet, dem obersten städtischen Entscheidungsgremium, in den höchsten Kreisen der sowjetischen Führungselite. Nicht zuletzt die besondere Behandlung, die McKay wohl auch auf den Straßen Moskaus erfuhr, bestärkte ihn in seiner Begeisterung für die Sowjetunion und in seinen Vorstellungen einer sozialistischen Weltrevolution.[20] Vor dem Hintergrund alltäglicher Erfahrungen mit Rassismus in den USA war der plötzliche Aufstieg seines sozialen Status für ihn besonders einprägsam:

> »Never in my life did I feel prouder of being an African, a black, and no mistake about it. [...] From Moscow to Petrograd and from Petrograd to Moscow I went triumphantly from surprise to surprise [...] I was the first Negro to arrive in Russia since the revolution, and perhaps I was generally regarded as an omen of good luck! Yes, that was exactly what it was. I was like a black ikon.«[21]

Auch wenn McKays Bewunderung für das »sozialistische Experiment« in den folgenden Jahren nachließ und er sich von der CPUSA distanzierte, mystifizierte er seinen siebenmonatigen Besuch (November 1922 bis Juni 1923) rückblickend als »magic pilgrimage«.[22] Unter dem Eindruck seiner Reise verfasste McKay einen Aufsatz mit dem Titel »Soviet Russia and the Negro«, der im Dezember 1923 im Magazin *The Crisis* veröffentlicht wurde. Darin beschrieb er seiner afroamerikanischen Leserschaft die Sowjetunion als »great nation [...] that is thinking intelli-

---

19 Claude McKay, »Report on the Negro Question: Speech to the 4th Congress of the Comintern« (Nov. 1922), in: *International Press Correspondence*, Vol. 3 (05.01.1923), S. 16-17. McKays Rede wurde zusammen mit anderen von ihm zur Situation der afroamerikanischen Bevölkerung verfassten Essays im Auftrag des staatlichen Publikationshauses in Moskau später auch als Buch in russischer Sprache veröffentlicht (siehe Blakely, *Russia and the Negro*, S. 84; Baldwin, »The Russian Routes of Claude McKay's Internationalism«, S. 96; Baldwin, *Beyond the Color Line and the Iron Curtain*, S. 37ff.).

20 McKay, *A Long Way from Home*, S. 177.

21 Ebenda, S. 168.

22 Nach seiner Abreise aus der Sowjetunion sah sich McKay aus dem Kreis amerikanischer Kommunisten dem Vorwurf ausgesetzt, nicht mehr radikal genug zu sein (vgl. McKay, *A Long Way from Home*, S. 226ff.).

gently on the Negro as it does about all international problems.«[23] Das bolschewistische Russland, so informierte er seine mehrheitlich schwarze Leserschaft weiter, sei »prepared and waiting to receive couriers and heralds of good will and interracial understanding from the Negro race.«[24] McKay beschrieb das sowjetische Russland als eine neue Gesellschaft, die sich aufgrund des fehlenden Alltagsrassismus grundsätzlich von der US-amerikanischen Gesellschaftsordnung unterscheiden würde. Für ihn war die Sowjetunion ein Experimentierfeld, um seine internationalistischen Ambitionen auszuleben. Und er empfahl anderen, es ihm gleichzutun.

Berichte wie McKays Artikel in *The Crisis* trugen dazu bei, dass sich im Verlauf der 1920er und 1930er Jahre weitere afroamerikanische Künstler, Autoren, Intellektuelle und Aktivisten auf ihrer Suche nach dem kommunistischen Versprechen einer rassismusfreien Gesellschaft in die Sowjetunion begaben.[25] Auch W.E.B. Du Bois war mit McKays Berichten über die junge Sowjetunion vertraut.[26] Als Herausgeber von *The Crisis* hatte er der Veröffentlichung des Aufsatzes von McKay zugestimmt. Er selbst sah die Gründung des bolschewistischen Russlands als eine der vielversprechendsten Entwicklungen nach dem Ersten Weltkrieg an:

> »Russia is the most amazing und most hopeful phenomenon of the post-war period. She has been murdered, bullied, lied about and starved and yet she maintains her government, possesses her soul and is simply compelling the world to recognize her right to freedom.«[27]

Vielverheißend war die Gründung des sowjetischen Russlands aus Sicht Du Bois' vor allem wegen der herausragenden Rolle, die persönliche Freiheitsrechte bei der bolschewistischen Revolution gespielt hatten. Trotz seines Interesses für die politische Entwicklung in Russland teilte Du Bois jedoch nicht die Vorstellung von McKay und anderen schwarzen Radikalen, die im »sozialistischen Experiment« der Sowjetunion eine Möglichkeit für das Vorankommen des afroamerikanischen Freiheitskampfes sahen. Vielmehr äußerte sich Du Bois kritisch gegenüber den gewalt-

23 Claude McKay, »Soviet Russia and the Negro«, in: *The Crisis* (Dec. 1923), S. 61-65, hier: S. 64. Der zweite Teil des Berichts wurde in der nächsten Ausgabe veröffentlicht: Claude McKay, »Soviet Russia and the Negro«, in: *The Crisis* (Jan. 1924), S. 114-118. Das Magazin *The Crisis: A Record of the Darker Races* war 1910 von W.E.B. Du Bois als Sprachrohr der NAACP gegründet worden, von 1910 bis 1934 war Du Bois sein Herausgeber.

24 Claude McKay, »Soviet Russia and the Negro«, in: *The Crisis* (Dec. 1923/Jan. 1924), S. 286.

25 Insgesamt fiel die Zahl der afroamerikanischen Sowjetunionbesucher überschaubar aus. Die Angaben zu der Zahl von Afroamerikanern und Afroamerikanerinnen, die zwischen 1925 und 1938 die Sowjetunion besuchten, schwanken zwischen 60 und 90 (siehe Woodford McCellan, »Africans and Black Americans in the Comintern Schools, 1925-1934«, in: *International Journal for African American Historical Studies*, 26/2 [1993], S. 373).

26 Siehe hierzu Baldwin, *Beyond the Color Line and the Iron Curtain*, S. 150.

27 W.E.B. Du Bois, »Opinion. The World and US«, in: *The Crisis* (April 1922), Vol. 23 Nr. 6, S. 247.

samen Methoden der bolschewistischen Revolution und blieb skeptisch in der Frage, ob sich aus den egalitären Versprechungen der Bolschewiki auch ein positiver Wandel für Afroamerikaner ableiten lasse.[28]

Du Bois' Bündnisinteressen richteten sich nicht primär auf die Sowjetunion. Als einer der theoretischen Gründungsväter des Panafrikanismus galten seine Bündnisbemühungen zu Beginn der 1920er Jahre vor allem afrikanischen Ländern. Bedingt wurde dies unter anderem durch die Haager Friedenskonferenz und den Völkerbund, die den internationalen Aktionsrahmen für Friedens- und Emanzipationsbestrebungen nicht-weißer Völker verändert hatten. Im Mittelpunkt von Du Bois' Aktivitäten stand die Organisation mehrerer panafrikanischer Kongresse, auf denen eine gemeinsame Strategie gegen rassistische Unterdrückung erarbeitet werden sollte.[29] Du Bois und andere Panafrikanisten gingen dabei von der Solidarität unter nicht-weißen Völkern aus. Gemeinsam wollten sie den Rassismus nicht nur als spezifisch US-amerikanisches, sondern als globales Problem bekämpfen.

W.E.B. Du Bois reiste 1926 zum ersten Mal in die Sowjetunion, um die Errungenschaften der bolschewistischen Revolution persönlich zu erkunden.[30] Wie andere prominente US-amerikanische Intellektuelle seiner Zeit, darunter beispielsweise Max Eastman, Herausgeber des linken Magazins *The Liberator*, wurde Du Bois von einer wissenschaftlichen Neugierde für das »sozialistische Experiment« angetrieben. Zum Zeitpunkt seines ersten Besuches erlebte die noch junge Sowjetunion eine Phase des Aufschwungs, die sich rückblickend als »Goldene Zeit« beschreiben lässt.[31] Trotz der überall sichtbaren Armut und Zerstörung trugen der wirtschaftliche Aufschwung infolge der von Lenin vorangetriebenen sogenannten Neuen Ökonomischen Politik, eine verbesserte Versorgung, eine weitverbreitete Aufbruchsstimmung nach einer Phase von Krieg und Umbrüchen sowie eine relativ große kulturelle Liberalität zu diesem Eindruck bei. Auch reichte die Grundstimmung der Revolution, »zu neuen Ufern aufgebrochen zu sein«, wie der Historiker Manfred Hildermeier anmerkte, »weit über den Kreis gesinnungsfester Bolschewiki hinaus.«[32] Begeistert von den Eindrücken berichtete Du Bois noch aus Moskau

28 W.E.B. Du Bois, »Class Struggle«, in: *The Crisis* (Aug. 1921), S. 151-152, hier: S. 151; Lewis, *W.E.B. Du Bois. The Fight for Equality*, S. 195.

29 Zur Rolle Du Bois' für die panafrikanische Bewegung siehe Akil K. Khalfani, »Pan-Africanism«, in: Gerald Horne/Mary Young (Hg.), *W.E.B. Du Bois. An Encyclopedia*, Westport 2001, S. 158-162.

30 Siehe Lewis, *W.E.B. Du Bois. The Fight for Equality*, S. 200-203. Du Bois besuchte in der Folgezeit in einem dekadisch anmutenden Abstand noch dreimal die Sowjetunion: 1936, 1949 und 1958.

31 Manfred Hildermeier, *Die Sowjetunion 1917-1991*, München [2]2007, S. 22.

32 Ebenda. Lenin war zum Zeitpunkt von Du Bois' Besuch bereits zwei Jahre tot. Unter der Führung Josef V. Stalins arbeitete die Moskauer Zentralregierung mit der Gründung eines Gesamtstaats – der UdSSR – daran, sowjetische Hegemonialbestrebungen zu sichern (vgl. ebenda, S. 23ff.).

von seinen Erfahrungen, die im November 1926 in einem Leitartikel in *The Crisis* erschienen:

> »I stand in astonishment and wonder at the revelation of Russia that has come to me. I may be partially deceived and half-informed. But if what I have seen with my eyes and heard with my ears in Russia is Bolshevism, I am a Bolshevik.«[33]

Offensichtlich mitgerissen von der Aufbruchsstimmung dieser Zeit zeigte sich Du Bois beeindruckt von den politischen und sozialen Errungenschaften der frühen Sowjetunion. Die politische Krise innerhalb der sowjetischen Führungsriege, die letztlich die Ausschaltung der innerparteilichen Opposition unter der Führung Leo Trotzkis und den Aufbau von Josef Stalins autokratischer Herrschaft zur Folge haben sollte, blieb Du Bois zu diesem Zeitpunkt dagegen verborgen.[34] Vor seiner Reise hatte er sich intensiv mit Karl Marx und dessen Theorien auseinandergesetzt, wobei ihn die marxistische Idee von sozialer Gleichheit besonders faszinierte.[35] Der politische Erfolg des Sowjetstaates war aus Du Bois' Sicht davon abhängig, ob es ihm gelingen würde, »den Arbeiter und nicht den Millionär zum Macht- und Kulturzentrum der Moderne« zu machen.[36] Dann, so Du Bois weiter, würde die Russische Revolution »über die Welt hinwegfegen.«[37]

Die in der Sowjetunion gesammelten Eindrücke führten dazu, dass die Vorstellung einer globalen Klassenrevolution und eines dieser Weltanschauung zugrundeliegenden Klassenbegriffs mit Du Bois' bisherigem Fokus zu konkurrieren begann, der auf das Konzept von »Rasse« gerichtet war. Als übergeordnetes Problem des 20. Jahrhunderts hatte es sein Denken lange Zeit beeinflusst. Trotz seiner Begeisterung für das »sozialistische Experiment« und seine verstärkt antikapitalistischen Ansichten stand W.E.B. Du Bois der Kommunistischen Partei in den USA und deren Rolle im afroamerikanischen Freiheitskampf weiterhin sehr kritisch gegenüber – es sollte noch über 30 Jahre dauern, bis er der CPUSA beitrat. Du Bois Begegnung mit der Sowjetunion im Verlauf der 1920er und 1930er Jahre waren primär durch sein intellektuelles Interesse begründet und zielten nicht auf eine organisatorische

---

33 W.E.B. Du Bois, »Editorial«, in: *The Crisis* (Nov. 1926), S. 8.

34 Siehe Lewis, *W.E.B. Du Bois. The Fight for Equality*, S. 202; Helmut Altrichter, *Kleine Geschichte der Sowjetunion*, München 2013; Jörg Baberowski, *Verbrannte Erde. Stalins Herrschaft der Gewalt*, München 2012.

35 Vgl. Lewis, *W.E.B. Du Bois. The Fight for Equality*, S. 200-203. Zu Du Bois' Annährung an den Marxismus siehe Michael Stone-Richards, »Race, Marxism, and Colonial Experience: Du Bois and Fanon«, in: Shamoon Zamir (Hg.), *The Cambridge Companion to W.E.B. Du Bois*, Cambridge 2008, S. 145-161.

36 W.E.B. Du Bois, »Judging Russia«, in: *The Crisis* (Feb. 1927), S. 190.

37 In den 1940er und 1950er Jahren wurde Du Bois neben Paul Robeson zu einem der profiliertesten Unterstützer der Sowjetunion. Auf die Konsequenzen, die sich für beide aus ihrer offenen Unterstützung der UdSSR während des Kalten Krieges ergaben, wird noch genauer eingegangen.

Zusammenarbeit ab. Trotzdem wurden Du Bois' Begegnungen mit der Sowjetunion Teil der Narrative des *anderen Amerikas* und trugen zur Entstehung der Idee einer besonderen Verbundenheit zwischen Kommunisten und Afroamerikanern bei.

Auch für afroamerikanische Kommunisten wie William L. Patterson, der nach dem Zweiten Weltkrieg eine einflussreiche Figur in der afroamerikanischen Linken darstellte, kam der Besuch der Sowjetunion einer ideologischen Pilgerreise, einer »Black Hajj to ›Red Mecca‹«,[38] gleich, die zu einem wichtigen Wendepunkt ihrer weiteren politisch-ideologischen Entwicklung wurde. Eine Reise in die Sowjetunion führte afroamerikanische Kommunisten meist zunächst nach Moskau an die *Kommunistische Universität der Werktätigen des Ostens* (KUTV) und an die Lenin-Schule, an der sie einige Zeit zu ideologischen Schulungs- und Ausbildungszwecken verbrachten.[39] Diese Einrichtungen waren Kaderschulen der Komintern und dienten der »Bolschewisierung« von Parteikadern aus aller Welt, die hier die ideologischen Grundlagen des Marxismus-Leninismus lernten, mit dem sowjetischen Weltbild vertraut gemacht und politisch sozialisiert werden sollten.[40] Auch Patterson besuchte zunächst die KUTV, wo er seine Ergebenheit gegenüber der Partei unter Beweis stellen konnte und schließlich Zugang zum Machtzentrum der Komintern erhielt.

Insgesamt verbrachte er vier Jahre in der Sowjetunion (1927-1931).[41] Während seiner Zeit in Moskau profilierte sich Patterson als Organisator und Propagandist, wodurch er in Kontakt zu international agierenden Organisationen wie der von der Komintern finanzierten *International Red Aid* (MOPR) oder der *Liga gegen Imperialismus* kam. Letztere war 1927 als Gegengewicht zum Völkerbund gegründet worden und sollte – zunächst unabhängig von der jeweiligen Weltanschauung ihrer Mitglieder – dem globalen Austausch zwischen antikolonialen Bewegungen dienen.[42] Seine Teilnahme am Zweiten Kongress der *Liga gegen Imperialismus* in Frankfurt

38 McCellan, »Black Hajj to ›Red Mecca‹«, S. 61-83.

39 Die Gesamtzahl schwarzer CPUSA-Kader wurde im Jahr 1926 auf 50 geschätzt. Insgesamt scheinen zwischen 1925 und 1938 nicht mehr als 90 Afroamerikaner die KUTV besucht zu haben (siehe ebenda, S. 63-64).

40 Ebenda, S. 61.

41 1930/31 studierte auch Erich Honecker an der Lenin-Schule in Moskau. Danach wurde er Sekretär für Agitation und Propaganda der BL Saar (siehe »Honecker, Erich«, in: Wer war wer in der DDR?, URL: https://www.bundesstiftung-aufarbeitung.de/wer-war-wer-in-der-ddr-%2363%3B-1424.html?ID=1484 [zuletzt abgerufen: 01.02.2020]). Über ein Aufeinandertreffen Honeckers und Pattersons während ihrer Zeit in Moskau ist nichts bekannt. Es ist jedoch anzunehmen, dass der Moskauaufenthalt für beide Männer und ihre politische Sozialisation von ähnlich großer Bedeutung gewesen ist.

42 Siehe Jürgen Dinkel, »Globalisierung des Widerstands: Antikoloniale Konferenzen und die ›Liga gegen Imperialismus und für nationale Unabhängigkeit‹ 1927-1937«, in: Sönke Kunkel/Christoph Meyer (Hg.), *Aufbruch ins postkoloniale Zeitalter: Globalisierung und die außereuropäische Welt in den 1920er und 1930er Jahren*, Frankfurt 2012, S. 123-144, hier: S. 123.

a.M. im Juli 1929 bestätigte Patterson darin, dass Schwarze eine zentrale Rolle in der sozialistischen Weltrevolution einnehmen würden: »We were now more than ever certain that a gathering of Black men from all parts of the world was necessary if a united anti-imperialist position was to be taken.«[43] Aus dieser Überzeugung heraus übernahm Patterson als Parteifunktionär eine führende Rolle für die Weiterentwicklung afroamerikanischer Interessen innerhalb der Komintern und trug zur internationalen Außendarstellung der sowjetischen »Rassenpolitik« bei. Diese Tendenz drückte sich auch in der Gründung des *International Trade Union Committee of Negro Workers* (ITUCNW) und der Zeitung *The Negro Worker* aus. Außerdem organisierte Patterson im Juli 1930 die »Internationale Konferenz der Negerarbeiter der Liga gegen den Imperialismus«, zusammen mit Otto Huiswood, James W. Ford und George Padmore.[44] Diese Konferenz markierte allerdings den vorläufigen Höhepunkt der rot-schwarzen Bündnisaktivitäten. Weitere Veranstaltungen unter Führung der Komintern zur Mobilisierung und Vernetzung linker Schwarzer auf internationaler Ebene blieben aus.

Daran wird deutlich, dass die Komintern mit ihrer internationalistischen, rassenübergreifenden Agenda nicht nur über einen ideologisch-theoretischen Bezugsrahmen verfügte, an den schwarze radikale Linke wie Patterson mit ihren Interessen anknüpfen konnten. Als Organisation bot sie auch afroamerikanischen Aktivisten ein für damalige Zeiten seltenes politisches Aktionsfeld, um ihre Interessen auf internationaler Ebene voranzutreiben und sich weiter zu vernetzen.[45] Organisationsformen wie internationale Konferenzen trugen in den ersten beiden Jahrzehnten nach der bolschewistischen Revolution dazu bei, Vorstellungen einer kommunistisch-afroamerikanischen Verbundenheit zu einer erfahrbaren Realität werden zu lassen.[46] Außerdem prägten sie bei schwarzen Kommunisten bis in die Zeit des Kalten Krieges hinein das Bild der Sowjetunion als unterstützende Kraft im afroamerikanischen Freiheitskampf. So schrieb William L. Patterson rückblickend 1971: »Like it or not, there it stood, the first socialist state in the world, a rallying point for the progressive forces of mankind. [...] I had seen a new man in the making and I liked what I had seen.«[47]

2.1.2 US-amerikanischer Rassismus und der Fall der Scottsboro Boys

William L. Patterson setzte seine politischen Aktivitäten in den USA fort, überzeugt davon, dass der Kommunismus zu einer gerechten Gesellschaftsordnung

43 William L. Patterson, *The Man Who Cried Genocide. An Autobiography*, New York 1971, S. 111.

44 Gerald Horne, *Black Revolutionary. William Patterson and the Globalization of the African American Freedom Struggle*, Urbana 2013, S. 35-37.

45 Makalani, *In the Cause of Freedom*, S. 1-3.

46 Adi, »The Negro Question«, S. 165ff.

47 Patterson, *The Man Who Cried Genocide*, S. 111-112.

führen würde. Nach seiner Rückkehr aus der Sowjetunion übernahm er 1931 die Führung der *International Labor Defense* (ILD), dem juristischen Arm der CPUSA.[48] Zur selben Zeit ereignete sich der sogenannte Scottsboro-Boys-Fall, der als Beispiel für die rassistische Rechtspraxis in den Südstaaten nationales und internationales Aufsehen erregte. Bei den Scottsboro Boys handelte es sich um neun männliche Jugendliche afroamerikanischer Herkunft, die beschuldigt wurden, während einer Zugfahrt durch Alabama zwei weiße Frauen vergewaltigt zu haben. Die jungen Männer drohten der Lynchjustiz zum Opfer zu fallen, wurden aber stattdessen kurze Zeit später in einem eintägigen Prozess schuldig gesprochen und zum Tode verurteilt. Dagegen regte sich Widerstand. Die Härte der Strafe und schwerwiegende Verfahrensmängel sorgten für heftigen Protest: Die US-amerikanischen Kommunisten bezeichneten den Urteilsspruch als »legal lynching«.[49]

Nach längeren Verhandlungen übernahm die ILD zusammen mit der NAACP die juristische Verteidigung der Scottsboro Boys. Durch verschiedene Berufungsverfahren gelangte der Fall bis zum Obersten Gerichtshof, bis es schließlich gelang, die Hinrichtungen zu verhindern. Für Patterson stellte der Scottsboro-Fall »den Anfang einer neuen Ära« im Kampf für die Rechte der Afroamerikaner dar, durch den die *Negro Question* einen zentralen Platz auf der politischen Agenda der CPUSA erhielt. Mit ihrer Kampagne gelang es den US-amerikanischen Kommunisten, ihre Interpretation des Falles einer breiten medialen Öffentlichkeit zu präsentieren. Mit Verdruss stellten liberale Reformer wie W.E.B. Du Bois fest, dass diese Kampagne die afroamerikanische Bevölkerung überzeugen konnte, »sich der kommunistischen Bewegung als einzige Lösung für ihre Probleme anzuschließen.«[50]

Auch für die Moskauer Führung war der Fall von Bedeutung. Da er ihr zum ersten Mal die Möglichkeit bot, ihren ideologischen Antirassismus international zu propagieren und sich als Verbündete im Kampf gegen den Rassismus zu präsentieren. Vor diesem Hintergrund finanzierte die sowjetische Parteiführung die internationale Mobilisierung durch unterschiedliche Kampagnen, etwa eine Vortragstour von Ada Wright, der Mutter von zweien der Scottsboro Boys.[51] Sowohl wegen der umfassenden sowjetischen Unterstützung in finanzieller Hinsicht als auch durch den Erfolg bei der Mobilisierung einer internationalen Öffentlichkeit

48 Vgl. Horne, *Black Revolutionary*, S. 44.

49 Joe William Trotter, Jr., »From A Raw Deal to a New Deal, 1929-1945«, in: Robin D. G. Kelley/Earl Lewis (Hg.), *To Make Our World Anew, Vol. II, A History of African Americans from 1880*, Oxford 2005, S. 131-166, hier: S. 143-144.

50 Patterson, *The Man Who cried Genocide*, S. 126; W.E.B. Du Bois, »The Negro and Communism«, in: *The Crisis* (September 1931).

51 Vgl. Roman, *Opposing Jim Crow*, S. 91-126; James A. Miller/Susan D. Pennybacker/Eve Rosenhaft, »Mother Ada Wright and the International Campaign to Free the Scottsboro Boys, 1931-1934«, in: *The American Historical Review*, 106/2 (April 2001), S. 387-430.

kann der Scottsboro-Fall als archetypisch für spätere antirassistische Propagandaaktionen der Sowjetunion, eingeschlossen der Angela Davis-Solidaritätskampagne, gesehen werden.

Zeitgleich mit der Formierung einer internationalen Kampagne zur Unterstützung der Scottsboro Boys plante die sowjetische Filmgesellschaft *Meschrabpom* die Produktion eines Propagandafilms mit dem Titel »Black and White«, der über die US-amerikanischen Rassenbeziehungen informieren sollte.[52] Hierzu lud die Komintern im Juni 1932 unter der Leitung des afroamerikanischen Dichters und Schriftstellers Langston Hughes eine Gruppe von 21 afroamerikanischen Männern und Frauen in die Sowjetunion ein.[53] Der Film sollte in einem Stahlwerk in den Südstaaten spielen und zeigen, wie schwarze und weiße Arbeiter gemeinsam gegen Ausbeutung, Rassismus und gegen die Klassengesellschaft kämpften. Ziel des Films war eine gezielte Diskreditierung des Kapitalismus sowie die Propagierung einer rassismusfreien, solidarischen Gesellschaftsordnung, wie sie der Kommunismus versprach.

Als Hughes, der als Drehbuchautor vorgesehen war, Wochen nach seiner Ankunft in Moskau endlich die englische Übersetzung des russischen Drehbuchs las, erschrak er über die falschen Vorstellungen der sowjetischen Gastgeber von der Lage der afroamerikanischen Bevölkerung:

> »At first I was astonished at what I read. [...] The writer meant well, but knew so little about his subject. [...] His concern for racial freedom and decency had tripped so completely on the stumps of ignorance that his work had fallen as flat as did Don Quixote's value when good intentions led that slightly demented knight to do battle.«[54]

Auch musste Hughes feststellen, dass die sowjetischen Gastgeber nicht frei von Vorurteilen waren. Nach sowjetischer Vorstellung waren authentische Afroamerikaner sehr dunkelhäutig und Mitglieder einer im ländlichen Süden beheimateten schwarzen Arbeiterklasse.[55] Die Vertreter der sowjetischen Filmfirma erwarteten zudem, dass alle Schwarze »quasi naturgemäß« singen könnten.[56] Die Mitglieder der afroamerikanischen Filmbesetzung gehörten jedoch der aufstrebenden Künstler- und Intellektuellenszene Harlems an und entsprachen, wie Hughes feststellte, kaum dem sowjetischen Klischee eines schwarzen Südstaatenproletariats:

---

52 Roman, *Opposing Jim Crow*, S. 125-154; Baldwin, *Beyond the Color Line and the Iron Curtain*, S. 96-102.

53 Ebenda.

54 Hughes, *I Wonder as I Wander*, S. 76.

55 Ebenda, S. 79-80.

56 Ebenda.

> »Being mostly Northerners, only a few of us had ever heard a spiritual outside a concert hall, or a work song other than ›Water Boy‹ in a night club. [...] They were too intellectual for such old-time song, which to them smacked of bandannas and stereotypes.«[57]

In der Auseinandersetzung um das »Black and White«-Filmprojekt zeigte sich also, dass sich in der sowjetischen Vorstellung des afroamerikanischen *anderen Amerikas* ebenfalls rassistische Stereotype widerspiegelten und das marxistisch-leninistische Konzept von »Rasse«, wenn auch gegenläufig zur Idee weißer Überlegenheit, in mancher Hinsicht nicht weniger rassistisch war. Am Ende waren die Meinungsverschiedenheiten bezüglich des Plots und der Rollenbesetzung zwischen der sowjetischen Produktionsfirma und den afroamerikanischen Besuchern zu groß, sodass das Filmprojekt abgesagt wurde, bevor es richtig begonnen hatte.[58] Anhand dieses gescheiterten Projekts zeigt sich, dass die US-amerikanische Rassenfrage bereits vor ihrem politisch-ideologischen Bedeutungsgewinn im Kontext der bipolaren Auseinandersetzung zwischen den USA und der Sowjetunion im Zeitalter des Kalten Kriegs zu einem wichtigen Element der Selbstdarstellung der Sowjetunion geworden war. In Abgrenzung zur diskriminierenden Rassenpolitik des vermeintlich zivilisierteren, kapitalistischen Westens, den die USA verkörperte, stellte die Moskauer Führung die Sowjetunion als aufgeklärte, »rassenlose« Gesellschaft dar.[59] Die Annahme, nur der Sozialismus könne die Überwindung der Rassentrennung ermöglichen, wurde dabei zu einem Leitmotiv der sowjetischen Selbstdarstellung.

So nutzte das Stalin-Regime trotz des Scheiterns des Filmprojektes während der 1930er Jahre vermehrt massentaugliche Formate wie Filme und Publikationen, um sein antirassistisches Selbstbild in Abgrenzung zum US-Rassismus zu verbreiten. Ein Beispiel hierfür ist der Film »Circus«, der 1936/37 zu einem großen Kinoerfolg in der Sowjetunion wurde. Der Film zeichnet das Bild einer rassismusfreien Gesellschaft der Sowjetunion, die zur Befreiung der Welt vom Übel des Rassismus beitragen könne. Der Film erzählt die Geschichte einer weißen amerikanischen Zirkuskünstlerin, Mary Dixon, und ihrem dunkelhäutigen Sohn, der aus der verbotenen Liebesbeziehung zu einem Afroamerikaner entstanden ist. Mary, gespielt

---

57 Ebenda.

58 Carew, *Blacks, Reds and Russians*, S. 123-129.

59 Ein Beispiel für die Bedeutung der US-amerikanischen Rassenfrage für die sowjetische Selbstdarstellung ist der Fall zweier weißer US-Amerikaner, die wegen eines gewaltsamen Übergriffs auf einen schwarzen Arbeiter in einer Autofabrik in Stalingrad angeklagt wurden (siehe hierzu Meredith Roman, »Racism in a ›Raceless‹ Society: The Soviet Press and Representations of American Racial Violence at Stalingrad in 1930«, in: *International Labor and Working-Class History*, 71 [Spring 2007], S. 185-203).

von Lyubov Orlova,[60] befindet sich auf Tournee in der Sowjetunion und wird von ihrem deutschen Manager begleitet, der im Film die menschlichen Abgründe des Kapitalismus verkörpert. So ist er nicht nur geldgierig, sondern auch rassistisch. Dies wird deutlich, als er sich, erzürnt über Marys Zurückweisung seiner Avancen, rächen möchte und dem sowjetischen Zirkuspublikum Marys vermeintlich »dunkles Geheimnis« offenbart. Das sowjetische Publikum lacht ihn jedoch nur aus und nimmt den kleinen schwarzen Jungen liebevoll in seine Obhut. Am Ende des Films ist Mary umringt von einer fröhlichen Menge in einer sowjetischen Parade zu sehen. Befreit von jeglicher Angst vor rassistischen Vorurteilen singt sie dabei »I don't know any other country where a person can breathe so freely!«[61] Diese Schlusssequenz zeigt, wie Antirassismus vermehrt zum Bestimmungsmerkmal einer spezifisch sowjetischen Gesellschaft wurde. Rassismus wurde dagegen als spezifisches Charakteristikum verstärkt dem Amerikanischen zugeschrieben.[62]

Auch afroamerikanische Linke schienen weiterhin überzeugt von der Existenz einer rassismusfreien Gesellschaft in der Sowjetunion. So verlängerte Hughes trotz des Scheiterns des Filmprojekts zusammen mit einem Teil der Filmcrew seinen Aufenthalt in der Sowjetunion. Im zentralasiatischen Teil der Sowjetunion wollte die Gruppe das »sozialistische Experiment« weiter erkunden und dort die angeblich harmonische Umsetzung eines multiethnischen Staates mit eigenen Augen erleben. Zur Gruppe gehörte auch Louise Thompson (später Louise Thompson Patterson), die mit der Vorbereitung des Filmprojekts in den USA beauftragt und für die Rekrutierung der Filmbesatzung verantwortlich gewesen war. Als junge schwarze Frau, die zum Teil radikal-linke Ansichten vertrat, hatte Thompson in den progressiven Künstler- und Intellektuellenkreisen Harlems ihre politischen Aktivitäten vorangetrieben. Hierzu zählte zum Beispiel die Organisation von Treffen der *Soviet Friendship Society* in ihrer Wohnung. Für Thompson, die sich offenbar nicht im Klaren über die Fortsetzung der rigiden Russifizierungspolitik in Zentralasien war, führte der fünfmonatige Aufenthalt in der Sowjetunion zu einer Transformation.[63] So schrieb sie rückblickend über ihre Reise:

---

60 Lyubov Orlova bekam für ihre schauspielerische Leistung in »Circus« den Stalin-Preis verliehen (siehe Oksana Bulgakowa, »Der erste sowjetische Filmstar«, in: Klaus Heller [Hg.]: *Personality Cults in Stalinism – Personenkulte im Stalinismus*, Göttingen 2004, S. 365-390).

61 Matusevich, »›Harlem Globe-Trotters‹«, S. 229-230.

62 Roman, *Opposing Jim Crow*, S. 87. Russische Zeitungsberichte und Cartoons, die von Lynchmorden an Afroamerikanern berichteten, adaptierten den Begriff »lynch« (linchevat – to lynch, sud Lincha – lynch law), anstatt den russischen Ausdruck »samosud« (Mobgesetz) zu verwenden, wodurch sowjetische Leser nicht nur in das Vokabular des US-Rassismus eingeführt wurden, sondern auch dazu ermuntert wurden, Lynchgewalt als eine spezifische Eigenschaft beziehungsweise Form der Gewalt zu sehen, wie sie nur in der kapitalistischen Gesellschaft der USA auftreten konnte (siehe hierzu ebenda, S. 60ff.).

63 McDuffie, *Sojourning for Freedom*, S. 62ff.

»My journey had an enormous personal impact on me and shaped my life for many years to come. What I witnessed, especially in Central Asia, convinced me that only a new social order could remedy the American racial injustices I knew so well. I went to the Soviet Union with leftist leanings; I returned home a committed revolutionary.«[64]

Thompsons Erfahrungen in der Sowjetunion bestärkten sie in ihrer Vorstellung, allein im Sozialismus könne Rassentrennung und Ungleichheit überwunden werden. Allein die sozialistische Ordnung würde die Möglichkeit eines gleichberechtigten Zusammenlebens von Menschen verschiedener Hautfarbe bieten. Afroamerikanische Linke wie Louise Thompson und auch Langston Hughes konnotierten die rote Farbe mit einer kollektiven Zugehörigkeit, »Weiße« wie »Schwarze« konnten sich unabhängig von den damals gesellschaftlich anerkannten, rassistischen Trennlinien mit ihr identifizieren, wie Hughes es formulierte.[65]

Politisch radikalisiert durch ihre Erfahrungen in der Sowjetunion setzte Thompson nach ihrer Rückkehr ihre Arbeit im Umfeld der Kommunistischen Partei fort und organisierte zusammen mit der von Patterson geführten ILD in Harlem verschiedene Protestveranstaltung zur Unterstützung der Scottsboro Boys. Außerdem engagierte sie sich im *National Committee for the Defense of Political Prisoners* und in der *International Workers Order*, eine Art sozialistischer Wohlfahrtsverband. Unter dem Titel »Southern Terrors« beschrieb Thompson in *The Crisis* Kommunisten als wahre Verbündete im Kampf gegen die rassistische Unterdrückung:

»Thus did I learn from firsthand experience of the kind of ›justice‹ meted out to Negroes in the South [...] All the others arrested with me were white, yet they fared no better than I did, for as Communist suspects they are bitterly hated and granted no more constitutional rights than are given Negroes in the South.«[66]

Ihre Erlebnisse im US-Süden sah Thompson als Bestätigung für die von der Komintern propagierte Vorstellung einer historischen Verbundenheit von Schwarzen und Kommunisten an, die sich derselben Unterdrückung ausgesetzt sahen. Auch bestärkten die Erfahrungen aus Alabama Thompson in der Vorstellung, dass nur ein

64 Louise Patterson, »Unpublished Memoirs. Chapter on Trip to Russia – 1932«, zitiert nach ebenda, S. 58, Fn. 2.

65 Langston Hughes, »One More ›S‹ in the USA«, in: Arnold Rampersad (Hg.), *The Collected Poems of Langston Hughes*, New York 1995, S. 177. Der Wortlaut im Original: »Come together, fellow workers/Black and white can all be red.« Robin D. G. Kelley sieht diese Passage als eine Referenz zu einem anderen Gedicht Hughes aus dem Jahr 1931: »No Mo‹, No Mo‹« (siehe Robin D. G. Kelley, *Race Rebels. Culture, Politics, and the Black Working Class*, New York 1996, S. 177). Hier findet sich mit dem Ausspruch »Negroes ain't black but RED!« explizit die Vorstellung einer kommunistisch-afroamerikanischen Verbundenheit.

66 Louise Thompson, »Southern Terror«, in: *The Crisis* (Nov. 1934), S. 327-328, hier: S. 328.

revolutionäres, internationalistisches Bündnis zwischen Schwarzen und der weißen Arbeiterklasse zu einem Erfolg im afroamerikanischen Emanzipationskampf führen könne.

2.1.3 Das sowjetische Ideal bekommt Risse

Auch mehr als zehn Jahre, nachdem die ersten schwarzen Besucher die Sowjetunion bereist hatten, wirkten die Attraktivität der Sowjetunion und ihre Gesellschaftsordnung als Vorbild und Sehnsuchtsort weiter fort. So wurden im Kreis afroamerikanischer Linker noch immer Debatten über diese gelungene Verwirklichung einer gleichen und freien Gesellschaft geführt. Trotz der veränderten Bedingungen unter Stalin, der in einem gewaltsamen Kurswechsel die Zwangskollektivierung der bäuerlichen Betriebe und die Festigung seiner Herrschaft vorantrieb, hielten afroamerikanische Linke wie der Sänger und Schauspieler Paul Robeson an der Vorstellung fest, dass der Traum von politischer und sozialer Gleichheit in der Sowjetunion realisiert worden sei.[67] In Paul Robeson hatte die Sowjetunion Mitte der 1930er Jahre einen prominenten Unterstützer in den USA.[68]

Es war daher nicht verwunderlich, dass die Einreise und der Empfang, die er und seine Frau Eslanda 1934 erlebten, nachdem sie der Einladung des russischen Regisseurs Sergej Eisenstein gefolgt waren, in einem starken Kontrast zu den sonst üblichen Schwierigkeiten standen, die sich bei Reisen in Europa und den USA aufgrund der dort vorherrschenden rassistischen Vorurteile ergaben. Ihrer Ankunft in der Sowjetunion war ein Berlin-Aufenthalt vorausgegangen, den Robeson unter den Eindrücken der frühen Naziherrschaft als »day of horror – in an atmosphere of hatred, fear and suspicion« beschreibt.[69] In der Sowjetunion zeigte sich Robeson beeindruckt vom Empfang, den man ihm bereitete: »I was not prepared for the feeling of safety and abundance and freedom that I find here, wherever I

67 Die in dieser Zeit durch Stalin kultivierten Strukturen des Machterhalts und Machtausbaus führten zu einer neuen Phase der Herrschaftsausübung, die rückblickend als Stalinismus bezeichnet wird. Reale und vor allem eingebildete politische Gegnerschaft hat in dieser Zeit die physische Vernichtung der vermeintlichen Gegner zur Folge (vgl. Baberowski, *Verbrannte Erde*, S. 212ff.).

68 Für eine ausführliche Untersuchung von Robesons Verbindungen in die Sowjetunion siehe David Levering Lewis, »Paul Robeson and the U.S.S.R.«, in: Jeffrey C. Stewart (Hg.), *Paul Robeson. Artist and Citizen*, New Brunswick 1999, S. 217-233.

69 Interview mit Vern Smith, »›I am at Home‹ Says Robeson at Reception in Soviet Union«, *Daily Worker* (15.01.1935), in: Philip S. Foner (Hg), *Paul Robeson Speaks; Writings, Speeches, Interviews, 1918-1974*, Secaucus 1978, S. 95. Darin bezieht sich Robeson auf einen kurzen Zwischenstopp in Deutschland, wo er eine bedrohliche Begegnung mit SA-Truppen am Berliner Bahnhof gehabt habe, bei der es beinahe zu einem gewaltsamen Übergriff auf die Robesons gekommen wäre.

turn.«[70] Während in westlichen Medien Berichte über Stalins Schauprozesse gegen vermeintliche Konterrevolutionäre sowie über den Hunger großer Bevölkerungsteile zunahmen, bekräftigte Robeson öffentlich seine Unterstützung für die Sowjetunion:

> »I believe that the Soviet Union is the bulwark of civilization against both war and fascism. I think it has the most brilliant and sincere peace policy in the world today. I can see no effective means of fighting fascism except through the policy of the Communist Party.«[71]

Im Verlauf der 1930er Jahre kehrte Paul Robeson viermal in die Sowjetunion zurück: Er gab Konzerte, hielt Reden, absolvierte Solidaritätsauftritte und verbrachte als Gast der sowjetischen Führung sogar seinen Urlaub am Schwarzen Meer.[72] Während er selbst seine angeblichen Auswanderungspläne in die Sowjetunion nie umsetzte, lebte Robesons Sohn Paul Jr. ein Jahr in Moskau und besuchte dort bis 1938 eine der Modellschulen, die von Kindern der politischen Elite der UdSSR – darunter auch Stalins Tochter – besucht wurden.[73]

Diese Phase zwischen 1934 und 1938 prägte Robesons politische Orientierung und er wurde mehr als alle anderen afroamerikanischen Besucher vor und nach ihm in der öffentlichen Darstellung auf beiden Seiten des Atlantiks zum Sinnbild der Verbindungen zwischen der afroamerikanischen Linken und der Sowjetunion. Als er 1935 in die USA zurückkehrte, nahmen Robesons öffentliche Auftritte und sein radikaler Aktivismus auf verschiedenen Ebenen erheblich zu. Dabei zählten Antifaschismus, Antikolonialismus, Friedenspolitik und schwarze Befreiungsrhetorik zu den Kernthemen seines Internationalismus, durch dessen Propagierung Robeson, wie später auch W.E.B. Du Bois, noch zwischen die Fronten des Kalten Kriegs geraten sollte.

Im Verlauf der 1930er Jahre festigte sich besonders im Kreis schwarzer Kommunisten die Vorstellung, die afroamerikanische Kultur biete ein besonderes revolu-

---

70 Smith, »I am at Home«, S. 95.

71 Interview mit Ben Davis, Jr., »U.S.S.R. – The Land for Me«, *Sunday Worker* (10.05.1936), in: Foner (Hg.), *Paul Robeson Speaks*, S. 105-109, hier: S. 108.

72 Carew, *Black, Reds, and Russians*, S. 146.

73 Ransby, *Eslanda*, S. 124. Robesons Wahrnehmung der stalinistischen Sowjetunion war sicherlich durch die besondere Behandlung geprägt, die ihm als bekannte afroamerikanische Persönlichkeit entgegengebracht wurde. In ihrer biografischen Arbeit über Eslanda Robeson deutet Barbara Ransby an, dass die Robesons – trotz ihrer unkritischen Haltung gegenüber der UdSSR – zum Beispiel wegen der Schauprozesse, denen unter anderem der mit den Robesons befreundete Arzt Ignaty Kazakov zum Opfer gefallen war, im Geheimen auch Zweifel an Stalin und seiner Politik hegten. Nicht zuletzt aus Rücksicht auf die Brüder von Eslanda Robeson, die beide in der Sowjetunion lebten, seien derlei Bedenken jedoch, so Ransby, nicht öffentlich gemacht worden (siehe ebenda, S. 132-133).

tionäres Potenzial.[74] Paul Robeson schien wie keine andere afroamerikanische Persönlichkeit diese Vorstellung einer einzigartigen schwarzen *Folk Culture* zu verkörpern, die im weiteren Sinne mit Stalins Konzept der »Kulturgemeinschaft« korrespondierte. Doch während die CPUSA durch ihr Presseorgan *The Daily Worker* zum ersten Mal ein breites Spektrum schwarzer Kunst unterstützte, darunter Theater, Musik und Tanz, und afroamerikanische Kultur zu einer progressiven Verheißung für die zukünftige Überwindung von Rassebarrieren avancierte, raubte die totalitäre Natur des Staates unter Stalin der sowjetischen Kunst ihren utopischen Charakter.[75] So ließ die Komintern ab Mitte der 1930er Jahre die Idee der Selbstbestimmung, die noch einige Jahre zuvor den Kern der *Black Belt Resolution* dargestellt hatte, zugunsten der Bildung einer *Popular Front* – gemeint war damit eine Volksfront zum Kampf gegen den an Einfluss gewinnenden Faschismus – fallen. Die *Popular Front*-Politik war 1934 von der Komintern unter der Führung Stalins als Reaktion auf den zunehmenden Faschismus in Europa beschlossen worden und endete mit der Unterzeichnung des Nichtangriffspaktes zwischen Stalin und Hitler. In den USA führte die in dieser Phase entstandene Öffnung der CPUSA zu einer vermehrten Zusammenarbeit mit parteiunabhängigen linken, liberalen Organisationen und *New Deal*-Reformern der demokratischen Regierung unter Franklin D. Roosevelt.[76] Der Kampf gegen Rassismus blieb weiterhin von zentraler Bedeutung für die Selbstdarstellung der Sowjetunion, wobei die Hervorhebung der sowjetischen Ausnahmerolle und nicht etwa die Förderung des politischen Vorgehens gegen die Unterdrückung von Afroamerikanern die größte Priorität hatte. Außerdem rückte Deutschland an die Stelle der USA als »Land rassistischer Bigotterie«, dem die aufklärende Rolle der Sowjetunion gegenübergestellt wurde.[77]

In der Zeit des »Großen Terrors« zwischen 1936 und 1938, in der Stalins politische Säuberungsaktionen ihren Höhepunkt erreichten, kam es jedoch zu einem Einbruch der Beziehungen. Außerdem wirkte der Hitler-Stalin-Pakt auf Teile der afroamerikanischen Linken desillusionierend. Ihr Traum einer sozialistischen rassenübergreifenden Verbundenheit bekam Risse. Nicht nur liberale Afroamerikaner wie W.E.B. Du Bois sahen in Stalins Pakt mit Hitler einen »riesengroßen Verrat«, wie *The Crisis* im Oktober 1939 titelte.[78]

---

74 Vgl. Robin D. G. Kelley, »›Africa's Sons with Banner Red‹: African-American Communists and the Politics of Culture, 1919-1934«, in: Robin D.G. Kelley (Hg.), *Imagining Home Class, Culture and Nationalism in the African Diaspora*, New York 1994, S. 35-54, S. 46ff.

75 Kelley, »›Afric's Sons with Banner Red‹«, S. 39-41.

76 Vgl. Klehr/Haynes/Anderson, *The Soviet World of American Communism*, S. 71ff.

77 Roman, *Opposing Jim Crow*, S. 89.

78 Roy Wilkins, »The Great Betrayal«, in: *The Crisis* (Oktober 1939), S. 305; siehe auch George M. Fredrickson, *Black Liberation. A Comparative History of Black Ideologies in the Unites States and South Africa*, New York 1995, S. 214.

2.2 Afroamerikanische Verbundenheitsvorstellungen vor und nach 1945

Der Hitler-Stalin-Pakt von 1939 und das Ende der Volksfrontpolitik bewirkten einen ernsthaften Rückschlag für die CPUSA. Sie sah ihre führende Rolle im afroamerikanischen Freiheitskampf in Gefahr. Dasselbe galt für die Komintern, die durch die Entwicklungen ab 1939 ebenfalls an Ansehen verlor. Dieser Bruch folgte auf die erfolgreiche Phase der 1930er Jahre, in der sich das politische Spektrum in den USA im Zuge der Wirtschaftskrise deutlich nach links verschoben hatte. Damals erreichte die CPUSA im Zuge der Volksfrontlinie und durch die Unterstützung der *New Deal*-Koalition mit rund 100.000 Mitgliedern ihren historischen Höchststand.

Eine der wichtigsten Organisationen für die afroamerikanische Interessenpolitik der CPUSA während der *Popular Front*-Phase war der 1936 gegründete *National Negro Congress* (NNC) unter dem Vorsitz von A. Philipp Randolph. Er war neben der Gründung der *Brotherhood of Sleeping Car Porters* von zentraler Bedeutung für die schwarze Gewerkschaftsbewegung.[79] Der NNC richtete sich ausschließlich an afroamerikanische Mitglieder, machte die Gewinnung ökonomischer Gleichheit für Schwarze zum zentralen Thema seiner Massenproteste und stand in enger Verbindung zur CPUSA,[80] obwohl Randolph die Umsetzung afroamerikanischer Interessen durch die CPUSA kompromittiert sah. Unter dem Eindruck des Hitler-Stalin-Pakts verurteilte er bei einem NCC-Treffen im Jahr 1940 Faschismus und Kommunismus gleichermaßen und trat daraufhin als Vorsitzender des NCC zurück.[81]

Sein Rücktritt bedeutete nicht nur das Auseinanderbrechen des NCC, sondern markierte auch eine Wende: Landesweit verloren die Kommunisten innerhalb der etablierten schwarzen Protestbewegungen an Einfluss. Randolph und andere afroamerikanische Aktivisten dieser Zeit distanzierten sich von der CPUSA und setzten stattdessen die breite Bündnispolitik fort, die aus der *New Deal*-Koalition und ihrem sozialstaatlichen Reformprogramm hervorgegangen war.[82] Neben Themen

79 Vgl. Beth Tompkins Bates, *Pullman Porters and the Rise of Protest Politics in Black America*, 1925-1945, Chapel Hill 2001; Andrew Edmund Kersten, *A. Philip Randolph. A Life in Vanguard*, Landham 2007.

80 Tuck, *We Ain't What We Ought to Be*, S. 196; Bruce Nelson, *Divided We Stand. American Workers and the Struggle for Black Equality*, Princeton 2001.

81 Tuck, *We Ain't What We Ought to Be*, S. 195.

82 Trotzt seiner Abkehr von der CPUSA hielt Randolph an der separatistischen schwarzen Mitgliederpolitik des NCC fest; so waren zum Beispiel weiße Mitglieder von dem 1941 gegründeten *March on Washington Committee* (MOWC) ausgeschlossen. Laut Randolph bedeute dies keine anti-weiße, sondern eine pro-schwarze Politik, die es Afroamerikanern ermöglichen solle, sich eigenständig zu mobilisieren und so ein stärkeres Selbstvertrauen aufzubauen. Randolph und sein Aktivismus sind ein Beispiel für schwarzen militanten Aktivismus, dessen Wurzeln weit vor die schwarze Militanz der *Black Panther Party* zurückreichen (siehe hierzu

wie ökonomische Gerechtigkeit, Arbeitslosigkeit und Armut richtete sich der Fokus afroamerikanischen Protests mit dem Kriegseintritt der USA verstärkt auf rassistische Diskriminierung in der Verteidigungsindustrie und den Streitkräften. Während die CPUSA den von der Regierung Roosevelt beschlossenen Kriegseintritt der USA und die Formierung der Alliierten verurteilte, entstand die von einem breiten Spektrum afroamerikanischer Protestakteure mitgetragene *Double V*-Kampagne (*Double Victory*). Diese verglich die nationalsozialistische Rassenideologie mit dem Jim-Crow-System und rief dazu auf, nicht nur den Faschismus in Europa, sondern gleichzeitig die rassistische Diskriminierung im eigenen Land zu beenden.[83] Mit der *Double V*-Kampagne erhielt der afroamerikanische Freiheitskampf während des Zweiten Weltkriegs einen neuen Mobilisierungsimpuls.[84]

2.2.1 Eine neue Radikalität: *Southern Negro Youth Congress* (SNYC)

Den organisatorischen Rahmen für die Formierung einer neuen radikalen Aktivistengruppe bildete der *Southern Negro Youth Congress* (SNYC), der von 1939 bis zu seiner Auflösung 1949 zu einem wichtigen Aktionsfeld für junge afroamerikanische Radikale in den Südstaaten wurde.[85] Anders als das 1960 unter der Leitung von Ella Baker gegründete *Student Nonviolent Coordination Committee* (SNCC) war der SNYC von afroamerikanischen Kommunisten, darunter James Jackson, Louis Burnham

---

A. Phillip Randolph, »March on Washington Movement Presents Program for the Negro«, in: Rayford Whittingha Logan [Hg.], *What the Negro Wants*, Chapel Hill 1944, S. 133-162). Zu den Wurzeln schwarzer Militanz siehe Simon Wendt, *The Spirit and the Shotgun: Armed Resistance and the Struggle for Civil Rights*, Gainsville 2007.

83 Für eine ausführliche Darstellung der Kampagne und afroamerikanische Vergleiche der US-Rassensegregation mit Hitlers Rassenideologie siehe Rosenberg, *How Far the Promised Land?*; Jonathan Rosenberg, »Sounds Suspiciously like Miami. Narzism and the U.S. Civil Rights Movement, 1933-1941«, in: Frank Ninkovich/Liping Bu (Hg.), *The Cultural Turn*, Chicago 2001, S. 105-130. Für die Wahrnehmung des Nationalsozialismus in der allgemeinen Öffentlichkeit dieser Zeit in den USA siehe Michaela Hoenicke Moore, *Know Your Enenemy. The American Debate on Nazism, 1933-1945*, New York 2009.

84 Patricia Sullivan, *Days of Hope. Race and Democracy in the New Deal Era*, Chapel Hill 1996, S. 135-135; Maria Höhn, »›We Will Never Go Back to the Old Way Again‹: Germany in the African American Debate on Civil Rights,« in: *Central European History*, 41/4 (2008), S. 605-637.

85 Während seiner Hochphase zählte der SNYC 11.000 Mitglieder. Aufgrund ihrer engen Verbindung zur CPUSA stand die Organisation unter kontinuierlicher Beobachtung des FBI. Vor dem Hintergrund des im Kalten Krieg zunehmenden feindseligen Klimas gegenüber radikallinken Organisationen wurde 1949 die Auflösung des SNYC beschlossen (vgl. Kelley, *Hammer and Hoe*, S. 199ff.; Robert Cohen, *When the Old Left Was Young. Student Radicals and America's First Mass Student Movement, 1929-1941*, New York 1993, S. 220-224; Johnetta Richards, »Fundamentally Determined: James E. Jackson and Esther Cooper Jackson and the Southern Negro Youth Congress, 1937-1946«, in: *American Communist History*, 7/2 (2008), S. 191-202).

und Edward Strong, gegründet worden.[86] Der SNYC versuchte als Verbund lokaler Jugendgruppen zunächst an den schwarzen Universitäten des Südens aktiv zu werden, erweiterte jedoch bald sein Themen- und Mitgliederspektrum. So gehörten neben Kampagnen zu *Anti-lynching* und Wählerregistrierung in den ländlichen Gebieten des Südens bald auch Gewerkschaftsarbeit und Mobilisierungsversuche der schwarzen Arbeiterschaft zu den Aktivitäten des SNYC.[87] In seiner Rede auf der Eröffnungsveranstaltung des SNYC in Richmond, Virginia, im Februar 1937 skizzierte Edward Strong die politische Agenda des SNYC folgendermaßen:

> »We have come first of all, seeking the right to creative labor, to be gainfully employed with equal pay and employment opportunity – economic security [...] The new Negro youth of the southland is rising to manhood without the right to vote –for him we seek the opportunity of political expression. And finally, we seek existence free from the threat of mob violence.«[88]

Mit dieser Agenda, in der sich eine militante Rassenverbundenheit (*interracialism*) mit proletarischen Gerechtigkeitsvorstellungen verband, deutete sich eine neue Radikalität an, die gleichzeitig die etablierte breite Bündnispolitik fortzusetzen versuchte. Während klassische radikale Forderungen wie die Umsetzung der *Black Belt Resolution* oder des Selbstbestimmungsrechts der afroamerikanischen Bevölkerung des Südens nicht Teil der ideologisch-politischen Agenda des SNYC waren, rief Edward Strong zur proletarischen Solidarität mit weißen Arbeitern auf. Dieser Aufruf trug auch Tendenzen eines schwarzen kulturellen Nationalismus sowie eines revolutionären Internationalismus.

Hauptsitz des SNYC wurde Birmingham, Alabama, das wegen seiner Stahlindustrie zu den industriellen Zentren des Südens gehörte. Versuche, afroamerikanische Sharecropper und Arbeiter in Birmingham gewerkschaftlich zu organisieren, hatten bereits frühzeitig zu einer vergleichsweise starken Politisierung der afroamerikanischen Bevölkerung beigetragen.[89] Begünstigt durch Gewerkschaftsgruppen und das örtliche NAACP-Chapter gab es Ende der 1930er Jahre einen relativ lebendigen afroamerikanischen Graswurzel-Aktivismus in der Stadt.[90] Vor diesem Hintergrund und wegen der zunehmenden Zahl gut ausgebildeter und politisch aktiver Afroamerikaner eignete sich Birmingham in besonderer Weise für die Mobilisierungsinteressen des SNYC.

---

86 Die Idee für die Gründung des SNYC ging wohl ursprünglich aus dem NCC hervor (siehe Kelley, *Hammer and Hoe*, S. 200).

87 Cohen, *When the Old Left Was Young*, S. 221.

88 Zitiert nach Augusta Strong, »Southern Youth Proud Heritage«, in: *Freedomways*, 4/1 (1964), S. 35-50, hier: S. 38-39.

89 Vgl. Kelley, *Hammer and Hoe*, S. 202.

90 Ebenda.

In diesem Umfeld bewegte sich auch Sallye Bell Davis, Angela Davis' Mutter. Sie war eine typische Vertreterin dieser neuen Aktivistengeneration: So konnte sie eine abgeschlossene Collegeausbildung am afroamerikanischen Miles Memorial College vorweisen, arbeitete als Lehrerin und nahm an verschiedenen politischen Aktionen teil. Ende der 1930er Jahre trat sie dem SNYC bei und brachte 1944 ihre Tochter Angela Davis in Birmingham zur Welt.[91] Durch ihre Arbeit im SNYC wurde sie Teil eines Kreises linker schwarzer Aktivistinnen, zu dem auch Esther Cooper Jackson, Dorothy Burnham sowie Augusta Jackson Strong gehörten. Während Frauen in anderen Protestgruppen meist organisatorische Aufgaben im Hintergrund übernahmen, entsprach die Aufgabenverteilung im SNYC nicht den damals üblichen Geschlechterrollen. So übernahm Augusta Jackson Strong die Herausgabe der SNYC-Zeitung *Cavalcade: The March of the Southern Youth*, Dorothy Burnham leitete die Abteilung für Erziehung des SNYC und Esther Cooper Jackson übernahm ab 1942 sogar die Leitung des SNYC.[92] Für all diese Frauen wurde der SNYC im Verlauf der 1940er Jahre der organisatorische Rahmen, um linken Aktivismus zu praktizieren und gleichzeitig politische Führungsaufgaben zu übernehmen.[93]

Esther Cooper hatte in den 1930er Jahren am Oberlin College und an der Fisk-Universität Soziologie studiert und in dieser Zeit ein großes Interesse für kommunistische Theorien entwickelt. Anstatt das Angebot einer Promotion an der Universität von Chicago anzunehmen, entschied sie sich für die Übernahme der Leitung des SNYC-Büros in Birmingham und heiratete 1941 James Jackson, der zu den Gründungsmitgliedern des SNYC gehörte.[94] Als James Jackson 1942 in die Armee eingezogen wurde, übernahm Cooper Jackson den SNYC-Vorsitz. Sie erlangte dadurch eine politische und organisatorische Handlungsmacht, die für eine afroamerikanische Frau zu dieser Zeit ungewöhnlich war.[95] Als Vorsitzende des SNYC agierte Cooper Jackson weiterhin im Geiste einer breiten Bündnispolitik. Neben der Zusammenarbeit mit lokalen Kirchen- und Gewerkschaftsgruppen unterstützte der SNYC unter ihrer Leitung auch die *Double V*-Kampagne. Durch die Zusammenarbeit mit liberalen Gruppen demonstrierte Cooper Jackson auch eine gewisse Unabhängigkeit von der politischen Linie der CPUSA.[96]

---

91 Aufgewachsen in Talladega County, Alabama, war Sallye Davis 1931 nach Birmingham gekommen, um dort ihre Schulausbildung fortzusetzen. Durch ein 1935 gewonnenes Stipendium war es ihr möglich, das Studium am Miles Memorial College aufzunehmen (siehe Kelley, *Hammer and Hoe*, S. 203).

92 McDuffie, *Sojourning for Freedom*, S. 142.

93 Kelley, *Hammer and Hoe*, S. 204-205; McDuffie, *Sojourning for Freedom*, S. 100.

94 Richards, »Fundamentally Determined«, S. 199ff.; Sara Rzeszutek Haviland, *James and Esther Cooper Jackson. Love and Courage in the Black Freedom Movement*, Lexington 2015.

95 McDuffie, *Sojourning for Freedom*, S. 126.

96 Ebenda, S. 142.

Im Kontext der politischen Debatten um eine »gerechtere Gesellschaft« dieser Zeit, die vor allem um ökonomische Freiheit und Rassengleichheit kreisten, gewannen Frauenrechte für Cooper Jackson und ihre Mitstreiterinnen eine immer größere Bedeutung.[97] Die Gleichberechtigung von Frauen wurde, so Cooper Jackson, für SNYC-Aktivisten und -Aktivistinnen zu einem »integralen Bestandteil des gesamten Kampfes um Veränderung der Gesellschaft.«[98] Zudem nahmen Vorstellungen eines revolutionären Internationalismus im politisch-ideologischen Denken der linken schwarzen Aktivistinnen einen hohen Stellenwert ein. Kurz nach Ende des Zweiten Weltkriegs, im November 1945, nahm Cooper Jackson als Leiterin der SNYC-Delegation am ersten Weltjugendkongress in London teil. Dieser wurde organisiert vom *World Youth Council* (WYC), der während des Krieges als antifaschistische internationale Jugendorganisation gegründet worden war. Ziel des Treffens, an dem fast 450 Delegierte aus 62 Ländern teilnahmen, war die Schaffung eines breiten internationalen Zusammenschlusses in der Tradition der Volksfrontpolitik. Der dazu gegründeten *World Federation of Democratic Youth* (WFDY) mit Sitz in Paris eilte vor dem Hintergrund des sich anbahnenden Kalten Krieges bald der Ruf voraus, eine von der sowjetischen Führung in Moskau gesteuerte Organisation zu sein. Zu den wichtigsten Aktivitäten des WFDY zählte die Organisation der Weltfestspiele der Jugend und Studenten, an denen später auch Angela Davis zweimal teilnehmen sollte.

Durch die Teilnahme am Kongress erhielt Cooper Jackson erstmals die Möglichkeit, sich mit Aktivisten und Aktivistinnen aus der ganzen Welt auszutauschen, darunter auch Delegierte aus Ost- und Westafrika, Südafrika, Indien, China und Kuba. Hierdurch festigte sich bei ihr die Idee einer international verbundenen Gemeinschaft des Globalen Südens, die afroamerikanische mit nicht-weißen Menschen in der restlichen Welt verband und auf einer geteilten Geschichte der rassistischen Unterdrückung sowie dem Kampf gegen eben diese Unterdrückung basierte.[99] Inspiriert durch diese Begegnungen reiste Cooper Jackson nach dem Ende des Londoner Kongresses nicht wie vorgesehen zurück nach Birmingham, sondern weiter nach Moskau. Wie afroamerikanische Linke von McKay über W.E.B. Du Bois bis Louise Thompson Patterson bereits vor ihr, begab sich nun auch Cooper Jackson auf die Suche nach dem »sowjetischen Versprechen« und verbrachte mehrere

---

97 Ebenda, S. 145.

98 Zitiert nach McDuffie, *Sojourning for Freedom*, S. 145, Fn. 71.

99 Vgl. Erik McDuffie, »Esther V. Cooper's ›The Negro Woman Domestic Worker in Relation to Trade Unionism‹: Black Left Feminism and the Popular Front«, in: Lewis/Nash/Leab (Hg.), *Red Activists and Black Freedom*, S. 33-40.

Wochen in der Sowjetunion, wo sie unter anderem als »Maurergehilfin« beim Wiederaufbau Stalingrads mithalf.[100]

Nach ihrer Rückkehr nach Birmingham im Februar 1946 organisierte sie die sechste Jahresversammlung des SNYC, deren Eröffnungsrede von W.E.B. Du Bois gehalten wurde und den Titel »Behold the Land« trug. Geschrieben hatte er sie unter dem Eindruck der sich verändernden internationalen geopolitischen Konstellation, durch die sich ein Aufschwung der antikolonialen Bewegungen abzeichnete. Nicht nur Du Bois hoffte daher auf eine Befreiung Afrikas von der Herrschaft der Kolonialmächte. Dabei betonte er vor den jungen SNYC-Delegierten die Verbindung zwischen dem Kampf gegen die Rassendiskriminierung in den USA und den globalen Kämpfen gegen Kolonialismus, Krieg, Kapitalismus und weiße Überlegenheitsansprüche.[101] Gerade im Kampf gegen die Rassensegregation im Süden sah er eine Chance für die neue schwarze Aktivistengeneration:

> »to lift again the banner of humanity and to walk toward a civilization which will be free and intelligent; which will be healthy an unafraid; and build in the world a culture led by Black folk and joined by peoples of colors and all races – without poverty, ignorance and disease!«[102]

Du Bois skizzierte einen internationalen Bezugsrahmen für den afroamerikanischen Freiheitskampf, der sich aus seiner Sicht an den aufkommenden antikolonialen Bewegungen orientieren sollte, und verband ihn mit der jungen afroamerikanischen Aktivistengeneration des SNYC.

Während die Zusammenarbeit zwischen Esther Jackson und Du Bois bis zu dessen Tod 1963 anhielt, stellte das Jahrestreffen des SNYC im Oktober 1946 bereits den Höhepunkt in der Geschichte der Organisation und ihres radikalen Aktivismus dar. Denn mit Beginn des Kalten Kriegs und der zunehmend antikommunistischen Stimmung im Land geriet der SNYC verstärkt in das Visier des FBI. Die Bundesbehörde unter der Leitung J. Edgar Hoovers vermutete in der Organisation ein Instrument der Sowjetunion, das den sowjetischen Einfluss in den USA zu stärken versuchte. Unter dem wachsenden politischen Druck löste sich der SNYC schließlich auf.

Während Angela Davis' Familie weiterhin in Birmingham blieb, mussten prominentere schwarze Kommunisten wie die Jacksons, die Strongs und die Burnhams aufgrund zunehmender antikommunistischer Repressionen und der damit

---

100 McDuffie weist in seiner Untersuchung darauf hin, Cooper Jacksons Entscheidung sei auch aufgrund des direkten Werbens durch sowjetische Delegierte zustande gekommen (siehe McDuffie, *Sojourning for Freedom*, S. 156).

101 W.E.B. Du Bois, »Behold the Land« (20.10.1946), in: Esther Cooper Jackson (Hg.), *Freedomways Reader. Prophets in Their Own Country*, Boulder 2000, S. 6-11.

102 Ebenda.

häufig einhergehenden verstärkten rassistischen Diskriminierung die Stadt Ende der 1940er Jahre verlassen.[103] Besonders Frauen wie Esther Cooper Jackson, Louise Thompson Patterson und Augusta Strong, die bereits ab den späten 1930er Führungsrollen in der Organisation der afroamerikanischen Linken übernommen hatten, wurden zu Vorbildern für Davis' eigenen Aktivismus. Die von diesen Frauen vertretene Vorstellung eines linken schwarzen Internationalismus prägte Davis' späteres politisch-ideologisches Denken und Handeln grundlegend. Angela Davis sah die Verbindungen zwischen ihrer Familie und dem Kreis schwarzer Kommunisten, die durch die gemeinsame Arbeit im SNYC hervorgegangen waren, rückblickend als richtungsweisend für ihre politisch-ideologische Entwicklung an:

> »This was important in shaping my consciousness – my mother was very close friends with a number of people who were involved in radical politics, Black people who were members of the Communist Party. [...] These experiences helped to arm me with a vision of what it meant to be in active opposition to an unjust society.«[104]

Statt mit den reformerisch-gewaltlosen Bürgerrechtsprotesten unter der Führung Martin Luther Kings identifizierte sich Davis mit den radikalen Ideen der ›alten Linken‹, also der afroamerikanischen Aktivistengeneration des SNYC:

> »When I think SNCC, instead of thinking Student Nonviolent Coordination Committee, I think Southern Negro Youth Congress [...] What we might call the Communist formation of those who worked with the Southern Negro Youth Congress, the formation both in and outside the Party allowed them to think about the black freedom struggle in terms that were never limited to the rather narrow legal freedom that eventually came to be hailed as the triumph of the civil rights movement [...] For many of us who were coming of age in the 1960s, it was important to know that we could be passionately engaged with the struggle for black liberation, and at the same time fight for the emancipation of the working class and oppressed people throughout the world.«[105]

Afroamerikanische linke Akteure nutzten die internationalen Organisationsstrukturen, die sich aus dem internationalen Selbstverständnis der kommunistischen Bewegung gebildet hatten, gezielt für die Fortführung ihres schwarzen linken Internationalismus. Neben Organisation wie dem *World Youth Council* (WYC), der *World Federation of Democratic Youth* (WFDY) sowie den daraus hervorgegangenen Weltjugendfestspielen zählten dazu auch institutionalisierte Beziehungen

---

103 Haviland, *James and Esther Cooper Jackson*, S. 114, S. 121.

104 George Yancy, »Interview with Angela Y. Davis«, in: Naomi Zack (Hg.), *Women of Color and Philosophy. A Critical Reader*, Hoboken 2000, S. 135-151, hier: S. 137.

105 Angela Davis, »James and Esther Jackson. Connecting the Past to the Present«, in: Lewis/Nash/Leab (Hg.), *Red Activists and Black Freedom*, S. 101-106, hier: S. 106.

zwischen CPUSA und dem SED-Regime in der DDR. Für die DDR wiederum stellte diese Idee einer rot-schwarzen Bündnistradition von Anfang an einen zentralen Bezugspunkt für ihre antirassistische Solidaritätspolitik im Streben nach internationaler Anerkennung dar.

2.2.2 Ein neuer Impuls: Internationale Verbundenheitsrhetorik

Während schwarze und weiße Kommunisten in der Anfangszeit des Kalten Krieges und der Dekolonialisierung in den USA immer stärker unter Druck gerieten, erhielten die afroamerikanischen Forderungen nach Gleichheit und Freiheit insgesamt einen neuen Impuls. Bereits 1944 hatte Gunnar Myrdal in seinem Buch »An American Dilemma« darauf aufmerksam gemacht, die US-amerikanische Rassenfrage, die in der staatlich legitimierten Segregation der Südstaaten am deutlichsten zum Ausdruck kam, stelle die Achillesferse der amerikanischen Demokratie dar.[106] Was sich bereits während des Zweiten Weltkrieges abgezeichnet hatte, wurde mit dem Aufkommen des Kalten Krieges nun umso deutlicher: Die anhaltende Rassendiskriminierung im eigenen Land ließ die USA in ihrem Anspruch, Vorreiter für Freiheit und Demokratie zu sein, zunehmend unglaubwürdig erscheinen.[107] Afroamerikanische Bürgerrechtler sahen nun die Möglichkeit gekommen, ihre nationalen Forderungen – Beendigung der Rassendiskriminierung und Segregation – sowie politische und soziale Ansprüche auf Gleichberechtigung mit internationalen Debatten über das Ende des Kolonialismus und das Selbstbestimmungsrecht aller Völker zu verbinden. So wurde zum einen der schwarze Internationalismus der Zwischenkriegszeit und zum anderen die alten Verbundenheitsgefühle zur Sowjetunion – gleichwohl unter anderen Vorzeichen[108] – wiederbelebt, obwohl sich US-amerikanische Linke zunehmend mit politischen Repressionsmaßnahmen konfrontiert sahen.[109] Es waren Aktivisten der afroamerikanischen Linken wie W.E.B. Du Bois, William L. Patterson, Louise Thompson Patterson oder Paul Robeson, die vor dem Hintergrund der aufkommenden Dekolonialisierung nach dem Zweiten

---

106 Gunnar Myrdal, *An American Dilemma. The Negro Problem and Modern Democracy*, New York 1944.

107 Für die afroamerikanische Rezeption der US-amerikanischen Beteiligung am Kampf gegen den Nationalsozialismus siehe Höhn, »We Will Never Go Back to the Old Way Again«. Zur Bedeutung der Wechselbeziehung zwischen dem Kalten Krieg und der afroamerikanischen Bürgerrechtsbewegung siehe Berg, »Ein amerikanisches Dilemma«.

108 Zur Bedeutung der Dekolonialisierung für den afroamerikanischen Bürgerrechtsaktivismus siehe Anderson, *Eyes off the Prize*, S. 180ff.

109 Carol Anderson, »Bleached Souls and Red Negroes: The NAACP and Black Communists in the Early Cold War, 1948-1952«, in: Brenda Gayle (Hg.), *Window on Freedom: Race, Civil rights, and Foreign Affairs, 1945-1988*, Chapel Hill 2003, S. 93-113.

Weltkrieg erneut ein internationales Forum nutzten, um ihre Kritik an der Unterdrückung der afroamerikanischen Bevölkerung kundzutun. Die im Oktober 1945 gegründeten Vereinten Nationen (UN) boten den geeigneten Rahmen, derlei Forderungen und Vorwürfe auf der internationalen Bühne zu präsentieren.

Zu den ersten Organisationen, die die Vereinten Nationen für ihren antirassistischen Aktivismus nutzten, zählt der eng mit dem SNYC verbundene *National Negro Congress* (NNC),[110] der während der *Popular Front*-Phase auf Initiative der CPUSA versuchsweise gegründet worden war, um schwarze und weiße Arbeiter und Intellektuelle zu verbünden. Der NNC reichte 1946 bei der UN eine erste Petition ein.[111] Er hatte den marxistischen Historiker Herbert Aptheker beauftragt, einen Bericht zusammenzustellen, der die ökonomische, politische und soziale Unterdrückung der afroamerikanischen Bevölkerung darlegte.[112] Die Vereinten Nationen würden als »höchstes Gericht der Menschheit« die Abschaffung der »politischen, ökonomischen und sozialen Diskriminierung« gegen die schwarze Bevölkerung in den USA unterstützen, so hoffte der NNC.[113] Die Petition wurde jedoch von der UN-Menschenrechtskommission aufgrund des Nichteinmischungsgebots der Charta und der ungenügenden Beweislage abgewiesen.[114]

Zur selben Zeit verfasste W.E.B. Du Bois im Auftrag der NAACP die Petition »An Appeal to the World«. Darin wurde die Abschaffung der Kolonien in Afrika und Asien gefordert und die Geschichte des Rassismus in den USA mit der Unterdrückung der nicht-weißen Bevölkerung unter europäischer Kolonialherrschaft verknüpft.[115] Während Du Bois versuchte, die Gremien der UN zur Annahme der

---

110 Zur Verbindung des NNC mit dem SNYC, deren Bedeutung als afroamerikanischer *Popular Front*-Akteur und eine Deutung ihres militanten Aktivismus als Teil eines »Long Civil Rights Movement« siehe Erik S. Gellman, *Death Blow to Jim Crow. The National Negro Congress and the Rise of Militant Civil Rights*, Chapell Hill 2012.

111 National Negro Congress, *A Petition to the United Nations on Behalf of 13 Million Oppressed Negro Citizens of the United States of America*, New York 1946.

112 Gary Murrell, ›*The Most Dangerous Communist in the United States*‹. *A Biography of Herbert Aptheker*, Amherst 2015, S. 63-64.

113 National Negro Congress, *A Petition to the United Nations*, S. 4.

114 Vgl. Anderson, *Eyes off the Prize*, S. 80-82.

115 W.E.B. Du Bois, »An Appeal to the World. A Statement of Denial of Human Rights to Minorities in the Case of citizens of Negro Descent in the United States of America and an Appeal to the United Nations for Redress« (1947), URL: www.blackpast.org/1947-w-e-b-dubois-appeal-world-statement-denial-human-rights-minorities-case-citizens-n#sthash.xhsRTmGJ.dpuf (zuletzt abgerufen: 01.02.2020). Auf Einladung des State Departments nahm Du Bois zusammen mit Walter White, Präsident der NAACP, und Mary McLeod Bethune, Präsidentin des *National Council of Negro Women* (NCNW), als afroamerikanischer Repräsentant an der Gründungskonferenz der UN in San Francisco teil. Die afroamerikanischen Delegierten mussten jedoch feststellen, dass die US-amerikanische Regierung die Umsetzung ihrer Vorstellungen von der Durchsetzung der Menschenrechte und des Selbstbestimmungsrechts

Petition zu bewegen, berichtete die *New York Times* über die Petition. Für Du Bois und die NAACP stelle der rassistische Süden der USA eine größere Bedrohung für die USA dar, als es der Sowjetunion jemals möglich wäre: »It is not the Soviet Union that threatens the United States so much as Mississippi. Not Stalin and Molotov but Bilbo and Rankin.«[116] Wie diese Feststellung zeigt, unterlagen die Petition sowie die darauffolgenden Reaktionen bereits den Imperativen des Kalten Krieges.

Nachdem die Verhandlung der Petition in den Gremien der UN im Dezember 1947 abgelehnt worden war, beantragte die sowjetische Delegation in einem Ausschuss der UN-Menschenrechtskommission die Untersuchung der US-amerikanischen Rassendiskriminierung. Der Antrag wurde unter amerikanischer Führung mit der Begründung abgelehnt, die UN habe den Schutz der Menschenrechte überall auf der Welt zur Aufgabe und eine einseitige Verurteilung der USA sei nicht akzeptabel.[117] Ende 1951 präsentierte der *Civil Rights Congress* (CRC), die Nachfolgeorganisation des NNC, unter Führung von William L. Patterson der UN-Versammlung in Paris erneut eine Petition. Diesmal mit dem Titel »We Charge Genocide: The Crime of Government Against the Negro People«.[118] Diese Petition, unterzeichnet unter anderem von W.E.B. Du Bois und Paul Robeson und zusammengestellt mit Unterstützung der CPUSA, warf den USA im Sinne der 1948 verabschiedeten UN-Menschenrechtskonvention »Völkermord« an der afroamerikanischen Minderheit vor.[119] Die Reaktionen vonseiten der US-Regierung zeigten, dass diese in keiner Weise gewillt war, sich vor den Vereinten Nationen für die Rassendiskriminierung im eigenen Land verantwortlich machen zu lassen. Dies bedeutete jedoch nicht, dass die Versuche der Bürgerrechtsaktivisten, ihre Forderungen nach Gleichheit und Gerechtigkeit auf internationaler Bühne vorzubringen, folgenlos blieben. Die Petitionen sorgten dafür, dass die Unterdrückung

---

im Zusammenhang mit der Beendigung der kolonialen Herrschaft nicht unterstützte (siehe hierzu Berg, »Ein amerikanisches Dilemma«, S. 192).

116 George Streator, »Negroes to Bring Cause Before U.N. Statement Charges That South Offers Greater U.S. Threat Than Soviet Activitie«, in: *New York Times* (12.10.1947). Die Petition nimmt Bezug auf den Demokraten Theodore Gilmore Bilbo, der zunächst als Gouverneur von Mississippi, dann als Mitglied des US-Senats (1935-1947) ein entschiedener Befürworter der Rassensegregation und weißer Überlegenheitsansprüche war. Genannt wird auch John Elliott Rankin, der als Abgeordneter der Demokratischen Partei von Mississippi Mitglied des US-Kongresses war (1921-1953) und sich ebenfalls als unverblümter Vertreter der Rassensegregation sowie wegen seiner rassistischen Bemerkungen über Afroamerikaner, Juden und andere Minderheiten einen Namen machte. Rankin war außerdem Mitglied des *House Un-American Activities Committee* (HUAC), dessen Arbeit sich während seiner Amtszeit hauptsächlich auf die CPUSA und vermeintliche Kommunisten konzentrierte.

117 Anderson, *Eyes off the Prize*, S. 108-111.

118 William L. Patterson (Hg.), *We Charge Genocide. The Crime of Government Against the Negro People*, New York 1951.

119 Siehe Anderson, *Eyes off the Prize*, S. 179-187.

der afroamerikanischen Minderheit stärker als jemals zuvor in der internationalen Öffentlichkeit diskutiert wurde.[120]

Dadurch geriet die US-Regierung zunehmend in Bedrängnis und begegnete der Kritik an der Rassendiskriminierung mit dem Vorwurf, es handele sich um kommunistische Propaganda. Das internationale Interesse an der US-amerikanischen Rassenfrage führte zu einem härteren Vorgehen staatlicher Behörden gegen heimische Kritiker, vor allem dann, wenn sie der politischen Linken angehörten. So wurde W.E.B. Du Bois aufgrund seiner Tätigkeit für das pazifistische *Peace Information Center* (PIC) angeklagt. Er sollte eine Registrierungsvorschrift für ausländische Organisationen verletzt haben. Aus Sicht der US-Regierung war das PIC eine von der Sowjetunion gelenkte Organisation, weshalb Du Bois und andere Mitglieder des PIC zur behördlichen Registrierung aufgefordert wurden. Obwohl der Prozess gegen ihn mit einem Freispruch endete, entzog man ihm 1951 den Reisepass. In den kommenden acht Jahren war es ihm nicht möglich, seinen internationalen Aktivitäten nachzugehen. Ein Jahr zuvor hatte die US-Regierung bereits Paul Robesons Pass eingezogen.[121]

Nach dem Scheitern seiner »Appeal to the World«-Petition übte Du Bois vermehrt öffentlich Kritik an der Blocksituation des Kalten Kriegs und bezeichnete sie als Rückschritt auf dem Weg zu einer friedlicheren Welt.[122] Er diagnostizierte, die US-amerikanische Gesellschaft leide an einer »Russophobia«, die sie dazu anhalte, »den Kommunismus zu einer Zeit zu hassen, wenn es doch der Krieg« sei, den sie hassen müsse.[123] Gleichzeitig distanzierte sich die NAACP, nicht zuletzt wegen des gezielten Vorgehens des FBI gegen vorgeblich kommunistische Sympathisanten, von linken Aktivisten wie Du Bois und Robeson, um die Unterstützung weißer Liberaler in ihrem Kampf für Rassengleichheit nicht zu verlieren. Du Bois' verstärkt öffentlich formulierte Unterstützung für den Sozialismus und die Sowjetunion führten zum Zerwürfnis mit der NAACP und schließlich zu seinem Austritt.[124]

---

120 Dudziak, *Cold War Civil Rights*, S. 63ff.; Thomas Borstelmann, *The Cold War and the Color Line. American Race Relations in the Global Arena*, Cambridge 2003, S. 132ff. Zu den Reaktionen auf die Petition siehe Plummer, *Rising Wind*, S. 171-172, S. 201-203; Horne, *Communist Front?*

121 »U.S. Cancels Robeson's Passport After He Refuses to Surrender It: Robeson Passport is cancelled by U.S.«, in: *New York Times* (04.08.1950), S. 1.

122 Du Bois heiratete 1951 Shirley Graham Du Bois, die seit Ende der 1940er Jahre Mitglied der CPUSA war. Eine Darstellung ihres Lebens als »leading black woman intellectual activist« bietet Gerald Horne, *Race Woman. The Lives of Shirley Graham Du Bois*, New York 2000.

123 W.E.B. Du Bois, »Russophobia«, in: *National Guardian* (04.10.1950).

124 Lewis, W.E.B. Du Bois. *The Fight for Equality*, S. 496-553; Patricia Sullivan, *Lift Every Voice. The NAACP and the Making of the Civil Rights Movement*, New York 2009, S. 367-370; Manfred Berg, »Black Civil Rights and Liberal Anticommunism. The NAACP during the McCarthy Era«, in: *The Journal of American History*, 94/1 (2007), S. 75-96.

Gleichwohl wurde in dieser Phase die linke schwarze Verbundenheitsrhetorik mit der Sowjetunion wiederbelebt. Bei einem Festbankett des *National Council of American-Soviet Friendship*, das anlässlich des 32-jährigen Bestehens der Sowjetunion im November 1949 stattfand, betonte Paul Robeson die besondere Bedeutung der Sowjetunion für Afroamerikaner. Für Robeson stand fest, die afroamerikanische Bevölkerung würde einsehen müssen, »dass sie vom amerikanischen Imperialismus keine Antworten erwarten könnte.«[125] Stattdessen sei die Gründung der Sowjetunion aus seiner Sicht für Afroamerikaner weiterhin eine historische Chance, ihre vollständige Befreiung zu erreichen:

> »The Soviet Union's very existence, its example before the world of abolishing all discrimination based on color or nationality, its fight in every arena of world conflict for genuine democracy and for peace, this gives us Negroes the chance of achieving our complete liberation.«[126]

In einer Phase, in der linke Positionen und offene Sympathiebekundungen für die Sowjetunion als »unamerikanisches« und somit unpatriotisches Verhalten galten, überschritten afroamerikanische Persönlichkeiten wie Du Bois und Robeson mit ihrer international geäußerten Kritik an der US-Rassenfrage den aus amerikanischer Sicht akzeptablen Rahmen der afroamerikanischen Bürgerrechtsaktivitäten. Mit ihren Sympathiebekundungen für die Sowjetunion und ihrer Nähe zu politisch linken Organisationen verletzten Du Bois und Robeson die durch den Kalten Krieg bestimmten Normen des liberalen Konsenses der US-amerikanischen Mehrheitsgesellschaft.

2.3 Verbundenheitsvorstellungen in der DDR

Während W.E.B. Du Bois und Paul Robeson in den USA den antikommunistischen Repressionen der McCarthy-Ära zum Opfer fielen, wurden sie in der sowjetischen Darstellung zu Vertretern des *wahren Amerika* stilisiert. Die Rezeption von Du Bois und Robeson östlich des Eisernen Vorhangs zeigte, dass Rassendiskriminierung und Antirassismus zunehmend zum Gegenstand des ideologischen Schlagabtauschs der beiden Führungsmächte wurden. Ab den 1950er Jahren griff die Sowjetunion regelmäßig auf die US-amerikanische Rassenfrage zurück, um den Westen zu diskreditieren.[127] Dieser Bedeutungsgewinn der Rassismusfrage wurde für die DDR-Führung besonders bedeutsam. Denn die auf internationaler Ebene geführte

125 Paul Robeson, »The Negro People and the Soviet Union« (10.11.1949), in: Foner (Hg.), *Paul Robeson Speaks*, S. 236-241, hier: S. 239.

126 Ebenda, S. 240.

127 Dudziak, *Cold War Civil Rights*, S. 38-39, S. 48-49, S. 169-170.

Auseinandersetzung mit dem Thema Rassismus und Antirassismus bot dem SED-Regime eine günstige Gelegenheit, um ihre internationalen Bestrebungen nach Anerkennung und die deutsch-deutsche Abgrenzung weiter voranzutreiben.

Auf Grundlage der bereits existierenden Vorstellung eines antirassistischen Bündnisses mit dem *anderen Amerika* richtete sich die Solidaritätspolitik der SED-Führung im Verlauf der 1950er und 1960er Jahre verstärkt auf den afroamerikanischen Freiheitskampf und seine Aktivisten. Dabei wurde eine Zusammengehörigkeit imaginiert, die sich auf die Idee einer kommunistisch-afroamerikanischen Verbundenheitstradition berief, die – wie hier gezeigt – bis in die 1920er Jahre zurückreichte und sich gleichzeitig an die besonderen historischen Gegebenheiten der DDR anpasste. So wurde die US-amerikanische Rassenfrage zu einem zentralen Bezugspunkt für den antirassistischen Selbstvergewisserungsdiskurs des DDR-Parteiregimes. DDR-Medien berichteten regelmäßig über die US-amerikanische Rassenfrage und informierten die Bevölkerung über den »Terror gegen Neger« und den »Rassenhass« in den USA.[128] In Belletristik- und Prosawerken der DDR wurde die US-Rassenfrage wiederholt thematisiert, beispielsweise in Max Zimmermanns Gedicht »Willie McGhee« (1951) mit Bezug auf reale Ereignisse oder in Anna Seghers Roman »Der erste Schritt« (1953) als fiktive Geschichte.[129] Publikationen, die sich mit der US-amerikanischen Rassenthematik beschäftigten, stellten eine Verbindung zwischen Rassismus und klassenbasierter Ausbeutung her und versuchten zu zeigen, wie dies zur Aufrechterhaltung des als ungerecht empfundenen westlich-kapitalistischen Systems beitrug.[130]

Berichte über die zwischen 1949 und 1951 von afroamerikanischen Bürgerrechtlern eingereichten UN-Petitionen trugen außerdem zur Rezeption der US-Rassenfrage und des afroamerikanischen Freiheitskampfes in der öffentlichen

---

128 »Terror gegen USA-Neger«, in: *Berliner Zeitung* (03.07.1946), S. 1; »Rassendiskriminierung in den USA«, in: *Neues Deutschland* (30.10.1947), S. 1.; »Der USA-Rassenhaß«, in: *Neues Deutschland* (03.12.1947), S. 1.

129 Anna Segher, *Der Erste Schritt*, Berlin (Ost) 1953; Max Zimmermann, »Willie McGhee« (1951), in: Max Zimmermann, *Im herben Morgenwind. Ausgewählte Gedichte aus zwei Jahrzehnten*, Berlin (Ost) 1958, S. 190.

130 Zur Darstellung von Afroamerikanern in verschiedenen Publikationsformen der DDR siehe Daisy Weßel, *Bild und Gegenbild. Die USA in der Belletristik der SBZ und der DDR (1987)*, Wiesbaden 1989, S. 104-118. Neben Zeitungsartikeln, Prosatexten und Belletristik wird auch in Dissertations- und Habilitationsschriften das Thema aufgegriffen. Außerdem wurden Propagandaschriften und Übersetzungen amerikanischer Veröffentlichungen herausgegeben. Insgesamt wurden allein bis 1970 ungefähr 250 Titel veröffentlicht, die sich mit der US-Rassenfrage beschäftigten (siehe Ursula Dibbern/Horst Ihde, »Das Echo der Kultur und des Freiheitskampfes der nordamerikanischen Neger in der DDR, 1945-1969«, in: *ZZA*, 20/3 [1972], S. 429-442).

Debatte der DDR bei.[131] Ein Beispiel für das gesteigerte öffentliche Interesse ist die von William L. Patterson eingebrachte Petition »We Charge Genocide«, die 1953 zum ersten Mal in deutscher Übersetzung in der DDR erschien.[132] Im Vorwort dieser Ausgabe spiegelte sich die in den 1920er Jahren etablierte kommunistische Vorstellung wider, wonach Rassismus als Form der Unterdrückung der Aufrechterhaltung des kapitalistischen Herrschaftssystems diene. Wie in frühen marxistisch-leninistischen Debatten zu Nation und Nationalität wurde die Existenz von »Rasse« im Sinne einer rassistischen Ideologie auch hier der Bedeutung von »Klasse« als sozialem Ausschlussmechanismus untergeordnet. Den »USA-Monopolen« diene »die Rassendiskriminierung als Mittel zur Spaltung und Schwächung der Arbeiterklasse«.[133]

Besondere Beachtung wurde aber vor allem jenen afroamerikanischen Aktivisten geschenkt, welche die kommunistischen und sozialistischen Überzeugungen der SED-Führung teilten und in Organisationen tätig waren, die enge Verbindungen zur Kommunistischen Partei unterhielten. So berichtete die DDR-Presse über W.E.B. Du Bois und Paul Robeson und bezeichnete sie als bekannte amerikanische »Friedenskämpfer«, die sich gegen den »amerikanischen Faschismus« und für den Frieden einsetzten.[134] Presseberichte über Du Bois und Robeson betonten deren Bedeutung als prominente Vertreter einer Gruppe von »fortschrittlichen Personen« in den USA, die »Initiative für einen amerikanischen Friedenskreuzzug ergriffen« hätten.[135] Die von oberster Stelle gelenkten Medien der DDR vermittelten so den Eindruck, beide Männer würden das Interesse des SED-Regimes an einer »friedlichen Koexistenz« der beiden deutschen Staaten teilen und folglich in der offiziell vertretenen Freund-Feind-Vorstellung auf der Seite der Verbündeten der DDR stehen.

---

131 »Rassenmörder fürchten Patterson. USA-Botschaft soll Paß einziehen«, in: *Berliner Zeitung* (28.12.1951), S. 1. Im Fall der DDR ist mit öffentlicher Debatte eine inszenierte öffentliche Diskussion gemeint, wobei Öffentlichkeit hier nicht jenen Freiraum zwischen Staat und Gesellschaft darstellt, in dem eine öffentliche Meinungs- und Willensbildung möglich ist, sondern durch das Parteiregime über die Massenmedien und das Verbandsleben in den Massenorganisationen kontrolliert wurde (siehe Anke Fiedler, *Medienlenkung in der DDR*, Köln 2014, S. 26).

132 Kongreß der Bürgerlichen Rechte (Hg.), *Rassenmord! Wir klagen an! Petition an die Vereinten Nationen zum Schutz der Negerbevölkerung in den Vereinigten Staaten von Amerika*, deutsche Fassung, Magdeburg 1953.

133 »Vorwort zur deutschen Übersetzung«, in: Kongreß der Bürgerlichen Rechte (Hg.), *Rassenmord! Wir klagen an!*, S. 5-9, hier: S. 7.

134 »Amerikanischer Friedenskongreß tagte. Für den Frieden, gegen den amerikanischen Faschismus«, in: *Neues Deutschland* (03.07.1951), S. 2.

135 Pietro Nenni, »Die Friedensbewegung – unbesiegbare Kraft der Völker«, in: *Neues Deutschland* (22.02.1951) S. 3; John Darr, »Millionen Amerikaner verleihen ihrem Wunsch nach Frieden machtvollen Ausdruck«, in: *Neues Deutschland* (02.03.1951), S. 4.

Als Du Bois und Robeson während der McCarthy-Ära von der Bildfläche der Öffentlichkeit verschwanden und ihr internationaler Aktivismus den Repressionsmaßnahmen des State Department zum Opfer fiel, nahm die SED-Führung dies zum Anlass, sich im Rahmen ihrer Solidaritätspolitik und Abgrenzungsversuche zum Westen offensiv um linke Afroamerikaner zu bemühen. Als bekannt wurde, dass die US-Regierung Paul Robesons Reisepass einziehen würde, hieß es im *Neuen Deutschland*, Robeson sei ein Gefangener im »Land der Freiheit« und man kündigte an, die DDR werde zusammen mit der »Weltfriedensfront« hinter ihm stehen.[136] In der Folgezeit weitete das SED-Regime seine Bündnisbemühungen mit afroamerikanischen Linken aus. Nicht nur öffentliche Solidaritätsbekundungen, sondern auch persönliche Besuche und gegenseitige Bündnisbekundungen wurden von der Parteiführung in der zweiten Hälfte der 1950er Jahre zunehmend zur antirassistischen Selbstdarstellung initiiert.

2.3.1 Rot-schwarze Freundschaft: W.E.B. Du Bois und Paul Robeson

Im Jahr 1958 wählte das Plenum der Deutschen Akademie der Wissenschaft mit Sitz in Ostberlin W.E.B. Du Bois »in Würdigung seiner wissenschaftlichen Verdienste« und anlässlich seines bevorstehenden 90. Geburtstags zum »korrespondierenden Mitglied« und plante, ihn für sein Lebenswerk auszuzeichnen.[137] Während die Ausreise Ernst Blochs in die Bundesrepublik oder Robert Havemanns »Selbstkritik« (März 1958) von der zunehmenden Dogmatisierung des Parteiregimes zeugten, besuchte Du Bois im Oktober 1958 schließlich die DDR – im Rahmen einer größeren Transatlantikreise, die ihn unter anderem auch nach Moskau führen sollte.[138] Während seines Aufenthalts verlieh die Ostberliner Humboldt Universität Du Bois die Ehrendoktorwürde und der Friedensrat der DDR zeichnete ihn in Würdigung seiner Verdienste im afroamerikanischen Bürgerrechtskampf mit der Deutschen Friedensmedaille aus.[139]

Am 23. Februar 1958 berichtete das *Neue Deutschland* von den Leistungen, die Du Bois als »große Amerikaner« im afroamerikanischen Kampf für Freiheit und

---

136 »Weltfriedensfront steht hinter Paul Robeson«, in: *Neues Deutschland* (02.08.1951), S. 6.

137 »Prof. Dr. Du Bois Korrespondierendes Mitglied«, in: *Neues Deutschland* (22.02.1958), S. 2; siehe auch Hamilton Beck, »Censoring Your Ally: W.E.B. Du Bois in the German Democratic Republic«, in: David McBride/Leroy Hopkins/C. Aisha Blackshire-Belay (Hg.), *Crosscurrents. African-Americans, Africa, and Germany in the Modern World*, Columbia 1998, S. 197-232, hier: S. 200.

138 Vgl. Lewis, *W.E.B. Du Bois*, S. 561-562.

139 Zu Du Bois' Besuch in der DDR siehe Beck, »Censoring Your Ally«; Höhn/Klimke, *A Breath of Freedom*, S. 125-128. Zu Du Bois' Berlin-Aufenthalt 1892 siehe Marianne Bechhaus-Gerst, »W.E.B. Du Bois in Berlin,« in: Ulrich van der Heyden/Joachim Zeller (Hg.), *»Macht und Anteil an der Weltherrschaft«. Berlin und der deutsche Kolonialismus*, Berlin 2005, S. 231-236.

Gleichheit erbracht habe.[140] Besonders betont wurde seine linke Gesinnung, wegen der er – so das das *Neue Deutschland* weiter – erkannt habe, dass »die Wissenschaft mit dem Kampf verbunden werden« müsse.[141] Auch wurde von Du Bois' Studienaufenthalt an der Friedrich-Wilhelms-Universität zu Berlin, wie die Humboldt Universität bis zu ihrer Umbenennung im Jahr 1949 hieß, und Teilnahme an »sozialistischen Massenkundgebungen« während seiner Zeit im Wilhelminischen Berlin (1892-1894) berichtet. Die DDR-Presse versuchte eine sozialistische Kontinuität in Du Bois' politischen Aktivitäten nachzuzeichnen, die ihn als »hervorragendsten Friedenskämpfer« und »großen Freund der Sowjetunion« erscheinen ließ.[142]

Gleichzeitig nutzte die DDR seine anhaltende internationale Popularität, um sich selbst als antirassistischer, demokratischer Staat zu inszenieren.[143] In den Folgejahren führte dies nicht nur zu einer gesteigerten Präsenz Du Bois' in der DDR-Öffentlichkeit, beispielsweise in Form von Zeitungsberichten und der Veröffentlichung seiner Bücher und Artikel. Auch seine panafrikanischen Aktivitäten und sein politisches Engagement für Afrika schienen für das SED-Regime ab Ende der 1950er Jahre vermehrt von Interesse zu sein. Bei seinem Besuch in Berlin hatte Du Bois im Auditorium Maximum der Humboldt Universität eine Rede über die »Panafrikanische Bewegung« gehalten, in der er nicht nur über deren Geschichte, sondern auch über sein eigenes panafrikanisches Engagement sprach. Anschließend hielt er sich knapp sechs Monate lang in der UdSSR auf, in deren Verlauf es ihm schließlich gelang, den KPdSU-Chef Nikita Chruschtschow von der Annahme seines Vorschlags zu überzeugen, »eine wissenschaftliche Untersuchung Afrikas in Angriff zu nehmen«.[144] Darauf folgten die Gründung eines »Institut zur Erforschung Afrikas« in Moskau sowie sowjetische Unterstützungsbekundungen für Du Bois' Vorhaben, eine *Encyclopedia Africana* zusammenstellen zu wollen.[145]

Am 1. Oktober 1961 trat Du Bois im Alter von 93 Jahren der CPUSA bei und emigrierte mit seiner Frau Shirley Graham nach Ghana. Dies war eine Reaktion auf die Entscheidung des Supreme Court, der das McCarran-Gesetz, auf dessen Grundlage die Pässe von Du Bois und Robeson eingezogen worden waren, als verfassungsgemäß erklärte.[146] Das *Neue Deutschland* berichtete über Du Bois' Emigration und bezeichnete seinen Eintritt in die CPUSA als »mutiges Bekenntnis« zum

140 »Ein großer Amerikaner«, in: *Neues Deutschland* (23.02.1958), S. 5.
141 Ebenda.
142 Ebenda.
143 Vgl. Lewis, *W.E.B. Du Bois*, S. 559-560.
144 Beck, »Censoring Your Ally«, S. 219.
145 »Prof. DuBois, New York: Ehrenvoller Vorschlag«, in: *Neues Deutschland* (02.11.1960), S. 4.
146 Die ehemalige britische Kronkolonie Ghana hatte als eines der ersten afrikanischen Länder unter der Führung des panafrikanischen Aktivisten Kwame Nkrumah am 6. März 1957 die Unabhängigkeit erlangt. Nkrumah wurde 1960 zum ersten Staatspräsidenten der jungen Republik gewählt. Lewis, *W.E.B. Du Bois*, S. 567.

Sozialismus.[147] Anlässlich seines 95. Geburtstages im Jahr 1963 überbrachte eine DDR-Delegation Du Bois Geburtstagsgrüße von Walter Ulbricht und würdigte ihn als »Symbol jener Kräfte, die schon vor der Jahrhundertwende gegen den Kolonialismus und für die Befreiung von imperialistischer Herrschaft« gekämpft hatten.[148]

In ihrer Inszenierung und öffentlichen Rhetorik zeugen die Begegnungen zwischen der DDR und Du Bois von der Kontinuität der kommunistisch-afroamerikanischen Verbundenheitsvorstellungen, die in die Zeit vor dem Zweiten Weltkrieg zurückreichen. Die DDR nahm Du Bois zum Anlass, sich in seiner antirassistischen Selbstdarstellung zu bestärken, und verlieh ihren Bündnisbemühungen mit den gerade unabhängig gewordenen Staaten in Afrika eine nun dezidiert antikoloniale und antiimperiale Wende. Du Bois' Bekenntnis zum Sozialismus wiederum bedeutete keineswegs eine vorbehaltslose Unterstützung der DDR, sondern zeichnete sich durch eine kritische Haltung aus, die auch seine früheren Begegnungen mit der Sowjetunion geprägt hatte. So kommentierte er bei einem Besuch des Brandenburger Tors während seines DDR-Aufenthalts im Oktober 1958 die bewachten Grenzübergänge. Die DDR-Bevölkerung, so Du Bois, sei angesichts der bewachten Grenze in ihrer (Bewegungs-)Freiheit eingeschränkt und befinde sich in einer »anomalen Situation«.[149] Wie viele andere befürchtete auch er, die angespannte Situation in Berlin könne in einer direkten Konfrontation der beiden Supermächte enden. Im Gegensatz zur DDR-Führung, die zwei Jahre später mit dem Bau der Mauer die Teilung der Stadt vorerst besiegeln sollte, sah Du Bois in einer Wiedervereinigung der Stadt sowie einer friedlichen Beilegung des bipolaren Konflikts die einzige Lösung.[150]

Während sich Du Bois nicht vollkommen unvoreingenommen gegenüber dem SED-Regime gezeigt hatte, gelang es der DDR-Führung mit dieser ersten umfassenden Solidaritätsinszenierung, Paul Robeson als afroamerikanischen Verbündeten und Aushängeschild ihrer Solidaritätspolitik zu gewinnen. Paul Robeson, der seit der Zwischenkriegszeit zu den Unterstützern der Sowjetunion zählte, wurde wegen seiner politischen Positionierung in der sich weiter verhärtenden bipolaren Auseinandersetzung zwischen dem Westen und der Sowjetunion in den 1950er und 1960er Jahren zu einem prominenten Vertreter des *anderen Amerikas*.

Er vertrat mit seiner Forderung nach Frieden, seiner Verurteilung der westlichen Politik als Imperialismus und der Unterstützung der »We Charge Genocide«-Petition eine politische Position, die nicht nur der US-Konsenspolitik diametral

---

147 »Antwort an die Hexenjäger. Prof. Dr. DuBois in die KP der USA eingetreten«, in: *Neues Deutschland* (24.11.1961), S. 1.

148 »Otto Winzer bei Prof. DuBois. Herzliche Grüße Walter Ulrichs an den großen Forscher«, in: *Neues Deutschland* (10.04.1963), S. 5.

149 Beck, »Censoring Your Ally«, S. 215-216.

150 Ebenda, S. 216.

gegenüberstand, sondern ihn selbst auch angreifbar machte. Wegen seiner politischen Haltung endete schließlich auch seine internationale Karriere, die bis dahin für einen afroamerikanischen Künstler dieser Zeit unvergleichbar erfolgreich verlaufen war. In der US-Presse erschienen Berichte, Robeson habe vor Teilnehmenden der Weltfriedenskonferenz in Paris verkündet, »es sei undenkbar, dass Afroamerikaner für diejenigen, die uns seit Generationen unterdrückt haben, gegen die Sowjetunion in den Krieg ziehen würden«.[151] In der US-Öffentlichkeit wandelte sich Robesons Bild des von allen geliebten Entertainers zur »Stimme des Kremls in Amerika«.[152] Die *New York Times* bezeichnete ihn in einem Leitartikel als »politisch fehlgeleitet und irregeführt« und forderte Robeson auf, bei seiner künstlerischen Begabung zu bleiben, anstatt zu politisieren: »We want him to sing, and to go on being Paul Robeson.«[153] Robesons Weigerung, diesen – vor allem von der liberalen weißen Mehrheitsgesellschaft vorgetragenen – paternalistisch anmutenden Erwartungen gerecht zu werden, führte dazu, dass er in ein jahrzehntelanges Schweigen verfiel und folglich die öffentliche Debatte über ihn als Künstler verstummte.[154]

Während in den USA eine regelrechte Dämonisierung Robesons stattfand und er als »schwarzer Stalin«[155] zur Versinnbildlichung unamerikanischen Verhaltens wurde, nahm seine Beliebtheit nicht zuletzt als Reaktion auf seine Behandlung in den USA in der Sowjetunion und der DDR während der 1950er Jahre zu. 1951 lud ihn die SED-Führung zu den Weltjugendfestspielen nach Ostberlin ein. Robeson, dem es aufgrund seines Ausreiseverbots nicht möglich war, die Einladung anzunehmen, schickte eine Grußbotschaft, in der er sich an »die demokratische Jugend der Welt« richtete, die im »demokratischen Berlin« zu einem »Festival des Friedens, der Freundschaft und Kultur« zusammengekommen sei.[156] Verschiedene DDR-Zeitungen veröffentlichten diese Botschaft und versicherten, das »Band der Freundschaft« zum progressiven Amerika sei trotz der politischen Repression der

151 »The Case of Paul Robeson«, in: *New York Times* (25.04.1949), S. 22.

152 Joseph Dorinson, »Paul Robeson and Jackie Robinson. Athletes and Activists at Armageddon«, in: Joseph Dorinson/William Peneak (Hg.), *Paul Robeson: Essays on His Life and Legacy*, Jefferson 2002, S. 113-119, hier: S. 115.

153 »The Case of Paul Robeson«, in: *New York Times* (25.04.1949), S. 22. Aufgrund seiner politischen Auffassung musste Robeson 1956 schließlich auch vor dem *House Committee on Un-American Activities* (HUAC) aussagen (siehe Congress, House, Committee on Un-American Activities, »Investigation of the Unauthorized Use of U.S. Passports«, 84th Congress, Part 3, [12. Juni 1956], in: Eric Bentley [Hg.], *Thirty Years of Treason: Excerpts from Hearings Before the House Committee on Un-American Activities, 1938-1968*, New York 1971, S. 770).

154 Baldwin, *Beyond the Color Line and the Iron Curtain*, S. 206.

155 Gerald Horne, *Paul Robeson. The Artist as Revolutionary*, London 2016, S. 99ff.

156 Paul Robeson, »Greeting to World Youth Festival in Berlin« (September 1951), in: Foner (Hg.), *Paul Robeson Speaks*, S. 285-286.

US-Regierung »unzerreißbar«.[157] Auch Robesons Musikstil – eine Mischung aus Folkmusik und Spirituals – galt in der DDR wie schon in der frühen Sowjetunion als »authentischer« Ausdruck der unterdrückten schwarzen Massen, weshalb er als »Sänger für den Frieden« betitelt wurde.[158] Seine Darbietungen wurden – im Gegensatz zum Jazz – als Beispiel für eine afroamerikanische Kulturform gesehen, die von der DDR-Führung mit ideologischen Implikationen versehen und dadurch akzeptabel wurde.[159]

Vor dem Hintergrund der offiziellen Solidaritätsbekundungen für Paul Robeson gründete die Deutsche Akademie der Künste 1958 anlässlich seines 60. Geburtstags ein »Deutsches Paul-Robeson-Komitee« in Ostberlin. Dessen Aufgabe sollte es sein, dazu beizutragen, »die Freiheit für Paul Robeson zu erzwingen«.[160] Bereits zu diesem Zeitpunkt war die Selbstdarstellung als moderne, progressive Gesellschaft ein zentrales Element in der Inszenierung der DDR-Solidarität mit afroamerikanischen Linken wie Robeson. Die Organisation einer öffentlichen Feier zu Ehren von Robeson in Ostberlin, an der namhafte Künstler und Künstlerinnen sowie Kulturschaffende der DDR teilnahmen, sollte als Selbstverständlichkeit einer demokratischen Gesellschaft erscheinen. Unter der Organisation des Deutschen Fernsehfunks ehrten Vertreter der Politik- und Kulturprominenz der DDR Paul Robeson am 9. April 1958 im Friedrichstadtpalast als »Stimme des wahren Amerika« und »Symbol des Kampfes um Gleichberechtigung aller Menschen, um ein friedliches, glückliches und freies Leben der Völker«.[161] Höhepunkt des Programms war neben Robesons Klassiker »Ol' Man River« – dargeboten in deutscher Übersetzung als »Kommt herab zum Old North River Kai« – die, wie es in der Programmankündigung hieß, »europäische Erstaufführung« des Films *Bridge Over The Ocean* (1958), der zunächst nur in der DDR und der Sowjetunion gezeigt wurde.[162]

157 Siehe zum Beispiel »Band der Freundschaft unzerreißbar. Paul Robeson an die Teilnehmer der III. Welt-Festspiele«, in: *Neue Zeit* (15.08.1951), S. 2. Das *Neue Deutschland* veröffentlichte ebenfalls die Grußbotschaft.

158 »Ehrung des Sängers für Frieden und Menschlichkeit«, in: *Berliner Zeitung* (06.10.1960), S. 2.

159 Zum Beispiel: »Aus den Funkprogrammen«, in: *Neues Deutschland* (05.12.1951), S. 6. Zu ähnlichen Authentizitätsdebatten kam es auch hinsichtlich des Jazz, wobei dieser von der Parteiführung als Westimport kritisiert wurde. Ostdeutsche Jazzfreunde versuchten mit einer Unterscheidung zwischen authentischem Jazz (Blues und Dixieland) und kommerziellem Jazz (Swing und Bebop) die offizielle Erlaubnis des Regimes zu erwirken, alle Formen des Jazz uneingeschränkt hören und spielen zu dürfen. Siehe hierzu: Rainer Bratfisch (Hg.), *Freie Töne. Die Jazzszene in der DDR*, Berlin 2005.

160 »Paul-Robeson-Komitee«, in: *Neues Deutschland* (01.04.1958), S. 4.

161 Ebenda.

162 Eine Zusammenstellung der gespielten Lieder in deutscher Übersetzung sowie der Programmablauf finden sich in Deutscher Fernsehfunk (Hg.), *Paul Robeson. Feier zu Ehren seines 60. Geburtstags* (09.04.1958), Berlin (Ost) 1958; Scott Allen Nollen, *Paul Robeson: Film Pioneer*, Jefferson 2010, S. 174.

Nach der Rückgabe seines Passes im Jahr 1958 durch die US-amerikanischen Behörden begab sich Paul Robeson zusammen mit seiner Frau Eslanda vom Juli 1958 bis zum Dezember 1963 auf eine Reise durch Europa und die Sowjetunion.[163] Während er in London versuchte, an seine früheren internationalen Erfolge anzuknüpfen, reiste seine Frau im September 1959 nach Ostberlin. Dort nahm sie, wie das *Neue Deutschland* es formulierte, als Kämpferin »gegen den Faschismus« an einer Kundgebung zum Gedenken an die »Opfer des Faschismus« teil. In ihrer Ansprache würdigte sie die Bedeutung der DDR als »ersten deutschen Friedensstaat«.[164] Im Juni 1960 besuchte auch Paul Robeson die DDR und trat beim Pressefest des *Neuen Deutschland* in Ostberlin auf, an dem laut Pressemeldung 300.000 Menschen teilnahmen.[165] Wenige Monate danach kehrte er nach Ostberlin zurück und nahm als »Gast der Hauptstadt« an den Feierlichkeiten anlässlich des 11. Jahrestags des Bestehens der DDR (01.-16. Oktober 1960) teil.[166] Während der »Berliner Festtage« würdigte die Parteiführung ihn mit Ehrungen und Auszeichnungen. Die Berliner Humboldt Universität verlieh dem Lenin-Friedenspreisträger Robeson die Ehrendoktorwürde für sein »weltweites Wirken für den Frieden und den Fortschritt der Menschheit.«[167] Der DDR-Friedensrat überreichte ihm die Deutsche Friedensmedaille und Walter Ulbricht steckte ihm den Orden »Stern der Völkerfreundschaft« in Silber an.[168] Mit der Auszeichnung Robesons als »Sänger der Völkerfreundschaft« bekundete die DDR, wie es Ulbricht formulierte, ihre »feste Solidarität mit den ehemals kolonial unterdrückten Völkern und allen Menschen, die noch in kolonialer Knechtschaft leben müssen.«[169]

Vor dem Hintergrund der Abgrenzungs- und Anerkennungspolitik der SED-Führung versuchte Albert Norden, Mitglied des Politbüros des ZK der SED, in seiner Rede zur Würdigung Robesons bei der Verleihung der Friedensmedaille einen direkten Bezug zwischen aktuellen internationalen Rassismusdebatten, der kolonialen Vergangenheit Deutschlands und der dezidiert antikolonialen Haltung der DDR herzustellen. Dabei beschuldigte er die Bundesrepublik, die südafrikanische Apartheidpolitik zu unterstützen und die deutsche Kolonialvergangenheit zu verherrlichen.[170] Im Gegensatz zum Antikolonialismus der DDR erinnere die Bonner

---

163 Für die Verbindungen der Robesons zur DDR siehe auch Ransby, *Eslanda*, S. 271ff.

164 »Um der Nation willen: Militaristen in die Zwangsjacke«, in: *Neues Deutschland* (14.09.1959), S. 1; Paul Robeson Jr., *The Undiscovered Paul Robeson. Quest for Freedom 1939-1976*, Hoboken 2010, S. 301.

165 »Das war ein Fest. Berlin feiert mit dem ND«, in: *Neues Deutschland* (20.06.1960), S. 1

166 »Festempfang im Haus der Ministerien. Walter Ulbricht: Große geschichtliche Leistung unserer Bevölkerung *für* die ganze Nation«, in: *Neues Deutschland* (08.10.1960), S. 1.

167 »Ehrung des Sängers für Frieden und Menschlichkeit«, in: *Berliner Zeitung* (06.10.1960), S. 2.

168 Ransby, *Eslanda*, S. 271.

169 »Ehrung des Sängers für Frieden und Menschlichkeit«, in: *Berliner Zeitung* (06.10.1960), S. 2.

170 Albert Norden, »Wegbereiter der Befreiung der Völker«, in: *Neues Deutschland* (06.10.1960), S. 2.

Regierung, so Norden, an Generäle, die an der brutalen Niederschlagung des Aufstandes der Volksgruppen der Herero und Nama durch deutsche Kolonialtruppen zwischen 1904 und 1908 im damaligen Deutsch-Südwestafrika beteiligt gewesen waren.[171] In der DDR hingegen fühle man sich »einig mit den Völkern aller Hautfarben, die um ihre nationale Freiheit und Unabhängigkeit ringen.«[172]

Bei der Festveranstaltung im Innenhof der Universität bekräftigte Robeson in seiner Dankesrede vor einem vorwiegend jungen Publikum seinen Glauben an die Überlegenheit des Sozialismus. Er habe sich »für die sozialistischen Länder entschieden«, denn »ohne ihre Stärke könnten die unterdrückten Menschen Afrikas und Amerikas den Kampf um die Befreiung nicht so erfolgreich führen.«[173] Auf Einladung der FDJ nahm Robeson an einer Veranstaltung des *Klubs der Jugend und Sportler* teil, wo er unter dem Motto »Unser Lied die Ländergrenzen überfliegt« vor mehreren tausend Jugendlichen Lieder wie »Ol' Man River« darbot und schließlich unter dem Jubel des Publikums eine Gruppe afrikanischer Gaststudenten der Leipziger Karl-Marx-Universität bei ihrer Tanzvorführung begleitete.[174] Robeson zeigte sich tief bewegt von dem Empfang, den man ihm bereitet hatte und bekräftigte die Vorstellung eines »besonderen Vertrauensverhältnisses«:

> »This has been without question one of the most moving days of my 62 year-old life. I want to thank you here in the German Democratic Republic for your warm welcome to me, not only to me but to the people from whom I spring, from the Negro people of America, from Africa the land of my forebears, and from all of progressive America of all colours. We stretch the hand of friendship to you here in Germany.«[175]

Im Jahr 1963 wurde Paul Robeson, dessen Gesundheitszustand sich zunehmend verschlechtert hatte, schließlich sogar in einer Ostberliner Klinik medizinisch behandelt. Der DDR-Ministerrat verlieh währenddessen auch seiner Frau »für ihre Verdienste um Frieden und Völkerverständigung« die Deutsche Friedensmedaille sowie die nach der sozialistischen Frauenrechtlerin benannte Clara-Zetkin-Medaille.[176]

In den darauffolgenden Jahrzehnten betrieb die Parteiführung einigen Aufwand und veranlasste öffentlichkeitswirksame Maßnahmen, um Paul Robeson und seine Verbindungen zur DDR in der kollektiven Erinnerung zu verankern. Zu den

---

171 Ebenda.

172 Ebenda.

173 »Die DDR ehrt den Sänger der Völkerfreundschaft«, in: *Neues Deutschland* (06.10.1960), S. 2.

174 »Old Man River«, in: *Neues Deutschland* (07.10.1960), S. 5.

175 Friedensrat der Deutschen Demokratischen Republik (Hg.), *Days with Paul Robeson*, Berlin (Ost) 1961, S. 21-22.

176 »Friedensmedaille für Eslanda Robeson«, in: *Neues Deutschland* (09.07.1963), S. 4; Ransby, *Eslanda*, S. 271.

wichtigsten Maßnahmen zählte dabei das 1965 von der Akademie der Künste gegründete Paul-Robeson-Archiv in Ostberlin, zu dessen Aufgaben es gehörte, den künstlerischen Nachlass Robesons zu sichern.[177]

2.3.2 Die DDR und *Black Power*

Das Aufkommen der separatistisch-nationalistisch geprägten *Black Power*-Bewegung ab Mitte der 1960er-Jahre markierte einen Wendepunkt: Die Vertreter der neuen linken Radikalität teilten die rot-schwarzen Verbundenheitsvorstellungen nicht mehr. Im Gegensatz zur CPUSA, die annahm, der Rassismus könne in den USA als Teil des Klassenkampfes besiegt werden, spielte Ethnizität im revolutionären Selbstverständnis der jungen Aktivisten eine weitaus wichtigere Rolle. Zu den neuen radikalen Gruppen gehörte zum Beispiel die 1966 von Huey Newton und Bobby Seale in Oakland gegründete *Black Panther Party for Self-Defense* (BPP). Sie identifizierte sich mit einem von Malcolm X und der *Nation of Islam* geprägten schwarzen Nationalismus. Dabei sahen sie den US-amerikanischen Rassismus als unüberwindbar an und leiteten Solidarität aus einer dezidiert schwarzen Rassenverbundenheit ab, die auf einer geteilten rassistischen Unterdrückungserfahrung beruhe.[178] In ihrem revolutionären Selbstverständnis kollidierten sie so mit dem rassenübergreifenden Ansatz, der das Kernstück der kommunistischen *Black Belt*-These, das Recht auf Selbstbestimmung der afroamerikanischen Bevölkerung, zur Mobilisierung schwarzer Mitglieder spätestens seit der *Popular Front*-Phase in den 1940er Jahren abgelöst hatte.

Unter dem Eindruck antikolonialer und marxistischer Befreiungstheorien verstanden *Black Power*-Aktivisten den afroamerikanischen Kampf für Gleichberechtigung in den USA als Teil einer internationalen schwarzen Befreiungsbewegung, die sich um 1968 auch gegen Imperialismus und Kapitalismus richtete. Speziell die BPP folgte in der ideologischen Ausgestaltung ihres revolutionären Befreiungskampfs

---

177 Victor Grossman, der 1952 von der US-Armee desertiert und so in die DDR gekommen ist, leitet von 1965 bis 1968 das Paul-Robeson-Archiv. In dieser Funktion stand er auch in Kontakt mit William L. Patterson, der ihm seine Unterstützung zusagte (vgl. William L. Patterson, »Letter to AdK Grossman regarding Paul Robeson Archive« (undatiert), in: *William Lorenzo Patterson Papers*, Box 208-23, Folder 12, Manuscript Division, Moorland-Spingarn Research Center, Howard University, Washington D.C.). Siehe hierzu auch den weiteren Briefwechsel zwischen Patterson und dem Paul-Robeson-Komitee, der von den späten 1970er Jahren bis kurz vor Pattersons Tod am 5. März 1980 anhielt (siehe zuletzt »Letter to Franz Loeser, Paul Robeson Committee of the GDR« [25.07.1978], in: *William Lorenzo Patterson Papers*, Box 208-23, Folder 12; Höhn/Klimke, *A Breath of Freedom*, S. 132). Außerdem: Brigitte Bogelsack, »Paul Robeson's Legacy in the German Democratic Republic«, in: *Freedomways. A Special Issue: Paul Robeson. The Great Forerunner*, 11/1 (1971), S. 91-94.

178 Zu schwarzer Solidarität im Zusammenhang mit schwarzem Nationalismus siehe Tommie Shelby, *The Philosphical Foundation of Black Solidarity*, Cambridge 2005, S. 101-135.

dem Marxismus-Leninismus. Im Gegensatz zu alten linken Aktivisten gestand diese neue Generation schwarzer Radikaler dabei jedoch weder der CPUSA, noch der Sowjetunion eine internationale Führungsrolle zu.[179] Eldridge Cleaver, Informationsminister der BPP, betonte beispielsweise wiederholt sein Misstrauen gegenüber der alten Linken. Er denunzierte sie als »Feinde« und »Trittbrettfahrer der schwarzen Revolution«. Das Sprachrohr der Organisation, *The Black Panther*, rief andere »schwarze Revolutionäre« zur Wachsamkeit vor »Schmarotzern« wie der CPUSA auf, die glaubten, wegen ihres Wissens über Marx und Lenin »wahre Revolutionäre« zu sein, ihre Zeit jedoch mit »ideologischen Spitzfindigkeiten« verbringen und die schwarze Gemeinschaft ausnutzen würden.[180]

Trotz dieser zum Teil in Polemik abgleitenden ideologischen Abgrenzungsversuche junger schwarzer militanter Aktivisten sahen gerade konservative Beobachter in der BPP und ihrer Identifikation mit dem Marxismus-Leninismus ein Anzeichen für den lange befürchteten Einflussgewinn des Kommunismus im Land. Im Rahmen eines Untersuchungsausschusses, der sich mit der Bedeutung der BPP für die innere Sicherheit der USA befasste, wurde in einem Positionspapier sogar vor einem »extensiven« Einfluss der CPUSA auf die BPP gewarnt.[181] Gerade im Hinblick auf die steigende Zahl von Strafverfahren gegen BPP-Mitglieder sei, so das Positionspapier, die Unterstützung der CPUSA für die BPP deutlich sichtbar geworden.[182] Auch wenn die Verfasser dieses Positionspapiers den kommunistischen Einfluss auf die BPP sicherlich überbewerteten, lagen sie mit ihrer Einschätzung durchaus richtig: In der zweiten Hälfte der 1960er Jahre bemühte sich die CPUSA trotz des militanten Nationalismus der BPP zunächst um den Aufbau von Verbindungen zu diesen neuen linken Radikalen.

Zu einer konkreten Zusammenarbeit kam es vor allem durch den zu diesem Zeitpunkt knapp 80-jährigen William L. Patterson, Verfasser der »We Charge Genocide«-Petition. Er würdigte *Black Panther*-Aktivisten wie Huey Newton und Bobby Seale als neue Generation radikaler Aktivisten, die aus seiner Sicht erpicht darauf waren, eine sozialistische Transformation in den USA voranzutreiben und deren klassenbewusster Kampfgeist sein »Herz erwärmte«.[183] Zu dieser Einschät-

---

179 Clemons/Jones, »Global Solidarity«, S. 28ff.; Nikhil Pal Singh, *Black Is a Country. Race and the Unfinished Struggle for Democracy*, Cambridge 2004, S. 193ff.

180 »White Mother Country Radicals«, in: *The Black Panther* Vol 1 No 5 (20.07.1967), S. 6.

181 U.S. House Committee on Internal Security, »Separate Minority Views. Gun-Barrel Politics: The Black Panther Party, 1966-1971« (18.08.1971), in: *House Report No. 92-470, 92d Congress, 1st Session*, S. 1-145, hier: S. 141. Die Verfasser des »Separate Minority Views« widersprachen mit ihrer Darstellung dem eigentlichen Bericht des Untersuchungsausschusses, der ihrer Meinung nach kein »eindeutiges Bild von der BPP als subversive kriminelle Organisation zeichnete.«

182 U.S. House Committee on Internal Security, »Separate Minority Views. Gun-Barrel Politics: The Black Panther Party, 1966-1971«, S. 141.

183 Horne, *Black Revolutionary*, S. 198.

zung kam Patterson, als die BPP den Zusatz »for Self-Defense« aus ihrem Namen strich und damit, wie er zu meinen glaubte, aus parteikommunistischer Sicht auch ihre anarchistisch anmutende Position bezüglich des Selbstverteidigungsrechts zugunsten eines umfassenderen, marxistisch-leninistischen Ansatzes fallen ließen.[184] Umgekehrt würdigten die *Black Panthers* Pattersons radikales Vermächtnis als Petitionsverfasser und seine Rolle im afroamerikanischen Freiheitskampf.[185]

Als die BPP im Verlauf des Jahres 1968 wegen einer Reihe drohender Haftstrafen zunehmend unter Druck geriet, beteiligte sich Patterson, der sich schon früh in seiner politischen Laufbahn als radikaler Bürgerrechtsanwalt einen Namen gemacht hatte, an einer Verteidigungskampagne für Huey Newton. Er versuchte, internationale Unterstützung für den Führer der *Black Panther* zu mobilisieren.[186] Auf dem 19. CPUSA-Nationalkonvent, der vom 30. April bis 4. Mai 1969 in New York stattfand, sollte über die künftige Strategie und Taktik der Partei angesichts der sich ständig verschärfenden Krise im Land beraten werden und die Partei widmete dem schwarzen Befreiungskampf und den damit verbundenen theoretisch-ideologischen und praktisch-politischen Fragen besondere Aufmerksamkeit. Der CPUSA-Vorsitzende Gus Hall appellierte vor 257 Delegierten an die schwarz-weiße Geschlossenheit und bezeichnete die »rassistische Ideologie« als »ein Hauptinstrument der Monopolbourgeoisie«, mit dem diese »die proletarische Front« zu spalten versuche.[187] Im Zusammenhang mit der zukünftigen Beteiligung der CPUSA am Kampf gegen Rassismus entschlossen sich die Delegierten dazu, ein Bündnis mit der BPP einzugehen, die als »fortschrittliche Kraft« bezeichnet wurde.[188] Zu diesem Zweck waren die Delegierten offensichtlich sogar bereit, ihre Position bezüglich des schwarzen Selbstbestimmungsrechts, die sie 1959 im Zusammenhang mit der *Black Belt Resolution* als nicht mehr zeitgemäß revidiert hatten, erneut zu ändern und ihre Unterstützung trotz aller Konsequenzen zuzusagen.[189]

Wie groß die Hoffnungen auf diesen Bündnispartner waren, mit dessen Hilfe eine Allianz zwischen alten Linken und neuen Radikalen im Kontext der *Black*

184 William L. Patterson, »The Black Panther Party. A Force Against U.S. Imperialism«, in: *Political Affairs* (September 1970), S. 26-36. Teile davon wurden auch gedruckt (siehe Huey Newton, *To Die for The People. The Writing of Huey P. Newton*, New York 1972, S. 163-172, hier: S. 167).

185 Horne, *Black Revolutionary*, S. 195.

186 Ebenda, S. 197-201. Patterson schlug eine Internationalisierung der Verteidigungskampagne für Netwon vor und wollte besonders in West- und Osteuropa das Interesse auf Newtons Fall lenken. Vor diesem Hintergrund kann ein Bericht über Newtons Verhaftung in *Neues Deutschland* als Solidaritätsaufruf verstanden werden, zu dem es auf Initiative Pattersons gekommen war (vgl. Klaus Steiniger, »Künder, Kämpfer und Tribun. Warum die USA-Klassenjustiz den tapferen Negerführer einkerkerte«, in: *Neues Deutschland* [16.11.1968], S. 6).

187 »On the Relationsship between the Black Panthers and the Party«, in: *Communist Party of the United States of America Records*, Box 171, Folder 20.

188 Ebenda.

189 Ebenda.

Power-Bewegung aufgebaut werden sollte, zeigt auch die Resonanz, die dieser Beschluss in der DDR auslöste.[190] In der Reihe »Blickpunkt Weltpolitik« des Instituts für Internationale Beziehungen an der Deutschen Akademie für Staats- und Rechtswissenschaft (Potsdam) erschien 1968 unter dem Titel »Freedom now – Freiheit sofort! Die Negerbevölkerung der USA im Kampf um Demokratie« eine Darstellung des schwarzen Befreiungskampf von der Zeit der Sklaverei bis zur *Black Power*-Bewegung.[191] In seiner Darstellung folgte der Autor Klaus Bollinger dabei dem seit den 1930er Jahren etablierten marxistisch-leninistischen Verständnis der US-amerikanischen Rassendiskriminierung, die ihren Ursprung in der kapitalistischen Ausbeutung der afroamerikanischen Sklaven im Süden habe und ebenso lange schon bekämpft werde. In dieser Darstellung ordnete Bollinger das Aufkommen von *Black Power* einer Phase des »neuen Aufschwungs« zu, die »weit über die Frage der rechtlichen Gleichstellung« hinausreiche und als »Massenwiderstand« vielmehr zu einer »stürmischen Befreiungsbewegung« angewachsen sei.[192]

Er beschreibt *Black Power* dabei als ein Konzept, das »je nach dem politischen Grad des Bewusstseins [...] verschieden interpretiert« werde. So sei *Black Power* nicht nur zur »fanalhaften Losung [...] im Kampf gegen die Rassistenherrschaft« geworden, sondern in »Kreisen der Negerbourgeoisie« auch zu einer »separatistischen Theorie« entwickelt worden.[193] Die CPUSA unter dem Vorsitz Gus Halls und Henry Winstons habe hingegen den Standpunkt entwickelt, die afroamerikanische Bevölkerung müsse »überall die volle Gleichberechtigung erlangen«. Bezüglich der Frage der Selbstverteidigung vertrete die CPUSA folgende Haltung: Die afroamerikanische Bevölkerung habe das Recht, »gewaltsam das Regime der Unterdrückung abzuwerfen, wenn die Wege für eine demokratische Veränderung verschlossen sind.« Zugleich müssten aber »verschwörerische, terroristische Aktionen«, die »unbesonnen, abenteuerlich, provokatorisch und politisch unverantwortlich« seien, weil sie zu weiteren Repressalien führen, abgelehnt werden.[194]

Bollingers Interpretation von *Black Power* zeigte bei aller Kritik an ihren Methoden, dass sowohl innerhalb der CPUSA als auch in der DDR dennoch ein großes

---

190 Die CPUSA hatte sich bereits seit den Rassenunruhen 1966 zunehmend mit der Radikalisierung des schwarzen Freiheitskampfes durch die *Black Power*-Bewegung beschäftigt. Dabei ging es erneut darum, eine kommunistische Position zu den aktuellen Ereignissen zu formulieren. Die innerhalb der CPUSA geführten Debatten über die Frage, wie *Black Power* innerhalb des marxistisch-leninistischen Revolutionsverständnisses und der Idee einer rassenübergreifenden Massenbewegung interpretiert werden könnte, fanden bereits 1967 Beachtung in der DDR (siehe zum Beispiel den auf Deutsch erschienenen Aufsatz von Henry Winston, »Die Arbeiterbewegung und das Negervolk«, in: *Probleme des Friedens und des Sozialismus* 3 [1967], S. 176-180).

191 Klaus Bollinger, *Freedom now – Freiheit sofort!*

192 Ebenda, S. 42.

193 Ebenda, S. 57.

194 Ebenda, S. 58.

Interesse an einem Bündnis mit *Black Power*-Akteuren bestand, wenn auch nur unter bestimmten Bedingungen. Während beispielsweise die studentischen Akteure der Protestbewegungen in den USA wegen ihres neuen linken Revolutionsverständnisses und der damit einhergehenden Ablehnung der revolutionären Führungsrolle der Arbeitsklasse als Verbündete ausschieden, ließen sich *Black Power*-Aktivisten durchaus in bereits bestehende Narrative des schwarzen Freiheitskampfes einfügen.

Unter dem Titel »Nationaler Aspekt der Negerfrage« berichtete das *Neue Deutschland* über die Bedeutung des »überwiegend proletarischen Negervolks« für die anstehenden »Klassenauseinandersetzungen« in den USA.[195] Für die Frage des schwarzen Befreiungskampfs war der CPUSA-Sekretär Claude Lightfoot zuständig. Ihm zufolge seien mit der *Black Panther Party* »an die Stelle defensiver, spontaner und anarchischer Ghettorebellionen wirksamere Formen des zielgerichteten und organisierten Widerstandes gegen Diskriminierung und Rassenterror« getreten.[196] Die *Black Panther*, zitierte das *Neue Deutschland* Lightfoot weiter, würden zu den »aktivsten Kräften innerhalb der Negerbefreiungsbewegung« gehören. Ihr »Denken und Handeln« werde durch die Suche »nach grundlegenden Lösungen« bestimmt.«[197] Die neue schwarze Militanz, die *Black Panther*-Aktivisten in ihrem Denken und Handeln zu diesem Zeitpunkt besonders auszeichnete, war in dieser Darstellung einem alten linken Verständnis von Radikalität gewichen. Die BPP schien somit aus Sicht des SED-Regimes geeignet zu sein, alten Linken wie Robeson nachzufolgen. Auf diese neuen Vertreter des *anderen Amerikas* richteten sich daher die DDR-Solidaritätsbemühungen.

Bei Regierungsvertretern der Bundesrepublik ließ allein die Ankündigung, *Black Panther*-Aktivisten würden öffentlich auftreten, alle Alarmglocken läuten.[198] Als beispielsweise am 13. Dezember 1969 Elbert »Big Man« Howard, damaliger Informationsminister der BPP, am Frankfurter Flughafen eintraf, um bei einer vom westdeutschen *Black Panther*-Solidaritätskomitee veranstalteten Informationsveranstaltung über den »schwarzen Befreiungskampf« aufzuklären, wurde ihm auf Anweisung des Innenministeriums unter Hans-Dietrich Genscher die

195 Klaus Steiniger, »Zum nationalen Aspekt der Negerfrage«, in: *Neues Deutschland* (16.02.1969), S. 5.

196 Ebenda.

197 Ebenda.

198 Dazu siehe Klimke, *The ›Other‹ Alliance*; Maria Höhn, »The Black Panther Solidarity Committees and the *Voice of the Lumpen*«, in: *German Studies Review*, 31/1 (2008), S. 133-154; Martin Klimke, »Black Panther, die RAF und die Rolle der Black Panther-Solidaritätskomitees«, in: Kraushaar (Hg.), *Die RAF und der linke Terrorismus*, S. 562-582; Sophie Lorenz, *Zwischen Rassenkampf und Klassenkampf. Black Power, die studentische Protestbewegung und Black-Panther-Solidarität im Westdeutschland der 1960er und 1970er Jahre*, unveröffentlichte Magisterarbeit, Historisches Seminar Universität Heidelberg (vorgelegt am 15.01.2009).

Einreise verweigert.[199] Dieses Ereignis entfachte eine rege öffentliche Debatte, in deren Verlauf prominente Vertreter der Studentenbewegung wie Karl Dietrich Wolff und Daniel Cohn-Bendit der Bundesregierung Rassismus vorwarfen.[200] In einer öffentlichen Stellungnahme begründete Genscher die Ausweisung (beziehungsweise das Einreiseverbot) mit der revolutionären Programmatik der BPP, durch die er eine »Beeinträchtigung erheblicher deutscher Belange« gegeben sah, darunter die »innere und äußere Sicherheit der Bundesrepublik Deutschland.«[201] Außerdem befürchtete man, dass es bei Demonstrationen zu gewaltsamen Auseinandersetzungen mit Angehörigen der US-Armee hätte kommen können, weshalb die Einreiserlaubnis auch einen Verstoß gegen den NATO-Vertrag bedeutet hätte.[202] Das westdeutsche Black-Panther-Solidaritätskomitee sah in Genschers Stellungnahme einen weiteren Beleg für die uneingeschränkte Unterstützung des US-amerikanischen Imperialismus durch die Bundesregierung.

Aus Sicht der DDR zeigte das Vorgehen gegen die BPP hingegen die Ausmaße der »polizeistaatlichen Gesinnungsdiktatur des Nixon-Regimes«.[203] Im März 1969 veröffentlichte das »amerikanische Bruderorgan« des *Neuen Deutschland*, die *Daily World*, eine der ersten aus der DDR kommenden Solidaritätsbotschaften für Huey Newton, die Schüler aus Krien in Mecklenburg verfasst hatten. Dadurch erfuhren »tausende von Amerikanern« von der Solidarität mit den »Opfern imperialistischer

---

199 Tatsächlich hatte Genscher das Einreiseverbot wieder aufgehoben. Jedoch traf diese Nachricht zu spät beim Grenzschutz in Frankfurt ein, was wiederum die Bundestagsdebatte zur Folge hatte (siehe »Genscher war für Big Man«, in: *Frankfurter Rundschau* (16.12.1969); »Schnelle Beamte, langsamer Genscher«, in: *Die ZEIT* (19.12.1969), S. 2; »Der SDS droht Genscher«, in: *Süddeutsche Zeitung* (16.12.1969), S. 2; »West Germany refuses Entry to Delegates of the Black Panther Party«, in: *The Black Panther* (27.12.1969), S. 12).

200 »Protest gegen den Krieg in Vietnam«, in: *Süddeutsche Zeitung* (15.12.1969), S. 2; »Schwarzer Panther. Schießt es aus«, in: *Der Spiegel*, (51/1969), S. 104; »Programme mit Kinderspeisung und Gewalt«, in: *Süddeutsche Zeitung* (17.12.1969).

201 Bundesministerium des Inneren, »Einreisesperre für politisch radikale Ausländer. Zurückweisung zweier Funktionäre der Black-Panther-Party« (19.12.1969). Ausgelöst durch eine Anfrage von mehreren CSU-Abgeordneten, angeführt von Franz-Josef Strauß, wurde die BPP sogar Gegenstand einer Bundestagsdebatte: Protokoll der 25. Sitzung des Bundestages, »Kleine Anfrage MdB Strauß: Einreise von Mitgliedern der amerikanischen Farbigenorganisation Schwarzer Panther« (14.01.1970), in: *Das Parlament* Nr. 5 (31.01.1970); Protokoll der 25. Sitzung des Bundestages, »Warum wurde das Einreiseverbot für Elbert Howard aufgehoben?«, in: *Das Parlament* Nr. 5 (31.01.1970); Bundesministerium des Inneren, »Stellungnahme des Bundesinnenministers an das Verwaltungsgericht Köln vom 26. Februar 1970«, in: BArch B 106/39985. Abgedruckt außerdem in Black-Panther-Solidaritätskomitee Informationsbrief Nr. 2/1971, S. 5-7, hier: S. 5.

202 Bundesministerium des Inneren, »Stellungnahme des Bundesinnenministers an das Verwaltunsgericht Köln vom 26. Februar 1970«, S. 5.

203 Klaus Steiniger, »Nixon und das ›freie Atmen‹«, in: *Neues Deutschland* (30.01.1970), S. 6.

Justizwillkür«.[204] Einige Monate später, im September 1969, verkündete das *Neue Deutschland*, dass »Millionen Bürger des sozialistischen deutschen Staates im Geiste echter Solidarität« für den im August 1969 verhafteten BPP-Führer Bobby Seale – »Sohn des schwarzen Amerika« – ihre Unterstützung bekundeten.[205]

Bevor diese vielversprechende Zusammenarbeit zwischen alten Kommunisten und jungen schwarzen Radikalen jedoch richtig beginnen konnte, endete sie aufgrund von unüberwindbaren ideologischen Differenzen, die im Verlauf des Jahres 1970 immer deutlicher zum Vorschein traten. Hatte das *Neue Deutschland* das Ausscheiden von Stokely Carmichael, der für seinen »Antikommunismus« bekannt war und vorübergehend der BPP-Führung angehört hatte, noch als Zeichen für einen »ideologischen Klärungsprozeß« bei den *Black Panther* gedeutet, führte die Auseinandersetzung zwischen alten Linken und jungen schwarzen Radikalen bald zu einem endgültigen Bruch.[206] Grund dafür waren unterschiedliche Vorstellungen über die Machbarkeit eines bewaffneten Kampfes (beziehungsweise Guerillakampfes) in den USA. Patterson sah darin im Gegensatz zu Newton keinen strategischen Zweck, sondern – wenn überhaupt – eine taktische Möglichkeit.[207]

Newtons Autobiografie »Revolutionary Suicide«, in der er den bewaffneten Kampf beziehungsweise die Anwendung von Gewalt als notwendiges Übel des schwarzen Befreiungskampfes rechtfertigte, stellte für Patterson ein »politisches Fiasko« dar.[208] Die sich hier widerspiegelnde Militanz Newtons zeige laut Patterson eine »politische Unreife« und eine »Überforderung mit dem revolutionären Kampf«. Die BPP sei daher, anstatt eine revolutionäre Führungsrolle zu übernehmen, dazu übergangen, sich »konterrevolutionäre Formen« anzueignen.[209] Newton hingegen bezeichnet Patterson umgekehrt als »bourgeois« und wirft der CPUSA vor, nicht radikal genug zu sein, um überhaupt noch als führende Kraft eines revolutionären Veränderungsprozesses in den USA ernstgenommen

---

204 »Newtons Freunde in Mecklenburg. Daily World veröffentlicht Brief von Kriener Schülern«, in: *Neues Deutschland* (16.03.1969), S. 5.

205 Klaus Steiniger, »Freiheit für Bobby Seale Sohn des schwarzen Amerika«, in: *Neues Deutschland* (24.09.1969), S. 6.

206 Zu Carmichaels vorübergehender Zusammenarbeit mit der BPP siehe Peniel E. Joseph, *Waiting 'til the Midnight Hour. A Narrative History of Black Power in America*, New York 2006, S. 243ff.

207 Patterson, »The Black Panther Party«, S. 26-36.

208 Huey Newton, *Revolutionary Suicide*, New York 1973; Horne, *Black Revolutionary*, S. 202. In einer 1972 unter dem Titel »To Die for The People. The Writing of Huey P. Newton« veröffentlichten Textsammlung findet sich auch eine Stellungnahme zu Pattersons *Political Affairs*-Aufsatz, die das Zerwürfnis zwischen Patterson und Newton deutlich macht (siehe Huey Newton, »Reply to William Patterson«, in: Newton, *To Die for The People*, S. 177).

209 William Patterson, »Significant Aspects of the Black Liberation Movement« (25.09.1971), in: *William L. Patterson Papers*, Box 11 Folder 24. Siehe auch Horne, *Black Revolutionary*, S. 202.

zu werden. Vielmehr sei die Partei bereits in der politischen Bedeutungslosigkeit versunken.[210]

Newtons zunehmende Begeisterung für Mao Zedong – er folgte einer Einladung nach China im September 1971 – führte zu einem Zeitpunkt, als sich mit dem Beginn der Entspannungspolitik zwischen China und den USA endgültig das Zerwürfnis zwischen China und der Sowjetunion und damit die Spaltung der kommunistischen Bewegung (Schisma des Weltkommunismus) abzeichnete, zu einem endgültigen Bruch zwischen der BPP und der CPUSA.[211] Damit endeten auch die DDR-Solidaritätsbemühungen für die BPP und die Unterstützung ihrer Führer, zu der Klaus Steiniger zuletzt noch im September 1969 im *Neuen Deutschland* aufgerufen hatte.[212]

Im Kontext dieser politischen und ideologischen Neuformierungen stellten Angela Davis und ihr Fall sowohl für afroamerikanische Kommunisten wie William L. Patterson als auch das DDR-Regime eine außergewöhnliche Möglichkeit dar, um an alte kommunistisch-afroamerikanische Verbundenheitsvorstellungen und Beziehungen anzuknüpfen und die Idee eines internationalen rot-schwarzen antirassistischen Bündnisses wieder aufleben zu lassen.

---

210 Newton, »Reply to William Patterson«, S. 177.

211 Frazier, *The East is Black*, S. 191ff.; Horne, *Black Revolutionary*, S. 201.

212 Die ersten Solidarisierungsaufrufe veröffentlichte das *Neue Deutschland* bereits im November 1968 (siehe Klaus Steiniger, »Freiheit für Huey Newton: Künder, Kämpfer und Tribun«, in: *Neues Deutschland* [16.11.1968], S. 6; Klaus Steiniger, »Kriener Botschaft an Huey Newton«, in: *Neues Deutschland* [24.12.1968], S. 6).

3 Angela Davis' Identitätsentwurf und ihr Kampf für Freiheit und Gleichheit

Bis heute gilt Angela Davis im wissenschaftlichen Diskurs und in der populärkulturellen Darstellung als Ikone der rebellischen 1960er Jahre. Es erscheint daher keineswegs selbstverständlich, dass sie (afro-)amerikanischen Kommunisten und der DDR gleichermaßen die Möglichkeit bot, alte linke rot-schwarze Verbundenheitsvorstellungen wiederaufleben zu lassen und im Sinne einer rassenübergreifenden antirassistischen Bündnistradition fortzuführen. Dieses Kapitel richtet den Fokus daher auf Angela Davis' politisch-ideologische Prägung, die die Grundlage für ihren Beitritt zur CPUSA bildet. Ihre Verbundenheit mit der DDR wiederum sollte sich später in Form von einer Solidaritätskampagne und Besuchen manifestieren. Anhand eines biografischen Zugangs wird die Entwicklung ihrer politisch-ideologischen Identität und ihres Aktivismus nachgezeichnet.[1] Dadurch wird das sich bisher hauptsächlich auf die Zeit der *Black Power*-Bewegung fokussierende Narrativ erweitert und Davis' frühe politisch-ideologische Sozialisation miteinbezogen. Um neben den politisch-ideologischen Kontinuitäten auch Veränderungen und Brüche kenntlich zu machen, unterteilt sich dieses Kapitel in drei Zeitabschnitte.

Der erste Zeitabschnitt (1944 bis 1961) skizziert Davis' politisch-ideologische Sozialisierung und nimmt die zentralen Prägungen durch den zeitgeschichtlichen Kontext und das soziale Umfeld in den Blick. Diese Phase umfasst Davis' Kindheit, Schulzeit und den Beginn ihres Studiums. Der darauffolgende Zeitabschnitt (1961 bis 1967) kann als Identitätsbildungs- und Politisierungsphase betrachtet werden, da in dieser Zeit Davis' Suche nach einer politischen und ideologischen Identität beginnt. Wichtige Elemente sind ihre Begegnung mit Herbert Marcuse und die Studienaufenthalte in Paris und Frankfurt a.M. Der dritte Zeitabschnitt (1967 bis

1 Wie in der Einleitung beschrieben, stellt ihre 1974 veröffentlichte Autobiografie dafür eine zentrale Quelle dar. Verstanden als Selbstinterpretation legt die Autobiografie Angela Davis' Werteideen und Handlungsmotive offen. Durch die persönliche Darstellung ihres Falls und ihres Aktivismus wird ihr Versuch deutlich, eine spezifische Erinnerung auszuhandeln und zu produzieren. Darüber hinaus kann die Autobiografie herangezogen werden, um die von ihr angestrebte Identitätskonstruktion zu untersuchen.

1970) schließlich beschreibt ihre Radikalisierung, angefangen mit ihrer Rückkehr nach San Diego im Frühjahr 1967 bis zu ihrer Verhaftung im Oktober 1970.[2]

3.1 Kindheit und Jugend (1944-1961)

Angela Davis wurde am 26. Januar 1944 in Birmingham, Alabama, geboren. Wie der gesamte US-amerikanische Süden war auch Birmingham durch eine als Jim-Crow-System bezeichnete rassistische Apartheid geprägt. Diese unterwarf die afroamerikanische Bevölkerung einer rigiden Praxis der Rassendiskriminierung und Segregation und wurde immer wieder mit Gewalt und Lynchjustiz durchgesetzt.[3]

Noch während Davis' Kindheit zog ihre Familie aus der im schwarzen Teil der Stadt gelegenen Sozialbausiedlung in ein Haus im wohlhabenderen Teil des schwarzen Birminghams, der an den von Weißen bewohnten Teil der Stadt angrenzte. Die Straße, in der Davis' Familie wohnte, bildete die Außengrenze des Stadtteils und markierte damit die städtische *Color Line* – die Demarkationslinie zwischen der schwarzen und weißen Bevölkerung Birminghams.[4] Ende der 1940er Jahre begannen schwarze Familien Häuser jenseits dieser Trennlinie im weißen Teil der Stadt zu beziehen. Unter den Augen der örtlichen Polizei reagierten *Ku Klux Klan*-Mitglieder auf diese »Grenzüberschreitung« mit gewaltsamen Angriffen. Ziel war es, die afroamerikanischen Familien einzuschüchtern und die befürchtete schwarze »Invasion« der weißen Nachbarschaft abzuwehren. Aufgrund der Bombenanschläge, die der *Ku Klux Klan* (KKK) auf Häuser afroamerikanischer Familien verübte, erhielt der Stadtteil bald den Namen *Dynamite Hill*.[5]

---

2 Radikalisierung wird dabei als ein Prozess verstanden, in dem das Zusammenspiel, die Entwicklung und der Verlauf verschiedener Faktoren und Einflüsse zu einer drastischen Abkehr von den geltenden gesellschaftlichen Verhältnissen und zu einer Hinwendung zur Errichtung eines anderen politischen Systems führen. Dieses Verständnis von Radikalisierung basiert auf der Begriffsdefinition von Peter Neumann, »Radikalisierung, Deradikalisierung und Extremismus«, in: *Aus Politik und Zeitgeschichte (APuZ). Beilage zur Wochenzeitung das Parlament*, 15. Juli 2013 (29-31/2013), S. 3-10, hier: S. 3. Es grenzt sich ab von der Selbstbezeichnung historischer Akteure als radikal, da sie die Radikalität als Voraussetzung dafür verstehen, dass sie Gesellschaften zu einer fortschrittlichen Entwicklung verhelfen. Umgekehrt wurden in der Geschichte der USA Bewegungen wie die afroamerikanische Bürgerrechtsbewegung oder Personen wie Martin Luther King, jr., von Staat und Gesellschaft als radikal oder extremistisch bezeichnet, die heute als Antriebskräfte für demokratische Reformprozesse gelten (siehe hierzu Timothy McCarthy/John McMillian, *The Radical Reader: A Documentary History of the American Radical Tradition*, New York 2003, S. 3f.).

3 Zu rassistischer Gewalt und der Bedeutung des *Ku Klux Klan* in Alabama bis 1949 siehe Glenn Feldman, *Politics, Society, and the Klan in Alabama, 1915-1949*, Tuscaloosa 1999.

4 Davis, *An Autobiography*, S. 77-80.

5 Birmingham trug im Volksmund wegen der gewaltsamen Angriffe auf die schwarze Bevölkerung auch den Namen *Bombingham*.

In der Ära der Bürgerrechtsbewegung erlangte Birmingham als Inbegriff der gewaltsam durchgesetzten Rassensegregation zu Beginn der 1960er Jahre zweifelhafte Bekanntheit auf nationaler und internationaler Ebene.[6] Die mediale Berichterstattung über das brutale Vorgehen der örtlichen Polizei unter der Führung von Eugene »Bull« Connors, etwa gegen Demonstranten im Rahmen der *Birmingham Campaign* im April 1963, und das von KKK-Mitgliedern ausgeführte Bombenattentat auf die 16th Street Baptist Church, bei dem vier afroamerikanische Mädchen ums Leben kamen, führten einer breiten US-amerikanischen Öffentlichkeit zum ersten Mal eindringlich die menschenverachtende Praxis der Rassensegregation des Südens vor Augen.[7] Diese staatlich tolerierte Gewalt prägte Davis in ihrer Kindheit und frühen Jugend maßgeblich.[8]

In den frühen 1960er Jahren gewannen afroamerikanische Bürgerrechtler unter der Führung Martin Luther Kings landesweit zunehmend Unterstützung für ihre Forderungen der Aufhebung der Rassentrennung. In Alabama hingegen hielten sich weiße Überlegenheitsansprüche besonders hartnäckig.[9] Im Jahr 1963, als afroamerikanische Gleichheitsforderungen mit dem *March on Washington* ihren vorläufigen Höhepunkt erreichten, verteidigte der frisch gewählte Gouverneur von Alabama, George Wallace, auf den Stufen des Kapitols von Montgomery unnachgiebig weiße Überlegenheitsansprüche. Aus seiner Sicht sollte in Alabama, das er als »the very heart of the Great Anglo-Saxon Southland« bezeichnete, auch in Zukunft eine kompromisslose Segregationspolitik gelten, die er in der Formel »segregation now, segregation tomorrow, segregation forever« zusammenfasste.[10] Dabei sahen Wallace und seine Unterstützer ihr rigides Festhalten an der Rassentrennung als einen tief im US-amerikanischen Demokratieverständnis verwurzelten Freiheitsanspruch, den es vor Bürgerrechtsaktivisten sowie der »tyrannischen« Einmischung der Regierung in Washington zu verteidigen galt. Erste Erfolge der Bürgerrechtsbewegung bestätigten für Wallace die alten Ängste des Südens vor einer als »federal dictatorship« bezeichneten Tyrannei des Nordens.[11] Afroamerikanische Freiheits-

---

6 Harrison E. Salisbury, »Fear and Hatred Grip Birmingham«, in: *New York Times* (12.04.1960).

7 Vgl. Clayborne Carson (Hg.), *Reporting Civil Rights. Part One: American Journalism 1941-1963*, New York 2003.

8 Davis, *An Autobiography*, S. 79.

9 Wayne Greenhaw, *Fighting the Devil in Dixie. How Civil Rights Activist Took on The Ku Klux Klan in Alabama*, Chicago 2011, S. 153-159.

10 George Wallace, »Inaugural Address« (14.01.1963), in: ADHA Digital Collections, URL: http://digital.archives.alabama.gov/cdm/ref/collection/voices/id/2952 (zuletzt abgerufen: 01.02.2020), S. 2.

11 Dazu zählten vor allem die durch den Obersten Gerichtshof im Urteil *Brown vs. Board of Education* 1954 aufgehobene Rassentrennung an Schulen sowie die sich abzeichnende Unterstützung einer integrativen Rassenpolitik in Form eines Gesetzesentwurfs durch die der Kennedy-Regierung, der 1964 zur Verabschiedung des *Civil Rights Acts* führen sollte (siehe George Wallace, »Inaugural Address« [14.01.1963], S. 10).

und Gleichheitsansprüche würden »die wahre Bruderschaft Amerikas« durcheinanderwirbeln, die sich vor allem durch die »Achtung der Getrenntheit« zwischen den »Rassen« und gleichzeitig im patriotischen »Zusammenschluss« auszeichnete.[12] Entsprechend dieser Logik sahen weiße Rassisten wie Wallace in den 1960er Jahren die politischen Errungenschaften der US-amerikanischen Gründungsväter dem Untergang geweiht und befürchteten, der Kommunismus werde die Weltherrschaft übernehmen.[13]

Am Beispiel von Wallace und seiner Verteidigung der Rassentrennung zeigte sich jedoch nicht nur die Hartnäckigkeit, mit der weiße Überlegenheitsansprüche im Süden verteidigt wurden. Es wurde auch deutlich, dass weiße Segregationisten in der Auseinandersetzung um die Aufhebung der Rassentrennung im Süden auf eine durch den Kalten Krieg geprägte Freund-Feind-Rhetorik zurückgriffen. So warf Wallace, während er rassische Überlegenheitsansprüche zu rechtfertigen versuchte, weißen liberalen Kräften vor, ihre Unterstützung der schwarzen Emanzipationsbestrebungen werde zu einer Schwächung der US-amerikanischen Demokratie in Zeiten des Systemkonflikts führen. Eine solche Schwächung müsse, wie Wallace der Logik des Kalten Kriegs entsprechend schlussfolgerte, die Stärkung der feindlichen kommunistischen Kräfte zur Folge haben, die er ohnehin als Drahtzieher der Bürgerrechtsproteste vermutete.[14] Afroamerikanisches Aufbegehren und kommunistische Subversionsversuche waren aus dieser Sicht zwei Seiten derselben Medaille, die es als Bedrohung des »southern way of life«, der bestehenden Ordnung im Süden, zu bekämpfen galt.[15]

Der Widerstand der Südstaaten gegen afroamerikanische Integrationsforderungen wurde durch einen regional-spezifischen Antikommunismus begleitet, der sich durch eine besondere Bedeutung von »Rasse« auszeichnete. Diese Kombination bildete die äußere Realität, in der Angela Davis als Kind und Jugendliche aufwuchs. Dementsprechend beeinflussten diese oft gewaltsame Umwelt, der durch die Rassentrennung bestimmte Alltag und die Auseinandersetzung damit ihre frühe Sozialisation und Identitätsbildung grundlegend. Gleichzeitig hinterließ das soziale Milieu afroamerikanischer intellektueller Linker auf Davis einen bleibenden Eindruck, sodass sich der Glaube an eine geradezu schicksalhafte Verbundenheit zwischen Afroamerikanern und Kommunisten zu manifestieren begann. Während ihrer Kindheit erlebte Davis also nicht nur Rassismus und Antikommunismus, sondern auch den politischen Aktivismus ihrer Eltern, die sich bis 1956 in der NAACP

---

12 Ebenda, S. 7.

13 Ebenda.

14 George Lewis, »White South, Red Nation: Massive Resistance and the Cold War«, in: Clive Webb (Hg.), *Massive Resistance: Southern Opposition to the Second Reconstruction*, Oxford 2005, S. 117-135.

15 Jeff Woods, Black Struggle, Red Scare. Segregation and Anti-Communism in the South, 1948-1968, Baton Rouge 2004, S. 2.

engagierten, gleichzeitig jedoch auch enge Kontakte zur CPUSA unterhielten.[16] Aus Sallye Bell Davis' Zeit im SNYC waren lebenslange Freundschaften mit (afro-)amerikanischen Kommunisten und Kommunistinnen entstanden. Nach der Auflösung des SNYC Ende der 1940er Jahre trafen sich viele der ehemaligen Mitglieder in New York wieder, wo sie trotz der Repression der McCarthy-Ära zusammen mit anderen Kommunisten eine enge Gemeinschaft bildeten, die an ihren politisch-radikalen Ansichten festhielt. So trafen Esther Cooper Jackson, Ed und Augusta Strong und die Burnham-Familie in New York auf William L. Patterson und Louise Thompson Patterson sowie Herbert Aptheker und seine Familie, die zu dieser Zeit zu den führenden Köpfen der US-amerikanischen radikalen Linken zählten.[17]

In den 1950er Jahren verbrachte Angela Davis regelmäßig Zeit in diesem Umfeld, da ihre Mutter sie und ihre Geschwister in den Sommerferien mit nach New York nahm, dort die alten Freunde besuchte und ein Master-Programm an der New York University absolvierte.[18] Im Gegensatz zu den alltäglichen rassistischen Einschränkungen im Süden, erlebte Davis in New York eine relativ große Bewegungsfreiheit.[19] Ihren ersten Besuch in New York beschreibt sie später als einschneidendes Erlebnis ihrer Kindheit:

> »The summer before I went to school, I spent several months with Margaret Burnham's family in New York. Compared to Birmingham, New York was Camelot. I spent a rapt summer visiting zoos, parks, beaches, playing with Margaret, her older sister Claudia, and their friends, who were Black, Puerto Rican and white. [...] I had come to look upon New York as a fusion of the two universes, a place where Black people were relatively free of the restraints of Southern racism.«[20]

Dieses Gefühl der Befreiung von den rigiden Segregationsregeln des Südens stand in einem starken Widerspruch zur Konfrontation mit antikommunistischen Repressionen der McCarthy-Zeit, wie Davis sie bei befreundeten Familien wie den Jacksons beobachten konnte. Dazu gehörte die staatliche Überwachung der

16 Zwischen 1956 und der Supreme-Court-Entscheidung *NAACP v. Alabama* 1958 war die NAACP in Alabama wegen des angeblichen Verstoßes gegen eine bundesstaatliche Vorschrift vorübergehend verboten. Diese Vorschrift sah vor, dass auswärtige Unternehmen erst eine Berechtigung benötigen, wenn sie Geschäfte in Alabama machen wollen. Zu dem Verfahren gehörte auch eine Vorladung zur Offenlegung der NAACP-Mitgliederlisten, weshalb NAACP-Mitglieder rassistisch-motivierte Bedrohungen befürchten mussten (vgl. Berg, *A Ticket to Freedom*, S. 271ff.).

17 McDuffie, *Sojourning for Freedom*, S. 150.

18 Davis, *An Autobiography*, S. 84.

19 Ebenda, S. 79; Yancy, »Interview with Angela Y. Davis«, S. 137; Davis, »James and Esther Jackson«, S. 104; McDuffie, *Sojourning for Freedom*, S. 196ff.

20 Davis, *An Autobiography*, S. 82-83.

Jackson-Familie, nachdem James Jackson infolge des *Smith Act* 1951[21] untergetaucht war:

> »Another situation in New York was in even sharper contradiction to the myth of Northern social harmony and justice [...] I did not really understand what was going on at the time; I only knew that the police were looking for my friend Harriet's father. As a result, I understood only what my eyes saw: evil white men out to get an innocent Black man. And this was happening not in the South, but in New York, the paragon of racial concord.«[22]

Auch wenn New York nicht frei von Diskriminierung war, entschied ihre Familie 1959, dass Angela Davis ihren High-School-Abschluss in New York inmitten eines hauptsächlich weißen Umfelds machen sollte. Während ihre Klassenkameraden weiter die für die schwarze Bevölkerung vorgesehenen Schulen besuchten, zog Davis im Alter von fünfzehn Jahren nach New York. Unterstützt wurde sie durch das Förderprogramm der *American Friends Service Committees* (AFSC), einer 1917 gegründeten Quäkerorganisation. In New York lebte Davis bei einer weißen Pastorenfamilie, den Melishs. Reverend Melish stand der größten Episkopalkirche Brooklyns vor, war Mitglied der *Soviet-American Friendship Organization* und galt als Kritiker antikommunistischer Repressionen.[23]

In Birmingham hatte Davis noch eine segregierte Schule besucht, die aus einer »Gruppe verwitterter Holzhütten« bestand.[24] Den Unterricht dort beschrieb sie später als wenig »stimulierend«.[25] In New York besuchte sie hingegen die im

---

21 Nach der Auflösung des SNYC hatten die Jacksons ihre Arbeit für die CPUSA zunächst in New Orleans und Detroit fortgesetzt. Infolge des *Smith Act* von 1951 wurde Jackson zusammen mit 21 anderen Mitgliedern der CPUSA wegen angeblicher gewaltsamer Umsturzpläne gegen die US-amerikanische Regierung verurteilt, tauchte für mehrere Jahre unter, stellte sich aber 1956 und wurde daraufhin wegen Verschwörung verurteilt. Der Oberste Gerichtshof der USA entschied 1957 in dem Urteil *Yates v. United States*, dass ein Unterschied zwischen der Verbreitung von Marxismus als theoretisches Konzept – welches durch das Recht auf freie Meinungsäußerung im Ersten Verfassungszusatz geschützt ist – und der Initiierung eines revolutionären Umsturzes des politischen Systems der USA bestehe. Auf Grundlage dieses Urteils wurde Jacksons Verurteilung 1958 aufgehoben. Daraufhin setzte er seine politische Karriere in der CPUSA fort, wo er als Herausgeber des Parteiorgans *The Worker*, als Leiter der Abteilung Bildung und schließlich als Leiter der Abteilung für internationale Angelegenheiten zentrale Ämter besetzte (vgl. Daniel J. Leab/Michael Nash/David Levering Lewis, »Remembering the Jacksons«, in: *American Communist History*, Vol. 7/2 [2008], S. 163-174, hier: S. 168). Für diese zweite Welle antikommunistischer Hysterie in den 1950er Jahren siehe Haynes, *Red Scare or Red Menace*.

22 Davis, *An Autobiography*, S. 84.

23 Ebenda, S. 106-107.

24 Ebenda, S. 100.

25 Ebenda.

Greenwich Village gelegene Elisabeth Irwin High School, eine private Reformschule, die als eine der ersten Schulen in New York einen Integrationsansatz verfolgte.[26] Aufgrund der verhältnismäßig großen Zahl an Kindern aus radikal-linken Kreisen bürgerte sich die Bezeichnung »Little Red Schoolhouse for little Reds« ein.[27]

Während das politische Klima in den USA von einem rigiden Antikommunismus geprägt war, standen an der Elisabeth Irwin High School Theorien des utopischen Sozialismus und Kommunismus auf dem Lehrplan. Angela Davis war fasziniert von den Theorien der Frühsozialisten wie Robert Owens und befasste sich zum ersten Mal mit Vorstellungen des idealen Staats. Es waren jedoch nicht diese utopischen Theorien der Frühsozialisten, sondern die Lektüre des Kommunistischen Manifestes von Karl Marx, die in Davis' Erinnerung zu einer politisch-ideologischen Erweckungserfahrung wurde:

> »The Communist Manifesto hit me like a bolt of lightning. I read it avidely, finding in it answers to many of the seemingly unanswerable dilemmas which had plagued me [...] I began to see the problems of Black people within the context of a large working-class movement.«[28]

Aus Marx' Klassenkampflehre und der von ihm kritisierten Unterdrückung der Arbeiterklasse erschloss sich für Davis ein theoretischer Bezug zur rassistischen Unterdrückung, wie sie die Afroamerikaner in den USA erlebten.[29] Für Angela Davis, ebenso wie für andere schwarze Marxisten vor ihr, war die marxistische Klassenkampflehre das theoretische Fundament, auf dem die Annahme einer rassenübergreifenden Zugehörigkeit zu einer politischen Klasse der Unterdrückten aufbaute.[30] Wie die weiße Arbeiterklasse konnten Schwarze folglich nur durch eine proletarische Revolution und die Einführung einer klassenlosen Gesellschaft ihre Befreiung erreichen.[31] Das Kommunistische Manifest und die dort benannte politische Klasse der Unterdrückten wurde für Davis, wie sie später schrieb, eine erste ernstzunehmende politisch-ideologische Identifikationsmöglichkeit. Zugleich verstand sie das Kommunistische Manifest als politische Handlungsanweisung. Denn

---

26 Nicholas O'Han, »The Little School That Could. Tough Economic Times Created the Rationale for One School«, in: *Independent School Magazine*, Summer 2009, URL: www.nais.org/Magazines-Newsletters/ISMagazine/Pages/The-Little-School-That-Could.aspx (zuletzt abgerufen: 01.02.2020).

27 Ebenda.

28 Davis, *An Autobiography*, S. 109.

29 Ebenda, S. 110-111.

30 Für einen Überblick zur Auseinandersetzung afroamerikanischer Intellektueller mit der marxistischen Theorie siehe Cedric J. Robinson, *Black Marxism. The Making of the Black Radical Tradition*, Chapel Hill 2000, S. 207-240.

31 Davis, *An Autobiography*, S. 111.

nach Marx reiche es nicht aus, sich im Bewusstseinszustand einer solchen Klassenzugehörigkeit zu befinden. Vielmehr gelte es für das Proletariat, sich zum Kampf politisch zu organisieren.

Während dieser Zeit entwickelte sich Davis' lange Freundschaft zu Bettina Aptheker, Herbert Apthekers Tochter, die ein Jahrzehnt später in der US-amerikanischen *Free Angela Davis*-Bewegung eine zentrale Rolle spielte.[32] Aptheker lud Davis zu einem Treffen der sozialistischen Jugendorganisation *Advance* ein, die im Haus der Familie Aptheker in Brooklyn tagte und von Herbert Aptheker in den Grundlagen des Marxismus unterrichtet wurde. Die *Advance*-Gruppe bestand hauptsächlich aus sogenannten *Red Diaper Babies*, also Kindern von Mitgliedern der CPUSA oder zumindest eng mit der Partei verbundenen Personen.[33] Dazu zählten neben den Kindern des alten SNYC-Freundeskreises aus Birmingham, darunter Harriet Jackson und die drei Töchter der Burnhams, auch Mary Lou Patterson (Tochter von William L. Patterson und Louise Thompson Patterson) sowie Eugene Dennis (Sohn des gleichnamigen Vorsitzenden der CPUSA).

Die Aktivitäten der *Advance*-Gruppe wurden für Davis eine Art politisches Initiationsritual. Hier konnte sie Marx' Diktum, sich zum Kampf politisch zu organisieren, in die Praxis umsetzen. Zum ersten Mal, so schrieb sie später, fühle sie sich mit anderen »als Genossen im Kampf« verbunden.[34] Wie ihre Eltern erlebte Angela Davis Freundschaft und politische Haltung als untrennbar miteinander verbunden. Noch Jahrzehnte später betonte sie die prägende Bedeutung dieses Umfeldes, als sie bei einer Feier zu Ehren von James und Esther Jackson an der New York University über ihre Beziehung zu den Jacksons sprach:

> »My relationship to the Jacksons is personal and political, and in thinking about my connection with them over the years, I realize that I cannot undo the entanglement of the personal and the political.«[35]

---

32 Herbert Aptheker (1915-2003) erlangte als Stimme der radikalen Linken unter anderem wegen seiner Kritik am Vietnamkrieg nationale Bekanntheit. Zu seinen bekanntesten Arbeiten gehört seine mehrteilige *Documentary History of the Negro People in the United States* (1951-1994) sowie die Herausgabe der Korrespondenzen und Schriften seines Mentors W.E.B. Du Bois, die unter dem Titel *The Correspondence of W.E.B. Du Bois, 1877-1963* in drei Teilen zwischen 1973 und 1978 erschienen (vgl. Murrell, *The Most Dangerous Communist in the United States*, S. 195-226). Aufgrund seiner Mitgliedschaft in der CPUSA wurde ihm die Anstellung an Universitäten bis in die späten 1960er Jahre verwehrt (siehe Robin D.G. Kelley, »Interview of Herbert Aptheker«, in: *Journal of American History*, 87/1 [2000], S. 151-171). Apthekers Tochter Bettina thematisiert die Rolle ihres Vaters immer wieder in ihrer Autbiografie (vgl. Bettina F. Aptheker, *Intimate Politics. How I Grew Up Red, Fought for Free Speech, and Became a Feminist Rebel*, Emeryville 2006).

33 Ebenda, S. 67.

34 Davis, *An Autobiography*, S. 112.

35 Davis, »James and Esther Jackson«, S. 274.

Davis verbrachte ihre Jugend während des Kalten Krieges im Kreise einiger Familien, die als Kommunisten dem radikalen Flügel der politischen Linken in den USA zugeordnet wurden. Sie übernahmen eine prägende Rolle in Davis' Sozialisierungsphase und beeinflussten die Entwicklung ihres oppositionellen Bewusstseins. Wie Angela Davis selbst Jahrzehnte später sagte, knüpfte ihr eigener politisch-ideologischer Aktivismus an diese radikale linke schwarze Tradition an. Mit ihrem politischen Aktivismus, so Davis, habe sie »einen Weg eingeschlagen«, den ihre Mutter durch ihre Aktivitäten im SNYC »bereits geebnet« hatte.[36] Dabei spielte besonders der schwarze Internationalismus der alten Linken eine zentrale Rolle. Zu dessen Eckpfeilern gehörte der Glaube an die revolutionäre Bedeutung einer ideologisch begründeten Rassenverbundenheit (*interacialism*), an die revolutionäre Bedeutung internationaler Bündnisse, die revolutionäre Bedeutung der Gleichstellung der Frau neben Rassen- und Klassengleichheit (Trias aus *race*, *gender* und *class*) sowie das Festhalten an der Vorstellung einer besonderen rot-schwarzen Verbundenheit. Zu dieser Zeit schon, so Angela Davis in Retrospektive, sei ihr mit diesem schwarzen Internationalismus das Verständnis von internationaler Solidarität als Wertebegriff, der dezidiert antirassistisch und dem Sozialismus eigen sei, vermittelt worden.[37]

3.2 Studium und Politisierung (1961-1967)

Die politischen und gesellschaftlichen Transformationsprozesse sowie die studentischen Protestbewegungen der langen sechziger Jahre (1959-1973) bilden die entscheidenden Rahmenbedingungen für Davis' weitere politisch-ideologische Entwicklung. Von besonderer Bedeutung war dabei die als *Global Sixties* bezeichnete internationale Dimension dieser Phase des Aufbegehrens, in der nationale Akteure wie antikoloniale Befreiungskämpfer, studentische Protestbewegungen und afroamerikanische Bürgerrechtsaktivisten durch den Austausch und die Zirkulation von Themen, Formen und Strategien des Protests miteinander in Verbindung traten.[38] Wie im Folgenden gezeigt wird, durchlief Davis in der Zeit zwischen 1961

36 Angela Davis, »Living Justice. Life and Time of Charlene Mitchell«, *Black Women and the Radical Tradition Conference* (28.03.2009), New York, URL: http://vimeo.com/10354190 (zuletzt abgerufen: 01.02.2020).

37 Davis, »James and Esther Jackson«, S. 275f.

38 In den letzten Jahren ist eine Vielzahl von Arbeiten im Bereich der *Global Sixties*-Forschung erschienen. Trotz der durch die Bezeichnung formulierten globalen Perspektive richtet sich der Fokus der meisten Arbeiten immer noch auf die USA und Westeuropa (siehe etwa Arthur Marwick, *The Sixties. Cultural Revolution in Britain, France, Italy, and the United States, 1958-1974*, New York 1998; Gerd-Rainer Horn, *The Spirit of '68. Rebellion in Western Europe and North*

und 1967 eine Identitätsbildungs- und Politisierungsphase, die maßgeblich von ihren Aufenthalten in Europa geprägt wurde.

Im September 1961 begann Angela Davis, ausgestattet mit einem Stipendium, als eine von drei afroamerikanischen Studentinnen ihr Französischstudium an der Brandeis-Universität in Waltham, Massachusetts. Brandeis war 1941, unterstützt von der jüdischen Gemeinschaft, mit Fokus auf die Geisteswissenschaften gegründet worden und wurde hauptsächlich von weißen Studierenden besucht.[39] Während Davis ihre Ausbildung in Neuengland absolvierte, steuerte die afroamerikanische Bürgerrechtsbewegung mit der Gründung des *Student Nonviolent Coordinating Committee* (SNCC), mit den ersten Sit-ins in Greensboro, North Carolina, und der mehrmonatigen Protestfahrt der *Freedom Riders* auf ihren Höhepunkt zu. Den Umstand, nicht an den Protesten im Süden beteiligt zu sein, beschrieb Davis später als wiederkehrendes Gefühl der inneren Zerrissenheit, welches sie mit einem Januskopf verglich: Eine Seite des Januskopfs habe sich danach gesehnt, »mitten im Gefecht in Birmingham« zu sein, während sich die andere Seite fortwährend mit »der eigenen Zukunft« beschäftigt habe.[40]

3.2.1 Internationale Begegnungen und das Paris der 1968er Jahre

In ihrer Autobiografie beschreibt Angela Davis ihr erstes Jahr an der Brandeis-Universität als eine Zeit großer Einsamkeit.[41] Die Entscheidung, an den 8. Weltfestspielen der Jugend und Studenten (29. Juli bis 8. August 1962) in Helsinki teilzunehmen, sollte der »physischen und spirituellen Isolation« entgegenwirken, die Davis als junge schwarze Frau aus dem Süden in dem vornehmlich weißen liberalen Umfeld in Neuengland empfand.[42] Davis erhoffte sich von dem Festival, die »revolutionäre Jugend aus anderen Teilen der Welt« zu treffen und eine bessere »Perspektive auf die Dinge« zu erhalten, die sie beschäftigten.[43] Sie war auf der Suche nach einer politisch-ideologischen Gemeinschaft, ein Leitmotiv ihrer autobiografischen Darstellung.

Das Weltjugendfestival war eine von der Sowjetunion und kommunistischen Parteien finanzierte Veranstaltung, deren jährliche Austragung während des Welt-

---

America, 1956-1976, Oxford 2006; Klimke, *The ›Other‹ Alliance*; Samantha Christiansen/Zachary Scarlett [Hg.], *The Third World in the Global 1960s*, New York 2011).

39 Davis, *An Autobiography*, S. 118.

40 Ebenda, S. 113. Der Vergleich mit dem Januskopf ist eine wiederkehrende Metapher in Davis' Autobiografie. Stellenweise entsteht der Eindruck, dass Davis versucht, sich für ihre Entscheidung, inmitten der Bürgerrechtsproteste eine priviligierte Ausbildung zu verfolgen, statt sich den Demonstrationen angeschlossen zu haben, zu rechtfertigen. Die Rechtfertigung richtet sich vermutlich an ihre afroamerikanische Leserschaft.

41 Davis, *An Autobiography*, S. 117-119.

42 Ebenda, S. 118.

43 Ebenda, S. 120.

jungendkongresses in London 1946 beschlossen worden war. In der ersten Dekade seines Bestehens reisten zu dem Festival, das unter dem Motto »Friede und Freundschaft« in verschiedenen Hauptstädten von Ländern des Warschauer Paktes stattfand, noch hauptsächlich Besucher aus kommunistischen Ländern an. Mit der Austragung des Festivals in Wien im Jahr 1960 fand die Veranstaltung zum ersten Mal außerhalb des sowjetischen Blocks statt. Diese Tendenz wurde mit der Organisation des 8. Weltjugendfestivals im »neutralen« Helsinki fortgesetzt.[44] Von der *New York Times* als »von den Kommunisten gesponsertes und von Propaganda dominiertes Pfadfindertreffen« belächelt, das von der finnischen Regierung nur widerwillig geduldet wurde, blickte die US-Regierung trotz allem mit Argwohn auf die Veranstaltungsreihe.[45] So untersuchte der vom US-Kongress zur Ermittlung von antiamerikanischer Propaganda eingesetzte »Ausschuss für unamerikanische Umtriebe« (*House Committee on Un-American Activities*, HUAC), dessen Aktivitäten während der McCarthy-Ära wesentlich zur antikommunistischen Hexenjagd beigetragen hatten, US-amerikanische Festivalbesucher.

Das HUAC sah in den Weltjugendfestspielen eine kommunistische Werbeveranstaltung, die vom sowjetischen Regime zur Rekrutierung ihres ideologischen Nachwuchses genutzt wurde. Trotz der Austragung in Helsinki befürchtete der Ausschuss, die Sowjetunion würde mit dem Festival die westliche Jugend beeinflussen. Der Ausschuss betrachtete dabei die zur Organisation des Festivals gegründete *World Federation of Democratic Youth* (WFDY) als eine von Moskau gesteuerte Organisation, die zu dem Zweck eingesetzt worden war, um »die Köpfe der Jugend rund um den Globus zu gewinnen«.[46] Auch wenn das Festival von den Veranstaltern als »demokratisches Forum dargestellte werden würden, das zur Förderung der Ziele und Hoffnungen junger Menschen überall auf der Welt dienen sollte«, würde es in Wirklichkeit, so die Befürchtung des HUAC, weiterhin »primär als ein Medium genutzt, um kommunistische Propaganda zu verbreiten.«[47] So wurden führende Mitglieder zu Anhörungen vorgeladen.[48]

---

44 Mit den fehlgeschlagenen Festivals in Algier (1965) und Accra (1966) endete jedoch dieser Trend westwärts und damit auch die *Global Sixties*-Phase der Weltfestspiele (siehe Nick Rutter, »Look Left, Drive Right. Internationalism at the 1968 World Youth Festival«, in: Anne E. Gorsuch/Diane P. Koenker [Hg.], *The Socialist Sixties. Crossing Borders in the Second World*, Bloomington 2013, S. 193-212).

45 »Festival in Helsinki«, in: *New York Times* (01.08.1962), S. 30.

46 »Communist Youth Activities«, in: *Hearing before the Committee on Un-American Activities House of Representatives Eighty-Seventh Congress*, S. 1781.

47 Ebenda.

48 »Communist Youth Activities«, in: *Hearing before the Committee on Un-American Activities House of Representatives Eighty-Seventh Congress*, S. 1781-1821. Vor dem Hintergrund des besonderen Interesses der US-Regierung an kommunistischen Rekrutierungsaktivitäten bei der Jugend sah sich auch Angela Davis bei ihrer Rückkehr in die USA mit einer Befragung durch das FBI konfrontiert (siehe Davis, *An Autobiography*, S. 124).

Die Teilnahme der USA wurde durch das *United States Festival Committee* (USFC) organisiert, das offiziell im Oktober 1961 in Chicago gegründet worden war. Das USFC definierte sich als offener Zusammenschluss politisch engagierter junger Menschen, der sich in den Zeitgeist der studentischen Protestbewegungen einfügte:

> »The initiators of this movement in the United States are former college secretary of the American Friends Sevice Committee; a national councilman of the Student Peace Union; a former chairman of SLATE at Berkeley.«[49]

Bei einer Werbeveranstaltung vor Studierenden der Harvard-Universität betonte Michael Myerson, einer der Leiter des Komitees, über die Aufnahme in die Delegation werde unabhängig von den politischen Ansichten der Bewerber entschieden:

> »Americans will go as individuals, not as a delegation. Everybody will speak for himself. I am convinced and very strongly feel that nobody will take a position on behalf of other people.«[50]

Angela Davis brach – ausgestattet mit einem Reisestipendium des USFC – als ein Mitglied von über 400 Teilnehmenden der US-Festivaldelegation im Sommer 1962 nach Helsinki auf. Auf dem Weg dorthin besuchte sie zum ersten Mal für einige Wochen Paris, wo sie neben Flo Mason auch ihre Freundin aus Kindertagen, Harriet Jackson, traf.[51] In diesem Jahr kam es in Paris vor dem Hintergrund des verlorenen Algerienkriegs immer wieder zu anti-algerischen Unruhen und rassistisch konnotierten Gewalttaten gegen die dort lebende algerische Bevölkerung. Mit der Unabhängigkeit Algeriens im März 1962 hatte einer der blutigsten Kolonialkriege Frankreichs geendet, dessen Brutalität in den vorangegangenen Jahren auch Paris erreicht hatte, beispielsweise mit dem »Massaker von Paris« (1961), bei dem die Pariser Polizei gewaltsam gegen eine algerische Massendemonstration vorgegangen war. Der Eindruck, den Davis von Paris gewann, stand in starkem Kontrast zu dem friedlich-offenen Bild der Stadt, das noch in den Jahrzehnten zuvor gerade afroamerikanische Künstler und Künstlerinnen wie Josephine Baker oder Intellektuelle wie Richard Wright gezeichnet hatten.[52] In den Augen der schwarzen Exi-

---

49 *National Guardian* (05.02.1962); Davis, *An Autobiography*, S. 120; siehe »Communist Youth Activities«, S. 1782.

50 »Myerson Asks American Students To Attend Helsinki Youth Festival«, in: *The Harvard Crimson* (24.02.1962).

51 Davis, *An Autobiography*, S. 120ff.; Alice Kaplan, *Dreaming in French. The Paris Years of Jacqueline Bouvier Kennedy, Susan Sontag, and Angela Davis*, Chicago 2012, S. 143-176.

52 Tylor Stovall, *Paris Noir. African Americans in the City of Light*, Boston 1996. Neue Untersuchungen stellen die Vorstellung, dass afroamerikanische Besucher Paris als einen Ort ohne Alltagsrassismus erlebten, hingegen infrage (siehe hierzu Rashida K. Braggs, *Jazz Diasporas. Race, Music, and Migration in Post-World War II Paris*, Berkeley 2016).

lanten erschien Paris als Ort ungewöhnlicher Freiheit. Davis' Aufenthalt in Paris dagegen wurde geprägt von Begegnungen mit Einwanderern aus den ehemaligen französischen Kolonien, die dieses Bild nicht teilten:

> »Hanging around the crowded cafés aling the Boulevard St. Michel, we met people with interesting and exciting stories to tell – especially when it came to their distaste for the French. They were Africans, Haitians, other Atillais and Algerians. We were introduced to working-class Algerian eating places, hidden in the network of back streets in the Latin Quarter.«[53]

Davis erinnerte die anti-algerische Stimmung, geäußert in Zeitungsüberschriften, Demonstrationen und verbalen wie physischen Attacken auf Algerier, an die Rassenspannungen in den USA. Die Niederschlagung pro-algerischer Proteste, die Davis im Juli 1962 auf dem Place de Sorbonne miterlebte, ordnete sie daher als eine Verteidigung weißer Überlegenheitsansprüche ein, wie sie als Reaktion auf afroamerikanische Bürgerrechtsproteste zur selben Zeit auch im Süden der USA stattfanden:

> »When the flics broke it up with their high power water hoses, they were as vicious as the redneck cops in Birmingham who met the Freedom riders with their dogs and hoses.«[54]

Der Aufenthalt in Paris wurde daher zu einer Erfahrung, durch die Davis afroamerikanische Gleichheits- und Freiheitsforderungen und antikoloniale Unabhängigkeitsbestrebungen in ein global gedachtes Revolutionskonzept einzufügen begann. Es schien ein unmittelbarer Zusammenhang zu bestehen: Gewaltsame Angriffe auf in Paris lebende Algerier zeigten aus ihrer Sicht, dass rassistische Diskriminierung und koloniale Unterdrückung als Teil desselben Phänomens zu verstehen seien. Durch diese Erfahrungen mystifizierte Davis antikoloniale Akteure wie die *Front de Libération Nationale* (FLN) und ihren bewaffneten Kampf gegen die französische Kolonialherrschaft in Algerien ähnlich wie den nordvietnamesischen Vietcong als Helden beziehungsweise Heldentaten. Erstmals bot sich eine Identifikationsfläche für antirassistische Widerstandsvorstellungen. Davis schrieb später dazu:

> »The new places, the new experiences I had expected to discover through travel turned out to be the same old places, the same old experiences with the common message of struggle.«[55]

In den Begegnungen mit anderen Jugendgruppen in Helsinki nahm die Idee eines gemeinsamen revolutionären Kampfes für Angela Davis reale Formen an und sie

53 Davis, *An Autobiography*, S. 122.
54 Ebenda.
55 Ebenda.

fühlte sich mit »Freiheitskämpfen in Afrika, Lateinamerika, Asien und im Mittleren Osten« verbunden.[56] Besonders fasziniert war sie von der kubanischen Delegation, die als »Kinder der Revolution« die »durchschlagende revolutionäre Tatkraft« der Befreiungsbewegungen in der Dritten Welt repräsentierten.[57] Fidel Castro hatte durch die 1959 erfolgreich durchgeführte Revolution sowohl für Davis wie auch für die protestierende Jugend dieser Zeit eine revolutionäre Vorbildfunktion. Kuba sollte für die politisch-ideologische Entwicklung Davis' auch zukünftig eine besondere Rolle spielen.

Obwohl Angela Davis ihren ersten Paris-Aufenthalt unter dem Eindruck der gewaltsamen Ausschreitungen als ernüchternd erlebt hatte, bewarb sie sich für das »Hamilton College Junior Year«-Programm und kehrte im Sommer 1963 für ein Auslandsjahr an die Sorbonne zurück.[58] Zur gleichen Zeit erreichte der gewaltsame Widerstand gegen die afroamerikanischen Bürgerrechtsproteste mit dem Bombenanschlag auf die 16th Street Baptist Church einen tragischen Höhepunkt. Der Bombenanschlag sorgte auch international für Aufmerksamkeit. Für Davis stellte die Nachricht von dem gewaltsamen Tod der Mädchen, die aus der Nachbarschaft und dem Freundeskreis der Davis-Familie kamen, ein einschneidendes und traumatisches Erlebnis dar. Es prägte ihre Wahrnehmung der US-amerikanischen Rassenfrage: Wie kein anderes Ereignis in ihrem Leben zuvor zeigte es die Brutalität der weißen Bevölkerung der Südstaaten und die Verbissenheit, mit der sie am System der Rassentrennung festhielten. Für Davis zeigte sich in den Reaktionen auf das Attentat der sonst weißen Mitglieder der Austauschgruppe ein Unvermögen, die Realität des US-Rassismus anzuerkennen:

> »They knew nothing of racism and the only way they knew how to relate to me at that moment was to console me as if friends had just been killed in a plane crash.«[59]

Rückblickend beschreibt Davis ihr Auslandsjahr an der Sorbonne als eine Zeit der sozialen Orientierungslosigkeit, mit der sie bereits in dem weißen liberalen Umfeld an der Brandeis-Universität gehadert hatte. Wie schon im Jahr zuvor wecken antikoloniale Kundgebungen, beispielsweise der Besuch einer nordvietnamesischen

56 Ebenda, S. 123.

57 Ebenda.

58 Ebenda, S. 127-133; Kaplan, *Dreaming in French*, S. 159. Das *Hamilton College Junior Year* war ein Austauschprogramm unabhängig von Davis' Stipendium an der Brandeis-Universität. Um an dem Austauschprogramm teilnehmen zu können, musste Davis erst die Universitätsverwaltung überzeugen, ihr Stipendium auf den Auslandsaufenthalt auszudehnen (siehe Davis, *An Autobiography*, S. 127).

59 Ebenda, S. 129.

Tet-Feier[60] oder Begegnungen mit Emigranten aus den ehemaligen französischen Kolonien, das größte Interesse bei Davis.[61] So besucht sie neben Vorlesungen in französischer Literatur und Theatervorstellungen auch die Pariser Einwandererviertel, wo sie das ärmliche und abgeschottete Leben der Bewohner – meist stammen sie aus den ehemaligen französischen Kolonien und Überseegebieten – an die ihr vertrauten afroamerikanischen Wohnviertel im Jim-Crow-Süden der USA erinnerte.[62]

Im Herbst 1963 zeichnete sich durch die militärische Einmischung der US-Regierung in der Auseinandersetzung zwischen dem kommunistisch geführten Nordvietnam und dem vom Westen gestützten Diem-Regime im Süden eine Eskalation in Vietnam ab. Die Kennedy-Regierung begründete ihr militärisches Eingreifen in Vietnam damit, eine antikommunistische Rollback-Strategie zu verfolgen. Als Davis' amerikanische Kommilitonen nach dem Attentat auf John F. Kennedy um den Präsidenten trauern, fühlt sich Davis mehr mit dem »sozialistischen und widerständigen« Nordvietnam verbunden. Daher bezeichnet das afroamerikanische Magazin *Ebony* Davis' Paris-Aufenthalt als Ausgangspunkt ihres politisch-ideologischen Radikalisierungsprozesses:

> »Birmingham was the root but the radicalization of Angela Davis was hastened by what she heard and saw and began thinking about in Paris, France.«[63]

Dabei habe in Paris eine Art psychologische Distanzierung eingesetzt: Angela Davis begann, sich immer mehr von der »gebildeten schwarzen Mittelschicht-Identität« zu entfernen, die eigentlich »so sehr auf sie zugeschnitten« zu sein schien.[64] Davis selbst bestätigt in einem Interview, das während ihrer Zeit in Untersuchungshaft geführt wurde, die besondere Bedeutung der antiimperialen Befreiungsbewegungen für ihre politisch-ideologische Selbstfindung. Eine Allianz mit den internationalen revolutionären Kräften bezeichnet sie als unverzichtbar für die Durchsetzung schwarzer Freiheits- und Gleichheitsforderungen:

> »Es ist wirklich unmöglich, ein echter Revolutionär zu sein, wenn man nicht die Notwendigkeit erkennt, sich mit den Kräften in aller Welt zusammenzuschließen, die gegen den Imperialismus kämpfen.«[65]

---

60 Tet ist der wichtigste Feiertag in Vietnam und markiert den Beginn des neuen Jahres (zwischen dem 21. Januar und dem 21. Februar).

61 Davis, *An Autobiography*, S. 132-133.

62 Ebenda, S. 133.

63 Charles L. Sanders, »The Radicalization of Angela Davis«, in: *Ebony* (Juli 1971), S. 114-120.

64 Ebenda, S. 114.

65 Angela Davis, »Interviews im Gefängnis«, in: Angela Davis (Hg.), *Materialien zur Rassenjustiz. Stimmen des Widerstands*, Neuwied am Rhein 1972, S. 252-265, hier: S. 254.

In der Folgezeit entwickelte sie ein verstärktes wissenschaftliches Interesse an philosophischen Debatten und insbesondere an der Phänomenologie mit ihren Ursprüngen bei Kant und Hegel.

3.2.2 Herbert Marcuse und die Studentenproteste in Deutschland

Entscheidend für Angela Davis' verstärktes Interesse an philosophischen Debatten war das Aufeinandertreffen mit dem Soziologen und Politikwissenschaftler Herbert Marcuse nach ihrer Rückkehr in die USA. Marcuse war 1934 in die USA emigriert, wo er zeitweise mit Max Horkheimer, Direktor des Frankfurter Instituts für Sozialforschung, und Theodor Adorno zusammenarbeitete, die ebenfalls aus Deutschland ins amerikanische Exil geflüchtet waren. Adorno verfasste zusammen mit Horkheimer zwischen 1939 und 1944 das Buch *Dialektik der Aufklärung*,[66] das neben Marcuses Schriften *Eros and Civilization* (1955) und *One-Dimensional Man. Studies in the Ideology of Advaced Industriel Society* (1964) zu den Schlüsselwerken der Kritischen Theorie zählte. Marcuse hatte seit 1954 eine Professur für Philosophie und Politikwissenschaft an der Brandeis-Universität inne und galt ab Mitte der 1960er Jahre als Ideengeber und Mentor der neuen linken Studentenbewegung.[67]

Neben ihrem Französischstudium besuchte Davis in ihrem letzten Studienjahr an der Brandeis-Universität Marcuses Vorlesung über europäische politische Ideengeschichte und ein Seminar, das sich mit Kants Kritik der reinen Vernunft auseinandersetzte.[68] Offenbar begeistert von Davis' philosophischem Interesse forderte Marcuse sie dazu auf, ihre Fortschritte bei gemeinsamen Treffen zu weiter diskutieren.[69] So prägte Marcuse als intellektueller Mentor Davis' weitere politisch-ideologische Entwicklung. Als Davis im Oktober 1970 verhaftet wurde, bezeichnete er ihre intellektuellen Fähigkeiten dem *LIFE Magazin* gegenüber als herausragend: »I consider her the best student I ever had in the more than 30 years I have been teaching.«[70]

Marcuse selbst bezeichnete sich als Marxist, der Marxismus jedoch als Kritische Theorie sah, die nicht durch eine »Mystifizierung« zu einer »Ideologie« werden

66 Die *Dialektik der Aufklärung* gilt als Schlüsselwerk der Kritischen Theorie der Frankfurter Schule (siehe Max Horkheimer/Theodor Adorno, *Dialektik der Aufklärung. Philosophische Fragmente*, Amsterdam 1947).

67 Vgl. Wolfgang Kraushaar, »›Die Revolte der Lebenstriebe‹. Marcuse als Mentor gegenkultureller Bewegungen«, in: Jansen (Hg.), *Herbert Marcuse. Nachgelassenen Schriften*, S. 15-25.

68 Davis schloss ihr Französischstudium 1965 *magna cum laude* mit einer Abschlussarbeit mit dem Titel *The Novels of Robbe-Grillet: A Study of Method and Meaning* an der Brandeis-Universität ab (siehe Angela Davis, »The Novels of Robbe-Grillet: A Study of Method and Meaning«, in: Robert D. Farber University Archive and Special Collections Department, Brandeis University, zitiert nach Kaplan, *Dreaming in French*, Fn. 2, S. 261).

69 Davis, *An Autobiography*, S. 135.

70 »The Making of a Fugitive«, in: *LIFE Magazin* (11.09.1970), S. 23.

dürfe.[71] Um einen radikalen Wandel hervorzurufen, bedürfe es nicht der Entwicklung eines Klassenbewusstseins, sondern vielmehr eines kritischen »Bewusstseins als solches«, frei von ideologischen »Verfälschungen«.[72] Als Vertreter eines »neuen Kommunismus«, der antiimperialistisch und zugleich antisowjetisch sein sollte, provozierte Marcuse alte Linke, vor allem aber die orthodoxen Parteiregime östlich des Eisernen Vorhangs. Sowohl in der Debatte um Davis' Anstellung an der *University of California, Los Angeles* (UCLA) 1969 als auch nach ihrer Verhaftung 1970 mischte sich Herbert Marcuse in die nationale und internationale Debatte ein und rief zur Unterstützung für seine Schülerin auf. Er überzeugte Davis schließlich auch davon, dass ein Philosophiestudium am Frankfurter Institut für Sozialforschung die beste Möglichkeit für sie sei, um ihr Interesse an Kant, Hegel und Marx zu vertiefen.[73]

Das Institut für Sozialforschung war 1924 in Frankfurt gegründet worden und bildete bis zu seiner Schließung durch die Nationalsozialisten 1933 das Zentrum der sogenannten Frankfurter Schule.[74] Nach dem Ende des Zweiten Weltkrieges war es unter der Leitung Horkheimers und Adornos in Frankfurt wiedereröffnet worden. Die Frankfurter Schule bestand aus einer Gruppe von Wissenschaftlern, die in Anknüpfung an Theorien von Hegel, Freud und Marx an der Entwicklung einer – später als Kritische Theorie bezeichneten – ideologiekritischen Gesellschaftskritik arbeiteten. Von zentraler Bedeutung hierfür war die von Max Horkheimer und Theodor Adorno verfasste *Dialektik der Aufklärung*.[75] Das darin entwickelte Theorem vom autoritären Staat und die Theorie der autoritären Persönlichkeit wurden

71 Herbert Marcuse, »Socialism in the Developed Countries« (1965), in: Herbert Marcuse, *Marxism, Revolution and Utopia. Collected Papers of Herbert Marcuse*, Vol. 6, London 2014, S. 169-189, hier: S. 180. Einhergehend mit seinem Zweifel an der revolutionären Führungsrolle der Arbeiterklasse entwickelte sich Marcuse zu einem Vertreter des sogenannten westlichen Marxismus, der dem sowjetischen Marxismus unabhängig und kritisch gegenüberstand.

72 Herbert Marcuse, »The Obsolescence of Marxism«, in: Marcuse, *Marxism, Revolution and Utopia*, S. 188-195, hier: S. 195.

73 Davis, *An Autobiography*, S. 135. In ihrer Autobiografie schreibt Davis, sie habe bereits im Sommer 1964 – nach ihrem Auslandjahr in Paris – im Rahmen eines Besuchs bei ihrem deutschen Freund Manfred Clemenz an einer Vorlesung Adornos am Frankfurter Institut für Sozialforschung teilgenommen. Angela Davis und Manfred Clemenz hatten sich während ihres ersten Jahres an der Brandeis-Universität kennengelernt, als Clemenz dort ein Auslandsstudium absolvierte (siehe Davis, *An Autobiography*, S. 135; Wolfgang Kraushaar (Hg.), *Frankfurter Schule und Studentenbewegung. Von der Flaschenpost zum Molotowcocktail 1946 bis 1995*, Bd. 1, Hamburg 1998, S. 224-225).

74 Vgl. Martin Jay, *Dialektische Phantasie. Die Geschichte der Frankfurter Schule und des Instituts für Sozialforschung, 1923-1950*, Frankfurt a.M. 1976; Rolf Wiggershaus, *Die Frankfurter Schule – Geschichte – Theoretische Entwicklung – Politische Bedeutung*, München 1986; Emil Walter-Busch, *Geschichte der Frankfurter Schule: Kritische Theorie und Politik*, München 2010.

75 Max Horkheimer hatte bis zuletzt die Leitung des Instituts inne.

zu den Grundpfeilern der Theorie einer autoritär verfassten Gesellschaft.[76] Diese wiederum diente der studentischen Protestbewegung um 1968 als theoretisches Fundament ihrer umfassenden Gesellschaftskritik.[77]

Im August 1965 brach Davis von den USA in Richtung Frankfurt a.M. auf, um ihre Studien zu fortzusetzen.[78] Zum Zeitpunkt ihrer Abreise zeichnete sich mit den schweren Rassenunruhen in Los Angeles' Stadtteil Watts eine Radikalisierung der afroamerikanischen Bürgerrechtsbewegung ab, die unter dem Slogan »Black Power« gerade bei der städtischen schwarzen Jugend in der Folgezeit zunehmend Unterstützung gewinnen konnte. Erneut sah sie ihren Wunsch nach intellektueller Selbstverwirklichung durch die Entwicklungen des afroamerikanischen Freiheitskampfs infrage gestellt, wieder brach sich ein Gefühl der inneren Zerrissenheit Bahn und Davis fühlte die »Spannung des Januskopfes«, die ihr die Abreise erschwerte.[79]

Wie schon in Paris war Davis' Aufenthalt in Frankfurt zunächst von rassistischen Ressentiments geprägt, mit denen sie insbesondere bei der Wohnungssuche konfrontiert wurde.[80] Sie bezeichnete diese Vorurteile später als spezifisch westdeutsche Eigenheit:

> »In historical times, twenty years is not very long – half the people I saw on the streets, and practically all the adults, had gone through the experience of Hitler. And in West Germany, unlike the German Democratic Republic, there had been no determined campaign to attack the fascist and racist attitudes which had become so deeply embedded.«[81]

Während Davis in Paris eine besondere Verbundenheit mit den Migranten aus den ehemaligen Kolonien und Vietnam empfunden hatte, schien für sie in Frankfurt a.M. die DDR eine besondere Identifikationsfläche in Abgrenzung zu ihrem alltäglichen Umfeld zu bieten. Das positive Bild, das Davis schon 1965 von der DDR zeichnete, bestätigte sich für sie während eines Aufenthalts in Westberlin, von wo aus sie tägliche Ausflüge in den Osten der Stadt unternahm:

---

76 Zuerst erschienen unter Theodor Adorno et al., *The Authoritarian Personality*, New York 1949. Gekürzte dt. Ausgabe: Theodor W. Adorno, *Studien zum autoritären Charakter*, Frankfurt a.M. 1973.

77 Wolfgang Kraushaar, »Denkmodelle der 68er-Bewegung,« in: *Aus Politik und Zeitgeschichte (APuZ). Beilage zur Wochenzeitung das Parlament*, 25. Mai 2001 (B 22-23/2001), S. 14-27.

78 Davis, *An Autobiography*, S. 138. Angela Davis wurde während ihres Frankfurt-Aufenthalts (zwischen 1965 und 1967) vom DAAD gefördert. Der DAAD führt hierzu zwar keine Akte mehr, hat auf Nachfrage aber bestätigt, dass noch ein digitaler Datensatz zu Davis existiert, aus dem diese Basisinformation hervorgeht.

79 Davis, *An Autobiography*, S. 138.

80 Kraushaar, *Frankfurter Schule*, Bd. 1, S. 224.

81 Davis, *An Autobiography*, S. 138.

> »Anxious to see Socialist Germany, I spent most of the time in Berlin, the capital of the German Democratic Republic. Each day, I walked across at Checkpoint Charlie – the border point for people with passports from capitalist countries. Crowds of white tourists from the United States would be standing in line. [...] The tourists were always complaining about the wait. But I never had any trouble – each time I went across, I would receive the signal to go on only a few moments after I had shown my passport. This was their way of showing their solidarity with Black people.«[82]

Davis interpretierte die Sonderbehandlung, die sie an der Grenze erlebte, als Ausdruck einer spezifisch sozialistischen Solidarität mit Afroamerikanern und ihrem Kampf gegen die rassistische Unterdrückung in den USA.[83] Diese Wahrnehmung der DDR als ein Land, das nicht-weißen Menschen besonders verbunden war, setzte sich in ihren Begegnung östlich der Berliner Mauer fort. Dort traf sie Bob Burnham (Charles Robey Burnham), den Sohn der afroamerikanischen Kommunisten Margaret und Louis Burnham, die mit ihren Eltern seit SNYC-Tagen befreundeten waren. Bob Burnham arbeitete zu dieser Zeit am Brecht-Theater in Ostberlin und machte Davis mit verschiedenen Leuten bekannt, darunter auch Mitglieder einer afrokubanischen Tanzgruppe. Für Davis war die Begegnung mit den Ensemble-Mitgliedern ein weiterer Beleg dafür, dass in einem sozialistischen Staat wie der DDR oder Fidel Castros Kuba keine rassistische Unterdrückung mehr existierte.[84]

In Ostberlin traf Angela Davis mit Esther Cooper Jackson und ihrem Mann James Jackson weitere enge Vertraute aus dem alten linken Freundeskreis ihrer Kindheit und Jugend wieder.[85] James Jackson hatte seine Parteikarriere in der CPUSA inzwischen fortgesetzt und repräsentierte sie als Leiter der Abteilung für Internationale Beziehungen in der DDR. Seine Verurteilung auf Grundlage des *Smith Act*

---

82 Ebenda, S. 140.

83 Ebenda.

84 Ebenda, S. 140-141. Mit ihrer positiven Rezeption der kubanischen Rassenbeziehungen teilte Davis die Hoffnung vieler Afroamerikaner, dass sich die Rassenbeziehungen mit Castros Revolution verbessern würden. Tatsächlich ist die Frage, ob Castros sozialistische Reformen zu einer Verbesserung der Lage der afrokubanischen Bevölkerung führten, weiterhin umstritten. Denn Castros Kritik am US-amerikanischen System der Rassentrennung in den 1960er Jahren und seine antirassistische Position auf internationaler Ebene sind mit Blick auf die kubanischen Rassenbeziehungen nicht ohne Widersprüche. Während die afrokubanische Bevölkerung von den Sozialreformen in den ersten drei Jahrzehnten nach der Revolution wirtschaftlich profitieren konnte, trifft dies auf die politische Beteiligung und den öffentlichen Umgang mit Rassismus nicht zu (siehe hierzu Mark Q. Sawyer, »Cuban Revolution and African Diaspora«, in: Carole Boyce Davies [Hg.], *Encyclopedia of the African Diaspora. Origins, Experiences, and Culture*, Santa Barbara 2008, S. 347-348).

85 Davis, *An Autobiography*, S. 141.

war durch den Obersten Gerichtshof der USA als verfassungswidrig erklärt worden. Bevor die Jacksons in der DDR auf Angela Davis trafen, hatte James Jackson zusammen mit dem afroamerikanischen CPUSA-Parteivorsitzenden Henry Winston am 23. Parteitag der KPdSU in Moskau teilgenommen. Zusammen mit den Jacksons und »Gästen aus aller Welt«, wie es im *Neuen Deutschland* hieß, nahm Davis am 1. Mai 1965 an den Feierlichkeiten zum 1. Mai in Ostberlin teil.[86]

Dieser erste Besuch in der DDR bestätigte Davis darin, dass eine sozialistische Transformation, die sie in der DDR zu sehen glaubte, auch ein gezieltes Vorgehen gegen die »Überreste des Faschismus in der Mentalität der Bevölkerung« ermögliche.[87] Ebenso wie alte linke Aktivisten wie die Jacksons glaubte Davis an den antirassistischen Charakter sozialistischer Gesellschaften. Während an der amerikanischen Westküste *Black Power*-Aktivisten den rassenübergreifenden Aktivismus der *Civil Rights*-Ära als hinfällig erklärten und Rassenzugehörigkeit als entscheidendes Bündniskriterium definierten, betrachtete Davis sowohl die DDR als auch antikoloniale Befreiungskämpfer als Verbündete in einem antiimperialen Kampf, der die Bekämpfung rassistischer Unterdrückung entsprechend der marxistisch-leninistischen Logik zwangsläufig miteinschloss.

Zurück in Frankfurt plante Davis, mit Adornos Hilfe einen Bezug zwischen Theorie und Praxis herstellen zu können. Aus der Kritischen Theorie, so ihre Hoffnung, werde sich eine Handlungsanleitung für zukünftige politische Aktivitäten erschließen lassen:

> »What I hoped to learn from Adorno was the way in which one can draw productively on the tradition of German idealism in order to develop the basis for a critical theory of society. I was most interested in ways in which philosophy could serve as a basis for developing a critique of society and how that critique of society could figure into the development of practical strategies for the radical transformation of society.«[88]

Anders als Herbert Marcuse lehnte Adorno jedoch die Herleitung eines Bezugs zwischen Theorie und Praxis ab und hielt eine revolutionäre Praxis für unwahr-

86 »Maigäste aus aller Welt in der DDR«, in: *Neues Deutschland* (30.04.1966), S. 1; Davis, *An Autobiography*, S. 141. Es ist anzunehmen, dass Davis zusammen mit den Jacksons als Teil der Politprominenz die Parade von der Ehrentribüne aus verfolgte.

87 Davis, *An Autobiography*, S. 141.

88 Yancy, »Interview with Angela Y. Davis«, S. 142.

scheinlich.[89] So kam es, dass nicht Adorno und Horkheimer als Gründerväter der Frankfurter Schule, sondern die bundesdeutsche studentische Protestbewegung als Inspirationsquelle für Angela Davis diente und bei der Formulierung einer praxisorientierten, internationalistischen Kritik am kapitalistischen System und US-Imperialismus Pate stand. Neben Westberlin war Frankfurt a.M. durch die Aktivitäten des Frankfurter *Sozialistischen Deutschen Studentenbunds* (SDS) zu einem Zentrum der studentischen Protestbewegung in der Bundesrepublik angewachsen.[90]

Wie Davis hatten auch westdeutsche Studierende in ihrer Kritik am kapitalistischen Imperialismus zu einer internationalen Perspektive gefunden. Sie sahen sich als Verbündete von Akteuren der Dritten Welt[91] und als Teil eines internationalen Befreiungskampfes gegen die global agierenden Kräfte des Kapitalismus und Imperialismus.[92] Vertreter des antiautoritären Flügels des SDS wie Rudi Dutschke lehnten die bisherige Organisation des SDS ab und sprachen sich beispielsweise für Ernesto Che Guevaras Guerillastrategie aus, die für die ländlichen Gebiete Lateinamerikas konzipiert worden war. Sie sollte als Vorlage für das weitere politische Handeln der studentischen »revolutionären Bewusstseinsgruppen« in der Bundesrepublik dienen. Die Adaption des bewaffneten Guerillakampfes verstanden sie als unumgänglich für die weitere revolutionäre Existenz der studentischen Proteste.[93] Gleichzeitig schätzten diese Neuen Linken die Theorien des westlichen Marxismus nicht mehr als zeitgemäß ein, um damit die Weltrevolution durchführen zu können.

Zum Schlüsselwerk der ideologischen Selbstverortung der neuen Linken avancierte stattdessen Herbert Marcuses *Eindimensionaler Mensch*, genauer gesagt die

---

89 Ingrid Gilcher-Holtey, »Kritische Theorie und Neue Linke«, in: dies. (Hg.), *1968: Vom Ereignis zum Gegenstand der Geschichtswissenschaft*, Göttingen 1998, S. 168-187. Adorno kam stattdessen zu dem Schluss, die Theorie selbst sei eine Form der Praxis. Deshalb beschäftigte er sich in der Folgezeit vermehrt mit Kunst als der einzig verbliebenen autonomen (Transformations-) Kraft (siehe Theodor Adorno, *Negative Dialektik*, Frankfurt a.M. 1966; Gretel Adorno/Rolf Tiedemann [Hg.], *Ästhetische Theorie*, Frankfurt a.M. 1970).

90 Zur Bedeutung der Sozialphilosophen der Frankfurter Schule für die antiautoritäre Revolte sowie deren spannungsgeladenem Verhältnis zur studentischen Protestbewegung siehe Wolfgang Kraushaar, »Einleitung. Kritische Theorie und Studentenbewegung«, in: Kraushaar (Hg.), *Frankfurter Schule und Studentenbewegung*, Bd. 1, S. 17-32, hier: S. 25ff.

91 Vgl. Weitbrecht, *Aufbruch in die Dritte Welt*; Quinn Slobodian, *Foreign Front. Third World Politics in Sixties West Germany*, Durham 2012.

92 Vgl. Weitbrecht, *Aufbruch in die Dritte Welt*, S. 125-156; Ingo Juchler, *Die Studentenbewegungen in den Vereinigten Staaten und der Bundesrepublik Deutschland der sechziger Jahre. Eine Untersuchung hinsichtlich ihrer Beeinflussung durch Befreiungsbewegungen und Theorien aus der Dritten Welt*, Berlin 1996, S. 224-241.

93 Rudi Dutschke/Hans-Jürgen Krahl, »Organisationsreferat« (1967), in: Kraushaar (Hg.), *Frankfurter Schule und Studentenbewegung*, Bd. 2, S. 287-290, hier: S. 290.

darin formulierte Randgruppentheorie.[94] Anders als Adorno vertrat Marcuse in dieser Theorie die Ansicht, eine revolutionäre Praxis sei zwar möglich, müsse aber durch ein neues »revolutionäres Subjekt« umgesetzt werden. Aus Sicht Marcuses war die alte Linke, angeführt von einer in erster Linie weißen und westlichen Arbeiterklasse, zu sehr in das bereits existierende System integriert, als dass sie einen revolutionären Wechsel herbeiführen hätte können.[95] Mit Blick auf die afroamerikanische Bürgerrechtsbewegung nahm Marcuse an, dass anstelle der Arbeiterklasse beispielsweise ethnische Minderheiten wie die Afroamerikaner in den USA als gesellschaftliche Randgruppe die Rolle der revolutionären Spitze übernehmen würden.[96]

Mit seinen Ausführungen zur Frage des Widerstands in seinem 1966 unter dem Titel *Repressive Toleranz* erschienenen Aufsatzes nahm Marcuses Einfluss auf die studentische Protestbedeutung noch weiter zu.[97] Er glaubte, dass es »für unterdrückte und überwältigte Minderheiten ein ›Naturrecht‹ auf Widerstand« gebe, das es diesen erlaube, »außergesetzliche Mittel« anzuwenden.[98] Dieses Widerstandsrecht räumte Marcuse den demonstrierenden Schwarzen in den USA ein, gestand es aber auch den Befreiungsbewegungen zu, die sich in Afrika, Asien und Lateinamerika gegen die koloniale und imperiale Herrschaft formierten. Indem Marcuse

94 Herbert Marcuse, *Der Eindimensionale Mensch. Studien zur Ideologie der fortgeschrittenen Industriegesellschaft*, Frankfurt a.M. 1968. Im Jahr 1967 folgte Marcuse einer Einladung des Westberliner SDS und hielt an der Freien Universität eine vierteilige Vortragsreihe über das »Ende der Utopie«.

95 Marcuses Einschätzung der Integration der Arbeiterklasse in die kapitalistische Gesellschaft findet sich zum ersten Mal in Herbert Marcuse, »Perspektiven des Sozialismus in der entwickelten Industriegesellschaft«, in: *Praxis* (23/1 1965), S. 260-270.

96 Vgl. Kraushaar, »Denkmodelle der 68er-Bewegung«. Marcuse war nicht der einzige marxistische Vertreter dieser globalen Perspektive, die in der Suche nach neuen revolutionären Objekten über die bisherigen auf Europa und den Westen begrenzten marxistischen Ansätze hinausging. So interessierte sich zum Beispiel auch der »Vater des Existentialismus«, Jean Paul Sartre, für die antikolonialen Befreiungsbewegungen und ihre Theoretiker wie Frantz Fanon, zu dessen 1961 veröffentlichtem Werk »Die Verdammten dieser Erde« er das Vorwort schrieb. Wie Marcuse stand auch Sartre der Kommunistischen Partei, besonders wegen deren Distanzierung zu den Studentenprotesten in Frankreich, kritisch gegenüber und sah den Parteikommunismus zunehmend als überholt an (siehe Jean-Paul Sartre, »1968: Mai. Prag. Bruch mit der Kommunistischen Partei«, in: Jean-Paul Sartre/Philippe Gavi/Pierre Victor [Hg.], *Der Intellektuelle als* Revolutionär. *Streitgespräche*, Hamburg 1976, S. 45-53). Zu Sartre und der 68er-Bewegung siehe außerdem Dorothea Wildenburg, »Sartres Heiliges Monster«, in: *Aus Politik und Zeitgeschichte (APuZ). Beilage zur Wochenzeitung das Parlament*, 4. Oktober 2010 (40/2010), S. 19-25.

97 Herbert Marcuse, »Repressive Toleranz«, in: Robert Paul Wolff/Barrington Moore/Herbert Marcuse (Hg.), *Kritik der reinen Toleranz*, Frankfurt a.M. 1966, S. 127ff.

98 Ebenda, S. 128.

somit eine Verbindung zwischen den afroamerikanischen Protesten in den »kapitalistischen Metropolen« und den antikolonialen Befreiungsbewegungen der Dritten Welt herstellte, interpretierte er die afroamerikanische Protestbewegung als zentralen Bestandteil des international ausgefochtenen Kampfes gegen den Imperialismus. Aus dieser Perspektive wurden bundesdeutsche Studierende, die in den Zentren »der imperialen Kräfte« demonstrierten, ebenfalls zu einem Teil dieses internationalen revolutionären Kampfes. Zusammen mit antikolonialen Theorien wie Ernesto Che Guevaras Foco-Theorie und Frantz Fanons Idee einer antikolonialen Gegengewalt wurde Marcuses Randgruppentheorie zum theoretischen Fundament, auf dem westdeutsche Studierende ihre Solidarität mit antikolonialen Bewegungen und afroamerikanischen Freiheitsbemühungen begründeten.[99]

Die Identifikation westdeutscher studentischer Aktivisten mit der Idee einer internationalen Solidarität und die daraus resultierenden Bemühungen, internationale Bündnisse aufzubauen, beeindruckten Angela Davis, die darin endlich ein Beispiel für die Verknüpfung von Theorie und revolutionärer Praxis gefunden zu haben glaubte.[100] Als Teil der Studentenbewegung, die sich, wie Davis es formulierte, »nach und nach ihrer selbst bewusst wurde«, erlebte Angela Davis, wie sich westdeutsche studentische Aktivisten »der Notwendigkeit bewusst« wurden, »mit dem direkten Handeln zu beginnen.«[101] Für Davis selbst bot die Teilnahme an Protestveranstaltungen des SDS die Möglichkeit, ihre politisch-ideologischen Ansichten in die Praxis umsetzen zu können. Im Februar 1967 protestierte sie zusammen mit SDS-Mitgliedern vor der US-Botschaft in Frankfurt gegen, wie es auf den Spruchbändern hieß, »US-Imperialismus, gegen seine Aggression in Vietnam, gegen seine Speichellecker in Westdeutschland«.[102]

3.2.3 Rückkehr in die USA: Von der Theorie Marx' zur Praxis des *Black Power*

Die Marxistin Angela Davis war mit dem Wunsch nach Deutschland gekommen, mehr über die philosophische Tradition zu erfahren, aus der heraus der Marxismus entstanden war.[103] Hatte sie in Marx' materialistischer Geschichts- und Gesellschaftskritik vor allem ein geistiges Instrumentarium gesehen, gewann in Frankfurt die Umsetzung der Theorie in eine revolutionäre Praxis zunehmend an Bedeutung. Ihre Begegnung mit der bundesdeutschen studentischen Protestbewegung lehrte sie, wie sie später schrieb, eine »fundamentale Tatsache«:

---

99 Vgl. Juchler, *Die Studentenbewegungen in den Vereinigten Staaten und der Bundesrepublik Deutschland*, S. 257ff.

100 Davis, *An Autobiography*, S. 142.

101 Davis, »Interviews im Gefängnis«, S. 254.

102 Kraushaar, *Frankfurter Schule*, *Bd.* 1, S. 246.

103 Davis, *An Autobiography*, S. 135

> »Marx hat Recht, wenn er in der 11. These über Feuerbach sagt, dass die Philosophen als Philosophen nur die Welt interpretiert haben, daß es jedoch darauf ankommt, sie zu verändern.«[104]

Zur selben Zeit stellte Davis fest, dass während ihrer Abwesenheit »aus der Asche von Watts dem Phönix gleich« eine neue schwarze Militanz in ihrer Heimat entstanden war.[105] Statt zusammen mit Studierenden für die Befreiung der imperialistischen Metropolen in Westdeutschland zu kämpfen, verspürte Davis den Wunsch, sich direkt an der *Black Power*-Bewegung zu beteiligen:

> »While I was hidden away in West Germany the Black Liberation Movement was undergoing decisive metamorphoses [...] The more the struggles at home accelerated, the more frustrated I felt at being forced to experience it all vicariously.«[106]

So entschied sich Angela Davis 1967 dazu, in die USA zurückzukehren, um dort ein Promotionsstudium in Philosophie zu beginnen. Als Betreuer wählte sie Herbert Marcuse, der inzwischen eine Professur an der University of California, San Diego, innehatte und Davis' Idee einer revolutionären Praxis teilte. Marcuses Gefühl »für die Verbindung zwischen den aufkommenden sozialen Bewegungen und seinen eigenen philosophischen Projekten« wirkte auf Davis radikalisierend. So prägte Marcuse als Mentor nicht nur ihre intellektuelle Entwicklung, sondern auch ihren Aktivismus.[107] Jahrzehnte später sagt Davis über Marcuses fundamentalen Einfluss: »Herbert Marcuse taught me that it was possible to be an academic, an activist, a scholar, and a revolutionary.«[108]

Ein Schlüsselmoment für Davis' folgende Radikalisierung stellte ihre Teilnahme am Kongress *The Dialectics of Liberation* dar, der im Juli 1967 in London stattfand.[109] Ausgehend von der Annahme, man könne die Widersprüche der Gesellschaft dynamisieren, sie in eine Revolution einmünden lassen und dadurch aufheben, widmete sich der Kongress in zahlreichen Veranstaltungen der Suche nach Möglichkeiten zur Befreiung der Gesellschaft.

In einem Vortrag diskutierte Marcuse die mögliche Rolle der Intellektuellen für die Befreiungsbewegungen, die aus seiner Sicht in den »Metropolen« entstanden waren.[110] Intellektuelle würden, so Marcuse weiter, zwar an sich keine revolutionä-

---

104 Davis, »Interviews im Gefängnis«, S. 254.

105 Davis, *An Autobiography*, S. 144.

106 Ebenda.

107 Yancy, »Interview with Angela Y. Davis«, S. 143.

108 Zitiert nach einem C-SPAN2-Sendeausschnitt, der in der Dokumentation *Herbert's Hippopotamus: Marcuse and Revolution in Paradise* (1996) verwendet wird (URL: https://www.youtube.com/watch?v=gbzhmMDFcFQ [zuletzt abgerufen: 01.02.2020]).

109 Die Texte des Kongresses wurden später in einem Band veröffentlicht (siehe David Cooper (Hg.), *Dialektik der Befreiung*, Hamburg 1969).

110 Vgl. Kraushaar, *Frankfurter Schule*, Bd. 1, S. 265-266.

re Klasse bilden, sie könnten jedoch durch Aufklärung eine Art Katalysatorfunktion für revolutionäre Prozesse übernehmen.[111] Gemeint war damit die Aufklärung über die Verbindung von Theorie und Praxis, »und zwar politischer Praxis« beispielsweise an Universitäten, wie Marcuse betonte.[112] Dabei sollte in Zukunft Ausbildung im Sinne einer theoretischen Vermittlung von politischer Praxis »mehr als Diskussion, mehr als bloßes Lehren und Lernen und Schreiben« sein.[113] Denn diese politische Praxis werde, so appellierte Marcuse an seine Zuhörerschaft, »solange sie nicht über das College, die Schule, die Universität hinausgeht«, machtlos bleiben.[114] Mit diesem Rollenentwurf des Universitätslehrenden als Katalysator der Revolution entwarf Marcuse eine Protestidentität des revolutionären Intellektuellen, mit der sich auch Angela Davis in ihrem bis dahin meist imaginären Kampf für einen radikalen gesellschaftlichen Wandel identifizieren konnte.[115]

Sie hatte zum Ende ihres politisch-ideologischen Identitätsbildungsprozesses ein Revolutionsverständnis entwickelt, das sich durch den Glauben an die revolutionäre Bedeutung internationaler, rassenübergreifender Bündnisse, durch Gleichheitsforderungen einschließlich der Gleichstellung von Frauen sowie ein Verständnis von Sozialismus als rassismusfreien Gesellschaftsentwurf auszeichnete. Gerade die rot-schwarzen Verbundenheitsvorstellungen erlebte Angela Davis aufgrund ihrer engen persönlichen Verbindungen zu schwarzen und weißen Kommunisten seit ihrer Schulzeit in New York als real existierenden Teil ihres Wertesystems. Damit stand Angela Davis vielmehr in der politisch-ideologischen Tradition schwarzer Internationalisten und kann der radikalen Militanz der *Black Power*-Bewegung nur bedingt zugeordnet werden. Gleichwohl sollte letztere eine bedeutende Rolle in ihrem Radikalisierungsprozess spielen.

3.3 Radikalisierung und Verhaftung (1967-1970)

Als Angela Davis im Sommer 1967 in die USA zurückkehrt, will sie das Gelernte in die Praxis umsetzen. Der Begriff *Black Power* war in den USA zur kontroversen Parole einer Bewegung geworden, deren öffentliche Wahrnehmung hauptsächlich durch die Zustimmung zu gewaltsamen Methoden geprägt war. Die Integrationsziele dieser Bürgerrechtsbewegung sollten ein neues selbstbewusstes Ethos der schwarzen Identität stärken. Zu den bekanntesten Vertretern zählte Stokely Carmichael, der 1966 den Vorsitz des *Student Nonviolent Coordination Committee*

---

111 Herbert Marcuse, »Befreiung von der Überflussgesellschaft«, in: Cooper (Hg.), *Dialektik der Befreiung*, S. 100.

112 Ebenda.

113 Ebenda.

114 Ebenda.

115 Davis, *An Autobiography*, S. 142.

(SNCC) übernommen hatte. Nach dem gewaltsamen Ende von James Merediths *March Against Fear* in Mississippi durch die Schüsse eines weißen Rassisten im Juni 1966 hatte sich Carmichael für den Ausschluss weißer Protestteilnehmer und das Recht auf Selbstverteidigung bei Civil-Rights-Demonstrationen eingesetzt. Sein Aufruf zu *Black Power* löste den Protestslogan *Freedom Now* der Bürgerrechtsbewegung ab und manifestierte endgültig die militante Wende.

Seitdem war Carmichael zu einem Symbol für das Auseinanderbrechen der Bürgerrechtskoalition sowie das offizielle Ende einer vom Integrationsgedanken geleiteten, gewaltlosen Bewegung geworden. Innerhalb der *Black Power*-Bewegung gehörte er dem Flügel der kulturellen Nationalisten an, wobei er einen global ausgerichteten Panafrikanismus vertrat und die Orientierung an Afrika als zentral für die schwarze Befreiungsbewegung in den USA ansah.[116]

Angela Davis hatte Carmichael beim Londoner Kongress im Juli 1967 getroffen. Dort hatte er in seiner Rede prognostiziert, die Rebellionen in den schwarzen Ghettos der USA seien keine bloßen Symptome der Unruhe, sondern eine neue Generation schwarzer Aktivisten werde einen Guerillakrieg führen.[117] Die *Black Power*-Bewegung erachtete er dabei als einen »Katalysator, der diese zornige Jugend zusammengeführt« habe. Weiter sprach Carmichael davon, dass diese jungen schwarzen Aktivisten das »wirklich revolutionäre Proletariat« stellen würden und nun bereit seien, für die Befreiung der Schwarzen »mit allen nötigen Mitteln« zu kämpfen.[118] Diese neue schwarze Radikalität in Verbindung mit einer internationalistischen, antiimperialistischen Klassenanalyse als Kerningredienzen eines revolutionären Selbstverständnisses, mit dem sich schwarze und weiße Aktivisten von Berkeley bis Berlin 1967 gleichermaßen identifizieren konnten, ließen Carmichaels Rede für Davis zu einer regelrecht »kathartischen« Erfahrung werden, die sie in ihrem Entschluss, sich der *Black Power*-Bewegung anzuschließen, weiter bestärkte.[119]

---

116 Im Jahr 1968 heiratete Carmichael die südafrikanische Sängerin Miriam Makeba. Im darauffolgenden Jahr emigrierte Carmichael nach Guinea und änderte seinen Namen in Kwame Touré. Für Carmichaels Entwicklung zu einem Protagonisten der *Black Power*-Bewegung siehe Joseph, *Waiting 'til the Midnight Hour*, S. 124-131, S. 162ff., S. 240.

117 Davis, *An Autobiography*, S. 149-151.

118 Stokely Carmichael, »Black Power«, in: Cooper (Hg.), *Dialektik der Befreiung*, S. 32-36.

119 Davis, *An Autobiography*, S. 150. Im Gegensatz zu Davis revidierte Carmichael jedoch bereits ein Jahr nach seiner Rede beim Londoner Kongress, im Februar 1968, bei einer *Black Panther*-Kundgebung zur Unterstützung des inhaftierten *Black Panther*-Führers Huey Newton in Oakland seine zuvor geäußerten marxistischen Vorstellungen. Während die BPP sich durch eine zunehmend sozialistische Ausrichtung auszeichnete, kritisierte Carmichael, Kommunismus und Sozialismus seien irrelevant für die Anliegen der schwarzen Bevölkerung. Während panafrikanistische Ideen, wie Carmichael sie vertrat, lange schon zum schwarzen politischen Spektrum zählten, stellte sich Carmichael mit seiner Sozialismuskritik dem anhaltenden Trend innerhalb der *Black Power*-Bewegung entgegen, bei dem sich prominente Akteure

Zurück in den USA musste Davis jedoch feststellen, dass der Begriff *Black Power* keineswegs einheitlich verstanden wurde. Dies manifestierte sich vor allem in der politisch-konzeptionellen Unbestimmtheit des Begriffs.[120] Der Begriff umfasste Schlüsselideen des schwarzen Nationalismus wie Separation und Autonomie ebenso wie kulturelle Elemente, die an ein stärkeres schwarzes Selbstbewusstsein und die Rückbesinnung auf eine schwarze Identität, verbunden mit Stolz auf Herkunft, Geschichte und Hautfarbe, appellieren sollten. Diese konzeptionelle Mehrdeutigkeit drückte sich auch in der heterogenen Zusammensetzung der *Black Power*-Bewegung aus. Ab Mitte der 1960er Jahre zählten neben dem SNCC unter dem Vorsitz Carmichaels und H. Rap Brown auch Organisationen wie das *Revolutionary Action Movement* (RAM), die *Afro-American Association*, die *US-Organization* unter der Führung von Ron Karenga, die *Student Organization of Black Unity* (SOBU) und das *Institute of the Black World* (IBW) dazu.[121]

Neben den unterschiedlichen Organisationsformen innerhalb der *Black Power*-Bewegung variierte die ideologische Schwerpunktsetzung der einzelnen Gruppen zum Teil sehr stark. Zu einer zentralen politisch-ideologischen Strömung innerhalb der *Black Power*-Bewegung gehörte neben dem schwarzen Nationalismus auch der Panafrikanismus, der sich in Richtung der Dritte-Welt-Länder orientierte. Angela Davis selbst verstand sich als Marxistin und war bereit, sich dem revolutionären schwarzen Befreiungskampf als Lebensaufgabe zu stellen.[122] Dazu benötigte Davis jedoch Mitstreiter. Die Suche nach ihnen gestaltete sich zunächst komplizierter als gedacht:

> »I was like an explorer who returns to his homeland after many years, with precious bounty and no one to give it to. I believed my energy, my commitment, my convictions were the treasure I had accumulated, and I looked high and low for a way to spend it. I roamed the campus, examined the bulletin boards, read the newspapers, talked to everyone who might know: Where are my people? It was as if I would be churned up and destroyed inside by these irrepressible desires to become a part of a liberation movement if I did not soon discover an outlet for them.«[123]

---

wie die BPP nicht nur einer marxistischen Rhetorik, sondern verstärkt auch marxistisch-leninistischer Theorien bedienten (siehe Joseph, *Waiting 'til the Midnight Hour*, S. 224-225).

120 Vgl. Joseph, *Waiting 'til the Midnight Hour*, S. 53ff.

121 Neben Peniel E. Josephs *Waiting 'til the Midnight Hour* siehe für diese konzeptionelle Heterogenität der *Black Power*-Bewegung auch William L. Van Deburg, *New Day in Babylon: Black Power and American Culture, 1965-1975*, Chicago 1992; James Smethurst, *The Black Arts Movement: Literary Nationalism in the 1960s and 1970s*, Chapel Hill 2005; Jeffrey O. G. Ogbar, *Black Power. Radical Politics and African American Identity*, Baltimore 2005 sowie Rhonda Y. Williams, *Concrete Demands. The Search for Black Power in the 20th Century*, New York 2015.

122 Davis, *An Autobiography*, S. 162.

123 Ebenda, S. 152.

In Ermangelung anderer Optionen in San Diego beteiligte sich Davis auf dem Campus der dortigen University of California zunächst an Studentenprotesten gegen den Vietnamkrieg. Kurze Zeit später gründete sie gemeinsam mit zwei afroamerikanischen Studenten eine Studentenvereinigung für schwarze Studenten und Studentinnen (*Black Student Union*). Sie versuchte, Verbindungen zu anderen afroamerikanischen Organisationen in San Diego aufzubauen und kam in Kontakt mit Ron Karengas *US-Organization*.[124]

Als Davis im November 1967 an der *Black Youth Conference* in Los Angeles teilnahm, offenbarte sich auch ihr die bereits beschriebene konzeptionelle und organisatorische Heterogenität der *Black Power*-Bewegung. So musste sie feststellen, dass nicht Geschlossenheit, die der Begriff *Black Power* suggerierte, sondern vielmehr ideologische Differenzen und politische Konflikte die Bewegung prägten.[125] Neben den wiederkehrenden Auseinandersetzungen über Vorgehen und Selbstverständnis der Bewegung sah sich Davis in den folgenden Monaten außerdem mit Kritik an ihrer neu gewonnenen Führungsrolle durch männliche Aktivisten konfrontiert:

> »I was criticized very heavily, especially by male members of Karenga's organization, for doing ›a man's job‹. Women should not play leadership roles, they insisted.«[126]

Kritik und diskriminierende Äußerungen durch *Black Power*-Aktivisten, die sich durch die Organisationsarbeit weiblicher Mitstreiterinnen in ihrer politischen Selbstermächtigung gestört fühlten, sollten Davis in ihrer politischen Arbeit immer wieder begegnen.[127] Desillusioniert von den begrenzten Möglichkeiten zur politischen Kooperation in San Diego entschied sich Davis deshalb Ende 1967 zur Zusammenarbeit mit der in Los Angeles ansässigen *Black Panther Political Party* (BPPP).

---

124 Ebenda, S. 157-158; Scott Brown, *Fighting for US. Maulana Karenga, the US Organization, and Black Cultural Nationalism*, New York 2003.

125 Davis, *An Autobiography*, S. 158ff.

126 Ebenda, S. 161.

127 Patriachalische Männlichkeitsvorstellungen innerhalb der *Black Power*-Bewegung waren Gegenstand unterschiedlicher Debatten und Kontroversen dieser Zeit. Für eine Analyse der historischen, sozialen und politischen Ursachen solcher Männlichkeitsvorstellungen und den durch sie ausgelösten Diskussionen siehe zum Beispiel Simon Wendt, »They Finally Found Out that We Really Are Men«: Violence, Non-Violence and Black Manhood in the Civil Rights Era«, in: *Gender & History*, 19/3 (2007), S. 543-564; Steve Estes, *I Am a Man! Race, Manhood, and the Civil Righs Movement*, Chapel Hill 2005, S. 153ff.

3.3.1 Männlicher Chauvinismus und der Austritt aus dem SNCC

Die BPPP setzte sich hauptsächlich aus afroamerikanischen Studenten und Dozenten zusammen und zeigte sich offen für marxistische Ideen. Damit erschien sie Davis vorläufig als geeignete »politische Plattform«, um zu überlegen, welche politische Richtung sie einschlagen würde.[128] Wie die *Black Panther Party for Self-Defense* (BPP), die im Oktober 1966 von Huey Newton und Bobby Seale als revolutionär-nationalistische Organisation in Oakland, Kalifornien, gegründet worden war, hatte auch die BPPP einen schwarzen Panther als ihr Erkennungszeichen gewählt.[129] Entlang der Westküste konzentrierte sich der militante Aktivismus der BPP, die es sich zum Ziel gesetzt hatte, gegen Polizeigewalt, Armut und Ungleichheit zu kämpfen, zu dieser Zeit hauptsächlich auf Oakland und die Bay-Area um San Francisco. Die BPPP trat dagegen weniger offensiv auf und war als Mitglied des *Black Congress* in verschiedene Formen der politischen Zusammenarbeit mit lokalen Gruppen in Los Angeles eingebunden.

Anfang 1968 schloss sich die BPPP mit dem SNCC zusammen. Das SNCC erhoffte sich durch den Zusammenschluss, seinen Einfluss an der Westküste zu stärken und dort eine schwarze Massenbewegung aufbauen zu können.[130] Davis arbeitete als Mitglied des SNCC in Los Angeles am Aufbau der sogenannten Liberation School, durch die die politische Bildung und das politische Bewusstsein der afroamerikanischen Bevölkerung gefördert werden sollten.[131] Jedoch kam es auch hier bald zum Zerwürfnis: Wie schon in San Diego warfen männliche Mitglieder des SNCC Angela Davis und den anderen beiden Frauen in der Organisationsführung vor, »herrisch« zu sein sowie andere Mitglieder beeinflussen und dominieren

128 Davis, *An Autobiography*, S. 163; vgl. außerdem Ogbar, *Black Power*, S. 88; Williams, *Concrete Demands*, S. 147.

129 Ursprünglich stammten der Name sowie das Symbol von der *Lowndes County Freedom Organization* in Alabama, die den schwarzen Panther jedoch weniger konsistent verwendete. Organisatorisch waren die drei Gruppen zu keinem Zeitpunkt miteinander verbunden. Zur BPP siehe Charles Jones (Hg.), *The Black Panther Party Reconsidered*, Baltimore 1998; Yohuru Williams, *Black Politics/White Power. CivilRights, Black Power, and the Black Panthers in New Haven*, New York 2000; Kathleen Cleaver/George Katsiaficas (Hg.), *Liberation, Imagination, and the Black Panther Party. A New Look at the Panthers and Their Legacy*, New York 2001; Jama Lazerow/Yohuru Williams (Hg.), *In Search of the Black Panther Party. New Perspectives on a Revolutionary Movement*, Durham 2006; Curtis J. Austin, *Up against the Wall. Violence in the Making and Unmaking of the Black Panther Party*, Fayetteville 2006; Paul Alkebulan, *Survival Pending Revolution. The History of the Black Panther Party*, Tuscaloosa 2007; Jane Rhodes, *Framing the Black Panther. The Spectacular Rise of a Black Power Icon*, New York 2007; Judson L. Jeffries (Hg.), *Comrades. A Local History of the Black PantherParty*, Bloomington 2007.

130 Davis, *An Autobiography*, S. 169ff.

131 Ebenda, S. 181.

zu wollen.[132] Damit würden sie, so der Vorwurf, »schwarze Männer« schwach erscheinen lassen und vielmehr den »Feind« unterstützen, statt einen Beitrag zum gemeinsamen Kampf zu leisten.[133] Darüber hinaus wurde Kritik an Workshops geäußert, die Davis in der Liberation School zu marxistischen Ideen veranstaltet hatte.

Als schließlich ein enger Vertrauter von Davis, Franklin Alexander, wegen seiner Mitgliedschaft in der CPUSA aus dem SNCC ausgeschlossen wurde, bedeutete dies auch das Ende von Davis' Mitgliedschaft im SNCC[134] und sie trat, bestürzt über das »anti-kommunistische« Vorgehen des Vorstandes, aus dem SNCC aus.[135] Ein erneuter Eintritt in eine andere *Black Power*-Gruppe kam für Davis zu diesem Zeitpunkt nicht mehr infrage. Als »kurzlebige ad-hoc Gruppen«, so resümierte Davis später, zeigten die meisten von diesen aus ihrer Sicht zu wenig revolutionären Kampfgeist und brachen auseinander, »wenn sie mit der geringsten Schwierigkeit konfrontiert wurden«.[136] Außerdem frustrierte Davis die chauvinistische Haltung vieler ihrer männlichen Mitstreiter, die »ihre sexuelle Stärke an der intellektuellen Unterwerfung der Frauen festmachten.«[137] All dies zeugte für Davis von einem

132 Ebenda.

133 Ebenda, S. 181.

134 Ebenda, S. 182-187.

135 Ebenda, S. 187.

136 Ebenda.

137 Ebenda. Elaine Brown, die eine Führungsrolle in der BPP übernahm und dazu beitrug, dass sich die Organisation in den 1970er Jahren erfolgreich in lokalpolitische Debatten in Oakland einbrachte, berichtet in ihrer Autobiografie ebenfalls von Konflikten mit männlichen *Black Panthers*, die in weiblichen Führungspersonen eine Bedrohung ihrer Männlichkeit sahen: »A woman in the Black Power movement was considered at best, irrelevant. A woman asserting herself was a pariah. A woman attempting the role of leadership was, to my proud black Brothers, making an alliance with the ›counter-revolutionary, man-hating, lesbian, feminist white bitches.‹« (Brown, *A Taste of Power*, S. 357). In den letzten Jahren haben besonders Lokalstudien Frauenfeindlichkeit und Sexismus als spezifische Charakteristika der *Black Power*-Bewegung relativiert (siehe Rhonda Y. Williams, *The Politics of Public Housing: Black Women's Struggles against Urban Inequality*, New York 2004). Die Auseinandersetzung um Geschlechterbeziehungen und Gleichberechtigung werden hierbei als Teil des von militanten Aktivisten angestrebten revolutionären Transformationsprozesses verstanden. So hätten afroamerikanische Frauen durch den Beitritt in die BPP erst die Möglichkeit erhalten, Frauenfeindlichkeit und Sexismus in und außerhalb der Organisation infrage zu stellen, argumentiert beispielsweise Robyn Ceanne Spencer. Der Fokus auf Graswurzelaktivitäten – zu nennen ist das BPP-*Community Program*, das unter anderem mit Kinderbetreuung und Essensausgaben Armut bekämpfen wollte – zeigt hiernach, wie *Black Panther*-Frauen das politisch-ideologische Selbstverständnis aktiv praktizierten und dieses aus- und mitgestalteten (vgl. Robyn Ceanne Spencer, »Engendering the Black Freedom Struggle: Revolutionary Black Womanhood and the Black Panther Party in the Bay Area, California«, in: *Journal of Women's History*, 20/1 [2008], S. 99-113). Die Erfahrungen ehemaliger *Black Panther*-Aktivistinnen wie Kathleen Cleaver und Ericka Huggins, die neben Elaine Brown zu den be-

begrenzten Revolutionsverständnis, wohingegen sie selbst zu diesem Zeitpunkt bereit war, die Revolution der schwarzen Massen mit der Ernsthaftigkeit eines Berufsrevolutionärs im klassisch-leninistischen Sinne voranzutreiben.[138]

> »For me revolution was never an ›interim thing-to-do‹ before settling down; it was no fashionable club with newly minted jargon, or new kind of social life – made thrilling by risk and confrontation, made glamorous by costume. Revolution is a serious thing, the most serious thing about a revolutionary's life. When one commits oneself to the struggle, it must be for a lifetime.«[139]

An diesem Punkt in ihrem politisch-ideologischen Radikalisierungsprozess zeichnete sich bei Davis eine klare Vorstellung davon ab, wie sie sich weiter entwickeln wollte:

> »At this stage of my life and my political evolution – even more than during the San Diego days – I needed to become a part of a serious revolutionary party. I wanted an anchor, a base, a mooring. I needed comrades with whom I could share a common ideology.«[140]

---

kanntesten Frauen in Führungspositionen in der BPP zählen, stimmen mit dieser Argumentation überein. Kathleen Cleaver beispielsweise sah Seximus innerhalb der BPP als Teil eines größeren gesellschaftlichen Phänomens: »What I think is distinctive about gender relations within the Black Panther Party is how those gender relations duplicated what was going on in the world around us. In fact, that world was extremely misogynist and authoritarian. That's part of what inspired us to fight against it.« (Kathleen Cleaver, »Woman, Power, and Revolution«, in: Cleaver/Katsiaficas [Hg.], *Liberation, Imagination, and the Black Panther Party*, S. 123-127, hier: S. 125-126). Während die Geschlechterbeziehungen und Rollenbilder innerhalb der BPP keineswegs statisch waren, nahm die Zahl weiblicher Führungspersonen in der BPP jedoch erst Mitte der 1970er Jahre sichtbar zu, als männliche Führungsfiguren sich entweder in Haft oder im Exil befanden und sich durch ihre Abwesenheit ein Machtvakuum gebildet hatte. Für einen historiografischen Überblick siehe Rhonda Y. Williams, »Black Women and Black Power«, in: *OAH Magazine of History*, 22/3 (2008), S. 22-26.

138 Davis, *An Autobiography*, S. 187.

139 Ebenda, S. 162. Der Begriff *Radical Chic* gewann durch einen 1970 von Tom Wolfe veröffentlichten Essay an Bekanntheit, in dem er über eine Fundraisingparty des Komponisten Leonard Bernstein für inhaftierte *Black Panther*-Mitglieder in dessen vornehmem New Yorker Appartment berichtete. Der Begriff *Radical Chic* bezieht sich hier auf Prominente wie Bernstein, die weniger aus politischer Überzeugung als vielmehr aus Imagegründen radikale politische Anliegen unterstützten und dabei Revolution mit einem nonkonformen Celebrity-Lifestyle verwechselten (siehe Tom Wolfe, »Radical Chic: The Party at Lenny's«, in: *New York Magazine Special Issue*, 08.06.1970). Zu *Radical Chic* als Teil der revolutionären Selbstdarstellung der *Black Panthers* siehe Philipp Dorestal, *Style Politics. Mode, Geschlecht und Schwarzsein in den USA, 1943-1975*, Bielefeld 2012, S. 186-190.

140 Davis, *An Autobiography*, S. 187.

Statt auf Marcuses und Adornos Theorien griff Davis nun auf Lenin und Du Bois als ideologische Orientierungshilfen zurück. Lenins Theorie der »Avantgarde des Proletariats«, in der er die Bedeutung einer Zusammenarbeit von Bildungsbürgertum und Arbeiterklasse innerhalb sozialistischer Parteien betonte, sowie Du Bois' spätes Bekenntnis zum Kommunismus als »einzig wahre Lebensform« ließen Davis ihre bisherigen Zweifel an einem Parteieintritt überwinden.[141] Sie entschied sich schließlich, dass die CPUSA trotz all der Gruppen, die sich zu diesem Zeitpunkt als revolutionär oder marxistisch-leninistisch bezeichneten, für sie die einzige Option darstellte, um ihre politisch-ideologischen Vorstellungen verwirklichen zu können.[142]

Damit knüpfte sie – trotz ihrer Identifikation mit der schwarzen Militanz der *Black Power*-Bewegung – an die ideologische Ideenwelt der alten radikalen afroamerikanischen Linken an. In ihrer Vorstellung bestand der einzige Weg zur Bekämpfung von Ungleichheit und gesellschaftlichen Fortschritts in einer organisierten linken Radikalität im Sinne von Widerstand und Aufbegehren.[143] Anders als für die Generation ihrer Eltern wirkte auf Davis nicht das kommunistische Prinzip der Rassenverbundenheit so anziehend, sondern die neue schwarze separatistische Tendenz innerhalb der CPUSA, die unter dem Einfluss von *Black Power* entstanden war.

3.3.2 Mitgliedschaft in der CPUSA und der Kampf um akademische Freiheit

Den organisatorischen Rahmen für diese neue schwarze separatistische Tendenz innerhalb der CPUSA bildete der in Los Angeles ansässige Che-Lumumba Club. Er gehörte zwar der Partei an, war jedoch 1967 unter der Führung afroamerikanischer Parteifunktionäre (Charlene Mitchell, ihr Bruder Franklin Alexander und dessen Frau Kendra) als ausschließlich für schwarze Mitglieder zugängliche kommunistische Zelle gegründet worden. Der Name des Clubs bezog sich auf den kubanischen Revolutionsführer Ernesto Che Guevara und den ersten Ministerpräsidenten der unabhängigen Republik Kongo, Patrice Lumumba, an deren Vermächtnis im Sinne einer revolutionären antikolonialen und panafrikanischen Tradition erinnert werden sollte. Vor dem Hintergrund der anhaltenden Popularität schwarzer

---

141 Vgl. Vladimir I. Lenin, *Was tun? Brennende Frage unserer Bewegung* (1902), Berlin (Ost) 1970. W.E.B. Du Bois begründete sein Beitrittsgesuch in die CPUSA im Oktober 1961 mit der Einsicht, der Kommunismus habe sich, verstanden als ein Anliegen »to give all men what they need and to ask of each the best they can contribute«, als die einzig wahre Lebensform erwiesen (siehe Peter Kihess, »Dr. W. E. B. Du Bois Joins Communist Party at 93«, in: *New York Times* [23.11.1961]).

142 Davis, *An Autobiography*, S. 188.

143 Robinson, *Black Marxism*, S. 316.

militanter Gruppen wie der BPP sollte der Club dazu beitragen, »marxistisch-leninistische Ideen in den schwarzen Befreiungskampf in L.A. einzubringen« und so an Einfluss bei der afroamerikanischen Bevölkerung zu gewinnen.[144]

Die Gründung des Che-Lumumba Clubs war innerhalb der CPUSA nicht unumstritten. Dorothy Healey, die als Kreisvorsitzende Südkaliforniens die Gründung des Clubs unterstützt hatte, wurde von James Jackson während eines Treffens des Bundesvorstandes heftig kritisiert.[145] Der Club, so Jacksons Vorwurf, verstoße mit seiner separatistischen Mitgliederpolitik gegen die integrationistischen Grundprinzipien der CPUSA und trage dazu bei, dass die Partei ihren jahrelangen Widerstand gegen Einflüsse des schwarzen Nationalismus aufgebe.[146] Dorothy Healey war jedoch von der Notwendigkeit eines »all Black«-Komitees fest überzeugt:

> »The presence or absence of a white face wasn't going to make much difference in terms of the politics represented. But it might make a huge difference in terms of our ability to recruit and hold on to Black Communists.«[147]

Die separatistische Mitgliederpolitik, davon war Healey überzeugt, ließ den Che-Lumumba Club erst als einen glaubhaften Akteur im schwarzen Befreiungskampf erscheinen und machte ihn für junge radikale Aktivisten Ende der 1960er Jahre attraktiv:[148]

> »The formation of the Che-Lumumba Club allowed Black Communists to play a role within the Black community and among Black students on campuses in Los Angeles that they never could have pulled off as a mixed group during that period of intense pressure from Black nationalism.«[149]

Der Club bot Angela Davis, anders als die CPUSA mit ihrem orthodox-kommunistischen Dogma der Rassenintegration, die Möglichkeit, ihr intellektuelles Interesse an marxistisch-leninistischen Theorien mit einem militanten schwarzen Aktivismus zusammenzuführen.[150] Hier fand sie Aktivisten, die ihre Analyse einer Verschränkung von rassen- sowie klassenbedingter Ungleichheit teilten und sich mit der bei *Black Power*-Akteuren populären Idee der Internen Kolonialisierung und der

---

144 Davis, *An Autobiography*, S. 188. Für die Bedeutung des Che-Lumumba Clubs siehe außerdem Beth Slutskys Kapitel über Kendra Alexander und ihre Rolle innerhalb der CPUSA (Slutsky, *Gendering Radicalism*, S. 131-190).

145 Dorothy Healey, *California Red: A Life in the American Communist Party*, Urbana 1993, S. 209.

146 Ebenda.

147 Ebenda.

148 Vgl. Slutsky, *Gendering Radicalism*, S. 152-153.

149 Healey, *California Red*, S. 209.

150 Davis, *An Autobiography*, S. 188-189; Davis, » Interviews im Gefängnis «, S. 257.

Idee der Gegengewalt identifizierten.[151] Im Juli 1968 trat Angela Davis schließlich dem Che-Lumumba Club bei und wurde so ein vollwertiges Mitglied der CPUSA.[152] Dorothy Healeys Vermutung, Angela Davis wäre ohne die Existenz des Clubs zu diesem Zeitpunkt wohl nicht in die CPUSA eingetreten, erscheint dabei durchaus naheliegend.[153]

Innerhalb der CPUSA verkörperte Angela Davis eine neue, hauptsächlich afroamerikanische Mitgliedergeneration, die von der Historikerin Beth Slutsky als *The New Old Left* bezeichnet wird.[154] Angela Davis und andere Vertreter dieser Neuen alten Linken, beispielsweise Kendra Alexander, waren durch traditionelle afroamerikanische Bürgerrechtsorganisationen wie der NAACP, der Neuen Linken oder der *Black Power*-Bewegung politisiert worden, erlebten diese für die Umsetzung ihrer politisch-ideologischen Vorstellungen allerdings als zu begrenzt. Auch als mit dem Ende der 1960er Jahre nach Marx und Marcuse zunehmend Mao und die chinesische Kulturrevolution für *Black Power*-Aktivisten und Teile der westlichen Studentenbewegung einen ideologischen Bezugspunkt darstellten, blieben Angela Davis und andere neue alte Linke überzeugte Vertreter des Marxismus-Leninismus.[155] »Das Kommunistische Manifest«, wie Davis rückblickend formulierte, bot ihr »fundamentale konzeptionelle Instrumente«, die es ihr ermöglichten, »auf eine Art und Weise über sozialen Wandel nachzudenken, bei der sich der Fokus nicht mehr ausschließlich auf *race* richtete.«[156]

Anstelle des separatistisch-nationalistischen Ansatzes der *Black Power*-Bewegung wählte Davis mit ihrem CPUSA-Beitritt einen rassenübergreifenden, umfassenden Bewegungsbegriff, wie ihn Kommunisten seit den frühen Rassismusdebatten in der Komintern vertraten. Gleichzeitig griffen Davis und andere Vertreter der Neuen alten Linken aber auf Sprache und Ästhetik schwarzer militanter Gruppen zurück, um ihre politisch-ideologischen Forderungen zum Ausdruck zu bringen. Sie zeichneten sich – im Gegensatz zu alten Linken – durch ein besonderes Bündnisinteresse mit neuen radikalen linken Gruppen aus. Dazu gehörte auch, dass neben Davis auch Kendra und Franklin Alexander, Charlene Mitchell oder Bettina Aptheker für *Black Power*-Positionen wie das Recht

151 Die *Idee des Internen Kolonialismus* sowie die *Idee der Gegengewalt* gehen aus antikolonialen Theoriedebatten hervor und wurden unter anderem durch Frantz Fanon geprägt (siehe Davis, *An Autobiography*, S. 169; vgl. Slutsky, *Gendering Radicalism*, S. 156ff.).

152 Davis, *An Autobiography*, S. 189; vgl. McDuffie, *Sojourning for Freedom*, S. 197.

153 Healey, *California Red*, S. 209.

154 Slutsky, *Gendering Radicalism*, S. 131-132.

155 Für die Bedeutung Maos und der chinesischen Kulturrevolution als ideologischer Bezugspunkt und Projektionsfläche bei *Black Power*- und studentischen Aktivisten siehe Cook (Hg.), *Mao's Little Red Book*; Frazier, *The East is Black*; Felix Wemheuer, »Die westeuropäische Neue Linke und die chinesische Kulturrevolution«, in: *Aus Politik und Zeitgeschichte (APuZ). Beilage zur Wochenzeitung das Parlament*, 6. Juni 2016 (23/2016), S. 32-38.

156 Yancy, »Interview with Angela Y. Davis«, S. 140.

auf Selbstverteidigung eintraten und sich damit von der CPUSA-Parteiführung absetzten.

Zeitgleich zu Davis' Parteibeitritt kündigte die CPUSA an, sich zum ersten Mal seit 1940 wieder an der im November 1968 anstehenden US-Präsidentschaftswahl beteiligen zu wollen und zwar mit der Kandidatur der 38-jährigen Charlene Mitchell. Die *New York Times* sah Mitchells Kandidatur als Maßstab für die politisch aufgewühlte Stimmung im Land. Schließlich trat sie als erste afroamerikanische Frau in der Geschichte der USA und als eine von fünf *Third Party Candidates* unter anderem gegen den *Minister of Information* der BPP, Eldridge Cleaver, an.[157] Parteiintern galt ihre Nominierung als Versuch der Parteiführung, den Generationenkonflikt innerhalb der Partei zu überwinden.[158] Der Vorsitzenden der CPUSA, Gus Hall, begründete die Wahl Mitchells mit ihrer politischen Authentizität und hob ihre Glaubwürdigkeit in Bezug auf die zentralen Themen des Wahlkampfes, den schwarzen Befreiungskampf und die Entfremdung der Jugend, hervor. Ihre Kandidatur sollte, so die Hoffnung der Parteiführung, vor allem junge und afroamerikanische Wähler und Wählerinnen ansprechen.[159] Auch wenn die Parteiführung gerade erst ihre Ablehnung gegenüber den Neuen Linken offen kundgetan hatte – Gus Hall sprach von »reactionary, anti-workingclass, petit bourgeois radicals« –, war die Bedeutung dieser neuen linken radikalen Strömung für die CPUSA nicht von der Hand zu weisen.[160] Die dadurch in Gang gesetzte Dynamik trieb die Partei dazu an, an die politische Agenda und Mobilisierungsstrategie der Neuen Linken anzuknüpfen und neue Bündnisse aufzubauen.

Die Mitarbeit im Wahlkampf für Charlene Mitchell gehörte zu den ersten Aufgaben, die Angela Davis nach ihrem Beitritt in die CPUSA übernahm. Außerdem beteiligte sie sich an Versuchen des Clubs, die Zusammenarbeit mit unterschiedlichen Akteuren der Neuen Linken aufzubauen.[161] Mit Zustimmung von Dorothy Healey, die der Meinung war, die alte Linke solle sich schon allein aus taktischen Gründen mit der Neuen Linken zusammenschließen, versuchte der Club im Verlauf des Jahres, Verbindungen zu verschiedenen Protestgruppen, beispielsweise der Antikriegsbewegung, weiter auszubauen.[162] Vor diesem Hintergrund nahm

157 »Communists Name Negro Woman for President«, in: *New York Times* (08.07.1968), S. 32. William H. Honan, »If you don't like Hubert, Dick or George, How About Lar, Yetta or Eldridge?« in: *New York Times* (27.10.1968), SM110. Eldridge Cleaver trat als Kandidat der *Peace and Freedom Party* an. Der Republikaner Richard Nixon gewann die Wahl gegen den Demokraten Hubert Humphrey.

158 Als Kandidat für die Vizepräsidentschaft nominierte die CPUSA den 23-jährigen Michael Zagarell, der das Jugendprogramm der Partei leitete (vgl. Slutsky, *Gendering Radicalism*, S. 161).

159 »U.S. Reds Nominate Negro for Presidency«, in: *Los Angeles Times* (08.07.1968), S. 20.

160 »Communism Hailed by Young Delegates«, in: *New York Times* (07.07.1968), S. 52.

161 Ebenda.

162 Davis, *An Autobiography*, S. 191. Mitchell war bereits seit Ende der 1950er Jahre in der Partei aktiv, Mitglied des Zentralkomitees und hatte die US-amerikanische Delegation bei den

Davis kurze Zeit nach ihrem Beitritt in den Che-Lumumba Club erneut ihre Zusammenarbeit mit der BPP auf:

> »I felt that it would be important for some of us to assist in the work of the Black Panther Party which, at that time, was like a magnet drawing large numbers of young Black people, all over the country, into the ranks.«[163]

Die Zusammenarbeit mit den *Black Panthers* fand in Form klassischer Graswurzelaktivitäten statt. Dazu zählte politische Bildungsarbeit in der afroamerikanischen Community von Los Angeles, beispielsweise durch wöchentliche Lesezirkel, in denen Davis etwa die Bedeutung von Lenins *Staat und Revolution* (1917) für den schwarzen Befreiungskampf diskutierte. Außerdem organisierte Davis Demonstrationen gegen Polizeigewalt besonders in den schwarzen Stadtteilen, die aufgrund der wiederholt tödlichen Auseinandersetzungen zwischen der Polizei und jungen Schwarzen zu den zentralen Themen der BPP zählte.[164] Davis'Zusammenarbeit mit den *Black Panthers* endete aufgrund ihrer Mitgliedschaft in der CPUSA und den damit verbundenen Loyalitätsfragen bereits nach einigen Monaten wieder.

Dagegen gehörten die Mitglieder des Che-Lumumba Clubs zu Davis' wichtigsten politisch-ideologischen Verbündeten. Charlene Mitchell wurde nach Herbert Marcuse zu einer wegweisenden Mentorin. Von ihr lernte Davis, »was es bedeutete, eine Kommunistin und eine Weltbürgerin zu sein.«[165] Davis nutzte ihre Mitgliedschaft in der CPUSA auch, um ihr Interesse an einem revolutionären Internationalismus als Strategie im Kampf gegen Rassismus weiterzuverfolgen und Beziehungen zur Linken weltweit aufzubauen. Im Sommer 1969 reiste sie zusammen mit Kendra Alexander als Teil einer Parteidelegation auf Einladung der kubanischen Regierung nach Kuba.[166]

Davis war nicht die erste afroamerikanische Aktivistin, die auf der Suche nach Verbündeten in das »erste befreite Territorium Amerikas«, wie sich Kuba auf Propagandaplakaten nach Castros geglückter Revolution selbst bezeichnete, aufbrach. Zwei Jahre zuvor hatte Stokely Carmichael während seiner Teilnahme an der Konferenz der *Organization of Latin American Solidarity* (OLAS) in Havanna erklärt: »Because our color has been used as a weapon to oppress us, we must use our color as a weapon of liberation.«[167] Carmichael rief zur Formierung einer Allianz zwischen

---

Weltjugendspielen in Helsinki geleitet, an denen auch Davis teilgenommen hatte. Die beiden Frauen kannten sich bis zu Davis' Parteibeitritt 1968 anscheinend jedoch nicht persönlich (vgl. Aptheker, *Intimate Politics*, S. 247; Healey, *California Red*, S. 209ff.).

163 Davis, *An Autobiography*, S. 191.

164 Ebenda, S. 192.

165 Siehe Davis, »Living Justice«. Wie Mitchell kandidierte auch Angela Davis zweimal (1980 und 1984) als Kandidatin der CPUSA für das Vizepräsidentenamt.

166 Davis, *An Autobiography*, S. 200-216.

167 Stokely Carmichael, *Stokely Speaks: From Black Power to Pan-Africanism*, New York 1971, S. 107. Neben Davis und Carmichael verbrachten Robert F. Williams, Amiri Baraka, Eldridge Cleaver,

Kubanern und Afroamerikanern auf. Gemeinsam sollten sie gegen die Unterdrückung durch Imperialismus, Kapitalismus und Rassismus kämpfen.[168] Seine Solidarisierung mit Kuba basierte auf der Vorstellung eines Trikontinentalismus, der einen dezidierten Antiimperialismus mit einem rigiden Antirassismus verband. Ziel war es, eine revolutionäre Avantgarde aus politischen Führern der Dritten Welt zu formen.

Auch Angela Davis sah in Kuba ein Vorbild, das zeigte, wie man sich der Stärke des US-Imperialismus widersetzen, einen fundamentalen sozialen Wandel umsetzen und Rassismus abschaffen konnte. Am Ende ihrer Kuba-Reise war sie davon überzeugt, dass »nur im Sozialismus der Kampf gegen Rassismus so erfolgreich ausgetragen werden konnte«, wie sie es auf Kuba zu sehen geglaubt hatte.[169] Davis meinte, bei der kubanischen Bevölkerung insgesamt eine revolutionäre Aufbruchsstimmung verspürt zu haben. Sie sah sich in ihrem Wunsch bestätigt, den revolutionären Wandel zu ihrer Lebensaufgabe zu machen: »I felt infinitely more mature, and it seemed that the Cubans' limitless revolutionary enthusiasm had left a permant mark on my existence.«[170]

Im Wintersemester 1969/70 trat Angela Davis als eine der ersten Afroamerikanerinnen die Stelle einer Associate Professor am Philosophischen Seminar der *University of California, Los Angeles* (UCLA) an.[171] Bereits im Juli 1969, noch während sich Davis auf Kuba aufhielt, waren erst in der *Daily Bruin*, Studentenzeitung der UCLA, und dann im *San Francisco Examiner* Zeitungsberichte erschienen, die über ihre Mitgliedschaft in der CPUSA sowie ihre Aktivitäten im SDS und bei den *Black Panthers* berichteten. Darin wurde sie als »Maoistin« bezeichnet.[172] Die UCLA-*Regents*,

Huey Newton und Assata Shakur ebenfalls Zeit auf Kuba und trugen damit zu der Vorstellung bei, Kuba sei ein Verbündeter im schwarzen Freiheitskampf. Für Robert F. Williams Begegnung mit Kuba siehe Timothy B. Tyson, *Radio Free Dixie. Robert F. Williams and the Roots of Black Power*, Chapel Hill 1999.

168 Für eine ausführliche Darstellung siehe Sarah Seidman, »Tricontinental Routes of Solidarity. Stokely Carmichael in Cuba«, in: *Journal of Transnational American Studies*, 4/2 (2012), S. 1-25.

169 Davis, *An Autobiography*, S. 210.

170 Ebenda, S. 216.

171 »Letter Donald Kalish to Philip Levine« (02.05.1969), in: *Angela Davis Academic Freedom Case &Trial and Defense Movement*, Box 1, Folder 1.

172 *UCLA Daily Bruin* (01.07.1969); *San Francisco Examiner* (09.07.1969). Heute ist bekannt, dass das FBI die Bekanntmachung von Davis' CPUSA-Mitgliedschaft initiierte. Der *Daily Bruin*-Beitrag, in dem Davis' CPUSA-Mitgliedschaft implizit angedeutet wurde und der die Auseinandersetzung ins Rollen brachte, wurde von dem FBI-Informaten William Tulio Divale verfasst. In seinem Buch über seine Tätigkeit als FBI-Informant geht Divale auch auf seine Rolle im Zusammenhang mit dem Davis-Fall ein (siehe William Tulio Divale/James Joseph, *I lived Insight the Campus Revolution*, New York 1970, S. 163ff.). Knapp eine Woche nach Divales Beitrag demaskierte Ed Montgomery in seinem *Examiner*-Artikel Davis als die von Divale angedeutete Person. Vgl. »Riddle of Angela Davis«, in: *San Francisco Examiner* (16.07.1971), S. 6.

das Aufsichtsgremium der Universität unter der Führung des damalige Gouverneurs von Kalifornien und späteren US-Präsidenten Ronald Reagan, forderten Davis daraufhin zu einer Stellungnahme auf.[173] Dabei bezog sich das Gremium auf eine Regelung aus dem Jahr 1949, nach der die Anstellung von CPUSA-Mitgliedern an der Universität nicht erlaubt war.[174]

Angela Davis entschied sich, in die Offensive zu gehen. Mit einer offiziellen Stellungnahme[175] bestätigte sie ihre Mitgliedschaft in der CPUSA und berief sich auf die akademische Freiheit. Sie nutzte die Stellungnahme auch dazu, ihre politischen Motive für die Mitgliedschaft in der CPUSA zu erläutern:

> »While I think this membership requires no justification here, I want you to know that as a black woman I feel an urgent need to find radical solutions to the problems of racial and national minorities in white capitalist United States.«[176]

Davis beschreibt die CPUSA als den passenden Rahmen, um solche radikalen Lösungen zu finden und umzusetzen:

> »I feel that my membership in the Communist Party has widened my horizon and expanded my opportunities for perceiving such solutions and working their effectuation. The problems to which I refer have lasted too long and wreaked devastation too appalling to permit complacency or half-measures on their resolution.«[177]

Außerdem beeinflusse ihre Mitgliedschaft in der CPUSA, die ohnehin unter das im ersten Verfassungszusatz garantierte Anrecht auf freie Meinungsäußerung falle, sie nicht in der Ausübung ihrer Verpflichtungen als Dozentin.[178] Das Aufsichtsgre-

---

173 »Letter Vice Chancellor David S. Saxon to Miss Angela Davis« (16.07.1969), in: *Angela Davis Academic Freedom Case &Trial and Defense Movement*, Box 1, Folder 1. Ronald Reagan galt wegen seiner Kritiker an den kalifornischen Universitäten im Umgang mit Studentenprotesten und der Gestaltung ihrer Lehrprogramme als politischer Hardliner, der sich als anti-elitärer Patriot bei der konservativen Wählerschaft zu profilieren versuchte. Er war erst im August 1969 offiziell Mitglied des machtvollen Aufsichtsgremiums der Kalifornischen Universitäten geworden (vgl. Wallace Turner, »Reagan, Campus Critic, Gains Control of California Colleges«, in: *New York Times* [11.08.1969], S. 1; Lawrence E. Davis, »U.C.L.A Teacher is Ousted as Red«, in: *The New York Times* [20.09.1969], S. 23).

174 »Letter Vice Chancellor David S. Saxon to Miss Angela Davis« (16.07.1969), in: *Angela Davis&Academic Freedom Case &Trial and Defense Movement.*

175 Ebenda. In den Jahrzehnten zuvor hatten sich Kommunisten in einer solchen Situation häufig auf das durch den fünften Verfassungszusatz gewährte Aussageverweigerungsrecht berufen. Im Fall von CPUSA-Führern wie Gus Hall oder Henry Winston war es unter dem *Smith Act* trotzdem zu einer Verurteilung gekommen.

176 »Letter Angela Davis to Charles E. Young« (05.09.1969), in: *Angela Davis & Academic Freedom Case &Trial and Defense Movement.*

177 Ebenda.

178 Ebenda.

mium zeigte sich jedoch weder beschwichtigt noch verhandlungsbereit. Alarmiert von Davis' Stellungnahme forderte es stattdessen ihre Entlassung.

Die Philosophische Fakultät der UCLA unter der Leitung Donald Kalishs, der sich zuvor für Davis' Einstellung eingesetzt hatte, hielt das aus der McCarthy-Zeit stammende Lehrverbot hingegen für anachronistisch und ermöglichte, dass Davis entgegen dem Beschluss des Aufsichtsgremiums und im Sinne der akademischen Freiheit weiter unterrichten konnte.[179] Besonders afroamerikanische Mitglieder des Lehrkörpers der UCLA vermuteten hinter den Entlassungsforderungen rassistische Motive und warfen den *Regents* vor, Davis' CPUSA-Mitgliedschaft nur als Vorwand zu benutzen. Der Leiter des *Afro-American Studies Center* der UCLA, Robert Singleton, erklärte öffentlich, er halte »Rassismus für die eigentliche Ursache« des Verfahrens. Davis sei nicht wegen ihrer Mitgliedschaft in der CPUSA, sondern wegen ihrer »Verbindungen zu militanten schwarzen Organisationen« von einer Entlassung bedroht.[180]

Tatsächlich ging es in dem Entlassungsverfahren, das in der öffentlichen Auseinandersetzung bald als *Academic Freedom Case* bezeichnet wurde, nicht nur um Davis' Mitgliedschaft in der CPUSA. Es wurde zu einer Projektionsfläche für die politischen und soziokulturellen Spannungen, die das Land Ende der 1960er Jahre zu zerreißen drohten und zu deren Kristallisationspunkt die studentischen Proteste an den Universitäten um das Jahr 1968 geworden waren. Im Februar 1969 hatte Ronald Reagan den Campus der Berkeley-Universität, die mit der sogenannten Free-Speech-Bewegung eines der Zentren der 68er-Protestbewegung in den USA darstellte, von Nationalgardisten besetzen lassen.[181] Mit harter Hand wollte Reagan gerade hier ein Beispiel setzen und zeigen, dass sich die Regierung von der Protestbewegung nicht in die Ecke drängen lassen würde. Bei einer Pressekonferenz scheute er auch nicht den Vergleich mit einer durch den anhaltenden Vietnamkrieg durchaus realen Kriegssituation:

> »Im regulären Guerillakrieg suchen und töten wir die Guerillas. Das können wir offensichtlich nicht tun, aber ich sage, dass wir die Guerillas ausmerzen können, seien es nun Studenten oder Mitglieder des Lehrkörpers.«[182]

---

179 Lawrence E. Davies, »Teacher Barred by Coast Regents«, in: *New York Times* (04.10.1969), S. 23.

180 Kenneth Reich, »UCLA Red Lays Ouster Proceeding to Racism: Black Teacher Says Stand for ›Liberation‹ made Regents Act«, in: *Los Angeles Times* (24.09.1969), S. 3; Lawrence E. Davis, »U.C.L.A Teacher is Ousted as Red«, in: *The New York Times* (20.09.1969), S. 23.

181 Lawrence E. Davies, »Reagan Declares an Emergency in Berkeley Campus Disorders«, in: *The New York Times* (06.02.1969), S. 28; »The War between Reagan and Berkeley«, in: *New York Times* (25.05.1969), S. E13; Mark Hamilton Lytle, *America's Uncivil Wars. The Sixties Era from Elvis to the Fall of Richard Nixon*, New York 2006, S. 329ff.

182 Im Frühjahr 1969 kam es immer wieder zu schweren Zusammenstößen zwischen protestierenden Studierenden und der Polizei. In Berkeley setzte Gouverneur Reagan 1.000 Nationalgardisten ein, die unter Einsatz von Tränengas versuchten, die Proteste niederzuschlagen.

Wie Marcuse richtig festgestellt hatte, verkörperte Angela Davis wie keine andere Akteurin dieser Protestbewegung, der Reagan in Kalifornien den Kampf angesagt hatte, gleich mehrere Feindbilder des konservativen Amerikas: Als bekennende Kommunistin, *Black Power*-Aktivistin, schwarze Feministin und Anti-Vietnamkriegs-Aktivistin vereinte sie ein Protestpotenzial in sich, das sie – zusammen mit ihrer selbstbewussten Ausstrahlung – zur regelrechten Hassfigur des weißen, reaktionär-konservativen, antikommunistischen Lagers werden ließ.[183]

Auch ihre Darstellung in den Mainstream-Medien trug zunächst nicht zu einem differenzierten Bild in der amerikanischen Öffentlichkeit bei.[184] Vielmehr spiegelten sich auch hier rassistische Vorbehalte, eine anhaltende Furcht vor Kommunisten und das Unvermögen wider, Angela Davis als schwarze Frau in den politischen Auseinandersetzungen jener Zeit zu verorten. Die anhaltende Angst vor dem Kommunismus und das mangelnde Verständnis für Davis' Aktivismus, gerade im weißen konservativen Lager, zeigten sich auch in den Reaktionen auf die Berichterstattung. So empörten sich Leser darüber, dass Angela Davis als bekennender Kommunistin das Recht auf akademische Freiheit zugesprochen werden könne, »während in Vietnam Amerikaner beim Kampf gegen Kommunismus sterben« müssen.[185] Für diese Amerikaner schien die Antwort auf die Auseinandersetzung um Davis eindeutig: »Academic Freedom! We cannot have it both ways, we are either for or against communism all the way!«[186]

Reagans *Law&Order*-Politik zeigte seine Entschlossenheit, gegen die Demonstrationen hart durchzugreifen. Dabei schreckte er auch nicht vor einem Vergleich der Campusdemonstrationen mit dem Vorgehen gegen *Vietcong*-Kämpfer in Vietnam zurück. Bei einer Pressekonferenz sprach er von einem sich »ausbreitenden Vandalismus« an kalifornischen Staatsuniversitäten, gegen den durchgegriffen werden müsse. (»Must ›Eliminate Guerillas on Campus‹ – Reagan«, in: *Los Angeles Times* [21.02.1969])

183 Diese zeigte sich nicht nur in den öffentlichen Äußerungen Reagans, der nach Bekanntwerden von Davis' CPUSA-Mitgliedschaft die Öffentlichkeit wissen ließ, dass unter seiner Regierung »die Kommunistin Angela Davis nie eine Stelle an einer Hochschule in Kalifornien erhalten« werde, sondern auch an der nicht geringen Anzahl von Drohbriefen, die bei Davis nach ihrem Bekanntwerden in der Öffentlichkeit eingingen. Wegen der zum Teil massiven Drohungen und vor dem Hintergrund der wiederkehrenden Gewalteskalation der vergangenen Jahre, der nach John F. Kennedy, auch Malcolm X, Martin Luther King, jr. und zuletzt Robert Kennedy zum Opfer gefallen waren, verließ Davis zeitweise nur noch in Begleitung von Bodyguards das Haus. Ein Teil der Drohbriefe, die neben wüsten Beschimpfungen auch immer wieder Morddrohungen enthalten, findet sich hier: »Hate Mail«, in: *Davis Academic Freedom Case & Trial and Defense Movement Records*, Box 1, Folder 11.

184 Als Beispiel vgl. »Academic Freedom: The Case of Angela the Red«, in: *TIME Magazine* (17.10.1969).

185 »Letter to the Editor 4«, in: *Los Angeles Times* (27.06.1970), S. A4.

186 Ebenda.

Vor dem Hintergrund der anhaltenden Zuspitzung der politischen Lage im Land fragte die *New York Times* nach einigen Monaten jedoch besorgt, ob sich die USA »in der Mitte einer zweiten amerikanischen Revolution« befänden.[187] Sie appellierte an die »Entschlossenheit der demokratischen Kräfte«, das »Prinzip der akademischen Freiheit« aufrechtzuhalten. Eine Niederlage der Philosophische Fakultät der UCLA im Kampf um Davis' Verbleib an der UCLA bedeute, so die *New York Times*, »einen weiteren ernsthaften Rückschlag für den Kampf für Freiheit im ganzen Land.«[188]

Im Oktober 1970 hielt Angela Davis trotz des laufenden Verfahrens ihre erste Vorlesung über Frederick Douglass an der UCLA, zu der sie von mehr als 2.000 Studierende mit stehenden Ovationen empfangen wurde. Nachdem die *Regents* zunächst erfolglos versucht hatten, ihr Gehalt zurückzuhalten und sie so am Unterrichten zu hindern, entfaltete sich in den folgenden Wochen ein bürokratisches Gerangel um die Anerkennung von Leistungspunkten für ihre Kurse. Außerdem wurden Davis' Kurse überprüft, um sicherzustellen, dass sie ihre Studierenden nicht ideologisch zu indoktrinieren versuchte.[189] Die Studierenden beurteilten Davis' Lehre währenddessen als »exzellent«.[190] Ende Oktober 1969 endete die Auseinandersetzung schließlich vor dem Obersten Gerichtshof Kaliforniens, der entschied, dass eine Entlassung Davis' aufgrund ihrer politischen Gesinnung nicht rechtmäßig sei.[191] Damit war ihre Anstellung an der UCLA vorerst gesichert.

Während die Auseinandersetzung um Angela Davis' Anstellung im Rahmen von Campus-Demonstrationen und in der liberalen Presse zu einem politischen Testfall für die demokratische Verfassung des Landes stilisiert worden war, hatte sie als »Amerikas prominenteste Kommunistin« ungewollt nationale Bekanntheit erlangt.[192] Davis selbst wertete die Ereignisse als Kampfansage des kapitalistisch-rassistischen Unterdrückungsstaates: »Ich denke, wir müssen erkennen«, so Davis im Februar 1970, dass »die kalifornische Regierung uns den Krieg erklärt hat.«[193] Aus ihrer Sicht füge sich die Auseinandersetzung in ein größeres Repressionsszenario

187 »Politics against Freedom«, in: *New York Times* (05.06.1970), S. 29.

188 Ebenda.

189 »UCLA Students Are Urged to Resist Regents. Ousted Instructor Lectures to an Overflow Crowd«, in: *New York Times* (07.10.1969), S. 30.

190 »Memorandum from Donald Kalish, Chairman, Department of Philosophie, to Dean Philip Levine. Attachement II. Course Evaluation for Dialectical Materialism« (23.03.1970), in: *Legal Affairs Angela Davis*, Box GO189, Ronald Reagan Governor's Papers, Ronald Reagan Library. Die Evaluationsergebnisse von Davis' Kurs »Dialectical Materialism«, den sie im Wintersemester 1969/70 unterrichtetete, waren Teil der Kriterien, auf deren Grundlage über Davis' Weiterbeschäftigung entschieden werden sollte.

191 »UCLA Barred From Pressing Red's Ouster«, in: *New York Times* (21.10.1969), S. 35.

192 Joseph, *Waiting 'til the Midnight Hour*, S. 273.

193 »Address of Angela Davis. Transcribed 2/17/70 by Betty Wallace«, in: *Higher Faculty Angela Davis*, Box GO162, Folder 3-5, Ronald Reagan Governor's Papers.

ein, das vor allem am gezielten staatlichen Vorgehen gegen militante schwarze Aktivisten und Aktivistinnen festzumachen sei, wie etwa die Verhaftung führender BPP-Mitglieder (zum Beispiel Ericka Huggins und Bobby Seale) oder die Erschießung von Fred Hampton während einer Polizeirazzia zeigten. Das übergeordnete Ziel dieser repressiven Regierung bestehe in der Zerstörung der schwarzen Befreiungsbewegung und sei eindeutig zu erkennen:

> »As time went by, it became clear that the assault on my job was a tiny part of a systematic plan to disarm and destroy the Black Liberation struggle and the entire radical movement.«[194]

Davis hoffte, den positiven Ausgang der Auseinandersetzung mit den *Regents* und die nationale Bekanntheit, die sie innerhalb weniger Monate erlangt hatte, zur Stärkung der schwarzen Befreiungsbewegung nutzen zu können. Denn dank der *Regents*, so Davis bei einer Massenkundgebung in Berkeley, habe sie nun statt einer »Zuhörerschaft von sechzig Studenten, die sie unterrichtete, mehrere Millionen von Zuhörern«.[195] Das Urteil des kalifornischen Obersten Gerichtshofes sei der Verdienst der Massenproteste und dieser Erfolg – so hoffte Davis – werde die Protestierenden zum Weitermachen motivieren. Formelle Formen des Protests wie etwa Resolutionen betrachtete sie zu diesem Zeitpunkt längst als hinfällig. Stattdessen rief sie bei Demonstrationen dazu auf, protestierende Studierende, Afroamerikaner und Chicanos sollten sich im Kampf gegen staatliche Unterdrückung zusammenschließen. Ihre Bekanntheit als »public revolutionary« – ein Image, das ursprünglich von den Medien konstruiert worden war – wollte sie nutzen, um Unterstützung zu mobilisieren und mediale Aufmerksamkeit auf Protestaktionen zu ziehen.[196] Eine konkrete Gelegenheit dafür bot sich im Frühjahr 1970 mit dem Fall der Soledad Brothers.

3.3.3 Schwarz, links, revolutionär: Die Soledad Brothers und *Free Angela Davis*

Im Februar 1970 las Angela Davis in der Zeitung zum ersten Mal über den Fall der Soledad Brothers:

> »Around the middle of February, I picked up the Los Angeles Times and noticed on the front page a larger photograph of three very striking Black men. Their faces

194 Davis, *An Autobiography*, S. 226.

195 »Angela Davis and Herbert Marcuse KPIX Newsclips 1969-1972«, in: Marcuse, *Marxism, Revolution and Utopia*, S. 212.

196 Davis, *An Autobiography*, S. 220.

> were serene and strong, but their waists were draped in chains. Chains bound their arms to their sides and chains shackled their legs.«[197]

Dabei handelte es sich um drei afroamerikanische Gefängnisinsassen des kalifornischen Soledad-Bundesgefängnisses: George Jackson, John Clutchette und Fleeta Drumgo. Sie waren im Februar 1970 wegen Mordes an dem Gefängniswärter John V. Mills angeklagt worden.[198] In den folgenden Wochen machte Angela Davis den Fall der Soledad Brothers und die Idee des politischen Gefangen zum zentralen Thema ihres ideologischen Kampfes. Insbesondere George Jackson wurde in den folgenden Monaten für radikale schwarze Aktivisten wie Davis zum Inbegriff des politischen Gefangenen und erlangte breite Bekanntheit: Jackson war im Alter von 17 Jahren wegen seines langen Jugendstrafregisters zu einer sogenannten 1-year-to-life-Strafe verurteilt worden. Dies bedeutete, dass seine Haftstrafe keinen konkreten Zeitraum umfasste, sondern von unbestimmter Dauer war. Seine Haftentlassung hing von der Beurteilung durch einen Bewährungsausschuss ab.[199] Als er im Februar 1970 des Mordes angeklagt wurde, saß Jackson bereits seit zehn Jahren im Gefängnis. Ein Schuldspruch hätte für ihn die Todesstrafe bedeutet.[200]

Redegewandt und durch die Jahre im Gefängnis abgehärtet, war Jackson unter den afroamerikanischen Häftlingen des Soledad Gefängnisses zu einer geachteten Autorität geworden.[201] Unter dem Einfluss der *Black Power*-Bewegung hatte er begonnen, sich vermehrt mit der Vorstellung eines revolutionären schwarzen Befreiungskampfes auseinanderzusetzen und war schließlich mit Einwilligung des seit 1967 ebenfalls inhaftierten Huey Newton in die BPP eingetreten.[202] Beeinflusst von der ideologischen Ausrichtung der *Black Panthers*, die zu diesem Zeitpunkt einen revolutionären Nationalismus, eine Mischung also aus marxistisch-leninistischen Ideen verbunden mit Frantz Fanons Theorie der *Inneren Kolonien* vertraten, versuchte Jackson das revolutionäre Bewusstsein seiner schwarzen Mithäftlinge zu

---

197 Ebenda, S. 250.

198 Der Mord an dem weißen Gefängniswärter war wahrscheinlich eine Vergeltungstat, nachdem kurz zuvor mehrere schwarze Häftlinge bei einem Streit mit anderen Häftlingen während des Hofgangs durch die Schüsse eines weißen Aufsehers zu Tode gekommen waren. Vgl. Joseph, *Waiting 'til the Midnight Hour*, S. 251-252; »3 Prisoners Killed by Soledad Guard«, in: *Los Angeles Times* (14.01.1970), S. 3; »3 ›Soledad Brothers‹ Believe They'd Get Better Trial in S.F.«, in: *Los Angeles Times* (03.09.1970), S. 3. Vgl. außerdem Bettina Aptheker, *The Morning Breaks. The Trial of Angela Davis*, Ithaca 1999, S. 5ff.

199 Dan Berger, *Captive Nation. Black Prison Organizing in the Civil Rights Era*, Chapel Hill 2015, S. 97-98. Jackson war ursprünglich wegen seiner Beteiligung an einem Tankstellenüberfall, bei dem 70 Dollar erbeutet worden waren, verurteilt worden.

200 Berger, *Captive Nation*, S. 98.

201 Ebenda, S. 100.

202 Joseph, *Waiting 'til the Midnight Hour*, S. 253-254; Berger, *Captive Nation*, S. 101.

fördern.[203] Er interpretierte die Inhaftierung Schwarzer als rassistische Unterdrückungspraxis und vertrat die Ansicht, dass afroamerikanische Häftlinge innerhalb der Gefängnisse ebenfalls eine Bewegung formieren müssten, um für ihre Rechte zu kämpfen.[204]

Huey Newton bezeichnete Jackson später als eine »legendäre Figur im Gefängnissystem«, der für ihn zu einem Helden geworden war, weil er Handlungsstandards für politische Häftlinge gesetzt habe.[205] Für Angela Davis wurde Jackson zu einem »Symbol des Willens von all jenen von uns, die hinter Gittern sitzen«. Er symbolisierte für Davis auch die »Stärke, die unterdrückte Menschen schon immer fähig waren aufzubringen.«[206] Bald zählte Angela Davis zu den bekanntesten Mitgliedern des *Soledad Brothers Defense Committee* (SBDC), das von der Bürgerrechtsanwältin Fay Stender im Frühjahr 1970 gegründet worden war und von Prominenten und linken Aktivisten unterstützt wurde, darunter Jane Fonda, Pete Seeger, Tom Hayden und Noam Chomsky.[207] Während Fay Stender die Verteidigung vor Gericht übernahm, versuchte das SBDC die öffentliche Aufmerksamkeit auf den Fall zu lenken und Geldspenden zur Finanzierung der Verteidigungskampagne der Soledad Brothers einzuwerben.[208]

Im April 1970 gründete Angela Davis eine Vertretung des SBDC in Los Angeles. Damit nahm sie eine zentrale Rolle in einem Antirassismus-Diskurs ein, in dem radikale Aktivisten die USA als repressiven Unterdrückungsstaat und metaphorisch gesprochen als Gefängnis für die gesamte afroamerikanische Bevölkerung darstell-

---

203 Vgl. Floyd W. Hayes, Francis A. Kiene, »›All Power to the People‹. The Political Thought of Huey P. Netwon and the Black Panther Party«, in: Jones (Hg.), *The Black Panther Party Reconsidered*, S. 157-176.

204 Vgl. Dan Berger, »America's fortress of blood: The death of George Jackson and the birth of the prison-industrial complex«, in: *Salon*, 07.09.2014, URL: www.salon.com/2014/09/07/americas_fortress_of_blood_the_death_of_george_jackson_and_the_birth_of_the_prison_industrial_complex/(zuletzt abgerufen: 01.02.2020); Lee Bernstein, *America is the Prison. Arts and Politics in Prison in the 1970s*, Chapel Hill 2010, S. 52-53. Jackson wird teilweise auch als Gründer des sogenannten *Prison Rights Movement* in Kalifornien dargestellt. Für solch eine historische Verortung Jackson aus marxistischer Perspektive siehe auch Howard Zinn, *A People's History of United States*, New York 2010, S. 519-520.

205 Huey Newton, »Statement by Huey P. Newton, Minister of Defense of the Black Panther Party, At the Revolutionary Memorial Service for George Jackson«, in: *Black Panther Intercommunal News Service* (04.09.1971), S. 9.

206 Davis, *An Autobiography*, S. 317.

207 Soledad Brothers Legal Defense Committee, »Soledad Brothers: George Jackson, 1941-1971, John Cluchette, 1943-, Fleeta Drumgo, 1945-« Flyer (1971), in: George Jackson Collection, University of Texas Libraries, Texas ScholarWorks, URL: https://repositories.lib.utexas.edu/bitstream/handle/2152/13802/SoledadBrothersDefenseComm.pdf?sequence=2&isAllowed=y (zuletzt abgerufen: 01.02.2020).

208 Berger, *Captive Nation*, S. 105.

ten.[209] Der politische Gefangene wurde zum Schlüsselbegriff dieses Antirassismus-Diskurses, der sich im Zuge der anwachsenden *Prison Rights Movement* zunehmend auf Gefängnisse als Unterdrückungsinstrument konzentrierte. Der Begriff des politischen Gefangenen basierte auf der Annahme, dass die Ursache für Straftaten, die von Afroamerikanern (und anderen ethnischen Minderheiten) begangen wurden, in den durch rassistische Diskriminierung geprägten sozialen und politischen Rahmenbedingungen der USA zu finden sei. Die Verhaftungen politischer Aktivisten, wie sie zu dieser Zeit vermehrt stattfanden, deutete man in diesem Sinne als ein Wegsperren unliebsamer politischer Kritiker und eine kontinuierliche Unterdrückungspraxis durch ein als »neofaschistisch« bezeichnetes Regime.

Davis' Aktivismus konzentrierte sich damals auf die Idee des politischen Gefangenen, sie wendete sich der Bedeutung von Gefängnisrechten für den schwarzen Freiheitskampf zu.[210] Ideologisch sah sie sich mit den Soledad Brothers im »gleichen Kampf« gegen den »gleichen Feind« verbunden.[211] Die Auseinandersetzung um ihren Job an der UCLA ein Jahr zuvor deutete sie nun als Kampf um ihre Rechte als »Schwarze Frau, als eine Kommunistin, als eine Revolutionärin«, dieser Kampf verbinde sie mit den Soledad Brothers und ihrem Kampf als »Schwarze Männer, als Revolutionäre«.[212] Eine solche schicksalhafte Verbundenheit zwischen Afroamerikanern leitete Angela Davis auch aus der Zeit der Sklaverei her. Diese bestehe in Form von Gefängnissen fort und beraube die afroamerikanische Bevölkerung weiter ihrer Freiheit:

> »They didn't need to be educated or informed – they knew. The grey walls, the sound of chains had touched not only their lives, but the lives of all Black people in the country. Somewhere, at some time, they knew or knew of someone who wore those chains.«[213]

In Davis' Denken gehörten Gefängnisse zu einem Schicksalsort in der Geschichte des schwarzen Freiheitskampfes. Gefängnisse manifestierten eine Kontinuität der Unterdrückung, die Afroamerikaner seit der Zeit der Sklaverei in den USA erlebten. Ohne zu ahnen, dass sie selbst als bekannteste »politische Gefangene« der USA kurze Zeit später über die Landesgrenzen hinaus Berühmtheit erlangen sollte, sah Davis den Fall der Soledad Brothers wie auch den Umgang der Strafjustiz mit schwarzen Angeklagten zu diesem Zeitpunkt als Nukleus des schwarzen Freiheitskampfes.

---

209 Der Vergleich der USA mit einem Gefängnis tauchte bereits vor George Jackson bei Malcolm X, Eldridge Cleaver und Bobby Seale auf, und wird später auch von Angela Davis in ihrer Autobiografie fortgeführt. Vgl. Bernstein, *America is the Prison*, S. 2.

210 Davis, *An Autobiography*, S. 258.

211 Ebenda.

212 Ebenda, S. 255.

213 Ebenda, S. 258.

Bereits im Verlauf der 1960er Jahre hatten afroamerikanische Bürgerrechtsaktivisten entdeckt, dass in den Personen, die Haftstrafen zu verbüßen hatten, Mobilisierungspotenzial zur Unterstützung ihrer politischen Ziele steckte. Während kurze Gefängnisaufenthalte für Bürgerrechtsaktivisten und studentische Demonstranten nicht selten einer Art Auszeichnung gleichkamen, die ihnen in ihrem Kampf für Gleichheit zu mehr Authentizität verhalf, sahen sich Ende der 1960er Jahre militante schwarze Aktivisten wie Huey Newton oder Bobby Seale mit jahrzehntelangen Haftstrafen konfrontiert. Diese waren Teil einer Strategie, die das FBI mit seinem *Counterintelligence Program* (COINTELPRO) zur Bekämpfung militanter afroamerikanischer Gruppen anwendete.[214] Aufgrund dieser unverhältnismäßig harten Gefängnisstrafen und vor dem Hintergrund der radikalen Befreiungstheorien ihrer Zeit fingen schwarze Häftlinge und Aktivisten wie Angela Davis um 1969/1970 gleichermaßen an, afroamerikanische Gefängnisinsassen als politische Gefangene zu bezeichnen.[215]

Kampagnen zur Verteidigung und Freilassung inhaftierter *Black Panther*-Aktivisten richteten sich also konzeptionell und strategisch neu aus, indem sie die Inhaftierten mit politischen Gefangenen verglichen. Unter Rückgriff auf Analogien zum Faschismus, die Formen der rassistischen Unterdrückung in den USA mit der Rassenideologie der NS-Diktatur gleichsetzten, bezeichnete die

---

214 Das *Counterintelligence Program* (COINTELPRO) war eine Serie von verdeckten Projekten des FBIs, die aus Gründen der »nationalen Sicherheit« das Ziel hatten, bestimmte politische Organisationen auszuspionieren, zu infiltrieren, zu diskreditieren und zu zerschlagen. Betroffen waren davon Organisationen, die das FBI wegen ihrer politisch-ideologischen Ausrichtung als subversiv einordnete. Dies betraf kommunistische und sozialistische Gruppen, Personen und Organisationen, die mit der Bürgerrechtsbewegung verbunden waren, zur Neuen Linken zugehörige Gruppen sowie sogenannte weiße Hate-Gruppen wie der KKK. Mit der Radikalisierung durch die *Black Power*-Bewegung wurden sogenannte schwarze Hate-Gruppen, zu denen das FBI auch die BPP zählte, zum Ziel des COINTELPRO. Siehe Ward Churchill, Jim Vander Wall, *Agents of Repression. The FBI's Secret Wars Against the Black Panther Party and the American Indian Movement*, Cambridge 2002, S. 63ff.; Ward Churchill, Jim Vander Wall, *The Cointelpro Papers. Documents from the FBI's Secret Wars Against Domestic Dissent: Documents from the Federal Bureau of Investigation's Secret Wars Against Dissent in the United States*, Cambridge 1990, S. 123-164; Kenneth O'Reilly, *Racial Matters. The FBI's Secret File on Black America 1960-1972*, New York 1989, S. 293-353.

215 Die (Selbst-)Bezeichnung »politischer Gefangener« tauchte schon vorher auf, hier jedoch eher im Zusammenhang mit gegen Kommunisten verhängten Haftstrafen während der McCarthy-Zeit. Als William L. Patterson beispielsweise 1954 wegen »Missachtung des Kongresses« (er war einer Vorladung des HUAC im Zusammenhang mit dessen Untersuchung gegen den CRC als subversive Organisation nicht nachgekommen) in New York und Connecticut in Haft saß, sprach er in Briefen an seine Frau Louise Thompson Patterson von sich selbst als »politischer Gefangener«. Horne, *Black Revolutionary*, S. 141. Die Idee des »politischen Gefangenen« wurde hier jedoch noch nicht zum politischen Kampfbegriff, der in Verbindung mit einer öffentlichen politischen Kampagne stand.

BPP die Verhaftung ihrer Mitglieder als Einschüchterungsversuche eines »faschistischen Machtgefüges«.[216] Während die Prozesse von Aktivistengrößen wie Newton und Seale aufgrund der schon vorhandenen Bekanntheit der Angeklagten das Interesse einer breiten Öffentlichkeit auf sich zogen, blieb das Schicksal der Masse afroamerikanischer Häftlinge meist jedoch im Schatten der öffentlichen Aufmerksamkeit.

Dies änderte sich mit der Verteidigungskampagne für die Soledad Brothers. Das *Defense Committee* engagierte Anwälte, entwickelte Rechtsstrategien, sammelte Gelder und organisierte Protestveranstaltungen zur Unterstützung der inhaftierten Männer. Davis nutzte ihre durch den *Academic Freedom Case* gewonnene nationale Bekanntheit gezielt zur Unterstützung der Soledad Brothers. Bei Demonstrationen und Versammlungen trat sie als Rednerin auf und bezeichnete die drohende Verurteilung der Soledad Brothers als einen »legalen Lynchmord«, der als Fortsetzung der rassistischen Gewalt gegen Afroamerikaner zu sehen sei, wie sie seit der Sklaverei bestanden habe.[217] Mit verschiedenen Aktionen gelang es Davis und dem *Defense Committee*, das öffentliche Interesse für den Fall zu wecken. Prominente Unterstützer der Kampagne wie Jane Fonda und Marlon Brando sprachen öffentlich ihre Unterstützung für die Soledad Brothers aus und Mitglieder des *Black Caucus* (afroamerikanischer Kongressausschuss im kalifornischen Parlament) lancierten eine unabhängige Untersuchung der Haftbedingungen im Soledad-Gefängnis.[218] Bei ihren Auftritten während der Verteidigungskampagne für die Soledad Brothers rief Davis ihre Zuhörer zum Kampf gegen das Unterdrückungssystem auf und beschwor die Macht der Massenbewegungen, die sie sich aus ihrer Sicht bereits im Kampf für ihre Weiterbeschäftigung an der UCLA gezeigt habe und die auch zu einem Freispruch der Soledad Brother führen könne.

Durch die politische Radikalität, mit der sie in ihren Reden die Unterstützung der Soledad Brothers zu begründen versuchte, riskierte Davis jedoch schließlich ihre Anstellung an der UCLA. Nur wenige Monate nachdem die Auseinandersetzung um ihre Einstellung zum Testfall für die akademische Freiheit avanciert war, lehnten die UCLA-*Regents* im Juni 1970 eine Verlängerung von Davis' Vertrag ab. Ihre Lehrleistung galt als sehr gut und eignete sich damit nicht zur Begründung der Entscheidung, sodass sich das Gremium auf ihre öffentlichen Auftritte außerhalb der Universität bezog. Aus Sicht der *Regents* zeugten Davis' wiederholte Aufrufe zum Widerstand von einem »unprofessionellen Verhalten«, das eben jenes Prin-

216 Vgl. »The fascists have already decided in advance to murder Chairman Bobby Seale in the electric chair«, in: *The Black Panther*, 4/15 (15.03.1970).

217 Angela Davis, »Die Soledad Brüder. Ein Aufruf«, in: Davis (Hg.), *Materialien zur Rassenjustiz*, S. 198-210, hier: S. 198.

218 Berger, *Captive Nation*, S. 106; Aptheker, *The Morning Breaks*, S. 10.

zip der akademischen Freiheit, für das Davis und ihre Unterstützer noch einige Monate zuvor gekämpft hatten, gefährde.[219]

Mit dieser Entscheidung war es Ronald Reagan trotz des Urteils der Obersten Gerichtshofs gelungen, seine Ankündigung, weder er noch die *Regents* würden »kommunistische Aktivitäten jeglicher Art an staatlichen Institutionen tolerieren«, Realität werden zu lassen.[220] Denn Kommunisten, so ließ Reagan die Öffentlichkeit in einem im Juni 1970 veröffentlichten Memorandum wissen, seien »eine Gefahr für dieses wundervolle Regierungssystem, das wir alle teilen und auf das wir alle stolz sind.«[221] Das Ende ihrer Lehrtätigkeit an der UCLA bedeutete jedoch keineswegs das Ende der öffentlichen Auseinandersetzung, die zwischen Davis und Vertretern des konservativen politischen Lagers entfacht war. Ihr Aktivismus für die Soledad Brothers verlieh dieser Auseinandersetzung eine neue Qualität.

Im Juli 1970 wurden die Soledad Brothers in das San-Quentin-Gefängnis verlegt, da im nahen San Francisco im September der Prozess gegen sie beginnen sollte. Am 7. August 1970 nahm der 17-jährige Bruder des Angeklagten George Jackson, Jonathan Jackson, während einer Anhörung in einem Gerichtsgebäude mehrere Geiseln. Ziel war es, die Freilassung seines Bruders zu erwirken. Nach kurzer Zeit wurde die Geiselnahme von den Wachmännern gewaltsam beendet, wobei der Geiselnehmer, der Richter sowie drei weitere Personen durch die Schüsse der Wachmänner ums Leben kamen.[222] Wenige Tage nach dieser missglückten Geiselnahme wurde ein Untersuchungsverfahren eingeleitet. Dieses sollte feststellen, ob ein geheimer Befreiungsplan existiert hatte, an dem auch die Soledad Brothers beteiligt gewesen waren. Innerhalb weniger Tage stellte sich bei der polizeilichen Untersuchung heraus, dass die Waffen, die Jonathan Jackson benutzt hatte, auf Angela Davis' Namen registriert waren.

---

219 Zitiert nach Amy Alexander, *Fifty Black Wome Who Changed America*, Seacaucus, 1999, S. 260.

220 Zitiert nach ebenda.

221 Herbert Marcuse, »Angela Davis and Herbert Marcuse KPIX Newsclips 1969-1972«, in: Marcuse, *Marxism, Revolution and Utopia*, S. 212.

222 Untersuchungen des Vorfalls, die während Davis' Prozess als Beweisführung vorgelegt wurden, zeigen, dass weder Jonathan Jackson noch die beiden anwesenden San-Quentin-Häftlinge, Ruchell Magee und James McClain, im Ereignisverlauf Schüsse abgegeben hatten. Der Leiter von San Quentin, James W. Park, gab bei einer Pressekonferenz bekannt, dass sich die bei der Verhandlung anwesenden Aufseher bei der Abgabe der Schüsse an die »no-escape, no-hostage«-Regeln des Gefängnisses gehalten hätten. Diese sehen die Verhinderung eines Ausbruchs vor, ob »mit oder ohne Geiseln« (siehe »Police Contend Kidnappers Fired First Shots in Courtroom Escape«, in: *New York Times* (11.08.1970)). Die entsprechenden Gerichtsprotokolle befinden sich in »Trial transcript: March 27 1972 – April 27 1972«, in: *Angela Davis Trial*, M0308, Box 2 und 3, S. 2858-2938, Dept. of Special Collections, Stanford University Libraries.

Davis geriet somit unter Verdacht, an der Tat beteiligt gewesen zu sein. Nachdem ein Haftbefehl gegen sie erlassen worden war, tauchte sie unter und wurde vom FBI am 18. August 1970 auf die FBI-Liste der zehn meist gesuchten Verbrecher der USA gesetzt. Während die Suche nach Davis anhielt, versuchte im September 1970 das *LIFE Magazin* unter dem Titel »The Making of a Fugitive« eine Erklärung dafür zu liefern, wie Davis sich von einer jungen, vielversprechenden Wissenschaftlerin zu Amerikas meistgesuchten Verbrecherin entwickeln konnte. »Hass« und »fanatische Hingabe«, so das Magazin, seien für Angela Davis' Kriminalisierung entscheidend gewesen.[223] Ohne dass zu diesem Zeitpunkt eine Anklageschrift gegen Davis vorgelegen hatte, kam der Artikel einem Schuldspruch gleich.

Das Erscheinen von George Jacksons Gefängnisbriefen unter dem Titel *Soledad Brother* im Oktober 1970, die er zwischen 1964 und 1970 geschrieben hatte, befeuerte die öffentliche Diskussion um Davis' Beteiligung an der Geiselnahme weiter.[224] Im Verlauf der vorangegangen Monate hatte sie aufgrund ihrer Mitarbeit im Soledad-Brothers-Verteidigungskomitee eine persönliche Beziehung zu George Jackson und dessen Familie aufgebaut. Ihr Interesse an dem Fall ging weit über ein rein politisches Engagement hinaus. Durch die Veröffentlichung von *Soledad Brother* wurde nun die romantische Beziehung zwischen Davis und Jackson publik. Jacksons Briefe, in denen er typische Themen dieser Zeit wie ideologische Fragen des Revolutionskampfes im schwarzen Ghetto oder die Sinnhaftigkeit des urbanen Guerillakampfes mit Davis diskutierte, zeugten von einer innigen Verbundenheit zwischen den beiden.[225] Hatte seine Briefsammlung zumindest in einigen Feuilletons als das »neuste, radikale Produkt« des kalifornischen Strafsystems noch einige Wochen zuvor leise Zweifel am Gefängnissystem laut werden lassen, das darauf abziele »zu zerbrechen anstatt zu rehabilitieren«, diente sie nun als Futter für weitere Spekulationen über mögliche Gründe für eine Beteiligung Davis' an Jonathan Jacksons Geiselnahme.[226]

---

223 »The Making of a Fugitive«, in: *LIFE Magazin* (11.09.1970), S. 25.

224 George Jackson, *Soledad Brother: The Prison Letters of George Jackson*, New York 1970. Mit der Veröffentlichung seiner Gefängnisbriefe im September 1970 wurde George Jackson fester Teil der *Black Power*-Heldenikonografie. In seinem Vorwort zu *Soledad Bother* bezeichnet der französische Autor Jean Genet die Briefsammlung als ein »Manifest, als ein Traktat, als ein Aufruf zur Rebellion«, das von jemandem verfasst worden sei, der nach seinen »eigenen Maßstäben ein revolutionäres Bewusstsein« geschaffen habe.

225 Vgl. »Letter to Angela Davis« (1970), in: George Jackson, *Soledad Brother: The Prison Letters of George Jackson*, Chicago ²1994, S. 280-285; »Letter to Angela Davis« (21.05.1970), in: Jackson, *Soledad Brother*, 1994, S. 286-290. Davis' Darstellung der Beziehung in ihrer Autobiografie fügt sich in das Bild einer romantischen Liebesbeziehung ein (siehe Davis, *An Autobiography*, S. 263ff.).

226 Thomas A Johnson, »Convict's Letters to be Published. Suspect in Killing of Guard at Soledad Recalls Decade«, in: *New York Times* (14.09.1970), S. 22; Christopher Lehmann-Haupt, »From

Ihre mögliche Beteiligung an der Geiselnahme blieb weiterhin ungeklärt. Als die *New York Times* jedoch einen der Briefe Jacksons an Davis vollständig abdruckte, wurde neben ihrer politischen Radikalisierung nun auch blinde Leidenschaft als Erklärungsmöglichkeit in der öffentlichen Diskussion gehandelt.[227] Hatte die *New York Times* noch einige Wochen zuvor zu Wachsamkeit gegenüber den gesellschaftlichen Konsequenzen einer abschreckenden Strafjustiz und eines bestrafenden Gefängnissystems aufgerufen, formulierte sie damit nun eines der Hauptargumente, auf das sich die Staatsanwaltschaft im Prozess gegen Davis knapp eineinhalb Jahre später berufen sollte.

Am 16. Oktober 1970 wurde Davis nach einer aufwendigen, landesweiten Suche durch Sonderermittler des FBI schließlich in New York festgenommen. Präsident Richard Nixon nutzte die Presserunde nach der Unterzeichnung eines neuen Gesetzes zur Verbrechensbekämpfung, das unter anderem auch ein härteres Vorgehen der Polizei gegen Terroristen vorsah, um vor laufenden Kameras dem FBI-Direktor J. Edgar Hoover höchstpersönlich zur erfolgreichen Festnahme zu gratulieren. Davis' Festnahme, so Nixon, sei eine Warnung an jene, »die sich an Taten beteiligten, für die sie letzten Endes verhaftet werden.«[228] Auch die *New York Times* beglückwünschte Hoover und das FBI zu »einem großartigen Ermittlungseinsatz«.[229] Es schien zu diesem Zeitpunkt kaum noch ein Zweifel daran zu bestehen, dass Davis ihren radikalen Reden hatte Taten folgen lassen. Denn die Kombination aus »schön, hochintelligent und rot«, so charakterisierte die *New York Times* Angela Davis, und die Mitgliedschaft in der CPUSA bedeute für Kommunisten quasi naturgemäß kriminelles Potenzial.[230] Davis' Verhaftung gleiche, so die *Times* weiter, der

---

Dachau With Love«, in: *New York Times* (20.11.1970), S. 39. Ein Jahr später sollten mehrere Gefängnisaufstände, die sich sowohl auf die schlechten Haftbedingungen, als auch auf die Politisierung von Gefängnisstrafen auf beiden Seiten des politischen Spektrums zurückführen lassen, diese Debatte wiederaufleben lassen. Der Gefängnisaufstand im Attica-Gefängnis im September 1971 in New York, der mit einer blutigen Niederschlagung unter Anordnung des Gouverneurs von New York, Rockefeller, endete, kann als Paradebeispiel dafür gesehen werden (vgl. Tom Wicker, »4 Day of Attica Talks End in Failure«, in: *New York Times* [14.09.1971], S. 1; Tom Wicker, »The Animal at Attica«, in: *New York Times* [16.09.1971], S. 43; Anthony Lewis, »The Price of Violence«, in: *New York Times* [18.09.1971]).

227 »Soledad. A Letter to Angela Davis« in: *New York Times* (13.10.1970), S. 45.

228 Wortlaut im Original: »should be warning to those who engage in these acts that they eventually are going to be apprehended.« (Carroll Kilpatrick, »Nixon Vows ›Total War‹ Against Crime«, in: *Washington Post* [16.10.1970], S. A2). Reagan machte Davis' Fall zum Wahlkampfthema für seine erneute Kandidatur als Gouverneur (vgl. Steven V. Roberts, »Ronald Reagan Is giving ›Em Heck‹«, in: *New York Times* [25.10.1970], S. SM22).

229 John Murphy, »Beautiful, Brilliant, Red: Angela's Cryptic Career«, in: *New York Times* (14.10.1970).

230 Ebenda.

Tragödie einer »wirkungsvollen und eloquenten Wortführerin der radikalen Sache, die möglicherweise einen signifikanten Beitrag zur normalen politischen Debatte des Landes und den erforderlichen friedlichen Veränderungsprozessen hätte beitragen können«, wäre sie nicht »zu revolutionären Worten und vielleicht sogar Schlimmerem« übergegangen. «[231]

Noch bevor eine Anklageschrift vorlag, stilisierten Regierungsvertreter und Medien die Kommunistin Angela Davis zum Inbegriff der gewaltsamen Bedrohung. Aus Sicht des politischen Establishments sei durch die außer Kontrolle geratene rebellierende schwarze und weiße Jugend und deren teilweise in konkrete Gewalt umgeschlagene radikale Rhetorik allgegenwärtig.[232] Die *Newsweek* bediente dieses Bedrohungsszenario, indem sie Davis in ihrer Titelgeschichte als »schwarze Revolutionärin« porträtierte, die in ihren Vorlesungen von Widerstand als Schlüssel zur schwarzen Befreiung gesprochen habe und nun von theoretischen Debatten zum gewaltsamen Handeln übergegangen sei.[233] In den öffentlichen Reaktionen wurden dieselben Feindbilder bedient, die bereits die Berichterstattung über Davis' *Academic Freedom Case* geprägt hatten. Wurden diese zunächst noch durch eine unspezifische Angst vor einer kommunistischen Unterwanderung geschürt, folgte nun die juristische Legitimation: Es kam zur Vorverurteilung Davis' und damit schwanden zugleich die Chancen für Davis' Mitaktivisten und politischen Gesinnungsgenossen, einen fairen Prozess – basierend auf dem Prinzip der Unschuldsvermutung – in der ohnehin schon politisch aufgeladenen Stimmung des Landes zu erhalten.

Das öffentliche Bild der »schwarze[n] Revolutionärin«, deren Fall sowohl von den etablierten Massenmedien als auch von *Black Power*-Aktivisten als Beweis für eine sich immer weiter radikalisierende schwarze Freiheitsbewegung gedeutet wurde, wurde durch die folgenden Entwicklungen um George Jackson und den Fall der Soledad Brothers weiter bekräftigt. Bereits Jonathan Jacksons Befreiungsversuch war in *Black Panther*-Kreisen als Vorbote einer bevorstehenden schwarzen Revolution gehandelt worden.[234] Dass solch eine schwarze Revolution innerhalb und außerhalb des Gefängnisses der einzige Weg war, um ihn in die lang ersehnte Freiheit zu führen, daran bestand für George Jackson zu diesem Zeitpunkt kein Zweifel mehr. Den bevorstehenden Prozess lehnte er ab, weil es sich aus seiner Sicht um einen weiteren Selbstlegitimierungsversuch eines ohnehin unrechtmäßigen (Rechts-)Systems handelte. Der gewaltsame Tod seines Bruders, der Zuspruch, den er durch sein Buch *Soledad Brother* erfahren hatte, und

231 »The Angela Davis Tragedy«, in: *New York Times* (16.10.1970), S. 34.

232 Zur Radikalisierung der studentischen Protestbewegung und gewaltsamen Eskalation Ende der 1960er und zu Beginn der 1970er Jahre siehe Varon, *Bringing the War Home*; Lytle, *America's Uncivil Wars*.

233 »Angela Davis. Black Revolutionary«, in: *Newsweek* (26.10.1970), S. 19-24.

234 Berger, *Captive Nation*, S. 126-127.

Angela Davis' Verhaftung bestärkten ihn in seinem Glauben, dass der bewaffnete Guerillakampf der einzig verbleibende Weg war, um eine Befreiung der schwarzen Bevölkerung herbeizuführen.[235] In einem Interview mit der *New York Times* sagte Jackson, dass er seine Hoffnungen auf Bewährung schon lange aufgegeben habe. Da die Gefängnisführung seine Selbstwahrnehmung als Revolutionär mittlerweile nicht zuletzt wegen seiner zunehmenden Militanz anerkannt habe, so Jackson, bestehe der einzige Ausweg in der Flucht aus dem Gefängnis.[236]

Im Juli 1971 erreichten Angela Davis' Verteidiger, dass ein Treffen zwischen Davis und George Jackson stattfinden konnte.[237] Am Ende des mehrstündigen Treffens, bei dem Davis und Jackson mit ihren Anwälten ihre Verteidigungsstrategie diskutierten, beschwor Davis die politische Bedeutung ihrer beiden Fälle für den schwarzen Freiheitskampf innerhalb und außerhalb der Gefängnismauern: »I told him that our victory would have to be a victory together. All of us.«[238] Jackson zeigte sich davon überzeugt, dass ihre Fälle zu gewinnen seien. Gleichzeitig nahmen seine Revolutionsvorstellungen immer militantere Züge an. Er plante den Aufbau eines Guerilla-Trainingscamps für radikale Aktivisten, das mit finanzieller Hilfe durch das SBDC aufgebaute werden sollte.[239] Diese Pläne führten zum Zerwürfnis mit seiner Anwältin Fay Stender, die durch Jacksons Ideen wohl zu Recht die öffentliche Unterstützung für den Soledad-Brothers-Fall sowie die gesamte *Prison Rights Movement* gefährdet sah.[240] Unbeeindruckt von dieser Kritik verarbeitete Jackson seine Vorstellungen einer urbanen Guerillakriegsführung neben politischen und wirtschaftlichen Themen ab Januar 1971 in seinem zweiten Buch *Blood in My Eye*, das eine militärische Handlungsanweisung beinhaltete. Die beiden anderen Soledad Brothers John Clutchette and Fleeta Drumgo traten hingegen kaum öffentlich in Erscheinung.

Am 21. August 1971, wenige Tage nach Fertigstellung von *Blood in My Eye* und drei Tage vor Beginn des Prozesses, starb George Jackson durch die Schüsse eines Wachmannes.[241] Der offiziellen Darstellung zufolge hatte Jackson mithilfe einer eingeschmuggelten Waffe Wachpersonal als Geiseln genommen, einen Gefangenenaufstand angezettelt und schließlich einen Fluchtversuch unternommen. Dabei wurde er noch auf dem Gefängnisgelände durch die Schüsse eines Wachmannes

---

235 Ebenda, S. 130.

236 Tad Szulc, »George Jackson Radicalizes the Brothers in Soledad and San Quentin: Soledad Brother«, in: *New York Times* (01.08.1971), SM10.

237 »Angela Davis meets a Soledad Brother«, in: *New York Times* (09.07.1971); Davis, *An Autobiography*, S. 310.

238 Davis, *An Autobiography*, S. 311.

239 Berger, *Captive Nation*, S. 131-132.

240 Ebenda, S. 131.

241 Zu den genauen Umständen, die zu Jacksons Tod führten, gibt es kontroverse Darstellungen. Dan Berger gelingt eine konsistente und quellenbasierte Aufarbeitung der Ereignisse (siehe Berger, *Captive Nation*, S. 133-138).

tödlich getroffen. Dagegen wurden Stimmen laut, die in den Ereignissen ein abgekartetes Spiel sahen und von einer »politischen Hinrichtung« Jacksons sprachen.[242] Bei einer »revolutionären Trauerfeier« pries BPP-Führer Huey Newton George Jackson als einen »Held, der in bedeutsamer Weise gestorben war.«[243] Die Nachricht von George Jacksons Tod stürzte Angela Davis in tiefe Trauer:

> »George was dead, and the deeply personal pain I felt would have strangled me had I not turned it into proper and properly placed rage. […] George's death […] would give me the courage and energy I needed for a sustained war against the malevolent racism that had killed him. He was gone, but I was here. His dreams were mine now.«[244]

Dass George Jackson gezielt ermordet worden war, daran bestand für Angela Davis kein Zweifel. In einer Stellungnahme schrieb sie, Jackson habe gewusst, dass er sich als »Preis für seinen erbitterten revolutionären Kampf« täglich in Lebensgefahr befinde.[245] Für Davis und ihre Unterstützer bestätigte sein Tod die Notwendigkeit, sich um eine umfassende politisch ausgerichtete Verteidigungskampagne bemüht zu haben.

Einer der ersten öffentlichen Proteste nach Davis' Verhaftung am 16. Oktober 1970 kam von Bettina Aptheker, einer Freundin aus der New Yorker Schulzeit.[246] Wie Davis war Aptheker als *Red Diaper Baby* aufgewachsen und umgeben von zentralen Figuren der alten Linken sozialisiert worden. In den 1960er Jahren war sie in der studentischen Protestbewegung aktiv und hatte eine führende Rolle in der *Free Speech Movement* (FSM) an der Berkeley Universität.[247] In ihrem Protestauf-

---

242 Vgl. Francis Carney, »George Jackson and His Legend«, in: *The New York Review of Books* (28.11.1974); Jo Durden-Smith, *Who Killed George Jackson*, New York 1976. Drei der als *San Quentin Six* bekannt gewordenen Häftlinge, die in die Geiselnahme und Jacksons Fluchtversuch involviert waren, wurden in einem 14 Monate andauernden Prozess unter anderem wegen Mordes verurteilt. Die drei anderen Häftlinge (darunter auch Fleeta Drumgo) wurden am 12. August 1976 von allen Anklagepunkten freigesprochen (vgl. Henry Weinstein, »3 Cleared, 3 Guilty in San Quentin Case: 3 in Coast Case found not guilty«, in: *New York Times* [13.08.1976], S. 1). Die beiden verbliebenen Soledad Brothers, Cluchette und Drumgo, wurden von einem Gericht in San Francisco am 27. März 1972 vom Vorwurf des Mordes an einem Gefängniswärter freigesprochen.

243 Earl Caldwell, »Black Panther Leader Eulogizes Jackson as Hero«, in: *New York Times* (29.08.1971).

244 Davis, *An Autobiography*, S. 319.

245 Ebenda, S. 318.

246 In ihrer Autobiografie beschreibt Angela Davis, wie sie und Bettina Aptheker sich als Kinder in New York kennenlernten. Dabei seien Davis besonders Bettina Apthekers Berichte über deren Sowjetunionbesuche als junges Mädchen und die positive Darstellung der dortigen »egalitären Verhältnisse« in Erinnerung geblieben (siehe Davis, *An Autobiography*, S. 304).

247 Vgl. Aptheker, *Intimate Politics*, S. 87ff.

ruf bezeichnete Aptheker Davis' Verhaftung als Todesurteil.[248] Der Entschluss zu Davis' Verhaftung sei von Präsident Nixon persönlich gefasst und in seinen Äußerungen während der Pressenkonferenz nach der Verhaftung deutlich geworden. Hinter der Verhaftung von Davis stehe »eine geplante Regierungsoffensive, um die schwarzen Befreiungsbewegungen auszulöschen« und »den anti-imperialistischen Widerstand« zu zerschlagen.[249] Dabei stelle Davis keinen Einzelfall dar, sondern sei vielmehr Teil einer Unterdrückungsstruktur, die entworfen worden sei, um »das gesamte politische Führungsspektrum in der schwarzen Community zu zerstören«.[250] Angefangen hätten diese staatlich gelenkten Vergeltungsmaßnahmen mit den Ermordungen von Malcom X und Martin Luther King. Sie reichten über den Tod des *Black Panthers* Fred Hampton (Dezember 1969) bis hin zu den Verhaftungen der *Black Panther*-Führer Bobby Seale und Ericka Huggins (1970) in New Haven.[251]

Das von Aptheker in diesem frühen Protestaufruf entworfene Narrativ – Davis' Fall sei eine politisch fingierte Anklage (*frame-up*), die den vorläufigen Höhepunkt eines gezielten politischen Vorgehens gegen Führungspersonen des schwarzen Freiheitskampfes darstelle – sollte den Interpretationsrahmen für die weiteren Proteste bis zu Davis' Freispruch vorgeben. Dabei dominierte das Bild eines repressiven Unterdrückerstaates, der politische Gegner mit den Methoden faschistischer Regime bekämpfe und seine politische Verkörperung in Vertretern des konservativen Lagers wie Richard Nixon, Ronald Reagan und J. Edgar Hoover finde. Aptheker bezeichnete die Formierung einer politischen Massenbewegung als einzig erfolgsversprechende Strategie, um Davis vor einer solchen Attacke der repressiven Kräfte zu schützen. Die Verteidigung Davis' hatte aus Sicht Apthekers das Potenzial, einen Wendepunkt für die revolutionäre Bewegung in den USA zu markieren, da es wegen Davis und ihres vielfältigen Engagements gelingen könne, »schwarze, braune und weiße Menschen, Kommunisten, Radikale und Demokraten, Junge und Alte, Arbeiter und Intellektuelle« in einer Bewegung zu vereinen.[252]

Aptheker nahm in der Folgezeit bei der Gründung des *National United Committee to Free Angela Davis and all Political Prisoners* (NUCFAD) in Los Angeles im Oktober 1970, als Mitglied des *Angela Davis Defense Committees* (ab Dezember 1970) und schließlich als eine von insgesamt fünf »legal investigators« in Davis' Verteidigungsteam, die mit besonderen Besuchsrechten ausgestattet waren, eine Schlüsselrolle in der *Free Angela Davis*-Bewegung ein. Die Unterstützungsbekundungen,

248 Bettina Aptheker, »Rally for Angela Davis on October 24, 1970«, in: *Angela Davis Legal Defense Collection* 1970-1972, Box 4, Folder 12, NYPL Schomburg Center for Research in Black Culture, S. 1.

249 Ebenda, S. 2.

250 Ebenda.

251 Ebenda.

252 Ebenda, S. 8.

die in den Wochen nach Davis' Verhaftung geäußert wurden, ließen ein Bild der Solidarität entstehen, das von Apthekers Vision einer einenden politischen Massenbewegung nicht weit entfernt zu sein schien. Zumindest was die Vielfalt von Personen und Organisationen anging, deckte die Unterstützung für Davis ein breites gesellschaftliches und politisches Spektrum ab. Es reichte von der NAACP und der *Urban League*, über die *United Presbyterian Church*, den *National Board of Young Women Christian Association* (YWCA) bis hin zur *Harlem Writers Guild* (der ältesten afroamerikanischen Schriftstellervereinigung) und dem *Black Scholar Magazine* reichte.[253]

Schließlich gab sogar die Grande Dame der Soul-Musik, Aretha Franklin, bekannt, für Angela Davis' Kaution aufkommen zu wollen.[254] Nicht weil sie den Kommunismus unterstütze, sondern weil Davis eine schwarze Frau sei und sich für die Freiheit der schwarzen Bevölkerung einsetze, erklärte Franklin, sei sie bereit, ihre Kaution unabhängig von der Höhe zu bezahlen, also »egal ob es sich um 100.000$ oder 250.000$« handele.[255] Wie Franklin sah auch der afroamerikanische Schriftsteller James Baldwin in Angela Davis in erster Linie eine Kämpferin für die Freiheit und Gleichheit des afroamerikanischen Amerikas.[256] Davis, so Baldwin, gehöre zu einer neuen Aktivistengeneration im schwarzen Kampf für Freiheit und Gleichheit, der es gelungen sei, ein neues Bewusstsein bei der nachwachsenden afroamerikanischen Generation entstehen zu lassen. Dafür müsse sie nun einen hohen Preis zahlen.[257] Auch er zweifelte nicht daran, dass nichts Geringeres als ihr Leben auf dem Spiel stehe. Und deshalb rief er dazu auf, man müsse, egal ob schwarz oder weiß, für Davis' Leben kämpfen, indem man »mit den eigenen Körpern den Korridor zur Gaskammer unpassierbar« mache.[258] Der in Baldwins Darstellung mitschwingende Vergleich der Verhaftung und drohenden Anklage Davis' mit der Verfolgung und Ermordung der Juden in den Gaskammern der Nationalsozialisten in Deutschland zeigt, dass für ihn nicht nur die Freiheit der gesamten schwarzen Bevölkerung davon anhing, dass man sich für Davis' Freiheit einsetzte, sondern die Existenz der demokratischen Grundordnung des ganzen Landes. Baldwin mahnte:

---

253 »Endorsement List Angela Davis«, in: *Angela Y. Davis Collection*, Box 1, Folder 11, Stuart A. Rose Manuscript, Archives, and Rare Book Library; »Support Activities«, in: *Angela Davis Legal Defense Collection*, Box 4, Folder 7-14, Schomburg Center for Research in Black Culture. Zur Berichterstattung über die wachsende Unterstützung siehe zum Beispiel »Angela Indicted As Support For Her Grows: At Harlem Rally«, in: *New York Amsterdam News* (14.11.1970), S. 1; »Angela Davis. Black Soldier«, in: *Black Scholar* (November 1970).

254 »Aretha Says She'll go Angela's Bond If Permitted«, in: *JET* (03.12.1970), S. 54.

255 Ebenda.

256 James Baldwin, »An Open Letter to my Sister, Miss Angela Davis« (19.11.1970), in: *New York Review of Books* Vol. 15, Nr. 12 (07.01.1971). Baldwins Brief wurde auch in Angela Davis' *If They Come in the Morning* wie auch in der deutschen Ausgabe *Materialien zur Rassenjustiz* veröffentlicht.

257 Ebenda.

258 Ebenda.

»If they take you in the morning, they will be coming for us that night«. Dieser Ausspruch wurde zum Leitsatz der *Free Angela Davis*-Bewegung in den USA, weil er die politische, aber auch moralische Dringlichkeit der Unterstützung Davis' vermittelte.[259]

In den Monaten nach Davis' Verhaftung bekundeten weitere gesellschaftliche und politische Gruppen ihre Unterstützung. Eine Schlüsselrolle in der Organisation und Mobilisierung der Verteidigungskampagne übernahmen nach kurzer Zeit Aktivisten aus den Reihen der CPUSA. In New York formierte sich beispielsweise das *New York Committee to Free Angela Davis*.[260] Die Gruppe um die CPUSA-Veteranin Louise Thompson Patterson organisierte die ersten öffentlichkeitswirksamen Protestveranstaltungen vor dem New Yorker Frauengefängnis, in dem Angela Davis in Einzelhaft saß, und veranstaltete erste Unterschriftenaktionen, um ihre Auslieferung nach Kalifornien zu verhindern.[261] Erfahren in lokaler Parteiarbeit und ausgestattet mit einem umfassenden Netz an Kontakten, das weit über die politischen Grenzen der CPUSA hinausreichte, gelang es Thompson Patterson außerdem, erfolgreiche Spendenaktionen zur Finanzierung der Verteidigungskampagne durchzuführen. Das Einwerben von Spenden sollte zu einem zentralen Anliegen der politischen Verteidigungskampagne werden, da die Kosten für Davis' juristische Verteidigung den zu diesem Zeitpunkt kalkulierten Betrag von 250.000 US-Dollar bald bei Weitem überstiegen.[262]

Darüber hinaus beauftragte das CPUSA-Zentralkomitee den langjährigen Rechtsanwalt der Partei, John Abt, gemeinsam mit der Bürgerrechtsanwältin Margaret Burnham die Vertretung von Angela Davis vor Gericht zu übernehmen

---

259 In Angela Davis' *If They Come in the Morning* kamen neben Davis verschiedene andere »politische Gefangene« wie die *Black Panther* Ericka Huggins und Bobby Seale sowie Mitglieder der Verteidigungskampagne für Davis zu Wort.

260 »Angela In, Pal Is Free«, in: *New York Amsterdam News* (24.10.1970), S. 1; McDuffie, *Sojourning for Freedom*, S. 193ff. Louise Thompson Patterson nutzte ihre organisatorische Erfahrung nicht nur für die Mobilisierung von Unterstützung in Form von beispielsweise Spenden in den USA, sondern reiste im Frühjahr 1971 nach England, um dort ebenfalls auf Davis' Fall aufmerksam zu machen (siehe »Louise Thompson Patterson's tour of Britain under the auspices of the New York Committee to Free Angela Davis, March 1-7, 1971« in: *Louise Thompson Patterson Papers, 1909-1999*, Box 5, Folder 13; Gore, *Radicalism at the Crossroads*, S. 152-154).

261 Zeugnisse der Arbeit des *New York Committee to Free Angela Davis* in Form von Rundschreiben, Flugblättern, Spendenaufrufen und Quittungen sowie Protestaufklebern finden sich in *Angela Y. Davis Collection, 1970-1984*, Box 1, Folder 16-18, Stuart A. Rose Manuscript, Archives, and Rare Book Library.

262 Die Verteidigungskosten sowie die Frage nach der Verwendung von Spendengeldern waren ein wiederkehrendes Thema in der Berichterstattung über den Prozess (siehe zum Beispiel Sol Stern, »The Campaign To Free Angela Davis and Ruchell Magee: The campaign to free Angela«, in: *New York Times* [27.06.1971], SM8). Die Prozesskosten beliefen sich später laut Zeitungsmeldungen auf 1,25 Millionen Dollar (siehe »Cost of Angela Davis Trial To California: $1.25-Million«, in: *New York Times* [13.08.1972], S. 13).

und in verschiedenen Berufungsverfahren ihre Auslieferung nach Kalifornien zu verhindern.[263] Und auch an der Westküste leiteten Davis' Weggefährten aus dem Che Lumumba-Club, Franklin Alexander und Charlene Mitchell, und ebenfalls kommunistische Funktionäre die Organisation von Protesten an. Bereits kurz nach Davis' Verhaftung hatten sie zusammen mit Bettina Aptheker und Davis' Schwester, Fania Davis Jordan, das *National Committee to Free Angela Davis*, das später in *National United Committee to Free Angela Davis and All Political Prisoners* (NUCFAD) umbenannt wurde, gegründet.[264] Angela Davis selbst sah in der Gründung des NUCFAD einen wichtigen Schritt auf dem Weg, die »Volksbewegung« zu stärken, die einzig dazu in der Lage war, ihre Chancen vor Gericht zu verbessern.[265]

In den Wochen nach der Gründung tourten NUCFAD-Mitglieder quer durch das Land, um die Gründung weiterer *Free Angela Davis Comitees* zu fördern, Spenden zu sammeln und Unterstützung für das NUCFAD einzuwerben. Fünf Monate nach ihrer Festnahme gab es fast 200 *Free Angela Davis Committees* in den USA und 67 weitere in anderen Ländern, die an das NUCFAD angegliedert waren.[266] Die Führungsrolle, die das NUCFAD und somit auch die CPUSA in der Verteidigungskampagne für Angela Davis übernommen hatte, blieb jedoch nicht unumstritten. Zu den prominentesten Kritikern zählte beispielsweise Herbert Marcuse, der die kommunistischen Parteien und ihren revolutionären Führungsanspruch schon seit Jahren für veraltet hielt.[267] Wie schon während der Auseinandersetzung um Davis' Anstellung an der UCLA hatte Marcuse als einer der ersten öffentlich seine Solidarität mit seiner Schülerin bekundet und früh zu einem »starken und kontinuierlichen Protest« aufgerufen. Auch er sah ihn als die einzige Möglichkeit an, um ihr Leben zu retten.[268]

---

263 Margaret Burnham ist die Tochter von Louis and Dorothy Burnham, die wie Davis' Mutter beim *Southern Negroe Youth Congress* (SNYC) mitgewirkt hatten und ebenfalls zum Kreis afroamerikanischer alter Linker gehörten. Margaret Burnham war mit Davis seit Kindheitstagen befreundet und ebenfalls Mitglied der New Yorker Advance-Gruppe im Haus der Familie Aptheker (vgl. McDuffie, *Sojourning for Freedom*, S. 197).

264 Im Rahmen einer innerhalb des Zentralkomitees stattfindenden Debatte über die Möglichkeiten der CPUSA, sich im aktuellen politischen Klima der USA zu positionieren, hatte sich James Tormey für die Gründung eines Nationalen Verteidigungskomitees ausgespochen, durch das die CPUSA sich an Protesten gegen die Verhaftung von politischen Gefangenen wie Angela Davis beteiligen sollte (siehe James J. Tormey, »The Need for a National Defense Organization«, in: *Political Affairs*, 49/10 [1970], S. 30-40).

265 Davis, *An Autobiography*, S. 287.

266 Vgl. Charlene Mitchell/James Tormey, »Report on the Defense of the Comrade Angela Davis to the National Committee, CPUSA. For the National Defense Commission« (13.03.1971), in: *Angela Y. Davis Collection, 1970-1984*, Box 1, Folder 14, S. 2.

267 Herbert Marcuse, »Re-examination of the Concept of Revolution«, in: Marcuse, *Marxism, Revolution and Utopia*, S. 199-206, hier: S. 199.

268 Herbert Marcuse, untitled (31.10.1970), in: *Angela Davis Legal Defense Collection 1970-1972*, Box 4, Folder 12, S. 2.

Eine Zusammenarbeit mit dem NUCFAD wertete Marcuse hingegen wegen der engen Verbindung des Verteidigungskomitees zur CPUSA als problematisch. Als Franklin Alexander im November 1970 Marcuse fragte, ob er bereit sei, ein Vorwort für eine Solidaritätsbroschüre zu schreiben, in der unter anderem Davis' Vorlesung über Frederick Douglass abgedruckt werden sollte, befürchtete Marcuse, von der Partei vereinnahmt zu werden. In seinem Antwortbrief erklärte er sich zwar grundsätzlich dazu bereit, bestand aber darauf, dass sein Vorwort ungekürzt und unverändert gedruckt werden sollte. Er sehe es als selbstverständlich an, schrieb Marcuse an Franklin Alexander, dass »die Veröffentlichung in keinem Zusammenhang mit irgendeiner politischen Gruppe oder Partei stehen« dürfe.[269] Nach verschiedenen Unstimmigkeiten veröffentlichte Marcuse seinen Beitrag schließlich statt in der Solidaritätsbroschüre des NUCFAD im linken *Ramparts Magazine* und nutzte seine Popularität in Europa, um dort in den folgenden Monaten verstärkt zur Unterstützung für Angela Davis aufzurufen.[270]

Auch aus den Reihen der BPP wurde Kritik an der zentralen Rolle der kommunistischen Aktivisten in der Verteidigungskampagne für Davis laut. Besonders drastisch äußerte sich der zu diesem Zeitpunkt im algerischen Exil lebende Eldridge Cleaver. Er sah in der CPUSA einen Verbündeten der »faschistischen Kräfte« und meinte, Davis' Fall werde in den Händen der reaktionären Kräfte als Instrument missbraucht, um »Aufmerksamkeit, Ressourcen und Unterstützung vom revolutionären schwarzen Befreiungskampf« im Allgemeinen und von inhaftierten *Black Panthers* im Speziellen abzulenken.[271] Der afroamerikanische CPUSA-Vorsitzende Henry Winston bezeichnete Cleaver und die BPP daraufhin als Antikommunisten, die mit ihren Vorwürfen »die alte Waffe ihrer rassistischen imperialistischen Unterdrücker« aufgriffen.[272] »Rassismus«, warnte Winston,

---

269 Herbert Marcuse an Franklin Alexander, »Unveröffentlichter Brief« (20. November 1970), in: Jansen (Hg.), *Herbert Marcuse. Nachgelassene Schriften*, S. 166.

270 *Ramparts* No. 9, Februar 1971, S. 22ff.; Herbert Marcuse, »Helft Angela«, in: *Neues Forum*, 17 Jg. 1970, Heft 203, S. 1020; Herbert Marcuse, »Sie hat sich nicht verändert. Interview«, in: *Der Spiegel* (08.11.1971), Nr. 13, S. 148-150.

271 Eldridge Cleaver, »On the Case of Angela Davis«, in: *The Black Panther*, Vol. 5 Nr. 30 (30.01.1971), S. 5. Nach seinem Bruch mit Cleaver relativierte Huey Newton Cleavers Kritik und sprach Davis die volle Unterstützung der BPP zu. Das Sprachrohr der BPP, *The Black Panther*, unterstrich die neue Geschlossenheit der *Black Panthers* bezüglich des Davis-Falls mit der Covergestaltung der Ausgabe, das unter der Überschrift »Free Angela« und dem Konterfei Davis' zu ihrer Unterstützung aufrief. Siehe *The Black Panther*, Vol. 6 Nr. 7 (13.03.1971). Newton versuchte außerdem Davis auch im Gefängnis zu besuchen, was aber nicht genehmigt wurde. Siehe Brief Davis an Newton in »Comrade Huey« (03.04.1971), in: *Dr. Huey P. Newton Foundation Inc. collection*, Box 41, Folder 15, Dept. of Special Collections, Stanford University Libraries.

272 Henry Winston veröffentlichte 1971 seine Interpretation des Davis-Falls und damit auch die der CPUSA-Führung in der Juni-Ausgabe der *Political Affairs*, der Zeitschrift der CPUSA zu

könne »nicht mit Antikommunismus bekämpft« werden.[273] Er warf militanten Aktivisten wie Cleaver vor, mit ihrer »super-revolutionären Rhetorik« gewaltsames Handeln als notwendigen »Akt revolutionärer Gewalt« zu verklären. Das habe bereits zu blutigen Tragödien geführt, wie der Befreiungsversuch Jacksons gezeigt habe.[274] Es handele sich dabei also um »elitäre, riskante, anarchistische Taktiken« und »individuelle terroristische Aktionen«, die im »revolutionären Selbstmord« enden und den Erfolg der dringend benötigten Massenbewegung im Kampf gegen Rassismus gefährden würden.[275]

Angela Davis versuchte aus dem Gefängnis heraus zu verhindern, dass die Auseinandersetzung um die politisch-ideologische Deutungshoheit ihres Falls weiter öffentlich eskalierte. In einem Brief an das Zentralkomitee reagierte Davis auf Winstons Darstellung der Ereignisse in San Rafael und bat eindringlich darum, eine weitere Polarisierung innerhalb der Verteidigungskampagne zu verhindern:

> »A situation must not arise where the Party and the Defense movement are at odds with one another. If the Party persists in its present position, desastrous results may be expected.«[276]

Vielmehr hinge der Erfolg sowohl der politischen wie auch der juristischen Verteidigungskampagne von der gemeinsamen Fähigkeit ab, »die Kräfte und Bedingungen systematisch offenzulegen«, die zu den Ereignissen von San Rafael geführt haben, um so die Öffentlichkeit von ihrer Glaubwürdigkeit zu überzeugen.[277]

Die politische und rechtliche Ausrichtung der Verteidigungskampagne war auch durch den besonderen Fokus der Medien auf Davis gefährdet. Während Zeitungsberichte über die Ironie der Ereignisse sprachen, die dazu geführt hätten, dass die »schöne talentierte Professorin« Angela Davis auf einer Anklagebank mit einem »ungebildeten, gewalttätigen Häftling« gelandet sei, betonte sie selbst wiederum immer wieder ihre Solidarität mit dem Mitangeklagten Ruchell Magee und wies auf die politische Verbindung ihrer beiden Fälle hin.[278] Mit ihren öffentlichen

---

theoretischen Grundsatzfragen. Dieser Artikel erschien im gleichen Jahr auch als Pamphlet unter Henry Winston, *The Meaning of San Rafael*, New York 1971, S. 5.

273 Winston, *The Meaning of San Rafael*, S. 5.

274 Ebenda.

275 Ebenda.

276 Angela Davis, »A Reply to Henry Winston's Article ›The Meaning of San Rafael‹ (undated)«, in: *Bettina Aptheker Papers*, Box 50 Folder 2, S. 18.

277 Ebenda.

278 Ruchell Magee war bei Jonathan Jacksons missglückten Befreiungsversuch im August 1970 in San Jose als Häftling im Gerichtssaal anwesend gewesen. Ihm wurde vorgeworfen, Richter Harold Haley getötet zu haben und er wurde wegen Verschwörung, Entführung und Mord angeklagt. Als bereits verurteilter Häftling drohte ihm bei einer erneuten Verurteilung ebenfalls die Todesstrafe. Davis und Magee trafen sich nach Davis' Auslieferung nach Kalifornien zum ersten Mal. Der Versuch, eine gemeinsame politische, aber auch rechtliche Verteidi-

Solidaritätsbekundungen für die in New Haven angeklagte *Black Panther*-Aktivistin Ericka Huggins – »A Letter from Angela to Ericka« – versuchte Davis zu zeigen, dass sich ihr Fall in eine ganze Reihe ähnlicher Schicksale einfügte.[279]

Angela Davis' Solidarisierung mit Jonathan Jacksons Fall und die damit verbundene Strategie, diese Ereignisse gezielt in die politische und juristische Verteidigung einzubinden, riefen innerhalb der CPUSA-Führung Uneinigkeit über die weitere Rolle der Partei im Rahmen der Kampagne hervor. Der konservative Flügel der Partei stimmte der Einschätzung von Henry Winston zu, Jonathan Jacksons sei ein unglückseliger Krimineller, und fand, dass sich Davis deutlich von ihm und dem gewaltsamen Befreiungsversuch seines Bruders distanzieren müsse, wollte sie ihre Unschuld beweisen.[280] Diese Interpretation der Ereignisse stieß bei Angela Davis und der NUCFAD-Führung hingegen auf massive Ablehnung, da dadurch nicht nur Davis' Glaubwürdigkeit, sondern auch die Unterstützung der afroamerikanischen Bevölkerung gefährdet werde.[281] Das Zentralkomitee der CPUSA stimmte schließlich einer grundsätzlichen Unterstützung für Davis zu, ließ jedoch die endgültige politische Richtung, an der sich die Verteidigungskampagne ausrichten sollte, weiter offen.[282]

---

gungsstrategie für Davis und Magee zu verfolgen, gestaltete sich als schwierig und wurde aus unterschiedlichen Gründen unter anderem von Davis' Verteidigungsteams als problematisch angesehen. Aufgrund dieser Differenzen wurden beide Fälle schließlich im Juli 1971 voneinander getrennt (vgl. Aptheker, *Intimate Politics*, S. 252). Dass gerade Davis selbst die Zusammenarbeit mit Magee und seinen Verteidigern zunehmend als Risikofaktor für ihre Verteidigungsstrategie zu sehen begann, zeigt Davis persönlicher Schriftverkehr mit Bettina Aptheker. Siehe zum Beispiel »Letter Angela Davis to Bettina Aptheker« (14.07.1971), in: *Bettina Aptheker Papers*, Box 50 Folder 2. Dan Berger sieht Magee als einen der profiliertesten Gefängnisaktivisten, die das Gefängnis mit einer Form der Sklaverei verglichen. Hierzu sowie für eine ausführlichere Darstellung Magees siehe Berger, *Captive Nation*, S. 192ff.

279 Angela Davis, »A Letter from Angela to Ericka« (02.05.1971), herausgegeben von National Committee to Free Angela Davis and All Political Prisoners, in: *Angela Y. Davis Collection, 1970-1984*, Box 1, Folder 13. Es folgte außerdem die Planung eines gemeinsamen Buchprojekts »Sisterlove« von Angela Davis und Ericka Huggins, das jedoch wohl unter anderem aufgrund von Einwänden der NUCFAD-Führung nicht realisiert wurde. In ihrer Korrespondenz mit der BPP deutet Huggins den Einfluss/Druck der CPUSA an, unter dem Angela Davis aus ihr Sicht stand. Die Korrespondenz hierzu hielt bis 1972 an. Siehe hierzu »Angela Davis – Ericka Huggins Book Project«, in: *Dr. Huey P. Newton Foundation Inc. Collection*, Box 42 Folder 1.

280 Vgl. Aptheker, *Intimate Politics*, S. 247.

281 Ebenda.

282 Im Verlauf des Jahres 1971 einigte man sich jedoch auf ein geschlossenes Auftreten. Angela Davis äußert sich in ihrer Autobiografie zu diesem Konflikt mit der CPUSA nicht. Sie erwähnt jedoch den Besuch der führenden CPUSA-Funktionäre Henry Winston, Jim Jackson und William Patterson. Siehe Davis, *An Autobiography*, S. 307. Dass der Besuch zu einer einheitlichen Position auch innerhalb der Partei beitragen sollte, zeigt ein von William Patterson anschließend verfasster inoffizieller Bericht über den Besuch bei Davis. William Patterson, »Angela

Das NUCFAD entschied sich währenddessen für eine klare Ausrichtung der Verteidigungsstrategie entlang der Rassismusfrage und der gezielten Mobilisierung vor allem der afroamerikanischen Bevölkerung. Schließlich sei Angela Davis, wie Franklin Alexander vor Zeitungsreportern betonte, »ein Symbol vor allem für die schwarze Bevölkerung und deren Kampf«.[283] Die Einbindung der schwarzen Gemeinschaft in die Kampagne sowie die Auseinandersetzung mit der Frage des politischen Gefangenen als Teil der Debatte über rassistische Unterdrückung in den USA seien daher wesentlich für den Erfolg der *Free Angela Davis*-Bewegung:

> »It's our view that there must be an organized, black-community base in this campaign [...] The organization of the black community around the issue of political prisoners is essential to victory.«[284]

Entsprechend dieser explizit auf die schwarze Bevölkerung ausgerichteten Mobilisierung fiel die Wahl des Hauptprozessverteidigers auf den afroamerikanischen Anwalt Howard Moore, der unter anderem wegen der erfolgreichen Verteidigung von Bürgerrechtsaktivisten wie Julian Bond oder H. Rap Brown in das spezifisch afroamerikanische Profil der Kampagne passte.[285] Moore stimmte mit Davis und dem NUCFAD überein, dass das entscheidende Element für die öffentliche Repräsentation des Falles darin bestehen müsse, die Bedeutung von Davis' Fall für den afroamerikanischen Freiheitskampf aufzuzeigen. Der *New York Times* gegenüber sagte Moore, er finde es schrecklich, wenn er Davis, »eine wundervolle schwarze Frau«, mit einer von »Weißen geführten Verteidigung« sehen müsse.[286]

Davis Case Trip to West Coast of Winston and Patterson« (undatiert), in: *William L. Patterson Papers*, Box 208-18, Folder 32.

283 Sol Stern, »The Campaign to Free Angela Davis and Ruchell Magee«, in: *New York Times* (27.06.1971). Auch Davis selbst betonte in der Anfangsphase immer wieder die Bedeutung ihres Falles vor allem für den afroamerikanischen Freiheitskampf, wobei sie neben ihrer Hautfarbe in ihren kommunistischen Überzeugungen einen der Hauptgründe für die gegen sie formulierte Anklage sah. Siehe hierzu Angela Davis, »I am a Revolutionary Black Women«, in: *Muhammad Speaks* (Dezember 1970); Angela Davis, »Angela Davis Statemen to the Court« (05.01.1971), veröffentlicht als Flyer vom New York Committee to Free Angela Davis, in: *Angela Y. Davis Collection*, Box 1, Folder 17. Es folgte hiervon auch ein Nachdruck: Angela Davis, »Statemen to the Court«, in: Davis (Hg.), *If They Come in the Morning*, S. 212-213.

284 Ebenda.

285 Neben Moore und Burnham gehörten sechs weiter Anwälte zu Davis' Verteidigungsteam: Leo Branton, Jr., Doris Brin Walker, Sheldon Otis, Michael Tigar, Dennis Roberts und Allan Brotsky. Howard Moores Nachlass ist seit 2017 in der Archivsammlung der Emory Universität zugänglich: *Howard Moore, Jr. papers*, Stuart A. Rose Manuscript, Archives, and Rare Book Library, Emory University.

286 Sol Stern, »The Campaign to Free Angela Davis and Ruchell Magee«, in: *New York Times Magazine* (27.06.1971), S. 43.

Für ihn bedeutete eine »schwarze Verteidigung« vor allem, »offen und offensiv mit der Frage des Rassismus« umzugehen.[287] Die Rassismusfrage spielte im weiteren Prozessverlauf vor allem wegen der Zusammenstellung des Geschworenengerichts eine wichtige Rolle: Davis' Verteidiger brachten sie bereits während der Vorverhandlungen vor und versuchten so, die Zusammensetzung des Geschworenengerichts zu beeinflussen. Eine fast ausschließlich weiße Jury, so das Argument der Verteidigung, sei aufgrund von rassistischen Ressentiments in seiner Beurteilung der Schuldfrage bereits voreingenommen. In den Vorverhandlungen wählten Verteidigung und Staatsanwaltschaft in einem sogenannten Voir-dire-Verfahren, ähnlich einem Kreuzverhör, endgültig die zwölf Jurymitglieder. In den Einzelbefragungen wollte man herausfinden, welchen sozialen Hintergrund die Kandidaten hatten und ob sie eventuell voreingenommen waren. Bereits zu diesem Zeitpunkt zeichneten sich die zentralen Konfliktthemen des darauffolgenden Prozesses ab.[288]

Währenddessen versuchte Charlene Mitchell zusammen mit James Tormey das CPUSA-Zentralkomitee zu überzeugen, der von Angela Davis und dem NUCFAD eingeschlagenen Verteidigungsstrategie zuzustimmen. Entscheidend seien dabei die außergewöhnlichen politischen Möglichkeiten, die der Fall der Partei biete:

> »Never before in modern history has an issue been so pregnant with the possibility of becoming a catalyst for bringing about a favorable change in the relation of peoples' forces in our country, of bringing into existence a huge coalition of democratic and radical forces.«[289]

Mitchell und Tormey sahen in Davis' Fall eine Chance, die Partei aus ihrer politischen Isolation zu befreien, die das Resultat einer orthodoxen Koalitionspolitik des moskautreuen Generalsekretärs, Gus Halls, war und durch das Aufkommen der Neuen Linken und militanter schwarzer Gruppierungen verstärkt wurde. In seinem Bericht vor dem Zentralkomitee rief Tormey dazu auf, dass es vonseiten der Parteiführung »keine Restriktionen welcher Art auch immer geben dürfte«, durch die das Anwachsen einer Massenbewegung zur Befreiung Davis' behindert werden könnte.[290] Eine Vereinigung der verschiedenen beteiligten Gruppen, so Tomey weiter, müsse vielmehr auf »natürlichem Weg« entstehen.[291] Nur so und weil Davis selbst zu den wachsenden Reihen junger radikaler Aktivisten gehöre, könne die Partei ihre Beteiligung an den Protestaktivitäten dazu nutzen, ihrer politischen Isolation zu entkommen und sogar ihre politische Vormachtstellung im linken politischen Lager zurückzugewinnen, die sie an »linke Opportunisten« und »anar-

---

287 Ebenda.

288 Umfangreiche Belege für diese Debatte finden sich in: *Angela Davis Trial Collection*, M0308.

289 Mitchell, Tormey, »Report on the Defense of the Comrade Angela Davis to the National Committee«, S. 1.

290 Ebenda, S. 2.

291 Ebenda.

chistische Strömungen« innerhalb der aktuellen Bewegungen verloren habe, wie es im linksorthodoxen Duktus hieß.[292]

Diese Forderungen nach einer solchen Unterstützung für Davis stießen allerdings keineswegs auf einstimmige Unterstützung innerhalb des Zentralkomitees der CPUSA. Im Mittelpunkt der Debatte stand stattdessen vor allem der Umgang mit Jonathan Jackson, den einige Mitglieder entgegen der vom NUCFAD angestrebten vorbehaltlosen Verteidigung wegen der gewaltsamen Geiselnahme verurteilten und aus einer Verteidigungskampagne ausschließen wollten.[293] Das Zentralkomitee beschloss schließlich, Henry Winston solle eine »besondere Verantwortung« in der Organisation der Verteidigungskampagne übernehmen. Nach den anfänglichen Differenzen über die politisch-ideologische Ausrichtung der Kampagne demonstrierten Angela Davis und Henry Winston Geschlossenheit und riefen in einer öffentlichen Erklärung die Menschen sowohl in den USA als auch weltweit zum Protest gegen Davis' Prozess auf:

> »It is in your interest that this attempt to legal lynching, and similiar attempts against the Soledad Brothers and the San Quentin Six be prevented. The cause of National Liberation, peace and socialism will be greatly enhanced of the diabolical conspiracy against Angela Davis is thwarted.«[294]

Als Leiter der Abteilung für Internationale Beziehungen wurde James Jackson damit beauftragt, sich um die internationale Informationspolitik zu kümmern. Konkret bedeutete dies, dass er »internationale sozialistische und revolutionäre Bewegungen« über die Bedeutung des Davis-Falls in Kenntnis setzen sollte.[295] Dieser Aufgabe ging er erfolgreich nach: In Europa, Afrika, Asien und Lateinamerika kam es zur Gründung von 67 Unterstützerorganisationen, die sich der Kampagne des NUCFAD anschlossen.[296] Und auch in der DDR formierte sich eine Solidaritätskampagne für Angela Davis.

---

292 Ebenda.

293 In der Einführung ihrer 1999 neuaufgelegten Erinnerungen an die *Free Angela Davis*-Kampagne geht Bettina Aptheker auf diesen Konflikt ein. Nach eigenen Aussagen hatte sie in der Erstveröffentlichung 1975 auf eine solche Darstellung verzichtet, um die CPUSA nicht angreifbar zu machen. (Aptheker, *The Morning Breaks*, S. XV-XVII). Kritik am Umgang des CPUSA-Nationalkomittess mit Angela Davis und ihrem Fall sowie der verfolgten Verteidigungsstrategie findet sich auch in den Korrespondenzen zwischen Bettina Aptheker und ihrem Vater. (Bettina Aptheker, »Dear Pop« (28.03.1974), in: *Bettina Aptheker Papers*, Box 24 Folder 4, S. 1). Aptheker kritisiert hier rückblickend, dass der Kampf um die »Bedeutung von San Rafael« gezeigt habe, dass die Partei voll sei mit »stalinistischen Methoden« und neue Idee zum Beispiel für den schwarzen Befreiungskampf deshalb nicht zugelassen werden würden.

294 Angela Davis, Henry Winston, »Joint Statement by Angela Y. Davis and Henry Winston«, in: *William L. Patterson Collection*, Box 208, Folder 5.

295 Bettina Aptheker, *The Morning Breaks*, S. 30.

296 Ebenda.

4 Die DDR-Solidaritätskampagne für Angela Davis

In diesem Kapitel wird untersucht, wie zu Beginn der 1970er Jahre die internationale Solidarität mit dem *anderen Amerika*, Angela Davis und die Kampagne für sie in die Vorstellungswelt der DDR eingebettet wurden. Betrachtet wird auch, auf welche Bedeutungszusammenhänge und kollektiven Sinngebungen dabei zurückgegriffen wurde. Von besonderem Interesse ist, welche Kontinuitäten und Neuerungen sich in dem antirassistischen Solidaritätsbündnis der DDR mit Angela Davis feststellen lassen. Dazu gehört auch eine Betrachtung von Formen der Mobilisierung, Inszenierung und Interpretation antirassistischer Solidarität in der Ausgestaltung der Angela-Davis-Kampagne. Hinsichtlich der Kontinuitäten und Neuerungen wird allerdings nicht nur die Vorstellungswelt der DDR, sondern auch die Perspektive von Angela Davis selbst berücksichtigt. Diese wird anhand ihrer Besuche in der DDR (1972 und 1973) herausgearbeitet. Gleichzeitig werden transnationale Wechselwirkungen und Transferprozesse im Kontext der DDR-Solidaritätskampagne für Angela Davis in den Blick genommen.

In der Gesamtschau ergibt sich daraus eine Chronologie: Die Kampagne kann in drei zeitlich aufeinanderfolgende Abschnitte eingeteilt werden. Zunächst wird die Formierung der Kampagne in der DDR nach Davis' Verhaftung analysiert (1970 bis 1971). Darauf folgt die Untersuchung der offiziellen Kampagne (1971 bis 1972), wobei Mobilisierungs- und Inszenierungsformen antirassistischer Solidarität besonders im Fokus stehen. Im letzten Abschnitt werden Angela Davis' DDR-Besuche nach ihrem Freispruch im September 1972 und anlässlich der X. Weltjugendfestspiele im August 1975 in den Blick genommen.

4.1 Erster Mobilisierungsschub (1970-1971)

4.1.1 Formierung der Kampagne

Kurz nach Angela Davis' Verhaftung im Oktober 1970 reiste James Jackson in seiner Funktion als CPUSA-Sekretär für Internationale Angelegenheiten nach Ostberlin, um dort an einer vom ZK der SED veranstalteten Konferenz anlässlich des 150.

Geburtstages von Friedrich Engels teilzunehmen. Jackson wollte bei dieser Konferenz, die zur Festigung der »ideologischen Einheit« mit den »brüderlich verbundenen Parteien« beitragen sollte, wie es im *Neuen Deutschland* hieß, im Geiste der rot-schwarzen Verbundenheitstradition zur Solidarisierung mit Angela Davis aufrufen.[1] Da sich die DDR-Führung bereits in der Vergangenheit als verlässliche Verbündete gezeigt hatte und auf internationaler Ebene Kritik an der US-amerikanischen Rassendiskriminierung propagierte – nach W.E.B. Du Bois und Paul Robeson hatte die DDR zuletzt ihre Unterstützung für inhaftierte *Black Panthers* kundgetan –, erschien ein solcher Solidaritätsaufruf durchaus vielversprechend.

Zur selben Zeit nahm auf der anderen Seite der Mauer die Unterstützung für Angela Davis täglich zu. Wenige Wochen nach ihrer Verhaftung hatte Herbert Marcuse in der in Wien erscheinenden Monatszeitschrift *Neues Forum* unter der Überschrift »Helft Angela« eindringlich zur Formierung einer internationalen Protestbewegung für Angela Davis aufgerufen:

> »Angela Davis kämpft um ihr Leben. Nur ein mächtiger Protest, ein Protest, der sich überall, in allen Ländern erhebt, ein Protest der überall gegenwärtig ist und nicht erstickt werden kann, kann ihr Leben retten.«[2]

In der Bundesrepublik stieß er damit auf große Resonanz. Dort hatte die *Black Power*-Bewegung zu dieser Zeit bei Teilen der westdeutschen Studentenbewegung wegen ihrer Militanz und revolutionären Entschlossenheit eine Vorbildfunktion eingenommen.[3] Führende Akteure wie Rudi Dutschke oder der ehemalige SDS-

---

1 »Engels Konferenz festigt unsere ideologische Einheit«, in: *Neues Deutschland* (14.11.1970), S. 1. Konferenzen wie diese wurden vom Parteiregime als Forum zur Pflege seiner internationalen Beziehungen und Zusammenarbeit mit kommunistischen Parteien genutzt. So hatte das ZK der SED schon 1967 anlässlich des 100. Jahrestages des Erscheinens von Karl Marx' »Das Kapital« in einem an James Jackson gerichteten Schreiben die CPUSA-Führung zur Teilnahme eingeladen. Siehe »Schreiben an das Nationalkomitee der Kommunistischen Partei der USA« (Juli 1967) sowie »Letter to Walter Ulbricht« (04.08.1967), in: James E. Jackson and Esther Cooper Jackson Papers, TAM.347, Box 3, Folder 41.

2 Marcuse, »Helft Angela«, in: *Neues Forum*, S. 1020, abgedruckt in: Jansen (Hg.), *Herbert Marcuse. Nachgelassene Schriften*, S. 173.

3 Zur Identifikation westdeutscher junger Menschen mit afroamerikanischen Aktivisten, insbesondere mit afroamerikanischen Leitfiguren der Bürgerrechts- und *Black Power*-Bewegung, im Kontext der Formierung einer westdeutschen Gegenkultur siehe Detlef Siegfried, *Time is on my Side. Konsum und Politik in der Westdeutschen Jugendkultur der 1960er Jahre*, Göttingen 2006, S. 385; Moritz Ege, *Schwarz werden – ›Afroamerikanophilie‹ in den 1960er und 1970er Jahren*, Bielefeld 2007, S. 11ff.; Detlef Siegfried, »White Negroes. The Fascination of the Authentic in the West German Counterculture of the 1960s« in: Belinda Davis et al. (Hg.), *Changing the World, Changing Oneself: Political Protest and Collective Identities in West Germany and the U.S. in the 1060s and 1970s*, New York 2010, S. 191-215.

Vorsitzende Karl Dietrich Wolff nahmen gefühlte Äquivalenzen im Sinne einer gemeinsamen Unterdrückung durch das imperialistische System des Westens zum Anlass, sich mit *Black Power* politisch zu solidarisieren.[4] Mit ihrer Verhaftung sollte Angela Davis die Ikone der *Black Power*-Bewegung in der Bundesrepublik werden.[5] Denn ihr Fall ließ sich, wie Herbert Marcuse es in seinem Protestaufruf formulierte, als die »Geschichte einer dreifachen Repression« sehen, »gegen eine Frau, gegen eine militante Negerin, gegen eine linke Rebellin«.[6]

Bereits im November 1969 hatte Karl Dietrich Wolff in Frankfurt a.M. das *Black Panther*-Solidaritätskomitee als eine »neue Form der internationalistischen Solidarität« zur Unterstützung der *Black Power*-Bewegung gegründet.[7] Neben der Zusammenarbeit mit der BPP hatte sich das Solidaritätskomitee zur Aufgabe gesetzt, »über den faschistischen Terror der herrschenden Klasse der USA« aufzuklären und Agitation und Propaganda gegen den Vietnamkrieg bei in Westdeutschland stationierten afroamerikanischen GIs zu betreiben. Die hier praktizierte westdeutsche Solidarität mit *Black Power*-Aktivisten basierte jedoch nicht nur auf einer gemeinsamen antiimperialistischen Ideologie. Westdeutsche Studierende wie Wolff nahmen die rassistische Diskriminierung der afroamerikanischen Bevölkerung in den USA unter dem Eindruck der deutschen NS-Vergangenheit wahr und spürten aufgrund des Erbes der NS-Ideologie eine besondere Verantwortung, *Black Power*-Akteure im Kampf gegen die von ihnen wahrgenommene Rückkehr des Faschismus zu unterstützen.[8] Als Herbert Marcuse seine Zweifel an einem fairen Prozess für Angela Davis damit begründete, dass dies der »Prozeß einer Gesellschaft der Gewalt und der Ungerechtigkeit sein werde, einer Gesellschaft, die verantwortlich ist für die Situation«,[9] in der sich Davis befand, resonierten darin genau diese Debatten über die vermeintliche Rückkehr eines faschistischen Systems in den USA.

Aus Sicht neuer linker Aktivisten stellte Davis eine authentische Symbolfigur genau für die Unterdrückung dar, gegen die man gemeinsam mit *Black Power*-Akteuren ankämpfen wollte. Wegen dieser besonderen Identifikation westdeut-

---

4 Siehe Klimke, *The ›Other‹ Alliance*, Kapitel 4 »Black and Red Panthers«, S. 108-142.

5 Zur Rezeption Angela Davis' in der Bundesrepublik siehe Johanna Meyer-Lenz, »Angela Davis und Ulrike Meinhof. Ein biografischer Vergleich im Kontext unterschiedlicher Protestkulturen«, in: Karl Christian Führer/Karen Hagemann/Birthe Kundrus (Hg.), *Eliten im Wandel. Gesellschaftliche Führungsgeschichte im 19. Und 20. Jahrhundert*, Münster 2004, S. 314-335; Johanna Meyer-Lenz/Nina Mackert, »Angela Davis. Zur Konstruktion einer afroamerikanischen Identität im Kontext der 68er-Bewegung«, in: Burghart Schmidt (Hg.), *Menschenrechte und Menschenbilder von der Antike bis zur Gegenwart*, Hamburg 2006, S. 255-276; Hagen, *Internationalism in Cold War Germany*, S. 325-350; Klimke, *The ›Other‹ Alliance*, S. 134-139; Gerund, *Transatlantic Cultural Exchange*, S. 123-156.

6 Marcuse, »Helft Angela«, in: *Neues Forum*, S. 173.

7 Höhn, »The Black Panther Solidarity Committees and the *Voice of the Lumpen*«.

8 Vgl. Höhn, »›We will Never Go Back to the Old Way Again‹«.

9 Marcuse, »Helft Angela«, in: *Neues Forum*, S. 173.

scher Aktivisten mit *Black Power*, aber auch weil Freunde und Bekannte aus Davis' Frankfurter Studienzeit in Sorge um ihre Freundin waren, wurden bereits kurz nach ihrer Verhaftung Unterstützungsbekundungen laut. So bildete sich im November 1970 in Frankfurt a.M. ein sogenannter Initiativausschuss zur Rettung von Angela Davis. Eine seiner ersten Aktionen bestand darin, eine Unterschriftenliste und einen Protestbrief an das US-Generalkonsulat in Bonn zu schicken.[10] Wenig später gründeten Manfred Clemenz, Lothar Menne, Oskar Negt, Claudio Pozzoli und Klaus Vack, die seit ihren Frankfurter Studientagen mit Angela Davis befreundet waren, das *Angela Davis Solidaritätskomitee* in Offenbach, das unabhängig von linken Organisationen gezielt »Gruppen aller Richtungen« zur Unterstützung für Davis vereinen wollte.[11]

Vor dem Hintergrund dieser Solidaritätsbekundungen für Angela Davis aus dem Kreis der Neuen Linken sah sich James Jackson auf der Konferenz in Ostberlin zunächst veranlasst, in Anwesenheit hochrangiger Parteifunktionäre, die Gründe für die Mobilisierung einer kommunistischen Solidaritätskampagne darzulegen. In seiner Rede mit dem Titel »Three Philosophers: Frederick Engels, Herbert Marcuse and Angela Davis« relativierte Jackson dazu vor allem Davis' Verbindung zu Herbert Marcuse und der Neuen Linken. In der DDR wie auch in der Sowjetunion hatte man das wiedererwachte Interesse junger Aktivisten an Marx und Lenin aufmerksam verfolgt, das mit den Protestbewegungen um 1968 im Westen einherging.[12]

Diskutierte man in sowjetischen Führungskreisen noch über mögliche, sich hieraus ergebende politische Gewinne wie eine Schwächung des Einflusses der USA in Europa, übte das Parteiregime in der DDR bereits offene Kritik an Marcuse. Denn während man in der DDR mit viel Aufwand versuchte, die heranwachsende Generation zum Glauben an die revolutionäre Bedeutung der Arbeiterklasse zu erziehen, stellte Marcuse im Westen genau diese Doktrin mit seinen Ausführungen über den revolutionären Bedeutungsverlust der Arbeiterklasse mit großem Erfolg infrage. Marcuse sah nicht die Arbeiterklasse, sondern Intellektuelle beziehungsweise die Jugend und Studenten als die revolutionäre Hauptkraft. Entsprechend

---

10 Kraushaar (Hg.), *Frankfurter Schule und Studentenbewegung*, Bd. 1, S. 501.

11 »Über dieses Buch«, in: Angela Davis Solidaritätskomitee (Hg.), *Am Beispiel Angela Davis*, Frankfurt 1972, o. S. (Klappentext vorne).

12 Kimmo Rentola, »The Year 1968 and the Soviet Communist Party«, in: Katharina Fahlenbrach et al. (Hg.), *The Establishment Responds. Power, Politics, and Protest since 1945*, New York 2012, S. 139-156, hier: S. 140; Jeremi Suri vertritt zudem die Theorie, dass die Regierungen der jeweiligen Blöcke im Zuge ihrer Détente-Politik und der damit einhergehenden Idee eines »Mächtegleichgewichts« davon absahen, den jeweils anderen Block im Kontext der Jugendproteste zu provozieren, um eine Schwächung im eigenen Land zu vermeiden (siehe Jeremi Suri, *Power and Protest. Global Revolution and the Rise of Détente*, Cambridge MA, 2003, S. 216).

hieß es in der DDR, Marcuse werde mit seinem »neuen Kommunismus« die »bestehende Welt des Sozialismus gleichsam von links« angreifen.[13]

Als auf dem Höhepunkt der Proteste um 1968 von Westberlin bis Berkeley Studierende laut »Marx, Mao, Marcuse« skandierten und durch die Straßen zogen, erachtete das ZK der SED die folgende Klarstellung als notwendig: Der »bürgerliche Philosoph Herbert Marcuse« werde zwar wegen seiner »kritischen Haltung gegenüber den Verfallserscheinungen des Imperialismus« in Kreisen der studentischen Jugend in Westdeutschland bewundert, verschleiere »jedoch die historische Wahrheit«, dass nur »die Sowjetunion, die DDR und die anderen sozialistischen Länder in Theorie und Praxis die Vollstrecker des Marxschen Erbes« seien.[14] Unbeeindruckt von derlei Kritik sprach sich Marcuse im Zuge der anhaltenden Debatte über mögliche neue Organisationsformen innerhalb der Neuen Linken wiederholt gegen die zentralistische Führungsstruktur nach dem Vorbild der leninistischen Kaderpartei aus und befürwortete stattdessen die Entwicklung neuer dezentraler, lokaler und regionaler Organisationsformen.[15] Marcuses Prognose, der Parteisozialismus stelle kein zukunftsfähiges Modell für den gesellschaftlichen Veränderungswillen der Linken dar, wurde in der DDR vom Parteiregime als »Pseudotheorie« abgetan, die zeige, dass Marcuse nicht zu den antiimperialistischen Kräften der Gegenwart gezählt werden könne.[16] Natürlich stellte für die sowjetischen Führungskreise die Identifikation westlicher Protestbewegungen mit Mao Tse-tung vor dem Hintergrund des sino-sowjetischen Zerwürfnisses sowie des dadurch ausgelösten Schismas des Weltkommunismus ein weitaus brisanteres Thema dar.[17] Die DDR-Führung aber sah Herbert Marcuses »neuen Kommunismus« wohl nicht zuletzt auch wegen ihrer geografischen Nähe zur Bundesrepublik als eine fast schon bedrohliche Provokation an.

Vor diesem Hintergrund schien es James Jackson notwendig, in seinem Vortrag die Beziehung von Angela Davis zu Herbert Marcuse zu relativieren. Er bezeichnete Marcuse als einen der »einflussreichsten und gewandtesten Erzeuger und Verbreiter von falschen revolutionären Lehren«, während er Angela Davis sowie ihre ideologische Entwicklung in die theoretische Tradition Friedrich Engels' einreihte.[18]

---

13 Wessel, »Inwendig reißende Wölfe«, S. 5.

14 »Der Sieg von Marx und der Bankrott seiner Kritiker«, in: *Neues Deutschland* (30.01.1968), S. 4.

15 Vgl. Hans Magnus Enzensberger, »USA. Organisationsfrage und revolutionäres Subjekt. Fragen an Herbert Marcuse«, in: *Kursbuch*, 6. Jg., Nr. 22 (Dezember 1970), S. 63, zitiert nach Kraushaar (Hg.), *Frankfurter Schule und Studentenbewegung*, Bd. 1, S. 503.

16 Hermann Axen, »Aus dem Bericht über die Ergebnisse der Internationalen Beratung der kommunistischen und Arbeiterparteien in Moskau«, in: *Neues Deutschland* (30.07.1969), S. 4.

17 Vgl. Lorenz M. Lüthi, *The Sino-Soviet Split: Cold War in the Communist World*, Princeton 2008, S. 294-295.

18 James Jackson, »Three Philosophers: Frederick Engels, Herbert Marcuse and Angela Davis« (1970), in: James Jackson, *Revolutionary Tracings in World Politics and Black Liberation*, New York 1974, S. 45-56, hier: S. 49.

Davis sei, so Jackson, eine Philosophin im »Übergang von Marcuse zu Marx und Lenin«, die sich weder von »den Agents Provocateurs der Polizei«, noch von dem »revolutionären Müll verbreitenden alten Schwindler« Marcuse in die »Tricktasche der Anarchisten« stecken lasse.[19] Sie sei vielmehr eine Kommunistin, die sich der »begründeten revolutionären Wissenschaft des Marxismus verpflichtet« sehe und nicht »der nihilistischen Taktik der Anarchie.«[20] Außerdem sei Davis eine

> »passionierte Widerstandskämpferin für die Freiheitsbestrebungen ihres Volkes – der segregierten, rassisch verfolgten, übermäßig ausgebeuteten, diskriminierten schwarzen Bevölkerung Alabamas, dem Süden, und unserer Nation.«[21]

Jackson versuchte, den Einfluss der von orthodox marxistisch-leninistischen Parteikadern als konterrevolutionär bezeichneten Theorien Marcuses auf Davis' politisch-ideologische Entwicklung als kurze ideologische Verirrung zu verharmlosen. Stattdessen zeichnete er von ihr ein Bild, das sie als Inbegriff des schwarzen Revolutionärs in der sozialistischen Vorstellungswelt erscheinen lassen sollte: aus dem amerikanischen Süden kommend, der Arbeiterklasse und dem Kommunismus als einzigem Weg zu Freiheit und Gleichheit treu verbunden und überzeugt von der revolutionären Macht einer rassenübergreifenden Massenbewegung. Deshalb sei er sicher, so Jackson, dass die Arbeiterklasse der DDR Angela Davis' »hilfesuchende Hand mit einem kräftigen Griff der internationalen Solidarität festhalten« und ihre Freiheit fordern werde.[22] Er stellte Angela Davis und die Solidarisierung mit ihr in einen unmittelbaren Kontext mit der Kommunistischen Partei und deren rassenübergreifender internationaler Bündnistradition – dementsprechend blieb sein Solidaritätsaufruf bei der SED-Führung nicht ungehört.

Am nächsten Tag war im *Neuen Deutschland* von einem »bewegenden« Solidaritätsaufruf des Genossen Jackson für die »von der amerikanischen Lynchjustiz bedrohte« Angela Davis zu lesen.[23] Unter »stürmischem Beifall« versicherte Hermann Axen, ZK-Sekretär für internationale Verbindungen, im Anschluss an Jacksons Rede, der Kampf für die Befreiung der Genossin Angela Davis werde verstärkt und alles unternommen, um ihr die Freiheit zurückzugeben.[24] Die Unterstützungszusage von Axen, der seit Ende der 1960er Jahre als Architekt der DDR-Außenpolitik galt, war die erste öffentliche Solidaritätsbekundung für Angela Davis von einem

---

19 Ebenda, S. 53ff.

20 Ebenda, S. 55.

21 Ebenda.

22 Seine Rede schloss Jackson mit einem an Walter Ulbricht gerichteten Vorschlag, eine durch die anwesenden Delegationen finanzierte, dem Verdienst Engels angemessene Statue in Osterberlin errichten zu lassen. Siehe Jackson, »Three Philosophers«, S. 56.

23 »Internationale wissenschaftliche Konferenz des ZK«, in: *Neues Deutschland* (14.11.1970), S. 4.

24 Ebenda.

Repräsentanten des SED-Regimes. In den Wochen danach formierte sich zunehmend Unterstützung für Angela Davis in der DDR, die an James Jacksons Aufruf im Sinne einer Tradition rot-schwarzer Verbundenheit anknüpfte.

4.1.1.1 Das *Neue Deutschland*: »Der Fall Angela Davis«

Die Medien dienten dem Parteiregime nicht nur als Mittel zur Herrschaftssicherung, sondern wurden auch als Werkzeug zur Vermittlung von Wirklichkeitsdeutungen und Sinngebungen im Kampf um die Köpfe und Herzen der DDR-Bevölkerung in Abgrenzung zum Westen eingesetzt.[25] So wurden Presse und Rundfunk in ihrer Arbeit direkt aus dem ZK der SED angeleitet.[26] Auch bei der Formierung der DDR-Solidaritätskampagne für Angela Davis[27] kam der Berichterstattung der Medien und hier vor allem dem *Neuen Deutschland* eine zentrale Rolle zu.[28] Das Zentralorgan der SED kommunizierte sehr deutlich, welche Bedeutung Angela Davis und ihrer Verhaftung aus Sicht des Parteiregimes zukam.

Beim *Neuen Deutschland* fiel die Berichterstattung über Angela Davis in die Sektion »USA« des Auslandressorts, die unter der Leitung Klaus Steinigers stand. Da es noch keine offiziellen diplomatischen Beziehungen zwischen der DDR und den USA gab und auch keine DDR-Auslandskorrespondenten in den USA akkreditiert waren, bezog die USA-Sektion ihre Informationen häufig von ausländischen Agen-

25 Vgl. dazu die Ausführungen in der Einleitung; Michael Meyen/Anke Fiedler, »Totalitäre Vernichtung der politischen Öffentlichkeit? Tageszeitungen und Kommunikationsstrukturen in der DDR«, in: Stefan Zahlmann (Hg.), *Wie im Westen, nur anders: Medien in der DDR*, Berlin 2010, S. 35-59.

26 Vgl. Fiedler, *Medienlenkung in der DDR*.

27 Die SED-Führung sprach im Zusammenhang mit der Solidaritätskampagne für Angela Davis, die staatlich zentral organisiert, linientreu und in ihrer politisch-ideologischen Darstellung alternativlos war, häufig auch von »Solidaritätsbewegung« im Sinne einer sozialen Bewegung. Mit dem Begriff »soziale Bewegung« meinte das Parteiregime jedoch immer eine dem marxistisch-kommunistischen Verständnis entsprechende Massenbewegung, die als Teil der international-kommunistischen Arbeiterbewegung verstanden wurde. Dieser Bewegungsbegriff ist zu unterscheiden von dem analytischen Begriff der neuen sozialen Bewegungen wie er in der neuen sozialen Bewegungsforschung verwendet wird. Hier bezeichnet der Bewegungsbegriff politische Protestgruppen und soziale Bewegungen, die mit der außerparlamentarischen Opposition und der Studentenbewegung ab den späten 1960er Jahren aufkamen (siehe Dieter Rucht/Friedhelm Neidhardt, »The Analysis of Social Movements. The State of Art and some Perspectives of further Research«, in: Dieter Rucht [Hg.], *Research on Social Movements. The State of Art in Western Europe and the United States*, Frankfurt 1991, S. 421-464).

28 Das *Neue Deutschland* entwickelte sich im zentralistisch geplanten Zeitungsmarkt zum politischen Leitmedium und war 1989 neben dem FDJ-Organ *Junge Welt* die auflagenstärkste Tageszeitung in der DDR.

turen.[29] Als der Prozess gegen Angela Davis 1972 eröffnet wurde, durfte Klaus Steiniger als erster Sonderkorrespondent des *Neuen Deutschland* in die USA einreisen und von dort über das Verfahren berichten. Durch seine Berichterstattung über den »Fall Angela Davis«[30] wurde Klaus Steiniger in der DDR bekannt. Er gehörte zur Funktionselite der DDR und erfüllte, entsprechend seiner Rolle als »sozialistischer Journalist«, der gleichzeitig immer auch »Parteifunktionär« zu sein hatte, den ihm zugedachten Parteiauftrag.[31] Das bedeutete auch, dass seine Berichterstattung das von der Parteipolitik vorgegebene aktuelle politische Leitbild vermitteln sollte. Entsprechend lassen sich in seiner Berichterstattung auch Vorstellungswelten und kollektive Sinngebungen erkennen, die in der DDR für die Solidarisierung mit Angela Davis bereitstanden oder im Verlauf der Solidaritätskampagne bereitgestellt werden sollten.[32]

---

29 Bei der Quellenanalyse für diese Arbeit ist der Eindruck entstanden, dass die DDR-Berichterstattung über Angela Davis und die Ereignisse in den USA zunächst meist auf Artikeln vor allem aus der Tageszeitung *Daily World*, dem Sprachrohr der CPUSA, basierte. Klaus Steiniger selbst sagte in einem Interview mit dem MDR, er sei über die US-Presse auf den »Fall Angela Davis« aufmerksam geworden (siehe Interview mit Klaus Steiniger, »Der Fall Angela Davis«, unter: MDR »Damals im Osten«, URL: https://www.mdr.de/zeitreise/stoebern/damals/video74566.html [zuletzt abgerufen: 01.02.2020]).

30 Durch einen Artikel Steinigers mit der Überschrift »Der Fall Angela Davis« wird Davis' Name in der DDR bekannt (Klaus Steiniger, »Der Fall Angela Davis«, in: *Neues Deutschland* [26.10.1969], S. 5). Die Formulierung »Der Fall Angela Davis« wird im Verlauf der Solidaritätskampagne zu einem feststehenden Begriff in der DDR (siehe außerdem Interview mit Klaus Steinger, »Der Fall Angela Davis«, unter: MDR »Damals im Osten«, URL: https://www.mdr.de/zeitreise/stoebern/damals/video74566.html [zuletzt abgerufen: 01.02.2020]).

31 Siehe auch Einleitung.

32 Durch die von Steiniger rückblickend gemachten Äußerungen kann der Eindruck entstehen, er habe mit seinen Artikeln die Solidaritätskampagne in der DDR ausgelöst. Berücksichtigt man jedoch die Entscheidungsstrukturen, denen die »öffentliche Debatte« und Berichterstattung in der DDR unterlagen, relativiert sich diese Selbstdarstellung. Allein im *Neuen Deutschland* erschienen zwischen 1970 und 1972 rund 886 Berichte über Angela Davis (1970 [134], 1971 [412], 1972 [340]). Nach 1973 fiel die Zahl drastisch ab, auf unter 40 Berichte im Jahr. Zu den Berichten von *Neues Deutschland* kam noch die Berichterstattung anderer DDR-Zeitungen, zum Beispiel der *Berliner Zeitung* oder der *Neuen Zeit*, die sich jedoch in ihrer Botschaft und auch in Bezug auf ihren Informationsgehalt nicht von den *Neues Deutschland*-Berichten unterschieden. Die Zahlen basieren auf einer Quellenauswertung der drei DDR-Tageszeitungen, die im Zeitungsinformationssystem ZEFYS der Staatsbibliothek Berlin digitalisiert und im Volltext erschlossen zugänglich sind. Die Anzahl der Berichte lässt darauf schließen, dass Angela Davis' Verhaftung aus Sicht der SED-Führung gesteigerte Aufmerksamkeit zukommen sollte. Jedoch war die zunehmende Berichterstattung über Angela Davis kein isoliert auftauchendes Phänomen in der DDR. In ihrem Interesse an Davis stimmte die Parteiführung in vorauseilendem Gehorsam gegenüber dem »großen Bruder« mit der von Moskau vorgegebenen, politisch-ideologischen Leitlinie überein. So boten die von der staatlichen Nachrichtenagentur Russlands, TASS, über Davis gesendeten Meldungen auch für Satellitenstaaten wie die DDR einen Anhaltspunkt für die von Moskau verfolgten Zie-

Klaus Steiniger war 1948 bereits im Alter von 16 Jahren der SED beigetreten, die 1946 in der sowjetischen Besatzungszone durch die Zwangsvereinigung von SPD und KPD entstanden war.[33] Als studierter Jurist hatte er im Außenministerium der DDR gearbeitet und währenddessen am Institut für Internationale Beziehungen der *Deutschen Akademie für Staats- und Rechtswissenschaft* (DASR) unter der Leitung Klaus Bollingers promoviert, der 1968 »Freedom now – Freiheit jetzt«[34] veröffentlicht hatte, eine Darstellung der ideologisch-politischen Bedeutung des afroamerikanischen Freiheitskampfes für die DDR. Im Jahr 1967 nahm Steiniger seine Tätigkeit als Journalist in der außenpolitischen Redaktion des *Neuen Deutschland* auf[35] und übernahm 1968 die Leitung der Sektion »Kapitalistische Länder/USA« im *Neuen Deutschland*. Er widmete der Entwicklung des afroamerikanischen Freiheitskampfes in seiner Berichterstattung große Aufmerksamkeit und knüpfte damit an Bollingers Anschauungen an, die afroamerikanischen Proteste seien als Teil des »internationalen Friedenskampfes« Themen »höchster politischer Aktualität«.[36] Dies zeigte sich auch in Steinigers Berichten über die BPP.

---

le. Es ist davon auszugehen, dass ohne die durch die regelmäßigen TASS-Berichte aus Moskau signalisierte politisch-ideologische Bedeutung des Davis-Falls eine weitere Forcierung durch die Parteiorgane auch nicht denkbar gewesen wäre. In der von der CIA zusammengestellten Datensammlung zu aktuellen Trends in der kommunistischen Propaganda gehörte der Fall Angela Davis' zwischen 1970 und 1972 konstant zu den Themen, die aufgrund ihrer häufigen Nennung in sowjetischen Radiomeldungen besonders große Beachtung vonseiten der sowjetischen Führung erhielten (siehe zum Beispiel Foreign Broadcast Information Service, *Trends in Communist Propaganda* [23.12.1970], Vol. XXI, Nr. 51, in: General CIA Records [via CREST]).

33 Interview mit Klaus Steiniger, »Ernst Busch war der angesehenste Künstler der DDR« (Januar 2005), auf: »Materialien zur Kulturgeschichte«, URL: http://erinnerungsort.de/(zuletzt abgerufen: 01.02.2020). Die Nazis hatten Steinigers Vater 1935, weil er nach den NS-Rassengesetzen als Halbjude galt, die deutsche Staatsangehörigkeit aberkannt. In der DDR gehörte er als Abgeordneter der Gründungsvolkskammer der Aufbaugeneration an (siehe »Steiniger, Klaus Alfons«, in: »Wer war wer in der DDR?«, URL: https://www.bundesstiftung-aufarbeitung.de/wer-war-wer-in-der-ddr-%2363%3B-1424.html?ID=3397 [zuletzt abgerufen: 01.02.2020]).

34 Bollinger, *Freedom now – Freiheit sofort!*

35 Steiniger war vor seiner Tätigkeit als Journalist und nach eigenen Angaben parallel zu seiner Promotion in der USA-Abteilung des Außenministeriums tätig. Seine genaue Tätigkeit dort ist nicht bekannt (siehe »Der erste Politikberichterstatter reist in die USA«, Interview mit Klaus Steiniger, MDR »Damals im Osten«, URL: https://www.mdr.de/zeitreise/stoebern/damals/video74584.html [zuletzt abgerufen: 01.02.2020]). Die in Potsdam-Babelsberg ansässige DASR »Walter Ulbricht« war eine dem Ministerrat direkt unterstellte Lehr- und Forschungseinrichtung, die leitende Mitarbeiter im Staatsapparat, in der Verwaltung und im diplomatischen Dienst der DDR ausbildete. Sie galt als Diplomatenschule der DDR. Das Institut für Internationale Beziehungen stand bis 1969 unter der Leitung von Prof. Dr. Klaus Bollinger, der 1968 *Freedom now – Freiheit sofort!* verfasst hatte.

36 Bollinger, *Freedom now – Freiheit sofort!*, S. 5; siehe Kapitel 2.3.2.

Im September 1969 hatte er unter der Überschrift »Freiheit für Bobby Seale, Sohn des schwarzen Amerika« zur Solidarität mit Bobby Seale aufgerufen und dabei den »Kampf gegen den Rassismus« zur »Sache des höchsten Prinzips« erklärt.[37] Über Angela Davis hatte er bereits ein Jahr vor ihrer Verhaftung zum ersten Mal berichtet. Unter der Überschrift »Der Fall Angela Davis« bezeichnete Steiniger im September 1969 Davis' drohende Entlassung an der UCLA als einen vom Gouverneur Ronald Reagan angestifteten antikommunistischen »Gesinnungsterror«.[38] Die Solidarität mit der »Kommunistin Davis« zeige jedoch, dass sich in der durch die anhaltenden Proteste »krisengezeichneten Ordnung der USA [...] trotz aller Rauchvorhänge antikommunistischer Verleumdung in immer breiteren Schichten die Erkenntnis« durchsetze, dass die CPUSA an Einfluss gewinne und »ein untrennbarer Bestandteil der antiimperialistischen Volkskoalition sein« müsse. Die Auseinandersetzung um Davis' Lehrfreiheit bezeichnete er hoffnungsvoll als einen weiteren »Mosaikstein im Panorama jener großen Schlacht, deren Konturen durch die Heerschau der amerikanischen Friedenskräfte« im Verlauf der Demonstrationen gegen den Vietnamkrieg erhellt worden seien.[39]

Als Steiniger ein Jahr darauf, im September 1970, zum ersten Mal über die FBI-Suche nach Angela Davis, die Soledad Brothers und Jonathan Jacksons missglückten Befreiungsversuch berichtete, beschrieb er die Ereignisse als Ausdruck einer neuen Woge »antikommunistischer Hysterie« in den USA, die »Nixons Büttelheer« nur als Vorwand diene, um mit »Großrazzien und anderen Formen der Repression gegen Amerikas Linke« vorzugehen.[40] In der für die SED-Sprache charakteristischen Bewegungs- und Kampfmetaphorik war im Zusammenhang mit Davis' Festnahme zunächst vor allem von einem Fall »antikommunistischer Justiz« zu lesen, zu dessen Vorbildern »kaltblütige Justizmorde gehörten, wie sie an Ethel und Julius Rosenberg« oder auch »an den Arbeiterführern Sacco und Vanzetti« begangen worden seien.[41] Steiniger kontextualisierte Angela Davis zu Beginn seiner

---

37 Klaus Steiniger, »Freiheit für Bobby Seale. Sohn des schwarzen Amerika«, in: *Neues Deutschland* (24.09.1969), S. 6.

38 Klaus Steiniger, »Der Fall Angela Davis. Solidarität mit gemaßregelter amerikanischer Kommunistin«, in: *Neues Deutschland* (26.10.1969), S. 5.

39 Ebenda.

40 Klaus Steiniger, »Prof. Angela Davis Opfer eines Komplotts«, in: *Neues Deutschland* (12.09.1970), S. 16.

41 »Angela Davis in Gefahr«, in: *Neues Deutschland* (23.10.1970); »Nixons Blutrichter wollen Angela Davis morden«, in: *Neues Deutschland* (31.10.1970), S. 7. Nicola Sacco und Bartolomeo Vanzetti waren zwei aus Italien in die USA eingewanderte Arbeiter, die sich dort der Arbeiterbewegung anschlossen. Die beiden waren Mitglied einer anarchistischen Gruppe und wurden 1921 wegen bewaffneten Raubüberfalls und Mordes angeklagt und nach einem umstrittenen Prozess 1927 in Massachusetts hingerichtet. Im Verlauf des Prozesses gelang damals die Mobilisierung von internationalen Protesten. Die Historikerin Lisa McGirr sprach in diesem Zusammenhang davon, dabei sei tatsächlich die Organisation einer »internationa-

Berichterstattung somit klar mit der CPUSA und ihrem Bekenntnis zum Kommunismus.

Innerhalb weniger Wochen gewann in Steinigers Artikeln über Davis das Thema Rassismus zunehmend an Bedeutung. Anfang November nannte er Davis nun nicht mehr nur eine »ergebene Kommunistin«, sondern auch eine »hervorragende Kämpferin für die Befreiung des Negervolkes«, die von »Nixons auf Neger- und Kommunistenjagd gedrillter Gestapo« gesucht und von »kalifornischen Rassenfanatikern der ›Beihilfe zum Mord‹ beschuldigt worden« sei.[42] In den USA sei eine täglich anwachsende Solidaritätsbewegung für Angela Davis im Entstehen begriffen, zu deren tragenden Kräften »vor allem die KP der USA« gehöre, aber auch die mit den Kommunisten im gemeinsamen Kampf »verbündete Black Panther Party«.[43] Steiniger flankierte seinen verstärkten Einsatz antirassistischer Solidaritätsrhetorik mit Vergleichen zwischen den Ereignissen in den USA und der NS-Zeit, um die amerikanische Führung als faschistisches Unterdrückungsregime zu kennzeichnen. So schrieb er im Zusammenhang mit der anhaltenden juristischen Auseinandersetzung um Davis' Auslieferung von New York nach Kalifornien, wo sie bei einer Verurteilung mit der Todesstrafe rechnen musste, die kalifornischen Gesetze seien noch stärker als in allen anderen US-Bundesstaaten vom »Odium des Rassismus« durchdrungen.[44] Hier würden die meisten »Justizverbrechen an Kämpfern der Negerbefreiungsbewegung und unbestechlichen Gewerkschaftern« begangen.[45] Die Verteidigung der »klugen, jungen, schönen Negerin aus Alabama« sei daher zur »Frontlinie der Bataillone des Antifaschismus« in den USA geworden. Jedoch benötige das »andere Amerika« in seiner »großen Schlacht um die Rettung seiner schwarzen Freiheitsheldin vor der Gaskammer« die Solidarität von Millionen Menschen in aller Welt.[46]

Die Äußerung Bollingers aus dem Jahr 1968, die afroamerikanischen Proteste seien Themen von »höchster politischer Aktualität«, schien sich für das Parteiregime mit den Ereignissen um Angela Davis zu bestätigen. Zunehmend wurde eine antirassistische Solidaritätsrhetorik im Zusammenhang mit den Berichten über Angela Davis verwendet. Diese dezidiert antirassistische Solidaritätsrhetorik in der

len sozialen Bewegung gelungen« (Lisa McGirr, »The Passion of Sacco and Vanzetti: A Global History«, in: *Journal of American History*, 93/4 [2007], S. 1085-1115). Mit dieser Deutung stimmt McGirr überein mit der kommunistischen Interpretation der Ereignisse, wie sie auch in der DDR propagiert wurde.

42 Klaus Steiniger, »Nixon-Regime bedroht Angela Davis mit Gaskammer«, in: *Neues Deutschland* (03.11.1970), S. 6.

43 Ebenda.

44 Klaus Steiniger, »Gouverneur Reagan fordert den Kopf von Angela Davis«, in: *Neues Deutschland* (19.11.1970), S. 6.

45 Ebenda.

46 Ebenda.

DDR-Presse lässt sich jedoch auch mit der Entwicklung der Verteidigungskampagne in den USA erklären. Nach seiner Gründung legte das NUCFAD immer öfter Wert darauf, die *Free Angela Davis*-Bewegung als eine umfassende Protestbewegung darzustellen, die sich nicht nur für Angela Davis, sondern auch für die Soledad Brothers und inhaftierte *Black Panthers* einsetzte.[47] Damit sollte betont werden, dass Davis nicht wegen ihrer Parteimitgliedschaft von der CPUSA so umfassend unterstützt wurde, sondern weil die CPUSA den Kampf der afroamerikanischen Bevölkerung gegen Diskriminierung an sich als bedeutsam erachtete.[48] Als Reaktion darauf gewann der Begriff der »rassistischen Repression« und Referenzen zu inhaftierten *Black Panther*-Aktivisten stetig an Bedeutung in der Kontextualisierung der Solidarität für Angela Davis in der DDR.

Ein anderer Grund dürfte aber auch die Entwicklung der Angela-Davis-Solidaritätsbewegung in der Bundesrepublik gewesen sein. Denn auch dort formierte sich in vielen westdeutschen Städten eine Unterstützungsbewegung für Angela Davis, vor allem in Frankfurt und Westberlin. Und auch dort bildete die deutsche NS-Vergangenheit einen wichtigen Bezugsrahmen: Für westdeutsche Studierende kam das Vorgehen der US-Behörden einer »Vorverurteilung« von Angela Davis gleich, die – wie Oskar Negt es im Januar 1971 in der Zeitschrift *Konkret* formulierte – als »verlässliches Kennzeichen eines präfaschistischen Zustandes« interpretiert werden könne, der zur »Kriminalisierung« einer gesamten Bevölkerungsgruppe führe.[49] Geboten seien also gezieltes Handeln und eine möglichst breite Protestbewegung. So gebe es gerade in Deutschland »Grund genug, gegen den Rassismus in allen offenen und verschleierten Formen, in Vietnam ebenso wie in den amerikanischen Gefängnissen, zu protestieren.«[50]

Zu den ersten Aktionen des Angela-Davis-Solidaritätskomitees gehörte ein Teach-in, zu dem am 24. November 1970 bereits rund tausend Studierende im Hörsaal V der Universität Frankfurt zusammenkamen, wo Oskar Negt, Karl Dietrich Wolff und Daniel Cohn-Bendit über die Hintergründe von Davis' Verhaftung informierten.[51] Die Proteste für einen fairen Prozess sollten aus Sicht der Aktivisten auch zu einem Lackmustest für den Zustand der Demokratie

---

47 Aptheker, *The Morning Breaks*.

48 Die Frage der Ausrichtung und Darstellung der Verteidigungskampagne für Davis hatte, wie bereits dargestellt, zu Debatten innerhalb der CPUSA zwischen dem Flügel der neuen alten Linken und Vertretern der alten Linken wie Henry Winston und William L. Patterson geführt (siehe Kapitel 3.3.3).

49 Oskar Negt, »Der Fall Angela Davis« (28.01.1971), in: *Konkret*, 17. Jg Nr. 3, S. 52-54, hier: S. 732, zitiert nach Kraushaar (Hg.), *Frankfurter Schule und Studentenbewegung*, Bd. 2, S. 730-733.

50 Ebenda.

51 Eigentlich sollte an diesem Treffen auch Kathleen Cleaver, die Frau von BPP-Exilant Eldridge Cleaver teilnehmen. Cleaver wurde jedoch (wie schon Elbert Howard) die Anreise am Flughafen verweigert (siehe »Warten auf Kathleen Cleaver«, in: *FAZ* [25.11.1970], S. 42). Zu der Veranstaltung siehe Kraushaar (Hg.), *Frankfurter Schule und Studentenbewegung*, Bd. 1, S. 501.

in der Bundesrepublik werden. Solche möglichen Anzeichen einer erfolgreichen Demokratisierung Westdeutschlands versuchte das DDR-Regime in seinen Abgrenzungsbemühungen jedoch fortlaufend zu widerlegen. In diesem Zusammenhang sollten Anknüpfungen und Verweise auf die weit zurückreichende Tradition des sozialistischen Antirassismus keinen Zweifel daran aufkommen lassen, dass die Überwindung der NS-Rassenideologie bislang lediglich in der DDR geglückt war. Als Klaus Steiniger Anfang Dezember 1970 die Soledad Brothers als einen »neuen Scottsboro-Fall« bezeichnete, betonte er daher die antirassistische rot-schwarze Verbundenheitstradition der DDR. Wie die Scottsboro-Boys seien auch die Soledad Brothers wegen ihrer »schwarzen Haut« auf die »Galeeren des Rassismus« gekommen und würden nun von der »kalifornischen Lynchjustiz« bedroht.[52] Jene »bitterarmen Negerjungen aus Scottsboro« seien in den 1930er Jahren durch weltweite Solidarität »vor dem elektrischen Stuhl« bewahrt worden, weshalb auch heute eine weltweite Solidarität für die Rettung der Soledad Brothers, Angela Davis, dem *Black Panther*-Führer Bobby Seale und allen anderen »Opfern einer barbarischen Mordjustiz« kämpfen müsse.[53]

Die zahlreichen Solidaritätsaktionen für Angela Davis, die bis zum Ende des Jahres 1970 stattfanden, wurden als erstes Anzeichen dafür gewertet, dass in der DDR an den Erfolg der Scottsboro-Boys-Kampagne angeknüpft werden könne. Das »Feuer der Solidarität, das immer schon in den Herzen der deutschen Kommunisten brannte«, habe laut Steiniger, »auf das Denken und Fühlen der gesamten Bevölkerung« in der DDR übergegriffen.[54] Die Narrative, die sich maßgeblich in Steinigers Pressebeiträgen über Angela Davis entfalteten und dann über die Dauer der Kampagne stetig manifestierten, waren gekennzeichnet durch eine spezifische Solidaritätsrhetorik, die zunächst auf einer antiimperialistischen rot-schwarzen Verbundenheit basierte. In typischer Weise für den Berichtsritualismus der DDR verwies Steiniger wiederkehrend auf die verschiedenen ideologischen Grundwerte des Sozialismus wie »Antifaschismus«, »Frieden«, »Antiimperialismus« und »internationale Solidarität«.[55] Er hob den »Kampf gegen Rassismus« als besonders bedeutsam hervor und trug dadurch dazu dabei, dass die Bedeutung von Davis und ihrem Fall sowie deren Interpretation durch das Parteiregime im Sinne einer

52 Klaus Steiniger, »Die Soledad Brothers«, in: *Neues Deutschland* (05.12.1970), S. 16.

53 Ebenda.

54 Klaus Steiniger, »Erneuerung eines Gelöbnisses«, in: *Neues Deutschland* (27.12.1970), S. 6.

55 Davis wird so in die sozialistische Wirklichkeitskonstruktion des Parteiregimes integriert. Dazu gehört auch eine bewusste Verwechslung der Sprach- und Realitätsebenen. Zu dieser bewussten Verwechslung im Zusammenhang mit dem Sprach- und Berichtsritualismus siehe Ralph Jessen, »Diktatorische Herrschaft als kommunikative Praxis. Überlegungen zum Sprachgebrauch von ›Bürokratie‹ und ›Sprachnormierung in der DDR-Geschichte‹«, in: Alf Lüdtke/Peter Becker (Hg.), *Akten. Eingaben. Schaufenster. Die DDR und ihre Texte*, Berlin 1997, S. 57-75.

dezidiert antirassistischen Solidarität schnell der breiten Öffentlichkeit vermittelt wurde.[56]

Die durch den Antifaschismus und die typischen NS-Metaphern[57] (»Rassenfanatiker«, »Gestapo«, »Gaskammer«) geprägte antirassistische Solidaritätsrhetorik erhielt ab dem Jahresende 1970 sprachlich und inhaltlich eine Erweiterung. Durch die Rezeption der CPUSA-Berichterstattung mit ihrer Darstellung der *Free Angela Davis*-Kampagne als inhärentem Teil der afroamerikanischen Freiheitsbewegung griff Steiniger Themen und Rhetorik der afroamerikanischen Proteste wie »Jim Crow-Rassismus«, »Public Lynching« (anstelle des deutschen Begriffs »Mobgewalt«), »Frame Up« auf. Ein gewisser Einfluss der westdeutschen Solidaritätsbewegung für Angela Davis mit ihrer *Black Power*-Affinität ist hier allerdings nicht auszuschließen. Die Adaption von Themen und Redewendungen der US-amerikanischen Kampagne zeugen bereits früh von dem Bemühen, die DDR als Verbündete in einer antirassistischen Bewegung erscheinen zu lassen. So führte Steiniger die DDR-Leserschaft nicht nur in das Vokabular des US-Rassismus ein, sondern suggerierte auch, rassistische Gewalt als eine spezifische Eigenschaft der kapitalistischen Gesellschaft der USA zu sehen.[58]

Gleichzeitig fehlte es den Bemühungen, ein antirassistisches Image herzustellen, an kritischem Bewusstsein für den eigenen Sprachgebrauch. Mit der wiederholten Verwendung des rassistisch konnotierten Begriffs »Neger« fielen die DDR-Presseberichte hinter den programmatischen Anspruch der SED-Führung. Neben der inhaltlichen Darstellung stieß gerade diese sprachliche Schilderung des Falls

---

56 Allgemein zeichnet sich ritualisierte Sprache durch »öffentliche, extrem determinierte, rollenhafte Kommunikation mit geringem Informationsgehalt« aus, deren »sprachliche Mittel stark standardisiert, schematisch und mit geringer Varianz eingesetzt werden.« (Ulla Fix, »Rituelle Kommunikation im öffentlichen Sprachgebrauch der DDR und ihre Begleitumstände. Möglichkeiten und Grenzen der selbstbestimmten und mitbestimmenden Kommunikation in der DDR«, in: Gotthard Lerchner [Hg.], *Sprachgebrauch im Wandel. Anmerkungen zur Kommunikationskultur in der DDR vor und nach der Wende*, Frankfurt a.M. 1992, S. 3-99). Zur Definition rituellen Sprechens siehe Elisabeth Rauch, *Sprachrituale in institutionellen und institutionalisierten Text- und Gesprächssorten*, Frankfurt a.M. 1992, S. 14-38; Jessen, »Diktatorische Herrschaft als kommunikative Praxis«.

57 Beispielsweise berichtete das *Neue Deutschland* mit Referenzen zur deutschen Nazivergangenheit, Davis solle »von der Blutjustiz Kaliforniens in die Gaskammer« geschickt werden (»Angela Davis in höchster Gefahr«, in: *Neues Deutschland* [12.11.1970], S. 7).

58 Das Aufgreifen von Begriffen wie »Jim Crow« oder »Lynchmord«, die der US-Debatte über rassistische Diskriminierung der afroamerikanischen Bevölkerung entliehen waren, um eigene antirassistische Positionen rhetorisch zu unterstreichen, findet sich bereits in der frühen Sowjetunion (siehe Roman, *Opposing Jim Crow*, S. 57-81, S. 87-88). Steinigers Verwendung dieser Begriffe trug also nicht nur zur Entstehung einer speziell auf den Fall Angela Davis ausgerichteten antirassistischen Solidaritätsrhetorik bei, sondern stand auch in der Tradition der frühen sowjetischen antirassistischen Propaganda und nutzte deren bewährte Stilmittel.

bei Angela Davis selbst auf Kritik. Bettina Aptheker, die zu den engsten, mit Besuchsrechten ausgestatteten Vertrauten Angela Davis' gehörte, berichtete in einem Brief an ihren Vater, Herbert Aptheker, im Zusammenhang mit der DDR-Solidaritätspost ausführlich darüber, dass Davis sich nicht nur über die Darstellung Jonathan Jacksons in der DDR-Presse unglücklich gezeigt habe, sondern auch über die regelmäßige Verwendung des Begriffs »Neger«.[59] Ob diese Kritik aufseiten der DDR zur Kenntnis genommen wurde, lässt sich anhand der Quellen nicht nachvollziehen. Jedoch verwendete gerade Steiniger in seiner weiteren Berichterstattung zunehmend Bezeichnungen wie »Schwarze« oder »Afroamerikaner«.

4.1.1.2 Protest aus der Bevölkerung: »Hände weg von Angela Davis«

Die ersten, vor allem von Klaus Steiniger verfassten Presseberichte über Angela Davis schufen einen offiziellen Sprach- und Berichtsritualismus[60] der antirassistischen Solidarität. Auf diese Weise wurde der Bevölkerung nicht nur der offizielle Sprachgebrauch vorgestellt, sondern ihr wurden auch konkrete Handlungsmöglichkeiten vorgezeichnet. Nachdem die Zeitungen zunächst von den Protesten in den USA berichtet hatten, fanden ab November 1970 die ersten Solidaritätsaktionen für Angela Davis in der DDR statt.[61] Dazu gehörte unter anderem der an die Bevölkerung der DDR gerichtete Protestaufruf von Künstlern und Künstlerinnen des Berliner Ensembles, das von Helene Weigel, der Witwe von Bertold Brecht, geleitet wurde. Auf der ersten Seite des *Neuen Deutschland* war unter dem Motto »Hände weg von Angela Davis« zu lesen:

> »An unser Publikum: An alle! [...] Verhindern wir, daß die farbige Professorin, die Kommunistin Angela Davis, ein neues Opfer der Reaktion wird. Unterstützen wir die Befreiungsbewegung in den USA durch unseren Protest gegen den drohenden Justizmord! Hände weg von Angela Davis«[62]

Ähnlich wie in der US-amerikanischen *Free Angela Davis*-Kampagne, in der bekannte Persönlichkeiten wie Aretha Franklin oder James Baldwin kurz nach Davis' Verhaftung ihre Unterstützung öffentlich kundgetan hatten, gehörten zu den Unter-

---

59 »Bettina Aptheker to Herbert Aptheker« [28.02.1971], in: *Bettina Aptheker Papers*, Box 24, Folder 2, S. 1-3, hier: S. 2.

60 Durch diesen Sprach- und Berichtsritualismus werden, wie Jessen schreibt, »Grundwerte der Ideologie« wie antirassistische Solidarität immer wieder »aktualisiert, präsent gehalten und scheinbar bestätigt«. Siehe Jessen, »Diktatorische Herrschaft als kommunikative Praxis«.

61 Ebenda.

62 »Berliner Theaterschaffende: Hände weg von Angela Davis!«, in: *Neues Deutschland* (06.11.1970), S. 1. Klaus Steiniger hatte diesen Slogan bereits einige Tage vorher verwendet und ihn sehr wahrscheinlich aus einem Bericht des *Daily Worker* übernommen. Dass der Slogan zunächst hauptsächlich von militanten *Black Power*-Gruppen verwendet wurde, dürfte daher keine Rolle gespielt haben (siehe Klaus Steiniger, »Nixon-Regime bedroht Angela Davis mit Gaskammer«, in: *Neues Deutschland* [03.11.1970], S. 6).

zeichnern dieses Protestaufrufs neben Helene Weigel prominente DDR-Künstler wie die Schauspielerin Gisela May oder der Sänger und Moderator Willi Schwabe. Mit dem Motto »Hände weg von Angela Davis« griff der Appell einen charakteristischen Slogan der US-amerikanischen *Free Angela Davis*-Kampagne auf, der Tage zuvor in der DDR-Presse zu lesen gewesen war.[63] Damit zeigten sich die prominenten Unterstützer ganz im Sinne der Parteiführung als Beispiel für gelebte Solidarität. Zugleich war es aber auch eine Geste der Systemkonformität.[64] Ob dieser Solidaritätsaufruf zu mehr Solidaritätsbekundungen in der DDR führte, lässt sich nicht sagen. Er wurde jedoch in den USA positiv rezipiert. So stellte das NUCFAD in einem seiner ersten Newsletter (Dezember 1970) die Solidaritätsbekundungen in der DDR als herausragende Beispiele für die internationale Solidarität dar, die sich zur Unterstützung Angela Davis' weltweit formierte.[65]

Ein Mobilisierungsschub setzte in der DDR ein, als die ersten Massenorganisationen ab Mitte November 1970 damit begannen gegen Davis' Verhaftung zu mobilisieren.[66] So forderte der Friedensrat der DDR »im Namen von Millionen

---

63 »Freiheit für Angela Davis! Bewegung für ihre Freilassung wächst ständig in den USA«, in: *Neues Deutschland* (01.11.1970), S. 7; »Im Hungerstreik«, in: *Neue Zeit* (01.11.1970), S. 3; »Befreiungskomitees für Angela Davis gegründet. Große Demonstrationen in zahlreichen Städten der USA«, in: *Berliner Zeitung* (01.11.1970), S. 1. Zum ersten Mal hatte die *Third World Women's Alliance* (TWWA), die als eine der wenigen weiblichen *Black Power*-Gruppen eine revolutionär-feministische Agenda vertrat, während die Suche des FBI nach Angela Davis noch anhielt, im September 1970 unter dem Motto »Hands off Angela Davis« gegen eine Verhaftung Davis' demonstriert (vgl. Stephen Ward, »Third World Women's Alliance. Black Feminist Radicalism and Black Power Politics«, in: Peniel Joseph, *The Black Power Movement: Rethinking the Civil Rights-Black Power Era*, S. 119-144, hier: S. 141). In der Folge wurde »Hands off Angela Davis« zu einem wiederkehrenden Motto bei US-amerikanischen Demonstrationen gegen Davis' Verhaftung. Die Verwendung der deutschen Übersetzung des Slogans bei DDR-Protestaufrufen kann damit als ein Beispiel für die transnationale Zirkulation von Protestformen in Rahmen der Solidaritätskampagne für Angela Davis gesehen werden.

64 Auch die Theater unterstanden der Kontrolle der SED. So mussten sie den entsprechenden Behörden Programm-Konzeptionen in Verbindung mit kulturpolitischen Zielen vorlegen, die dann in der Kulturabteilung des ZK geprüft wurden. Die Verwirklichung der Projekte hing somit von der Genehmigung des ZK ab. Vor diesem Hintergrund kann der Protestappell des Berliner Ensembles auch als Versuch gesehen werden, durch den Beweis von Systemkonformität künstlerische Freiräume zu sichern (vgl. Petra Stuber, *Spielräume und Grenzen. Studien zum DDR-Theater*, Berlin 1998, S. 12ff., S. 207).

65 NUCFAD, »Free Angela Davis and all Political Prisoners. The Newsletter of the National United Committee to Free Angela Davis« (08.12.1970), No. 2, in: *Angela Y. Davis Collection*, Box 1, Folder 15.

66 »IDFF fordert Freiheit für Angela Davis«, in: *Neues Deutschland* (08.11.1970), S. 7. Die *Internationale Demokratische Frauenföderation* (IDFF) hatte ihren Sitz in Ostberlin. Ihre Vizepräsidentin war wiederum Ilse Thiele, die Vorsitzende des *Demokratischen Frauenbunds Deutschlands*. Somit folgte sie der SED-Leitlinie.

von DDR-Bürgern« Angela Davis' Freilassung. Er galt als Repräsentant der offiziellen und damit partei- und regierungsnahen Friedensbewegung in der DDR.[67] Gleichzeitig verlangte auch der Zentralrat der FDJ in Resolutionen, die an den Präsidenten der USA und an den Gouverneur des Bundesstaates New York geschickt wurden, ihre Freilassung. In Ostberlin sammelten FDJ-Mitglieder unter dem Motto »Rettet Angela Davis! Nieder mit der USA-Aggression in Vietnam!« über dreieinhalbtausend Unterschriften.[68] Bis Ende des Jahres warb die *Junge Welt*, das täglich erscheinende Zentralorgan der FDJ, gezielt bei der DDR-Jugend um Unterstützung für Davis.[69] Die Jugend der DDR sollte – in den gewohnten Bahnen der in der DDR praktizierten internationalen Solidarität – selbstgemalte Postkarten und unterschriebene Petitionen an das NUCFAD-Komitee oder direkt an politische Entscheidungsinstanzen schicken.[70]

Schon bevor Hermann Axen während der Engels-Konferenz offiziell die Unterstützung der DDR für Angela Davis bekannt gemacht hatte, war es seitens der DDR-Bevölkerung zu Solidaritätsbekundungen gekommen. Bereits Anfang November forderten Greifswalder Oberschüler der *Pionierorganisation Ernst Thälmann*[71] in ihrem in der *Ostsee-Zeitung* veröffentlichten Solidaritätsschreiben die Jugend

---

67 Bis in die erste Hälfte der 1960er Jahre lag der Schwerpunkt der Arbeit des Friedensrats bei der »gesamtdeutschen« beziehungsweise »Westarbeit«, danach zunehmend auf der Etablierung einer internationalen Zusammenarbeit. Dazu gehörte unter anderem die Kooperation mit anderen nationalen Friedenskomitees, Bewegungen und Aktionsbündnissen. Die Anleitung hierzu erfolgte durch Mitglieder des Politbüros des ZK der SED. Von 1958 bis 1979 war Albert Norden Vorsitzender des Friedensrats.

68 »Angela Davis freikämpfen!«, in: *Neue Zeit* (15.11.1970), S. 2; »Jugend ruft zur Solidarität«, in: *Neues Deutschland* (14.11.1970), S. 8.

69 Beispielsweise »Angela droht Auslieferung in den Gastod«, in: *Junge Welt* (05./06.12.1970); »Stimme der Solidarität ist unüberhörbar«, in: *Junge Welt* (07.12.1970), S. 1. Im System der Kinder- und Jugendpresse des verbandseigenen Verlags der FDJ richtete sich die Tageszeitung als sogenanntes Hauptinformationsmittel speziell an die 14- bis 25-Jährigen (siehe »System der Kinder- und Jugendpresse« [September 1970], in: Bundesarchiv SAPMO, DY24-06556 T.1).

70 Im Laufe der Kampagne rangierte die Spannbreite dabei vom Gouverneur von New York, Nelson Rockefeller, über den Gouverneur von Kalifornien, Ronald Reagan, bis hin zum damaligen Präsidenten Richard Nixon. Siehe hierzu den entsprechenden Aufruf der *Jungen Welt* an die Jugend der DDR, in dem zum Beispiel die Postadressen des NUCFAD sowie des New Yorker Gouverneurs Nelson Rockefeller genannt werden (siehe »Ruf an alle: Rettet Angela!«, in: *Junge Welt* [27.11.1970]). Ein Ausschnitt dieses Zeitungsartikels befindet sich auch in der Sammlung James Jacksons, was darauf schließen lässt, dass die Bezugnahme auf das NUCFAD als nachweislicher Beleg für den Erfolg der internationalen Mobilisierung der Kampagne aus Sicht von Vertretern der CPUSA offensichtlich von Interesse war (siehe *James E. Jackson and Esther Cooper Jackson Papers* TAM.347, Box 17, Folder 1).

71 Die *Pionierorganisation Ernst Thälmann* war die politische Massenorganisation für Kinder bis zum 14. Lebensjahr in der DDR.

der Ostseeregion dazu auf, »Blumengrüße der Solidarität« in die USA zu schicken.[72] Ein Zeitungsausschnitt dieses Solidaritätsaufrufes erreichte die zu diesem Zeitpunkt noch im New Yorker Frauengefängnis inhaftierte Angela Davis als eine der ersten Solidaritätsbekundungen aus der DDR, zusammen mit einem Brief der Jungpioniere.[73] Weitere Solidaritätsbekundungen wie das Protestschreiben einer Familie aus Waren (Müritz), eine von Schülern der Polytechnischen Oberschule Bockau (Erzgebirge) unterschriebene Petition oder eine Protestresolution der FDJ-Grundorganisation des VEB Möbelkombinats Rodeberg trafen ebenfalls bereits im November 1970 in den USA ein.[74]

Zumindest ein Teil dieser frühen Solidaritätsbekundungen war im Zusammenhang einer Solidaritätsaktion in die USA gelangt, die das DDR-Solidaritätskomitee mit dem Deutschlandsender unter dem Motto »Dem Frieden die Freiheit« veranstaltet hatte. Seit 1957 fand diese Aktion jährlich statt. Im November 1970 war zur Unterstützung für Vietnam aufgerufen worden. Die DDR-Bevölkerung konnte sich in Form von Spenden solidarisch zeigen und durfte im Gegenzug einen Musikwunsch äußern, der mit einer namentlichen Nennung in der Sendung verbunden war.[75] Dass im Rahmen dieser Aktion für Nordvietnam bereits die ersten Solidaritätsbekundungen für Angela Davis eingingen, lässt darauf schließen, dass bereits vor Beginn der offiziellen Solidaritätskampagne bei Teilen der DDR-Bevölkerung ein spezielles Interesse an Angela Davis bestand.

Auch die Verfasser eines an den Nationalrat der Nationalen Front[76] gerichteten Schreibens, das über den Verlauf des für Dezember angesetzten Solidaritäts-

---

72 »Freiheit für Angela Davis«, in: *Ostsee-Zeitung* (06.11.1970), in: Angela Davis: Solidarity Cards and Letters (in German), in: *Communist Party of the United States of America Records*, Box 138, Folder 9.

73 »Solidarity Cards and Letters (in German)«, in: *Communist Party of the United States of America Records*, Box 138, Folder 9.

74 »Solidarity Letters: Germany III« (1970-1972), in: *Communist Party of the United States of America Records*, Box 138, Folder 23. Ein Großteil der in diesem Ordner verwahrten Solidaritätspost ist nicht datiert. Auch wenn sich die Briefe und Petitionen im Wortlaut stark ähneln, lassen sie sich durch ihre Bezugnahme auf konkrete Ereignisse, zum Beispiel die Verhaftung Davis', im Gegensatz zu der später meist erwähnten Auslieferung nach Kalifornien oder Davis' Prozess zum Teil zeitlich zuordnen. Auch zeigen einige frankierte Umschläge mit datiertem Poststempel, dass bereits im November Solidaritätspost an Davis geschickt wurde, die sich an den in der DDR üblichen Solidaritätsformaten in Form von Protestresolutionen oder Petitionen mit Unterschriftensammlung ausrichtete.

75 Darauf lassen Stempel des Staatlichen Komitees für Rundfunk und vereinzelt beigefügte Musikwünsche schließen. Zu dieser Aktion siehe »Auch 1970 Konzerte der Solidarität«, in: *Neues Deutschland* (11.11.1970), S. 1.

76 Die Nationale Front war der Zusammenschluss aller Parteien und Massenorganisationen der DDR, gegründet 1949 zur Durchsetzung der Ziele der SED. Er umfasste eine Vielzahl von Organisationen, Vereinigungen, Gesellschaften und Verbänden zur Beteiligung am sozialistischen Aufbau der DDR (vgl. Kurt Schneider/Detlef Nakat, »Demokratischer Block, Nationale

monats für Nordvietnam informieren sollte, waren zu diesem Schluss gekommen, dass neben den Aktionen für Nordvietnam bei großen Teilen der DDR-Bevölkerung eine ansteigende »Solidaritäts- und Protestwelle« für Angela Davis zu beobachten sei.[77] Besonders der Jugend der DDR wurde ein hohes Interesse an der jungen Afroamerikanerin attestiert. So sei die »Resonanz aus den Schulen« besonders groß und es sei eine »hohe Zahl an Protestversammlungen« beobachtet worden. Diese Beobachtungen schienen umso mehr an Bedeutung zu gewinnen, da sich Angela Davis' Fall für die »Klärung des Freund-Feind-Bildes« in der DDR sehr gut eignen würde.[78]

In den Solidaritätsaktionen für Davis kamen somit zwei für die SED-Spitze zu Beginn der 1970er Jahre wesentliche Faktoren zusammen: zum einen eine gesellschaftlich breite Praktizierung internationaler Solidarität (Erich Honecker als neues Staatsoberhaupt der DDR bezeichnete sie wenige Monate später als ein wichtiges Element für die »Herausbildung der sozialistischen Persönlichkeit«) und zum anderen ein gesteigertes Interesse speziell der Jugend an Angela Davis (Honecker schrieb der Jugend eine zentrale Rolle für die Mitgestaltung der »entwickelten sozialistischen Gesellschaft« zu).[79] Als rot-schwarze Identifikationsfigur schien Davis dazu geeignet zu sein, der SED-Führung und ihrer antirassistischen Solidaritätspolitik vor allem bei der nachwachsenden Generation neue Bindungs- und Integrationskraft zu verleihen.[80]

4.1.2 Inszenierung der rot-schwarzen Solidarität

Parallel zu der Formierung der Solidaritätskampagne spitzten sich die Machkämpfe innerhalb der SED-Führung, die seit Sommer 1970 um das Amt des Parteivorsitzenden geführt wurden, weiter zu. Zur gleichen Zeit richtete sich die im Rahmen der sogenannten Neuen Ostpolitik durch die westdeutsche Regierung unter Willy

---

Front und die Rolle und Funktion der Blockparteien«, in: Gerd-Rüdiger Stephan et al. [Hg.], *Die Parteien und Organisationen der DDR. Ein Handbuch*, Berlin 2002, S. 78ff.).

77 »Anlage. Solidaritätsbewegung mit Angela Davis und dem vietnamesischen Volk« (09.12.1970), in: Bundesarchiv, SAPMO, DY-6-4547.

78 Ebenda.

79 Erich Honecker, »Grußadresse des Zentralkomitees der Sozialistischen Einheitspartei Deutschlands an das IX. Parlament der FDJ« (25.05.1971), in: Erich Honecker (Hg.), *Zur Jugendpolitik der SED. Reden und Aufsätze von 1945 bis zur Gegenwart*, Berlin (Ost) 1977, S. 300-302, hier: S. 300.

80 Pamphlete der *Young Workers Liberation League* (YWLL), dem Jugendarm der CPUSA, zeigen: Auch innerhalb der CPUSA wurde durch die Beteiligung an der *Free Angela Davis*-Kampagne versucht, speziell den politischen Nachwuchs zu mobilisieren (vgl. »The People will Free Angela Davis«, in: *Young Worker*, Januar 1971, in: *Angela Y. Davis Collection*, 1970-1984, Box 1, Folder 6).

Brandt eingeleitete deutschlandpolitische Annäherung nicht nur an die Sowjetunion. Die neue Bundesregierung wandte sich explizit auch an die DDR als Gesprächspartner. Thema der Verhandlungen waren der gegenseitige Gewaltverzicht und die Anerkennung des Status quo in Europa. Der Versuch Walter Ulbrichts, eine eigenständige Position einzunehmen und eine möglichst schnelle, vertraglich gesicherte Regelung der friedlichen Koexistenz beider deutscher Staaten zu erreichen, kollidierte jedoch mit den Vorstellungen der KPdSU-Führung unter Breschnew, die weiterhin die Sowjetunion als Hauptakteur betrachtete.[81]

Erich Honecker, der seit 1960 als Sekretär des Nationalen Verteidigungsrates für Sicherheitsfragen und Fragen der Landesverteidigung zuständig war, galt zu diesem Zeitpunkt neben seinem politischen Ziehvater Ulbricht als einflussreichster Funktionär im Politbüro. Ulbricht initiierte im Verlauf der 1960er Jahre innenpolitische Reformversuche, die auch Honeckers Machtposition und Entscheidungskompetenzen zu beschneiden drohten. Deshalb hatte sich Honecker in der zweiten Hälfte der 1960er Jahre immer mehr gegen Ulbricht gewandt. Zusammen mit SED-Funktionären wie Hermann Axen, Willi Stoph oder auch Erich Mielke gehörte er zu einer Gruppe von Widersachern Ulbrichts im Politbüro. Sie waren bemüht, Ulbrichts innen- und außenpolitisches Vorgehen zu unterminieren und mithilfe der KPdSU-Führung einen Machtwechsel herbeizuführen.

Die Deutschlandpolitik Ulbrichts, die aufseiten Breschnews als fragwürdige Aufweichung der bisherigen Position in der Anerkennungsfrage galt, half Honecker, sich weitere Unterstützung Moskaus zu sichern. Hinzu kam Verdruss in der Bevölkerung über die kritische Wirtschaftslage sowie über das Scheitern der versprochenen Verbesserung des Lebensstandards, sodass Honecker und seine Unterstützer sich in dem Glauben gestärkt sahen, einen Führungswechsel bewirken zu können. Zum Jahresbeginn 1971 gelang es Honecker schließlich, KPdSU-Chef Leonid Iljitsch Breschnew von der Notwendigkeit eines Führungswechsels zu überzeugen.[82]

Am 4. Mai 1971 war in der DDR-Presse schließlich zu lesen, Ulbricht habe einen Tag zuvor, auf der 16. Tagung des ZK der SED, darum gebeten, ihn »aus Altersgründen von der Funktion des Ersten Sekretärs des Zentralkomitees der SED zu entbinden« und diese Funktion »in jüngere Hände zu geben.«[83] Auf den innerpar-

81 Monika Kaiser, *Machtwechsel von Ulbricht zu Honecker. Funktionsmechanismen der SED-Diktatur in Konfliktsituationen 1962-1972*, Berlin 1997, S. 334ff.

82 Der innerparteiliche Putsch gegen Ulbricht konnte nur mit Zustimmung Breschnews geschehen, der wohl während des 14. KPdSU-Parteitags nicht zuletzt wegen der Befürchtung, es könne in der DDR zu einer kritischen Destabilisierung der Parteikontrolle kommen, auf Ulbricht hinsichtlich einer Niederlegung seiner Ämter einwirkte. Ob Ulbricht dem widerstandslos nachkam oder erst unter Druck nachgab, ist nicht eindeutig belegt (vgl. ebenda, S. 424ff.).

83 »Kommuniqué der 16. Tagung des Zentralkomitees der SED«, in: *Neues Deutschland* (04.05.1971), S. 1.

teilichen Putsch gegen Walter Ulbricht folgte die Ernennung Erich Honeckers zum Ersten Sekretär des Zentralkomitees der SED. Mit Honeckers Amtsübernahme gelangte eine neue Generation von Parteifunktionären an die Macht, die jedoch nicht die Liberalisierung der politischen Ordnung der DDR im Sinn hatte. Aus westlicher Perspektive verkörperter Honecker vielmehr eine Altersgruppe, die – wie der *Christian Science Monitor* schrieb – die »unheilbringende Generation des Kommunismus« verkörpert.[84] Dessen Funktionäre traten »für eine Hardliner-Politik« ein, die »keine Nachgiebigkeit bezüglich westlicher Konzepte wie Marktwirtschaft oder politischem Brückenschlagen auf der Basis der Vorkriegstradition« zeigte.[85]

Wie bereits an seiner Positionierung in Bezug auf Ulbrichts Deutschlandpolitik deutlich geworden war, gehörte Honecker in der Tat zum konservativen Kreis des Politbüros. Er lehnte Reform- und Anpassungstendenzen an den Westen strikt ab. Unter seiner Führung sollten die Vision einer »entwickelten sozialistischen Gesellschaft« und der Aufbau einer »sozialistischen Nation« in Zukunft dem uneingeschränkten Machterhalt des SED-Parteiregimes dienen.[86] Damit verfolgte er eine Politik, die ganz im Sinne sowjetischer Vorgaben war. Bereits Monate vor dem Machtwechsel hatte Breschnew Honecker gegenüber betont, die DDR sei für die Sowjetunion ein »wichtiger Posten« und es werde in Zukunft von zentraler Bedeutung sein, dass in der DDR weiter an einer »Stärkung der Position des Sozialismus« gearbeitet werde.[87]

Zu dieser »Stärkung der Positionen des Sozialismus«, die mit anderen Worten eine Stärkung der nach innen und außen gerichteten Selbstlegitimierung des Parteiregimes bedeutete, zählte auch die Jugendpolitik der SED. Um Gefühle der ideologischen Bevormundung abzumildern, sollten Jugendliche, die von Honecker als »Hausherren von morgen« bezeichnet wurden, an der Ausgestaltung der sozialistischen Gesellschaftskonzeption beteiligt werden.[88] Deshalb gestand man der Jugend nun gewisse Freiräume zu. Zuvor war die Begeisterung Jugendlicher für Symbole und äußerliche Erscheinungsformen westlicher Protestbewegungen im

84 Paul Wohl, »Honecker leads shift in Germany«, in: *Christian Science Monitor* (12.05.1971), S. 3.

85 Ebenda.

86 Erich Honecker, *Reden und Aufsätze, Bd. I*, Berlin (Ost) 1975. S. 64f. Auch wenn Honecker in seiner Außendarstellung weniger autoritär auftrat als Ulbricht, entwickelte er innerparteilich einen autokratischen Herrschaftsstil. Martin Sabrow bezeichnete die DDR unter der Führung Honeckers als Ära »des Aufbruchs und der Erstarrung« (Sabrow, »Der führende Repräsentant«; siehe außerdem Andreas Malycha/Peter Jochen Winters, *Geschichte der SED. Von der Gründung bis zur Linkspartei*, Bonn 2009, S. 205ff.).

87 »Protokoll einer Unterredung zwischen L.I. Breschnew und Erich Honecker am 28. Juli 1970«, in: Peter Przybylski, *Tatort Politbüro. Die Akte Honecker*, Berlin 1991, S. 280-288, hier: S. 280.

88 Erich Honecker, »Neue gesellschaftliche Anforderungen an die junge Generation der Deutschen Demokratischen Republik. Aus dem Bericht des Zentralkomitees an den VIII. Parteitag der SED«, (15.-19. Juni 1971), in: Erich Honecker,*Zur Jugendpolitik der DDR, hg. v. Zentralrat der FDJ, Berlin (Ost)* 1977, S. 318-339, hier: S. 338.

Fall der Beatbewegung noch als erstes Anzeichen einer »dekadent-bürgerlichen« Konterrevolution verfolgt und unterdrückt worden.[89] Der Abdruck des Tagebuches von Ernesto Che Guevara in der Wochenzeitung *Horizont* oder die seit 1970 in Ostberlin veranstalteten »Festivals des politischen Lieds« deuteten eine staatliche Duldung von »Posen und Erkennungszeichen westlicher Protestbewegungen«[90] an.

Derlei Zeichen der Öffnung waren jedoch weniger Signale der Kompromissbereitschaft des Regimes als vielmehr Kontrollmaßnahmen, die dem Machterhalt der SED dienten und die von Breschnew geforderte »Position des Sozialismus« stärken sollten.[91] Nichtsdestotrotz folgte auf den Machtwechsel in Ostberlin eine Phase der kulturpolitischen Auflockerung. Der Prozess gegen Angela Davis 1971 passte sehr gut zur Selbstdarstellung als moderner, offener sozialistischer Staat.

4.1.2.1 FDJ-Postkartenaktion: Die Jugend ist mit im Boot

Die FDJ richtete anlässlich des 27. Geburtstages von Angela Davis vom 19. bis zum 26. Januar 1971 eine Solidaritätsaktion unter dem Motto »Eine Million Rosen für Angela Davis« aus. Sie bildete den Auftakt für eine umfassende, staatlich organisierte Solidaritätskampagne. Die Idee dazu kam von Angelika Löffler. Sie hatte den Vorschlag auf einer FDJ-Delegiertentagung unterbreitet und erntete dafür vom ersten Sekretär der FDJ, Günther Jahn, Lob: Ihr Vorschlag sei ganz »auf der Höhe der Zeit«.[92] Kurz zuvor hatte Jahn noch von der Sicherung der »ideologischen Gesundheit« der DDR-Jugend gesprochen. Die Erziehung der Jugend zu »jungen Revolutionären« sei die Hauptaufgabe der FDJ.[93] Während Löffler also als »Initiatorin der Jungen Welt – Bewegung 1000 000 Rosen für Angela« landesweit bekannt wurde, festigte die FDJ ihren Einfluss auf die Solidaritätskampagne für Davis.[94]

Mittelpunkt der Aktion waren vorformulierte, mit roten Rosen verzierte Postkarten. Sie sollten Davis in ihrer Gefängniszelle erreichen. Die *Junge Welt* forcierte die Kampagne, indem sie Vorlagen dieser Postkarten mit Postadresse abdruckte.[95]

---

89 Mary Fulbrook, *Ein ganz normales Leben. Alltag und Gesellschaft in der DDR*, Darmstadt 2008, S. 154-157.

90 Siehe Stefan Wolle, *Der Traum von der Revolte. Die DDR 1968*, Bonn 2008, S. 234.

91 Ebenda, S. 235.

92 Ebenda; »1000 000 Rosen für Angela Davis«, in: *Junge Welt* (16./17.01.1971); »Ruhlaer Jugendliche. Jeder junge Arbeiter ein Neuerer«, in: *Neues Deutschland* (16.01.1971), S. 2.

93 »Ruhlaer FDJler stets auf Höhe der Zeit«, in: *Junge Welt*, (16./17.01.1971).

94 Bei einer Solidaritätskundgebung anlässlich des Besuchs von Davis' Schwester, Fania Davis Jordan, nahm Angelika Löffler auf Veranlassung des FDJ-Sekretariats unter dieser Bezeichnung mit dem Verlesen einer an Reagan gerichteten Protestresolution am offiziellen Programm teil (siehe FDJ-Sekretariat/Abt. intern. Verbindungen, »Detaillierter Programmablauf für den Aufenthalt von Fania Davis-Jordan und Begleitung« [13.10.1971], in: Bundesarchiv, SAPMO, DY24-08443, S. 7).

95 »Solidaritätskarte an Angela Davis«, in: *Junge Welt* (22.01.1971).

Flankiert wurden sie von Artikeln über Davis. »Eine Million Rosen für Angela« sollten, wie es in der *Jungen Welt* hieß, »die Gefängnismauern durchdringen« und Davis zeigen, dass »gute Freunde, Gleichgesinnte« an ihrer Seite stehen und für ihre »Freiheit eintreten« würden.[96]

Vorgedruckte Postkarten waren als massentaugliches Format in der DDR nicht unbekannt. Aufgrund ihrer zunehmenden Verwendung ab Mitte der 1960er Jahre – vor allem durch westliche, nicht-staatliche Organisationen wie *Amnesty International* (AI) – erfuhren sie jedoch einen Imagewandel. Im Kontext der weltweit aufkeimenden Menschenrechtsdebatte ließen sich vorgedruckte Postkarten so auch in der DDR anstelle einer massentauglichen Propagandamethode nun als Teil des Protestrepertoires der neuen sozialen Bewegungen neu definieren.[97] Bei dieser Darstellung rückte besonders der länderübergreifenden Moment in den Vordergrund, der der DDR-Bevölkerung im Alltag weitestgehend verwehrt war. Denn im Gegensatz zur Mobilisierung durch zumeist stark formalisierte, ritualisierte Aktionen – etwa das Sammeln von Unterschriften –, vermochte das Versenden von Postkarten, die grenzüberschreitende Verbundenheit zu versinnbildlichen.

Höhepunkt der Postkartenaktion war eine Kundgebung zu Davis' Geburtstag am 26. Januar 1971 in der Kongresshalle am Alexanderplatz in Ostberlin, an der schätzungsweise mehrere Tausend Jugendliche teilnahmen.[98] An der Kundgebung

96 »1000000 Rosen für Angela Davis«, in: *Junge Welt* (19.01.1971).

97 Im Jahr 1965 begann *Amnesty International* (AI), in den 1960er Jahren noch stark in der Tradition des nicht-staatlichen Internationalismus, mit seiner monatlichen Postkartenkampagne *Postcards for Prisoners*, mit der zu Verbesserungen von Haftbedingungen und zum Schutz von Häftlingen vor Menschenrechtsverletzungen in verschiedenen Ländern, darunter in der DDR, aufgerufen wurde. Das Parteiregime ignorierte derlei Kritik in der Öffentlichkeit weitestgehend. Allein ein Zeitungsartikel reagierte in den 1960er Jahren auf die Vorwürfe und bezeichnete AI umgekehrt als Aushängeschild der kapitalistischen Länder, »hinter dem Antikommunismus und kalter Krieg geschürt« werde (»Wahrung der Menschenrechte oder kalter Krieg«, in: *Neues Deutschland* [05.06.1966], S. 5). Zu AI und der Menschenrechtsdebatte siehe Jan Eckel, *Die Ambivalenz des Guten. Menschenrechte in der internationalen Politik seit den 1940ern*, Göttingen 2014, S. 343-387.

98 Ob tatsächlich eine Million Rosenpostkarten an Davis verschickt wurden, lässt sich nicht sagen. Berücksichtigt man jedoch die Organisationsstruktur der FDJ, ist von einer umfassenden Beteiligung auszugehen. So bestand die FDJ neben dem Sekretariat aus Bezirks- und Kreisverbänden sowie aus Grundorganisationen, die wiederum an allen allgemeinbildenden Schulen, den Universitäten, Hoch- und Fachschulen sowie in den Lehrwerkstätten und Berufsschulen präsent waren. Es ist anzunehmen, dass die hier organisierten FDJ-Mitglieder entsprechend des FDJ-Selbstverständnisses, »Kampfreserve der Partei der Arbeiterklasse« zu sein, der Partei gehorsam Folge leisteten. Genaue Mitgliederzahlen für Jahresende 1970 und den Jahresbeginn 1971 liegen hingegen nicht vor. Diese wurden streng geheim gehalten und erst nach dem Fall der Mauer durch Archivarbeiten bekannt. Laut Dorle Zilch hatte die FDJ am 31. Dezember 1971 eine Mitgliederzahl von 1.861.951, womit 58,2 Prozent der DDR-Jugend in der FDJ organisiert waren. Diese Zahl stieg bis 1988 auf 86,6 Prozent. Diese Angaben fin-

waren neben der FDJ auch der Friedensrat der DDR und der *Demokratische Frauenbund Deutschlands* (DFD) beteiligt, die Organisation der Veranstaltung unterlag jedoch der Führung des Nationalrats der Nationalen Front. Zu den rund zweieinhalbtausend geladenen Gästen gehörten auch hochrangige Mitglieder der damaligen Parteiprominenz, darunter Vertreter der Parteispitze wie Werner Lamberz (Sekretär des ZK der SED und Leiter der Abteilung Agitation des ZK der SED) und Hans Modrow (Mitglied des ZK der SED und Sekretär für Agitation und Propaganda der SED-Bezirksleitung Berlin) sowie die Vorsitzenden der beteiligten Massenorganisationen Erich Correns (Präsident Nationalrat), Werner Kirchhoff (Vizepräsident Nationalrat), Ilse Thiele (Vorsitzende DFD), Günther Jahn (Erster Sekretär FDJ), Gerhard Lotz (Präsidium Friedensrat) und Maximilian Scheer (Präsidium Friedensrat).[99] Auch Wallace Morgan nahm an der Veranstaltung teil. Er war als Vertreter des New Yorker *Free Angela Davis*-Komitees auf Einladung der *Liga für Völkerfreundschaft* zu diesem Zeitpunkt in der DDR und der Parteiführung wegen seiner Unterstützung für die internationale Anerkennung der DDR bereits bekannt.[100]

Die nach der DDR-typischen rituellen Selbstinszenierung verlaufende Programmgestaltung bildete den Rahmen für die erste große Inszenierung der DDR-Solidarität mit Angela Davis.[101] Sie wurde dazu genutzt, um den Antirassismus der DDR-Führung zu visualisieren und die rassenübergreifende Verbundenheit mit Angela Davis und dem afroamerikanischen Freiheitskampf so evident zu machen. Auf diese Weise konnte nicht nur die Botschaft der Vergemeinschaftung mit Davis und dem *anderen Amerika* deutlich kommuniziert werden, auch der Adressat dieser Botschaft – nämlich die Jugend der DDR – wurde dadurch gezielt angesprochen. So wurde die Veranstaltung beispielsweise durch die Sängerin und Schauspielerin Gisela May musikalisch begleitet. Sie sang antirassistische Lieder wie »Lied der

---

den sich in Dorle Zilch, »Die FDJ – Mitgliederzahlen und Strukturen«, in: Jugendwerk der Deutschen Shell (Hg.), *Jugend '92. Lebenslagen, Orientierungen und Entwicklungsperspektiven im vereinigten Deutschland. Band 3: Die neuen Länder: Rückblick und Perspektiven*, Wiesbaden 1992, S. 61-80, hier: S. 63; Dorle Zilch, *Millionen unter der blauen Fahne. Die FDJ – Zahlen, Fakten, Tendenzen 1946 bis 1989. Unter besonderer Berücksichtigung der Funktionäre und der Mädchenpolitik*, Berlin 2009; Ulrich Mählert/Gerd-Rüdiger Stephan, *Blaue Hemden – Rote Fahnen. Die Geschichte der Freien Deutschen Jugend*, Opladen 1996.

99 »Solidaritätskundgebung am 26. Januar 1971, Gästeliste, Interna«, in: Bundesarchiv, SAPMO, DY-6- vorl. 3017.

100 Siehe auch »Millionen Glückwünsche für Angela Davis«, in: *Neues Deutschland* (26.01.1971), S. 1.

101 Siehe hierzu Birgit Sauer, »Politische Inszenierung und Visualisierung von Macht«, in: Andreas Pribersky (Hg.), *Symbole und Rituale des Politischen. Ost- und Westeuropa im Vergleich*, Frankfurt 1999, S. 75-102, hier S. 76; Ralf Rytlewski/Birgit Sauer/Ulrike Treziak, »Politische und soziale Rituale in der DDR«, in: *Politische Vierteljahresschrift*, Sonderheft Nr. 18 (1987), S. 247-257.

Solidarität«, »Joe Hill« oder »Black and White«.[102] Neben May traten sogenannte politische Liedgruppen auf, die zu der von der FDJ gesteuerten »Singebewegung« gehörten.[103].

Die Kundgebung wurde also als Jugendveranstaltung inszeniert und dementsprechend bestand das Publikum auch hauptsächlich aus geladenen Gruppen der FDJ. Sie forderten auf ihren Transparenten die Freilassung Angela Davis'.[104] Auch die Eröffnungsrede von Nationalratspräsident Erich Correns richtete sich gezielt an das junge Publikum:

> »Viele Mädchen und Jungen in unserem Lande nehmen sich vor, in der Schlacht so tapfer und standhaft zu sein wie Angela. Wir grüßen sie als eine große Persönlichkeit des anderen, des guten Amerika, als unsere Schwester, als unsere Genossin.«[105]

Seit ihrer Verhaftung sei Davis' Name, so Correns weiter, »zu einer Fahne geworden, die voranweht und anfeuert.«[106] Im Namen von »Menschlichkeit, des Rechts und der Freiheit« rief er weiter dazu auf, mit Solidaritätsbekundungen gegen die Verurteilung von Davis anzukämpfen. Der Grund für die Verhaftung war aus Sicht des SED-Regimes offenkundig: »Weil ihre Haut schwarz und ihr Herz rot ist«, so formulierte es Correns in seiner Solidaritätsbotschaft, »soll sie den Henkern ausge-

---

102 »Gewinnung von Künstlern für die Kundgebung am 26.01.1971« (21.01.1971), in: Bundesarchiv, SAPMO, DY-6- vorl. 3017; »Schreiben Werner Kirchhoff an Gisela May« (22.01.1971), Bundesarchiv, SAPMO, DY-6- vorl. 3017.

103 David Robb, »The GDR ›Singebewegung‹: Metamorphosis and Legacy«, in: *Monatshefte*, 92/2 (2000), S. 199-216; Hagen Jahn, »Jugend, Musik und Ideologie. Zur Geschichte der FDJ-Singebewegung«, in: *Hallische Beiträge zur Zeitgeschichte*, Heft 12 (2002), S. 5-28. Die »Singebewegung« ähnelte stark der Folkbewegung, die mit politischen Liedern von Künstlern wie Pete Seeger, Jean Baez oder Franz-Josef Degenhardt seit den 1960er Jahren musikalisches Ausdrucksmedium der studentischen Protestbewegung im Westen waren. Im Gegensatz zu den gesellschaftskritischen Liedern im Westen sollte die »Singebewegung« hingegen die Massenwirksamkeit des Singens politischer Lieder im Sinne einer Fortführung der politisch-uniformen Tradition des Arbeiterliedes bei der DDR-Jugend fördern. Aushängeschild der FDJ-Singebewegung war der Oktoberklub. Der Oktoberklub war Mitte der 1960er Jahre ursprünglich unter dem Namen Hootenanny-Klub von folkmusikbegeisterten Jugendlichen in Ostberlin gegründet worden, musste sich jedoch wegen des restriktiven Vorgehens der SED gegen westliche Formen der Jugendkultur in der zweiten Hälfte der 1960er Jahre umbenennen (vgl. ebenda, S. 10). Die Oktoberklub-Mitglieder sollten als »musikalische Propagandisten des Jugendverbandes« auf der Veranstaltung tätig sein. Nationalrat, »Notizen, die sich aus der Besprechung am 18.01.71 ergeben«, in: Bundesarchiv, SAPMO, DY-6- vorl. 3017.

104 Ebenda.

105 Nationalrat, »Solidaritätsbotschaft an Angela Davis. Endgültige Fassung« (26.01.1971), in: Bundesarchiv, SAPMO, DY-6- vorl. 3017.

106 Ebenda.

liefert werden.«[107] Damit beschwor er die in den 1920er Jahren entstandenen rot-schwarzen Verbundenheitsvorstellungen, wonach Kommunisten und Afroamerikaner ein gemeinsames Schicksal der Verfolgung und Repression durch den Klassenfeind teilten.

Werner Lamberz machte in seiner daran anschließenden Rede darauf aufmerksam, dass Angela Davis diese Verbundenheit schon früh erkannt habe und das sozialistische Deutschland als Verbündeten im Kampf gegen die Unterdrückung betrachte. So habe sie am 1. Mai 1965 Ostberlin besucht, wo sie »ein sozialistisches Land« und »den Triumph der Gerechtigkeit« gesehen und darüber hinaus »die internationale Solidarität in den Straßen Berlins« sowie auch »die Solidarität für Amerikas Neger« erkannt habe.[108] Die Begegnung mit der »sozialistischen Wirklichkeit« in der DDR, so Lamberz weiter, habe die »junge Kämpferin« zu ihrem revolutionären Handeln ermutigt.[109] Im »Flammenlicht der Klassenkämpfe« habe Davis auch erkannt, dass nicht der »pseudolinke Theoretiker des Anarchismus Herbert Marcuse«, sondern »Marx und Lenin« und die CPUSA einen erfolgversprechenden Weg zur Revolution aufzeigten.[110] Durch diese erste offizielle Erwähnung von Davis' Besuch in Ostberlin versuchte Lamberz, ein Bild der gegenseitigen Vertrautheit zu erzeugen.

Am darauffolgenden Tag widmete das *Neue Deutschland* unter der Überschrift »Begeisternde Manifestation der Solidarität mit Angela« den Berichten über die Kundgebung eine ganze Seite. Die zahlreichen Pressebilder vermittelten ebenfalls die rot-schwarze Verbundenheit.[111] Die *Junge Welt* nannte die Veranstaltung im jugendlich-lockeren Duktus ein »beeindruckendes Meeting der Solidarität mit der amerikanischen Kommunistin«, bei dem Schüler und Studenten in den »millionenfachen Ruf: Freiheit für Angela Davis!« eingestimmt hätten.[112] Auch ließ man seine jugendliche Leserschaft wissen, dass sie mit ihren Solidaritätsbekundungen Teil einer »weltweiten Protestwelle« seien, an der sich junge Menschen in New York, Paris, Moskau, Prag und Sofia beteiligten.[113]

Insgesamt kann diese erste große Solidaritätskundgebung als Kristallisationspunkt für den weiteren Verlauf der Kampagne interpretiert werden. Die führende Rolle des Präsidiums des Nationalrats der Nationalen Front, die Teilnahme ranghoher Vertreter von Partei- und Massenorganisationen sowie die öffentlichkeitswirksame Inszenierung zeigen, dass die Solidarisierung mit Angela Davis eine überge-

---

107 Ebenda.

108 Klaus Steiniger, »Begeisternde Manifestation der Solidarität mit Angela«, in: *Neues Deutschland* (27.01.1971), S. 5.

109 Ebenda.

110 Ebenda.

111 Ebenda.

112 »Angela, wenn Du frei bist, besuche uns!«, in: *Junge Welt* (27.01.1971).

113 »Die ganze Welt sandte Grüße nach San Rafael«, in: *Junge Welt* (27.01.1971).

ordnete Bedeutung für die politische Selbstdarstellung des Parteiregimes zu Beginn des Jahres 1971 eingenommen hat. Mit der Beteiligung des Friedensrates, des DFD sowie der FDJ zeichnete sich ab, welche Themen als Referenzpunkte für die weitere Selbstdarstellung des Parteiregimes, aber auch für die Kontextualisierung von Angela Davis innerhalb der Vorstellungswelt der DDR von Bedeutung sein sollten. Neben der Friedens-, Menschenrechts- und Frauenpolitik stand vor allem die Jugendpolitik im Mittelpunkt der Selbstdarstellung der SED. Angela Davis wurde in der Tradition sozialistischer Volkshelden der DDR wie Rosa Luxemburg und Karl Liebknecht als junge »Heldin des anderen Amerika« beschrieben.[114] Aufseiten der US-Regierung zeigte man sich alarmiert von der, wie es in einem internen CIA-Schreiben hieß, »sowjetischen Manipulation des Angela Davis-Falls«.[115] So wurde die Befürchtung geäußert, er könne sich zu einem »Sammelpunkt für eine von der Sowjetunion manipulierte internationale antiamerikanische Kampagne entwickeln.«[116] Bei ihr, so die Befürchtung, bestehe ein besonderes Risiko, sie als »Symbol rassistischer und politischer Unterdrückung durch die ›kapitalistische‹ US-Regierung und Gesellschaft« erscheinen zu lassen.[117] Diese Einschätzung sollte sich in Bezug auf die DDR in den kommenden Monaten bestätigen.

4.1.2.2 Angela Davis als Poster Girl: Der Unterstützerkreis wächst

Nach der »Eine Million Rosen«-Aktion stieg die Zahl der DDR-Solidaritätspost stetig an. Wenige Wochen danach veröffentlichte die *Junge Welt* einen Brief, in dem berichtet wurde, wie »viele Postkarten, Briefe, Schreiben, Petitionen und Plakate aus der DDR« beim *Free Angela Davis*-Komitee in New York angekommen waren.[118] Charlene Mitchell, die zu Davis' engstem Unterstützerkreis gehörte und zu dieser Zeit zusammen mit Louise Thompson Patterson das New Yorker *Free Angela Davis*-Komitee leitete, wandte sich ebenfalls in einem Brief an die DDR-Jugend:

---

114 Klaus Steiniger, »Begeisternde Manifestation der Solidarität mit Angela,« in: *Neues Deutschland* (27.01.1971), S. 5. Bei einer »Kampfdemonstration« im Gedenken an Rosa Luxemburg und Karl Liebknecht einige Tage zuvor nannte Albert Norden, Politbürosekretär für Internationale Beziehungen, Angela Davis eine junge »Kämpferin für Volksfreiheit und Demokratie« in der Tradition Luxemburgs und Liebknechts (Albert Norden, »Sie sind die Sieger der Geschichte«, in: *Neues Deutschland* [18.01.1971], S. 3). Zur Bedeutung von Karl Liebknecht und Rosa Luxemburg in der Gedenkkultur der DDR siehe Barbara Könczöl, *Märtyrer des Sozialismus. Die SED und das Gedenken an Rosa Luxemburg und Karl Liebknecht*, Frankfurt 2008; Martin Sabrow, »Kollektive Erinnerung und kollektiviertes Gedächtnis. Die Liebknecht-Luxemburg-Demonstrationen in der Gedenkkultur der DDR«, in: Alexander Escudier/Brigitte Sauzay/Rudolf von Thadden (Hg.), *Gedenken im Zwiespalt. Konfliktlinien europäischen Erinnerns*, Göttingen 2001, S. 117-138.

115 »Soviet Manipulation of the Angela Davis Case« (March 1971), in: *CIA General Records* (via CREST), S. 1.

116 Ebenda.

117 Ebenda.

118 »Einige Rosenkarten hat Angela Davis erhalten«, in: *Junge Welt* (18.02.1971), S. 6.

> »Angela wird freigelassen werden, wenn die Völker der ganzen Welt zusammen für ihre Freiheit kämpfen. Das Volk der Deutschen Demokratischen Republik hat bereits bewiesen, dass ihm der proletarische Internationalismus kein leeres Wort ist, und es gehört – und das ist ein Tatbestand – mit zur Vorhut im weltweiten Kampf um Angelas Freiheit. Wir wissen, daß Ihr nicht ruhen werdet, ehe Angela frei ist.«[119]

Kurze Zeit später bestätigte Angela Davis mit einem an die DDR-Bevölkerung gerichteten »Gruß aus dem Kerker« die besondere Rolle der DDR im Kampf um ihre Freilassung.[120] William L. Patterson verlas ihre Botschaft bei einem von der Akademie der Künste veranstalteten internationalen Symposium. Darin bedankt sie sich für die Solidaritätspost und betont, für sie bestehe kein Zweifel daran, dass »das Volk der Deutschen Demokratischen Republik in der Unterstützung« des afroamerikanischen Befreiungskampfes fortfahren werde.[121] Umgekehrt werde sie »jede imperialistische Attacke auf die DDR und ihre Errungenschaften als einen Angriff auf alle Völker« betrachten, die für Sozialismus und Frieden kämpften.[122]

Diese persönliche Reaktion von Davis und die Aufrufe zur weiteren Unterstützung vonseiten afroamerikanischer alter Linker wie Mitchell und Patterson verhalfen dem SED-Regime zu einer umfassenden Mobilisierung der Solidarität mit Angela Davis. Entgegen der offenkundigen geografischen Distanz halfen die in der

---

119 Charlene Mitchell, »Die Geburtstagskarten geben Angela Kraft«, in: *Junge Welt* (25.02.1971), S. 1.

120 William L. Patterson, »Speech to the Paul Robeson Committee of the German Democratic Republic«, in: *William L. Patterson Papers*, Box 208-8, Folder 29. Am Ende seiner Rede kündigt er an, er werde im Anschluss Davis' Brief verlesen. Dieser Brief findet sich allerdings nicht in der Sammlung. Des Weiteren finden sich hier das Einladungsschreiben und die darauffolgende Korrespondenz zwischen Patterson und der AdK (Deutsche Akademie der Künste, »Schreiben William Patterson« [17.11.1970], in: *William L. Patterson Papers*, Box 208-8, Folder 29). Patterson besuchte im Verlauf der 1970er Jahre regelmäßig die DDR. Fotos von einem privaten Aufenthalt zusammen mit seiner Frau, Louise Thompson Patterson, bei einem Bekannten in Potsdam oder seine kontinuierliche Korrespondenz mit der AdK, die ihn 1978 mit der Paul-Robeson-Gedenkmedaille auszeichnete, zeichnen Pattersons enge Verbindungen zur DDR bis zu seinem Tod 1980 nach (siehe etwa »Germany Oktober 1972. Photos sent by Heinz Tichler«, in: *Louise Thompson Patterson Papers*, Box 5, Folder 18; Paul-Robeson-Komitee der DDR, »Verleihung Paul-Robeson-Gedenkmedaille an William L. Patterson« [06.04.1978], in: *Louise Thompson Patterson Papers*, Box 22, Folder 11). In Louise Thompson Pattersons Nachlass findet sich außerdem eine Fülle von Informationsmaterial über die DDR in englischer Sprache aus dem Jahr 1972 und danach, die von den kontinuierlichen Verbindungen beider Seiten zeugt (siehe *Louise Thompson Patterson Papers* Box 6, Folder 15).

121 »Ein Gruß aus dem Kerker. Schreiben von Angela Davis an das Volk der DDR«, in: *Junge Welt* (15.04.1971), S. 1-2.

122 Ebenda.

DDR-Presse veröffentlichten persönlichen Botschaften dabei, ein Gefühl der gegenseitigen Verbundenheit und Vertrautheit aufzubauen. Die folgenden Aktionen waren entsprechend darauf ausgelegt, den Mobilisierungsschub auszunutzen und Angela Davis als junge »Heldin des anderen Amerika« weiter im Bewusstsein der DDR-Bevölkerung zu verankern.

Dabei boten die zahlreichen staatlich festgeschriebenen politischen Feiertage mit ihren ausführlichen Ritualen den Rahmen für eine intensive Mobilisierung. So stellte der Weltfrauentag am 8. März 1971 einen weiteren konkreten Anlass. Auch hier wurden bewährte Solidaritätspraktiken mit neuen Mobilisierungsformen kombiniert.

Die wöchentlich erscheinende Frauenzeitschrift *Für Dich* rief zusammen mit dem DFD-Bundesvorstand dazu auf, anlässlich des »Kampf- und Ehrentags aller Frauen« »der Forderung nach Freiheit für Angela Davis großen Nachdruck« zu verleihen.[123] Dazu sollten Unterschriften gesammelt werden. Hierfür gab die *Für Dich* ein doppelseitiges Farbposter mit Davis' Konterfei heraus, das unter der Losung »Freiheit für unsere Angela Davis« an ein besonderes Verbundenheitsgefühl unter Frauen appellieren sollte.[124]

Inhaltlich im herkömmlichen Parteiduktus gehalten, adaptierte der Aufruf westliche Ausdrucksformen.[125] Im Gegensatz zur üblichen Abgrenzung zu westlichen Gestaltungsformen erinnerte das Poster in seiner Farbgestaltung (Gelb, Orange und Rot) an die für die 1970er Jahre typische westliche Popästhetik.[126]

123 »In diesen Tagen erst recht«, in: *Für Dich* (10/1971), S. 20. Die *Junge Welt* rief ebenfalls zu Aktionen anlässlich des Weltfrauentages auf (siehe »Dieser Tag soll ihr gehören«, in: *Junge Welt* [04.03.1971], S. 7; »Bücher der internationalen Solidarität«, in: *Junge Welt* [05.03.1971], S. 2; »Solidarität für Angela stärken!«, in: *Junge Welt* [08.03.1971], S. 2).

124 »Freiheit für unsere Angela Davis«, in: *Für Dich* (8/1971); »In diesen Tagen erst recht«, in: *Für Dich* (10/1971), S. 20. Im Rahmen der erneuten Ausweitung der Kampagne anlässlich des anstehenden Prozessbeginns im September 1971 veröffentlichte die *Für Dich* nochmals ein großformatiges, poppiges Poster, das beim Sammeln von Unterschriften genutzt werden sollte (siehe »Unsere Forderung: Free Angela«, in: *Für Dich* [37/1971]).

125 Das Format erinnert an die bei der bundesrepublikanischen Jugend populären BRAVO-Poster, die als Ausdruck von Amerikanisierungs- beziehungsweise kulturellen Verwestlichungsprozessen bei der bundesdeutschen Jugend in den 1950er und 1960er Jahren gesehen werden können. Vgl. Kaspar Maase, *BRAVO Amerika. Erkundungen zur Jugendkultur der Bundesrepublik in den fünfziger Jahren*, Hamburg 1992, S. 104ff. Zu Überschneidungen von Popkultur und Politik sowie der Instrumentalisierung von Pop siehe Detlef Siegfried, »Pop und Politik«, in: Alexa Geisthövel/Bodo Mrozek (Hg.), *Popgeschichte. Bd. 1 Konzepte und Methode*, S. 33-56.

126 Zur Entstehung einer populärkulturellen Ästhetik siehe Árpád von Klimó/Jürgen Danyel, »Popkultur und Zeitgeschichte«, in: *Zeitgeschichte-online. Thema: Pop in Ost und West. Populäre Kultur zwischen Ästhetik und Politik, hg. von Árpád von Klímo und Jürgen Danyel*, April 2006, URL: www.zeitgeschichte-online.de/zol/portals/_rainbow/documents/pdf/pop_klimo_danyel.pdf (zuletzt abgerufen: 01.02.2020). Zur Konsumkultur in Westdeutschland siehe Wolfgang Ruppert, »Zur Konsumwelt der 60er Jahre«, in: Axel Schildt/Detlef Siegfried/Karl Christian

Damit hob es sich stilistisch deutlich von der Symbolik in den politischen Plakaten und Transparenten der früheren Sichtagitation in der DDR ab.[127] Auch Davis' Konterfei – sie trug eine Hippie-Brille und Afrofrisur – entsprach keineswegs der üblichen SED-Bildsprache.[128] Das Poster stellte Davis' jugendlich-modisches Erscheinungsbild in den Vordergrund und repräsentierte sie so als neue, weibliche Identifikationsfigur, deren revolutionärer Glamour und radikaler Chic westlicher Prägung in einen sozialistischen Sinnzusammenhang eingefügt wurden. Anstelle der Arbeitsheldin – bisher eines der favorisierten weiblichen Rollenvorbilder der SED-Führung – verlieh die *Für Dich* auf diese Weise der internationalen Solidarität ein zeitgemäßes, weibliches Rollenvorbild.

Im September 1971 veröffentlichte die *Für Dich* ein weiteres Poster. Diesmal lautete der Titel: »Free Angela Davis – Freiheit für Angela Davis«.[129] Nach eigenen Angaben erreichte die Redaktion in den Wochen danach täglich Post von »Brigaden, Schulklassen, Hausgemeinschaften, anderen Kollektiven und einzelnen Lesern«. Sie alle hatten das Poster mit »vielen, vielen Unterschriften« versehen und baten nun um die Weiterleitung in die USA.[130] Die bunten Poster mit Davis' Konterfei hatten sich also als erfolgreiches Format zur Mobilisierung von Solidarität erwiesen. Sie vermittelten nicht nur den Eindruck, Teil einer internationalen Protestbewegung zu sein, sondern stellten Angela Davis außerdem als jugendliche Identifikationsfigur dar. Mit ihrer Repräsentation Davis' als moderne, jugendliche Identifikationsfigur hatte man eine Projektionsfläche für das moderne Selbstbild entworfen, zu dem sich die neue Parteiführung unter Honecker bekannte und das mit dem VIII. Parteitag der SED (15. bis 19. Juni 1971) in die politische Leitlinie der Partei aufgenommen worden war.[131] Gleichzeitig konnte auf diese Weise eine ima-

---

Lammers (Hg.), *Dynamische Zeiten. Die 60er Jahre in den beiden deutschen Gesellschaften*, Hamburg 2000, S. 752-767.

127 Vgl. Katharina Klotz, *Das politische Plakat der SBZ/DDR 1945-1963. Zur politischen Ikonographie der sozialistischen Sichtagitation*, Aachen 2006.

128 Zur politischen Helden-Ikonografie in der DDR siehe Rainer Gries, »Die Heldenbühne der DDR. Zur Einführung«, in: Silke Satjukow/Rainer Gries (Hg.), *Sozialistische Helden. Eine Kulturgeschichte von Propagandafiguren in Osteuropa und der DDR*, Berlin 2002, S. 84-100; Klotz, *Das politische Plakat der SBZ/DDR 1945-1963*, S. 34-65.

129 »Freiheit für Angela Davis« (Poster), in: *Für Dich* 31/1971 (02.09.1971), S. 24-25.

130 Die Zeitschrift veröffentlichte daraufhin nochmals die Postanschrift des NUCFAD in Los Angeles (siehe »Anschrift NUCFAD«, in: *Für Dich* 44/1971 [05.10.1971], S. 40).

131 Auf dem VIII. Parteitag der SED (15. bis 19. Juni 1971) fand laut Peter Borowsky »der Abschied von der ›Ära Ulbricht‹« statt. Zudem erhielt die gesellschaftspolitische Neuorientierung der SED unter der Führung Honeckers ihren programmatischen Ausdruck (Peter Borowsky, »Die DDR in den siebziger Jahren«, in: *Zeiten des Wandels* [Informationen zur politischen Bildung Heft 258], URL: www.bpb.de/izpb/10111/die-ddr-in-den-siebziger-jahren?p=all, [zuletzt abgerufen: 01.02.2020]).

ginäre Nähe zwischen den Jugendlichen und Angela Davis geschaffen werden.[132] Dies wurde bedeutsam, als sich eine Verzögerung des Prozessbeginns in den USA abzeichnete und damit eine länger andauernde Solidaritätsmobilisierung gefragt war.[133]

Am 1. Mai 1971 meldete das *Neue Deutschland*, Davis sei nun schon »ein halbes Jahr im Kerker«, weil die reaktionäre US-Justiz es ihr nicht verzeihen könne, »schwarz und gleichzeitig Kommunistin« zu sein.[134] Tausende von »fortschrittlichen Amerikanern« würden daher den Kampftag am 1. Mai nutzen, um »im Zeichen des Kampfes gegen Krieg, Terror und Rassismus« die Freiheit von Angela Davis zu fordern.[135] Auch die SED-Führung nutzte die traditionell stattfindenden »Demonstrationen der Werktätigen«, um die Solidaritätskampagne in der DDR und die damit imaginierte Verbundenheit ihrer Bevölkerung mit Angela Davis weiter öffentlichkeitswirksam aufrechtzuerhalten.[136]

4.1.2.3 Begeisterte Journalisten: »Schwarze Rose aus Alabama«

Neben dieser massentauglich inszenierten Solidarität entstanden auch andere Formate, die an dieses Erzählmuster anknüpften. So erschien ab Mai 1971 in der Wo-

---

132 Auch hier liegt mit dem seit 1959 erfolgreichen Starschnitt-Poster der BRAVO-Vergleich nahe. Während bei der Erforschung der Bedeutung transnationaler Austausch- und Adaptionsprozesse für die Formierung einer westdeutschen Jugendkultur in den langen 1960er Jahren die Solidarität und Identifikation mit Afroamerikanern besondere Bedeutung gewonnen haben, fand dieser Aspekt in der Historisierung der DDR bisher kaum Beachtung (siehe Ege, *Schwarz werden*, S. 11ff.).

133 In dieser Zeit kam es zunächst zu einer Verschiebung der Vorverhandlungen (siehe NUCFAD [Hg.], People's Petition Demanding Bail for Angela Davis« [Juli 1971], in: *Louise Patterson Collection*, Box 5, Folder 16. Henry Winston, »To all Members of the National Committee« [04.06.1971], in: *Angela Y. Davis collection*, Box 1, Folder 11). Nach kalifornischem Recht konnte das Recht, auf Kaution freigelassen zu werden, ausgesetzt werden, wenn die Beweislage für den Tatvorwurf des Mordes ausreichte. Davis und ihre Verteidiger hatten bereits im Januar 1971 einen Antrag auf Freilassung auf Kaution beim Marin-County-Gericht eingereicht. Der mit dem Davis-Fall beauftrage Oberstaatsanwalt Albert Harris lehnte eine Aussetzung der Haft bis zum Prozessbeginn jedoch ab. Davis' Verteidiger reichten zwischen Januar und Juni gegen mehrere Richter, die zum Vorsitzenden der Verhandlungen benannt worden waren, Einspruch ein. Deshalb kam es erst nach mehrmonatigen Verzögerungen zu einer mündlichen Verhandlung über Davis' Kautionsantrag.

134 »Angela schon über ein halbes Jahr im Kerker«, in: *Neues Deutschland* (01.05.1971), S. 1.

135 »1. Mai in den USA Kampf gegen Krieg, Terror und Rassismus«, in: *Neues Deutschland* (03.05.1971), S. 1.

136 Ein Jahr später sollten die Feierlichkeiten am 1. Mai einer umfassenden Selbstinszenierung dienen. Bei dem Festumzug auf dem Marx-Engels-Platz trugen FDJ-Gruppen Fahnen mit Solidaritätsunterschriften, die sie an Davis schickten und erinnerten an ihren ersten Besuch in der DDR anlässlich einer Maidemonstration im Jahr 1965 (siehe Friedensrat, »Brief an Klaus Steiniger« [18.04.1972], Bundesarchiv, SAPMO, DZ-9-2710; Friedensrat »Brief an Angela Davis von G. Drefahl« [18.04.1972], Bundesarchiv, SAPMO, DZ-9-2710).

chenendbeilage der *Jungen Welt* (»Du und Deine Zeit«) unter dem Titel »Schwarze Rose aus Alabama« eine mehrteilige Artikelserie des Autors Werner Lehmann.[137] Sie wurde als Tatsachenbericht bezeichnet und lieferte – basierend auf Agentur- und Zeitungsmeldungen und vielen Bildern – der jungen Leserschaft umfangreiche Informationen über den »Fall Angela Davis«. In den Artikeln ging es um die Ereignisse in den USA, vor allem aber um die Angela Davis als Person. Auch schwang eine revolutionsromantische Verklärung mit, die möglicherweise zur jugendlichen Begeisterung für Angela Davis beitragen sollte. Es wurde ein Bild von einer schönen, afroamerikanischen Frau aus dem vom Jim-Crow-Rassismus regierten Süden der USA gezeichnet, die ihre Intelligenz in Reden und Pressebeiträgen immer wieder unter Beweis stellte.[138]

Berichte wie der über die erste Begegnung zwischen den »Erben von Marx und Engels« und dem »schwarzen Mädchen aus Alabama, begabt wie wunderschön«, oder die Beschreibung von Davis als »junge, begabte und schöne Negerin

137 Unter demselben Titel veröffentlichte der Verlag *Neues Leben* 1972 die von Werner Lehmann verfasste Artikelserie in Buchform: Werner Lehmann, *Schwarze Rose aus Alabama*, Berlin (Ost) 1972. Die Artikelserie wird hier zu einer Art Gegendarstellung zu einer vom FBI zusammengefassten »Akte Angela Davis«. Es bleibt dabei offen, ob Lehmann selbst wirklich Einsicht in eine solche Akte hatte. Den Ereignissen um und während des Prozesses widmete sich auch der Schriftsteller Walter Kaufmann mit seinem Buch: *Unterwegs zu Angela. Amerikanische Impressionen*, Berlin (Ost) 1973, aktualisierte und überarbeitete Neuauflage: *Unterwegs zu Angela Davis*, Bremen 2005. Verhältnismäßig spät, erst 1983, erschien schließlich auch Klaus Steinigers Buch *Schauprozeß in San Jose. Aussage eines Zeugen*, Berlin (Ost) 1983. Im Gegensatz zu Lehmann und Steiniger reiste Kaufmann, der zwar in der DDR lebte, aber die australische Staatsbürgerschaft besaß, problemlos in die USA, wo er vor Ort über den Davis-Fall recherchierte. Interessanterweise stellte Herbert Aptheker den Kontakt zwischen Kaufmann und dem NUCFAD her. Dies ist ein weiterer Hinweis auf die Bedeutung bereits bestehender transatlantischer Verbindungen zwischen der DDR und amerikanischen Kommunisten bezüglich der Angela-Davis-Solidarität in der DDR (siehe »Herbert Aptheker to Bettina Aptheker« [19.01.1972], in: *Bettina Aptheker Papers*, Box 24 Folder 3). Andererseits zeichnete sich Kaufmanns Berichterstattung aus Sicht der Parteiführung nicht immer durch »konsequent klassenmäßiges Herangehen« aus, was erklären mag, warum nicht noch mehr Artikel von ihm über Davis' Prozess in der DDR-Presse erschienen (Abt. Agitation/Int. Verbindungen »Schreiben an Modrow« [03.02.1972], in: Bundesarchiv, SAPMO DY 30 IV B 2/20 227).

138 Katrina Hagen spricht in diesem Zusammenhang zutreffend von einer »irreführenden und unehrlichen Deutung« der für Davis' politisch-ideologische Entwicklung wichtigen Einflüssen und Zugehörigkeitsgefühle in der DDR (siehe Hagen, »Ambivalences and Desire«, S. 170-171).

aus Alabama«[139] prägten die Davis-Darstellung in der DDR.[140] Während bei der Beschreibung ihrer äußerlichen Erscheinung die ethnischen Unterschiede besonders hervorgehoben wurden, betonte man bei der Beschreibung ihrer politisch-ideologischen Entwicklung vor allem ihre marxistisch-leninistische Linientreue. Die Beschreibungen folgten einer biografisch angelegten Darstellung und reichten von Davis' Kindheit bis zu ihrer Verhaftung. Der biografische Bezug hatte immer zum Ziel, Davis' Weg zum Kommunismus aufzuzeigen, wobei ideologische Ambivalenzen wie ihre Verbindung zur Neuen Linken oder die Rolle eines nationalistisch-separatistisch geprägten *Black Power*-Verständnisses für ihre Radikalität entweder um- oder weggedeutet wurden.[141] Herbert Marcuse wurde als »pseudolinke[r] Theoretiker des Anarchismus« beschrieben, von ihm als »falsche[m] Wegweiser« habe sich Davis bald abgewendet.[142]

Das Aufkommen nationalistisch-separatistischer Positionen, die integraler Bestandteil der *Black Power*-Bewegung waren, wurde als altbekannte »Haupttaktik der Monopolherren« bezeichnet, als eine von der imperialistischen Klasse veranlasste, gezielte »Spaltung«, um den schwarzen Freiheitskampf zu schwächen.[143] Zwar sei die BPP eine rassenübergreifende Organisation, dennoch sei sie trotz ihrer »Unvollkommenheit« und bei »allen offensichtlichen Fehlern« die »erste nicht-nationalistische, marxistisch orientierte schwarze revolutionäre Gruppe in Amerika«.[144] Angela Davis habe aber erkannt, dass die BPP in der »täglichen Praxis« nicht »geradlinig voranschreiten« werde und habe schließlich ihre »geistige und politische Heimat, auch vom Gefühl her, in der kommunistischen Bewegung gefunden.«[145]

Ab September 1971 veröffentlichte die *Für Dich* eine von der Journalistin Helga Bobach verfasste mehrteilige Davis-Biografie mit dem Titel »Schwarze Schwester Angela«.[146] Auch Bobach versuchte durch ihre Darstellung von Davis' persönli-

139 Als ein Beispiel siehe Klaus Steiniger, »Geburtstagsgrüße an eine gefangene Genossin«, in: *Neues Deutschland* (26.01.1971), S. 6. Die Beschreibung Davis' als »kluge und attraktive junge Frau« wurde fester Bestandteil von Steinigers Narrativ und ging so auch in seine erinnerungskulturelle Darstellung ein (siehe zuletzt Klaus Steiniger, *Angela Davis. Eine Frau schreibt Geschichte*, Berlin 2010, S. 15).

140 Lehmann, *Schwarze Rose aus Alabama*, S. 36.

141 Hagen, *Internationalism in Cold War Germany*, S. 357ff.

142 Lehmann, *Schwarze Rose aus Alabama*, S. 39

143 Ebenda, S. 44.

144 Ebenda, S. 46-47.

145 Ebenda, S. 49.

146 Durch Helga Bobachs literarische Angela-Davis-Biografie mit dem Titel »Schwarze Schwester Angela«, die ab September 1971 in mehreren Teilen in der DDR-Frauenzeitschrift *Für Dich* veröffentlicht wurde, wurde diese Formulierung endgültig zu einem feststehenden Begriff im Kontext der Kampagne (siehe Helga Bobach, »Schwarze Schwester Angela«, in: *Für Dich* [38/1971]). Bobach wurde dafür 1972 mit dem Literaturpreis des DFD ausgezeichnet. Die Biografie habe dazu beigetragen, »den Zusammenhang zwischen Davis' persönlichem Lebens« und dem durch sie vertretenen Kampf »klarzumachen und die Solidarität der

cher und politischer Entwicklung eine Vertrautheit zwischen Davis und der DDR-Bevölkerung im Sinne einer gemeinsamen Zugehörigkeit zu einer rassenübergreifenden, antiimperialistischen Bewegung herzustellen. Gleichzeit entwarf sie ein exotisiertes und teilweise sogar erotisiertes Bild von Davis, indem sie beispielsweise davon berichtet, sie habe »im Minirock über schlanken braunen Beinen, die dunklen Haare üppig getürmt«, mit ihrer Rede »in manchem ungewohnte Saiten zum Schwingen« gebracht.[147] Auch wenn in der DDR eine solche Darstellung immer mit einer Beschreibung ihres vorbildhaften kommunistischen Werdegangs verbunden war, trug diese zum Teil erotisierend anmutende Darstellung und die Verwendung körperbetonender und vertraulicher Sprache zu einer sexistischen Verdinglichung Davis' als schwarze Frau bei, während ihre politische Botschaft in diesen biografischen Berichten stark in den Hintergrund rückte.

4.1.3 Greifbare Solidarität: Das *andere Amerika* zu Besuch

Zu Beginn der 1970er Jahre gewannen Rassismus- und Menschenrechtsdebatten in der internationalen Politik zunehmend an Bedeutung.[148] Die Vereinten Nationen riefen das Jahr 1971 als »Jahr zur Bekämpfung von Rassismus« aus, worauf eine »Dekade zur Bekämpfung von Rassismus und Rassendiskriminierung« (1973 bis 1982) folgte.[149] Die SED-Parteiführung bemühte sich, die internationale Anerkennung der DDR durch die Aufnahme in die Vereinten Nationen weiter voranzutreiben und innerhalb dieser aufkeimenden Rassismusdebatten öffentlichkeitswirksam zu positionieren, indem sie Antirassismus als eine Eigenheit des modernen sozialistischen Staates besonders hervorhob.[150]

DDR-Bevölkerung« zu verstärken (»Literaturpreis des DFD verliehen«, in: *Neues Deutschland* [04.03.1972], S. 4).

147 Helga Bobach, »Schwarze Schwester Angela«, in: *Für Dich* (44/1971), S. 30. Eine exotisierte und erotisierte Darstellung Davis' ist kein Alleinstellungsmerkmal der DDR-Narrative, sondern findet sich auch in der Davis-Rezeption in der Bundesrepublik sowie teils auch in der Darstellung in den USA. Die Historikerin Katrina Hagen sieht die erotisierend anmutende Darstellung von Davis in der DDR als Beleg für eine gezielt auf Sehnsüchte ausgelegte Versinnbildlichung internationaler Solidarität (siehe Hagen, »Ambivalence and Desire in the East German ›Free Angela Davis‹ Campaign«, S. 170; Gerund, *Transatlantic Cultural Exchange*, S. 137ff.).

148 Vgl. Jan Eckel/Samuel Moyn (Hg.), *Moral für die Welt? Menschenrechtspolitik in den 1970er Jahren*, Göttingen 2012.

149 General Assembly, »Programme for the observance in 1971 of the International Year for Action to Combat Racism and Racial Discrimination« (11.12.1969), 1829th plenary meeting, URL: www.un.org/en/ga/search/view_doc.asp?symbol=A/RES/2544 %20 %28XXIV %29 (zuletzt abgerufen: 01.02.2020).

150 »Aus der Erklärung des DDR-Komitees zur Begehung des Internationalen Jahres für die Kampfaktionen gegen Rassismus und Rassendiskriminierung« (27.04.1971), in: DDR-Komitee für die Kampfdekade (Hg.), *Gegen Rassismus, Apartheid und Kolonialismus*, S. 188-190; siehe außerdem Hagen, *Internationalism in Cold War Germany*, S. 345.

Die SED-Führung bezeichnete das UN-Jahr zur Bekämpfung von Rassismus als »einen wirksamen Beitrag zum Kampf gegen das imperialistische System der Unmenschlichkeit«. Es biete die Möglichkeit, sich der Weltgemeinschaft als zuverlässiger Partnerin im Kampf gegen Rassendiskriminierung und Unterdrückung zu präsentieren.[151] Dementsprechend deutete die DDR-Führung Angela Davis' Verhaftung zunehmend als rassistische Repressionsmaßnahme der USA. Als im September 1971 mit Ralph Abernathy und Fania Davis Jordan zwei prominente Vertreter des afroamerikanischen Freiheitskampfes die DDR besuchten, wurde die Solidaritätskampagne mit dem programmatischen Antirassismus der DDR auf besondere Weise in Szene gesetzt.

4.1.3.1 Pastor und Bürgerrechtsaktivist: Ralph Abernathy

Ralph Abernathy war ein verdienter Bürgerrechtsaktivist und hatte 1969 nach der Ermordung von Martin Luther King die Führung der *Southern Christian Leadership Conference* (SCLC), einer der größten afroamerikanischen Bürgerrechtsorganisationen, übernommen. Mit seinen Forderungen, den Krieg in Vietnam zu beenden und gezielt die Armut der in den urbanen Zentren lebenden afroamerikanischen Bevölkerung zu bekämpfen, führte er die von King begonnene Weiterentwicklung traditioneller Bürgerrechtsthemen fort. Damit verfolgte er eine politische Agenda, die sowohl thematisch als auch sprachlich weitaus radikaler war als die der klassischen Bürgerrechtsbewegung noch zu Beginn der 1960er Jahre.[152]

Nach der Verhaftung von Angela Davis gehörte Abernathy neben Coretta King und Aretha Franklin zu den ersten prominenten Schwarzen, die öffentlich ihre Unterstützung verkündeten.[153] Im Freund-Feind-Schema der DDR stand Abernathy durch seine organisatorische Zugehörigkeit jedoch nicht unbedingt auf der richtigen Seite.[154] Diese Wahrnehmung änderte sich, als er im Mai 1971 die Generalversammlung des Weltfriedensrates in Budapest als Forum nutzte, um dort zu internationaler Unterstützung für Davis aufzurufen.[155] In einem Interview mit DDR-Journalisten verkündete Abernathy, ganz der antiimperialistischen Haltung des re-

151 Wilhelm Wurdak, »Der Imperialismus steht am Pranger«, in: *Neues Deutschland* (06.01.1971), S. 3; vgl. Hagen, *Internationalism in Cold War Germany*, S. 352ff.

152 Vgl. Christopher P. Lehman, *Power, Politics, and the Decline of the Civil Rights Movement. A Fragile Coalition, 1967-1973*, Santa Barbara 2014.

153 Vgl. Sol Stern, »The Campaign to Free Angela Davis and Ruchell Magee«, in: *New York Times* (27.06.1971).

154 Siehe hierzu die Darstellung des Berlin-Besuchs von Dr. Martin Luther King Jr. zusammen mit Abernathy 1964 in: Höhn/Klimke, *Ein Hauch von Freiheit?*, S 173-200.

155 So veröffentlichte die *Daily World* eine Rede, die Abernathy bei einer Protestkundgebung für Davis im Februar 1971 in New York gehalten hatte. Das *Neue Deutschland* veröffentlichte wiederum unter dem Titel »Ich klage an!« eine deutsche Übersetzung der *Daily World*-Publikation, die als eine vernichtende Systemkritik Abernathys an den amerikanischen Zuständen erschien (»Ich klage an!«, in: *Neues Deutschland* [21.02.1971], S. 6).

bellischen Zeitgeistes entsprechend, dass sich der Rassismus in den USA aus dem dort »herrschenden kapitalistischen System« ableiten lasse.[156] Die »Verteilung des Reichtums« gehöre daher zu den Grundfragen, denen sich die »afroamerikanische Befreiungsbewegung« in ihrem weiteren Kampf stellen müsse.[157]

Albert Norden, der als Präsidiumsmitglied des DDR-Friedensrats an der Generalversammlung in Budapest teilgenommen hatte, lud Abernathy daraufhin zu einem Besuch in die DDR ein.[158] Norden war bis 1967 Propagandachef des Politbüros gewesen und leitete bis 1977 die Westabteilung/Auslandsinformation des Politbüros. In einem Informationsschreiben an die Genossen des Politbüros schrieb er: Die von Abernathy geführte SCLC beeinflusse »die übergroße Mehrheit der Afro-Amerikaner« und führe als »pazifistische Organisation den Kampf gegen Imperialismus, Rassismus und Krieg«.[159] Unter Abernathys Führung sei die SCLC an allen »großen antiimperialistischen Kampagnen der USA aktiv beteiligt« gewesen, zu deren Höhepunkten zuletzt der Kampf für die Freilassung von Angela Davis zu zählen sei.[160] Damit bot Abernathys Besuch in der DDR der Parteiführung die Möglichkeit, sich im Sinne ihres antirassistischen Selbstbildes öffentlichkeitswirksam zu inszenieren.

Am 27. September 1971 war es dann soweit: Ralph Abernathy, von der DDR-Presse als »Repräsentant des friedliebenden Amerika« angekündigt, weilte für zwei Tage in der Hauptstadt der DDR.[161] Das straff durchgeplante Besuchsprogramm wurde von einem Fernsehteam der DEFA sowie ausgewählten Vertretern der DDR-Presse dokumentiert.[162] Zu den Höhepunkten gehörte die Verleihung der deutschen Friedensmedaille sowie eine gemeinsame Solidaritätsdemonstration von Studierenden der Ostberliner Humboldt-Universität, auf der Abernathy seine Forderung nach einer sofortigen Freilassung von Angela Davis' wiederholte.[163]

---

156 »Der Kapitalismus ist schuld am Elend der Negermassen«, in: *Neues Deutschland* (17.05.1971), S. 6.

157 Ebenda.

158 Friedensrat der DDR, »Information für die Genossen des Politbüros über den Aufenthalt Dr. Ralph Abernathys«, in: SAPMO Bundesarchiv, DZ-9-929, S. 1.

159 Ebenda, S. 1-3.

160 Ebenda.

161 »Repräsentant des friedliebenden Amerika zu Besuch in der DDR«, in: *Neues Deutschland* (28.09.1971), S. 1; »Bürgerrechtskämpfer Abernathy in der Hauptstadt der DDR«, in: *Berliner Zeitung* (28.09.1971), S. 1. Zum Besuch Ralph Abernathys in der DDR siehe auch Höhn/Klimke, *A Breath of Freedom*, S. 132-134.

162 »Programm für den Aufenthalt von R. Abernathy und Begleitung in der DDR vom 27.09.-29.09.1971«, in: SAPMO Bundesarchiv, DZ9-2710.

163 »Friedensmedaille für Ralph Abernathy«, in: *Neues Deutschland* (29.09.1971), S. 2. Die gemeinsame Solidaritätskundgebung Abernathys mit Studierenden Humboldt-Universität nutzte die *Junge Welt*, um gezielt für ihre junge Leserschaft über den Besuch zu berichten. So würden Abernathy laut *Junge Welt* besonders die Zahl der jungen Menschen, die sich im Kampf um Davis' Freilassung beteiligen, »neue Hoffnung und Mut [geben], dass wir in unserem ge-

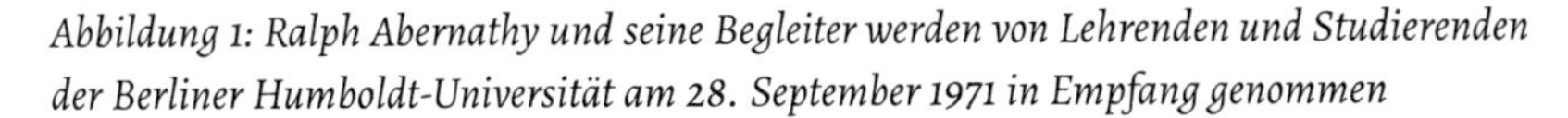

Abbildung 1: Ralph Abernathy und seine Begleiter werden von Lehrenden und Studierenden der Berliner Humboldt-Universität am 28. September 1971 in Empfang genommen

Quelle: Bundesarchiv, Bild 183-K0928-036, Allgemeiner Deutscher Nachrichtendienst – Zentralbild, Foto: Rainer Mittelstädt.

Die SED-Parteispitze nutzte seinen Aufenthalt dazu, »die Verbindungen zu Abernathy zu stärken, die Solidarität und enge Verbundenheit der DDR mit den fortschrittlichen Kräften Amerikas erfolgreich zu demonstrieren« und das möglicherweise »verzerrte Bild von der DDR« bei Abernathy und seinen Begleitern zu korrigieren.[164] So unterstrich die Parteiführung den »friedliebenden Charakter, die freundschaftliche Verbundenheit und brüderliche Solidarität der Bürger der DDR mit den Kämpfern für Frieden und Gerechtigkeit, gegen Rassismus, Armut und Ausbeutung in den USA«.[165]

Albert Norden, der die Festrede bei der Verleihung der Friedensmedaille hielt, betonte, in der DDR sei »kein Platz für Rassismus«. Die Bevölkerung der DDR würde in »Nixon und dem Pentagon die Erben Hitlers« sehen, während in der DDR

meinsamen Kampf siegen werden!« (»Vereinter Ruf nach Freiheit für Angela«, in: *Junge Welt* [29.09.1971]; »Drei Worte: Free Angela Davis! JW-Interview mit Pastor Dr. Ralph Abernathy«, in: *Junge Welt* [30.09.1971]).

164 Friedensrat der DDR, Sekretariat, »Information für die Genossen des Politbüros über den Aufenthalt Dr. Ralph Abernathys«, Bundesarchiv, SAPMO, DZ-9-929, S. 1-8, hier: S. 2.

165 »Friedensmedaille für Rev. Dr. Ralph D. Abernathy«, in: *Informationen der Friedensbewegung der Deutschen Demokratischen Republik* (11.12.1971), S. 3.

»vom Kindergarten bis zur Hochschule und in allen Massenmedien der gerechte Kampf des anderen, besseren Amerika« eine große Rolle spiele.[166] Diese antirassistische Selbstinszenierung der SED-Führung blieb nicht ohne Erfolg. Bei seiner Predigt in der Ostberliner Marienkirche verkündete Abernathy, er habe die Gewissheit, »in der DDR viele Freunde zu haben, die uns helfen, Angela Davis zu befreien und unseren Kampf für die Gerechtigkeit verstärkt weiterzuführen.«[167] Beeindruckt von dem Empfang, den die Parteiführung ihm bereitet hatte, versprach Abernathy zum Abschied: »Von nun an werde auch ich ein Teil der internationalen Bewegung für die Anerkennung der DDR sein.«[168]

Mit Abernathys scharfer Kritik an der US-Regierung und seiner angekündigten Unterstützung der DDR schienen alle für den Besuch gesetzten Ziele erreicht.[169] Abernathys Besuch wurde auch deshalb als Erfolg gewertet, weil er auf die Bevölkerung der DDR Eindruck hinterlassen hatte. So wurde durch die persönliche Begegnung mit Abernathy die antirassistische Solidarität und rot-schwarze Verbundenheit für Teile der Bevölkerung zu einer erfahrbaren Realität. Sie existierte nicht mehr nur als politisch-ideologisches Konstrukt. Abernathys Aufruf, seine »Brüder und Schwestern in der DDR« sollten als Verbündete im Kampf gegen »Rassismus, Armut und Krieg« nicht nachlassen, der mit typischen Protestslogans »Right on! (Weiter so!) Stay on the case! (Dranbleiben!) Power to the people (Dem Volk die Macht!)« abschloss, dürfte diesen Eindruck weiter gestärkt haben.[170]

Um dieses Gefühl der Verbundenheit für beide Seiten möglichst lange aufrechtzuerhalten, wurde der Besuch in Form einer bebilderten Broschüre (»Jede Wolke hat einen silbernen Rand…«)[171] und eines Kurzfilms (»We Shall Overcome«) festge-

---

166 »Friedensmedaille für Ralph Abernathy«, in: *Neues Deutschland* (29.09.1971), S. 1.

167 Abernathys Predigt wurde vom Friedensrat als Pamphlet in deutscher und englischer Sprache veröffentlicht (siehe Friedensrat der DDR [Hg.], *»Jede Wolke hat einen silbernen Rand …« Pastor Ralph D. Abernathy, Präsident der Southern Christian Leadership Conference, zu Gast in der Deutschen Demokratischen Republik, 27.-29. September 1971*, Dresden 1971; Peace Council of the German Democratic Republic [Hg.], *»Every cloud has a silver lining …« Pastor Ralph D. Abernathy, President of the Southern Christian Leadership Conference visits the German Democratic Republic, 27.-29. September 1971*, Dresden 1971).

168 »Herzlicher Abschied für Abernathy«, in: *Neues Deutschland* (30.09.1971), S. 1.

169 Friedensrat der DDR, Sekretariat, »Information für die Genossen des Politbüros über den Aufenthalt Dr. Ralph Abernathys«, Bundesarchiv, SAPMO, DZ-9-929, S. 1-8, hier: S. 2. Bei einem erneuten Wiedersehen – Norden hatte Abernathy und seine Begleiter dazu zu einem Ferienaufenthalt auf Kosten der Partei im darauffolgenden Jahr eingeladen – sollte die »Freundschaft des anderen Amerika« weiter gestärkt werden. Ob Abernathy dieser Einladung nachkam, ist unklar.

170 Klaus Steiniger, »Alles für Angelas Rettung! ND-Interview mit dem Präsidenten der Southern Christian Leadership Conference, Ralph D. Abernathy«, in: *Neues Deutschland* (29.09.1971), S. 6.

171 Steiniger bezeichnete Abernathy als »Botschafter für 25 Millionen schwarze Menschen Amerikas«, dessen Besuch die Bevölkerung der DDR besonders bewegt habe (Klaus Steiniger, »Je-

halten. Beide Medien wurden sowohl in englischer wie in deutscher Sprache veröffentlicht und von beiden versprach sich die Parteiführung »eine gute auslandsinformatorische Wirkung«.[172] Sie sollten auch dazu dienen, bei einem größeren, internationalen Publikum für die völkerrechtliche Anerkennung der DDR zu werben. So sollte vor allem die Kurzdokumentation »die Wahrheit über den menschenfeindlichen Charakter des Imperialismus emotional« vertiefen und die Selbst- und Außendarstellung der DDR als »friedliebendem Staat« weiter festigen.[173]

Der Film wurde am 29. Januar 1972 während der Präsidiumstagung des Weltfriedensrates in Anwesenheit von Abernathy, einer SCLC-Delegation und eines amerikanischen Präsidiumsmitgliedes des Weltfriedensrates uraufgeführt und zur Verbreitung in den USA übergeben.[174] Trotz dieser Bemühungen ist anzunehmen, dass die »Innenwirkung« der antirassistischen Selbstdarstellung der DDR im Kontext des Abernathy-Besuchs weitaus größer gewesen sein dürfte, als die von der DDR-Regierung angestrebte »auslandsinformatorische Wirkung« westlich des Eisernen Vorhangs.

4.1.3.2 Rot-schwarze Schwester: Fania Davis Jordan

Im Kontext der DDR-Solidaritätskampagne für Angela Davis bot der Besuch von Davis' Schwester, Fania Davis Jordan, eine weitere Möglichkeit für eine öffentlichkeitswirksame Inszenierung der antirassistischen Solidarität der DDR. Dieser Besuch fand vom 20. bis 23. Oktober 1971 auf Einladung des FDJ-Zentralrats statt und stellte nach der »Eine Million Rosen«-Aktion einen »weiteren Höhepunkt« in der Solidaritätsbewegung der DDR dar, so die *Junge Welt*.[175] War Abernathys Besuch als »Botschafter für 25 Millionen schwarze Menschen Amerikas« im Sinne eines Staatsbesuchs gestaltet worden, stand bei Fania Davis Jordan die Jugend der DDR im Mittelpunkt der antirassistischen Selbstinszenierung.[176]

Bereits 1970 hatte die FDJ-Führung versucht, gezielt Kontakte zu »marxistisch-leninistischen Jugendverbänden« in den USA aufzubauen.[177] Eine wichtige Rolle

---

de Wolke hat einen silbernen Rand«, in: *Neues Deutschland* [01.10.1971], S. 6). Möglicherweise um seinen Vorschlag erfolgreich durchzubringen, nahm Klaus Steiniger direkt mit Erich Mielke Kontakt auf. Nachdem die Vorschläge genehmigt worden waren, setzte sich dann der Friedensrat bezüglich der Produktion mit Steiniger in Verbindung. Dies geht hervor aus: Werner Rümpel, »Schreiben an Dr. Steiniger« (05.10.1971), in: Bundesarchiv, SAPMO, DZ-9-0929.

172 Ebenda.

173 Friedensrat, »Vorschlag für eine Konzeption zu einem Kurzfilm über den Besuch von Dr. Ralph Abernathy in der DDR«, in: Bundesarchiv, SAPMO, DZ-9-2710.

174 »Vermerk über die Vorführung des Abernathy-Films«, in: Bundesarchiv, SAPMO, DZ-9-2710.

175 »Fania Davis besucht die DDR«, in: *Junge Welt* (20.10.1971), S. 1.

176 Ebenda.

177 Zentralrat FDJ/Abteilung Internationale Verbindungen, »Die Verbindungen der FDJ zu den Jugendverbänden der USA«, in: Bundesarchiv SAPMO, DY24-22327, Bd. 1: 1967-1990.

für den Aufbau dieser Beziehungen spielte aus Sicht der FDJ-Führung die Zusammenarbeit mit der *Young Workers Liberation League* (YWLL), die 1970 als neuer Jugendarm der CPUSA gegründet worden war, um unter anderem eine Annäherung an die *Black Panther* voranzutreiben.[178]

Der FDJ-Vorsitzende Günther Jahn hatte dem YWLL-Vorsitzenden, Jarvis Tyner, in einem Telegramm zu seiner Wahl und seiner Rolle in der »Stärkung der anti-imperialistischen Kampffront der weltweiten demokratischen Jugendbewegung« gratuliert.[179] Beide Organisationen, die YWLL und die FDJ, sahen sich zu diesem Zeitpunkt mit ähnlichen durch die jeweiligen Parteiführungen vorgegebenen Herausforderungen konfrontiert: Ihnen oblag die Aufgabe, anhand aktueller Themen – Vietnamkrieg, Rassismus und imperialistische Repression – ein für die Jugend dieser Zeit attraktives politisches Profil zu entwickeln und sich so als einflussreiche Akteure im Kontext der neuen sozialen Bewegungen zu profilieren.[180] Die FDJ-Führung hoffte, durch eine Zusammenarbeit mit der YWLL nicht nur die Verbindungen zu kommunistischen Verbänden, sondern auch Kontakte zu Studentenorganisationen an amerikanischen Universitäten aufzubauen.[181]

Dabei versuchte die FDJ-Führung hier ihre Solidaritätsaktivitäten für Davis zu nutzen, um ihr Engagement für gemeinsame politische Ziele zu zeigen. Für die-

---

178 Die YWLL wurde als Nachfolgerorganisation des *W.E.B. Du Bois Clubs* gegründet. Wegen ihrer gezielten Jugendarbeit und Kooperation mit Organisationen wie der BPP stand sie unter staatlicher Beobachtung (siehe CIA, »Young [Communist] Workers Liberation League. The CP's New Baby«, in: *Combat* [01.03.1970] Vol. 2, Nr. 5 [via CREST]).

179 Günther Jahn, »Internationale. Telegramm an Communist Party National Committee« (13.02.1970), in: Bundesarchiv, SAPMO, DY24-22327.

180 Auch der *Young Worker*, das Sprachrohr der YWLL, warb 1970/71 unter dem Logo »United Against War, Racism, Repression« in erster Linie für die Beendigung des Vietnamkriegs und für die Unterstützung Davis' (siehe »U.S. out! Set the date! Bail Now!«, in: *Young Worker* [August 1971], *Angela Y. Davis Collection*, Box 1 Folder 5).

181 Zu den von der FDJ-Führung hierfür erwogenen Organisationen gehörte unter anderem auch die *United States National Students Association*, die mit dem *People's Peace Treaty* im Januar 1971 zu einem Ende des Vietnamkrieges aufgerufen hatte. Eine Kopie dieses als Rundschreiben tausendfach veröffentlichten Aufrufs erreichte auch die FDJ-Führung, die diesen als Beginn eines »Informations- und Erfahrungsaustauschs« zu nutzen versuchte. Wie sich aus dem Quellenmaterial schließen lässt, bestand jedoch nur ein einseitiges Interesse an einem solchen Austausch, weshalb weitere Kontaktversuche nach kurzer Zeit eingestellt wurden (Zentralrat FDJ/Abteilung Internationale Verbindungen, »Die Verbindungen der FDJ zu den Jugendverbänden der USA«, in: Bundesarchiv, SAPMO, DY24-22327, Bd. 1: 1967-1990). Zu einem ersten Zusammentreffen mit der YWLL kam es im Juli 1970, als eine FDJ-Delegation unter der Leitung des FDJ-Sekretärs Frank Bochow als »Diplomaten in Blauhemden« zur Weltjugendversammlung der UN nach New York reisen durfte. »FDJ-Delegierte erstmals in den USA«, in: *Neues Deutschland* (25.07.1970), S. 6; Zentralrat FDJ/Abteilung Internationale Verbindungen, »Vertrauliches Material. Material für das Gespräch mit dem KJV der USA« (23.04.1971), in: Bundesarchiv, SAPMO, DY24-22327, Bd. 1: 1967-1990.

sen Zweck verfasste der in Ostberlin lebende US-Publizist Victor Grossman, der bereits eine wichtige Rolle beim Aufbau des Paul-Robeson-Archivs gespielt hatte, Artikel für die CPUSA-Tageszeitung *Daily World* sowie den *Young Worker* unter der Überschrift »Young Germans Demand: Free Angela!«, in denen er über die Solidaritätsaktivitäten der DDR-Jugend im Sinne eines modernen, sozialistischen antirassistischen Bündnisses berichtete.[182]

In Vorbereitung auf Fania Davis Jordans Besuch sollte die *Junge Welt* Einfluss auf die »Aktivität der Jugend der DDR« nehmen. Es sollte der Eindruck entstehen, dass in der DDR eine »Massenbewegung für die Befreiung Angela Davis' und alle[r] politischen Gefangenen in den USA« eintrat.[183] Um diese Wirkung sicherzustellen, beschloss die FDJ einen detaillierten »Maßnahmenplan«, der neben der »Publizierung in Presse, Funk und Fernsehen« auch »politisch-organisatorische Maßnahmen« durch die Abteilung Agitation vorsah.[184] Für die kulturelle Gestaltung der einzelnen öffentlichen Programmpunkte war die Kulturabteilung des ZK zuständig. Die FDJ-Führung trug für die »protokollarische Absicherung der Veranstaltungen«, also für die politisch-ideologisch regelkonforme Durchführung der Programmpunkte die volle Verantwortung.[185]

Der minutiös durchgeplante Besuch beinhaltete auch die Teilnahme an Großveranstaltungen in Ostberlin, Frankfurt/Oder und Magdeburg. Dort sollte Davis Jordan die führende Rolle der DDR in der Solidaritätsbewegung für ihre Schwester vor Augen geführt werden – zumal sie zuvor bereits an Protestkundgebungen mit jeweils mehreren Tausend Demonstrierenden in Paris, Rom und London teilgenommen hatte.[186] Die von der FDJ organisierten Großveranstaltungen sollten ihr die »neue sozialistische Welt« näherbringen, so Günther Jahn in der *Jungen Welt*.[187] Die Jugend der DDR sollte ihr zeigen, dass Solidarität zu »einem gesunden, guten politischen Alltag« gehöre.[188]

---

182 Victor Grossman, »Young Germans Demand: Free Angela!«, in: *Young Worker* (August 1971), S. 10-11.

183 FDJ Sekretariat, »22. Sitzung des Sekretariats: Ablaufprogramm 15.e Empfang Fania Davis« (08.10.1971), in: Bundesarchiv, SAPMO, DY24-08442 T 1, S. 20.

184 Ebenda, S. 19.

185 Ebenda, S. 20.

186 Sekretariat FDJ/Abt. Intern. Verbindungen, »Detaillierter Programmablauf für den Aufenthalt von Fania Davis-Jordan und Begleitung« (13.10.1971), in: Bundesarchiv, SAPMO, DY24-08443. Fania Davis Jordan absolvierte zusammen mit Felicia Coward (YWLL) eine Tour durch elf Länder. Neben der DDR gehörten dazu Frankreich, Italien, Belgien, England, Westdeutschland, Ungarn, Finnland, die Sowjetunion, die Tschechoslowakei und Dänemark. In Paris versammelten sich bei einer Demonstration für Davis am 03. Oktober 1971 laut Zeitungsberichten 60.000 Menschen (siehe »European in support of Angela, reports her sister following visit«, in: *New York Amsterdam News* [27.11.1971], S. C_1).

187 »Willkommen, Fania! Freiheit für Angela!«, in: *Junge Welt* (20.10.1971), S. 2.

188 Ebenda.

Davis Jordan reiste in Begleitung eines Mitglieds der YWLL sowie eines Gesandten des *Weltbundes der Demokratischen Jugend* (WBDJ). Das bot »die Möglichkeit, einen weiteren konkreten Beitrag zur internationalistischen Erziehung der jungen Generation der DDR zu leisten« und die »feste Solidarität mit allen politisch Verfolgten in den USA vor der Weltöffentlichkeit erneut unter Beweis zu stellen«, wie es in einer Vorlage der FDJ für das ZK der SED hieß.[189] Der Zentralrat der FDJ begrüßte Davis Jordan bei ihrer Ankunft in Ostberlin mit einem Strauß roter Rosen, dem »Zeichen der Solidarität mit Angela«. Am nächsten Tag berichtete die *Junge Welt*, Fania Davis Jordan habe sich »glücklich« gezeigt, nun endlich in einem »sozialistischen Land« zu sein. Auch habe sie die »wärmsten revolutionären Grüße« von ihrer Schwester an die Jugend der DDR übermittelt und bekräftigt, die Solidaritätskampagne der DDR-Jugend sei der »Schlüssel für Angelas Stärke, für unsere Stärke und für all derer«, die in den USA kämpfen.[190]

Zentraler Bestandteil der Treffen mit Jugendbrigaden und FDJ-Gruppen war die Übergabe von Grußadressen, Protestresolutionen und Solidaritätsbotschaften für Angela Davis.[191] In Magdeburg nahm Fania Davis Jordan dann an einem Sternmarsch teil, bei dem der Besucherdelegation suggeriert werden sollte, es handele sich um eine Massenbewegung »für die Freiheit aller politisch Verfolgten des imperialistischen Systems«.[192] Der Marsch endete mit einem »Solidaritäts- und Protestmeeting«, an dem rund 2.500 FDJ-Mitglieder und Pioniere teilnahmen. Es wurden Sprechchöre angestimmt sowie Fahnen und Transparente präsentiert.

Mit einer zentralen Großveranstaltung in Ostberlin, die Klaus Steiniger im *Neuen Deutschland* als »begeisterndes Treffen tiefer Solidarität unter dem Motto ›Die Jugend der Welt klagt den Imperialismus an – Freiheit für Angela Davis‹«[193] beschrieb, endetet Davis Jordans Besuch.[194] Hier vereinigten die jugendlichen Teil-

---

189 FDJ Sekretariat, »Vorlage an das Sekretariat: Empfang von Fania Davis-Jordan. 22. Sitzung des Sekretariats« (08.10.1971), in: Bundesarchiv SAPMO, DY24-08442 T 1.

190 »Ein Strauß roter Rosen für Angelas Schwester«, in: *Junge Welt* (21.10.1971), S. 1.

191 Siehe hierzu auch die 23 im Bundesbildarchiv vorhandenen DDR-Pressebilder, die das Besuchsprogramm von Davis Jordans dreitägigem Aufenthalt dokumentieren: »Solidaritätsmeeting im Frankfurter Halbleiterwerk« (20.10.1971), Bild 183-K1020-042, Fotograf Joachim Spremberg; »Fania Davis Jordan am Brandenburger Tor« (21.10.1971), Bild 183-K1021-025, Fotograf Joachim Spremberg; »Freiheit für Angela Davis – Solidaritätsveranstaltung mit Fania Davis Jordan« (22.10.1971), Bild 183-K1022-04, Fotograf Joachim Spremberg etc.

192 Sekretariat FDJ/Abt. Intern. Verbindungen, »Detaillierter Programmablauf für den Aufenthalt von Fania Davis-Jordan und Begleitung« (13.10.1971), in: Bundesarchiv, SAPMO, DY24-08443.

193 Klaus Steiniger, »Begeisterndes Treffen tiefer Solidarität. Berliner Jugend fordert Freiheit für Angelas Davis«, in: *Neues Deutschland* (23.10.1971), S. 8.

194 Sekretariat FDJ/Abt. Intern. Verbindungen, »Detaillierter Programmablauf für den Aufenthalt von Fania Davis-Jordan und Begleitung« (13.10.1971), in: Bundesarchiv, SAPMO, DY24-08443.

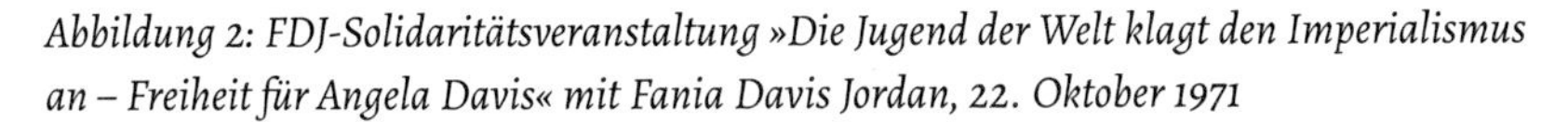
Abbildung 2: FDJ-Solidaritätsveranstaltung »Die Jugend der Welt klagt den Imperialismus an – Freiheit für Angela Davis« mit Fania Davis Jordan, 22. Oktober 1971

Quelle: Bundesarchiv, Bild 183-K1022-041, Allgemeiner Deutscher Nachrichtendienst – Zentralbild, Foto: Joachim Spremberg

nehmer ihre Stimme mit den »Forderungen der Weltjugend«, wie es im Fernsehmagazin Der Augenzeuge hieß.[195] Zu den Gestaltungselementen der Inszenierung im Ostberliner Filmtheater Kosmos gehörten FDJ- und WBDJ-Fahnen, Bilder von Angela Davis mit vorformulierten Losungen und Darbietungen verschiedener Singeklubs. Zusammen mit »Free Angela«-Sprechchören wurde eine so »jugendliche Begeisterung« erzeugt.[196]

Auf der Liste der geladenen Ehrengäste standen hochrangige SED-Mitglieder, darunter Hermann Axen und Werner Lamberz. In den Festreden wurde immer wieder die »tiefe Verbundenheit von Millionen DDR-Bürgern mit der unerschrockenen Heldin des anderen Amerika« beschworen.[197] Gemeinsam wurde die Hymne der afroamerikanischen Bürgerrechtsbewegung »We shall overcome« gesungen und durch den Robeson-Chor begleitet. Auch wurden Davis-Gedichte rezitiert sowie ein Ausschnitt der gerade erst fertiggestellten Dokumentation »Angela. Por-

---

195 »Free Angela« – Internationale Solidarität, Schwester von Angela Davis zu Besuch in der DDR, Solikundgebung für die Freilassung Angela Davis'«, in: *»Der Augenzeuge«* (44/1971).

196 »Ein Ruf-Orkan im ›Kosmos‹: Free Angela«, in: *Junge Welt* (23./24.10.1971), S. 1.

197 Klaus Steiniger, »Begeisterndes Treffen tiefer Solidarität. Berliner Jugend fordert Freiheit für Angela Davis«, in: *Neues Deutschland* (23.10.1971), S. 8.

trait of a Revolutionary« vorgeführt.[198] In ihrer Rede zeigte sich Davis Jordan dann auch beeindruckt von den »unvergeßlichen Eindrücken«, die sie in der DDR gesammelt hatte. Sie erklärte: »Wir stehen fest an eurer Seite in eurem revolutionären Kampf für den Aufbau einer neuen Gesellschaftsordnung.«[199]

Die *Für Dich* betonte kurze Zeit später unter der Überschrift »In unserer Mitte: Angelas Schwester« vor allem Fania Davis Jordans Ähnlichkeiten mit ihrer Schwester.[200] Sie sei nicht nur genauso »schön, groß, ungezwungen [...] wie Angela«, sondern teile auch die gleichen Erfahrungen »als schwarze Frau«.[201] So sei es keine Überraschung, dass auch Fania Davis Jordan den »letzten Schritt vollzogen« habe und einige Wochen zuvor der CPUSA beigetreten sei.[202] Mit ihrem Besuch hatte Davis Jordan der DDR-Führung nicht nur zu einer gelungenen Selbstinszenierung verholfen, sondern dem Parteiregime auch die Möglichkeit geboten, die Verbundenheit mit Angela Davis und dem anderen, afroamerikanischen Amerika als konkret erfahrbare Beziehung darzustellen.

4.2 Ausweitung der Mobilisierung (1971-1972)

Die erneute Verschiebung des Prozesses – eigentlich war er für den 27. September 1971 angesetzt – machte es notwendig, die Mobilisierung der DDR-Bevölkerung länger als gedacht aufrechtzuerhalten.[203] Grund für die Verschiebung des Prozesses war ein Antrag von Davis und ihren Verteidigern, den Prozessort von San Rafael nach San Francisco zu verlegen. Es wurde befürchtet, dass aufgrund der überwiegend weißen Bevölkerung in San Rafael Davis keinen fairen Prozess vor einem Geschworenengericht erwarten könne. Durch die demografischen Gegebenheiten werde sich die Jury überwiegend aus weißen und potenziell rassistisch vorein-

---

198 Die Dokumentation »Angela. Portrait of a Revolutionary« (1971) war zu diesem Zeitpunkt noch nicht in den USA, jedoch bei den Internationalen Filmfestivals in Moskau und Venedig gezeigt worden (vgl. »Films in English Mark Venice Fete«, in: *New York Times* [02.09.1971], S. 39).

199 Klaus Steiniger, »Begeisterndes Treffen tiefer Solidarität. Berliner Jugend fordert Freiheit für Angela Davis«, in: *Neues Deutschland*, (23.10.1971), S. 8.

200 »In unserer Mitte: Angelas Schwester« (Titel): in: *Für Dich* (45/1971).

201 Helga Bobach, »Herzliche Begegnung mit Fania Davis-Jordan«, in: *Für Dich* (45/1971), S. 6.

202 Freiheit für Angela Davis, in: *Informationen der Friedensbewegung der Deutschen Demokratischen Republik* (11.12.1971), S. 4; »Von nun an gehöre ich dazu«, in: *Wochenpost* (42/1971). Im Gegensatz zu ihrer Schwester schien Davis Jordan ihren CPUSA-Beitritt weniger mit ihrer ideologischen Überzeugung, denn mit einer Protesthaltung gegen die Nixon-Regierung zu begründen (siehe »Miss Davis' Sister Joins Red Party«, in: *Washington Post* [09.10.1971], S. A2).

203 Sekretariat des Nationalrats der Nationalen Front, Verstärkung der Solidaritätsbewegung (06.10.1971), Bundesarchiv, SAPMO, DY6-0408.

genommenen Mitgliedern zusammensetzen.[204] Der vorsitzende Richter, Richard Arnson, ordnete schließlich die Verlegung des Prozesses nach San José in Santa Clara County an.[205] Da der schwarze Bevölkerungsanteil dort ebenfalls gering war, stellte diese Entscheidung keine Verbesserung dar, sodass Davis' Verteidigung versuchte, auch diese Entscheidung anzufechten.[206]

Unterdessen rief das NUCFAD zu einer erneuten Intensivierung der Proteste für Davis auf.[207] Diese Ausweitung zeigte sich in der DDR in einer verstärkten medialen Berichterstattung, etwa mit Fernsehsendungen »über die Solidaritätsbewegung in der DDR und in anderen Ländern«.[208] Vor allem aber konnte eine thematische Ausweitung der Berichterstattung beobachtet werden. So wurde über die Ermordung George Jacksons und die blutige Niederschlagung des Gefängnisaufstands von Attica berichtet. Diese Ereignisse galten als »überzeugende Beweise dafür«, dass »Völkermord und Rassismus zur klassischen Form des amerikanischen Faschismus geworden« seien.[209] Das *Neue Deutschland* betonte immer wieder, dass der »amerikanische Rassismus vor allem eine klassenmäßige Erscheinung« sei.[210] Dabei entstand der Eindruck, Rassismus stelle mehr denn je zuvor eine Bedrohung dar und die sozialistische Welt müsse befürchten, dass im kapitalistischen Westen erneut ein faschistisches Regime entstehe.

Die Verschiebung des Prozessbeginns und das anhaltende öffentliche Interesse an Angela Davis führten aber auch im Westen dazu, dass neben Akteuren der Neuen Linken auch der politische Mainstream darüber zu diskutieren begann, ob sich in den USA der Beginn eines faschistischen Herrschaftssystems beobachten lasse. Im November 1971 veröffentlichte *Der Spiegel* eine Titelgeschichte über den bevorstehenden Prozessbeginn. Auf dem Titel war ein ikonografisches Davis-Porträt zu sehen, darunter stand die Schlagzeile: »Angeklagte Angela Davis – Faschismus in Amerika?«[211] In einem Interview mit Herbert Marcuse in derselben Ausgabe widersprach dieser in allen Punkten der Darstellung der DDR, was Angela Davis,

---

204 »Angela Davis Seeks San Francisco Trial«, in: *New York Times* (21.09.1971), S. 33; NUCFAD, »For Immediate Release 1.11.1971«, in: *Angela Y. Davis Collection*, Box 1 Folder 13.

205 »Angela Davis Obtains Transfer of Her Trial«, in: *Washington Post* (03.11.1971), S. A12; »Davis Case moved to San Jose Court«, in: *New York Times* (03.11.1971), S. 17.

206 »Angela Davis Obtains Transfer of Her Trial«, in: *Washington Post* (03.11.1971), S. A12.

207 NUCFAD, »For Immediate Release 1.11.1971«, in: *Angela Y. Davis Collection*, Box 1, Folder 13.

208 SED/Abteilung Agitation, »Anlage Nr. 2 zum Protokoll. Verstärkung der Solidaritätsbewegung« (23.09.1971), in: Bundesarchiv, SAPMO, DY30-JIV-2-3-1785; Sekretariat des ZK, Anlage Nr. 4 zum Protokoll Nr. 11 vom 01.02.1972, Bundesarchiv, SAPMO, DY 30-JIV-2-3-1834.

209 »KP der USA ruft zu Aktionen für Angela Davis«, in: *Neues Deutschland* (17.09.1971), S. 1; Klaus Steiniger, »Wachsam für Angela bleiben«, in: *Neues Deutschland* (23.09.1971), S. 6; »Über Probleme des schwarzen Amerika«, in: *Neues Deutschland* (26.09.1971), S. 6.

210 »Über Probleme des schwarzen Amerika«, in: *Neues Deutschland* (26.09.1971), S. 6.

211 »Angeklagte Angela Davis – Faschismus in Amerika?« (Titel), in: *Der Spiegel* (46/1971).

ihren Fall und auch ihre Beziehung zu Marcuse selbst betreffe. Marcuse schilderte eine Begegnung mit Davis im Gefängnis: »Das ist die alte junge Angela Davis. Wir haben uns umarmt, so als ob nichts geschehen ist. Es gab überhaupt keinen Riß.«[212] Gefragt nach seiner Einschätzung, ob die Nixon-Regierung als faschistisch bezeichnet werden könne, sagte Marcuse:

> »Wenn das Wort Faschismus einen historischen Sinn haben soll [...], dann können wir in keiner Weise sagen, daß wir eine faschistische Regierung haben. [...] Anderseits sind sehr starke Tendenzen zu einer protofaschistischen Entwicklung da.«[213]

Damit der anstehende Prozess zum Erfolg der Verteidigung führe, sei nun nicht mehr der von ihm anfänglich unterstützte internationale Druck ausschlaggebend, sondern vielmehr Davis' Persönlichkeit und die Verteidigungsstrategie. Nur wenn die Motive der Anklage enthüllt werden könnten, ohne sich dabei in »politischen Attacken zu erschöpfen«, habe Davis eine Chance auf einen Freispruch.[214]

4.2.1 Ritualisierte Massenveranstaltungen

Zeugten die ersten großen Solidaritätsaktionen noch von einem innovativen Charakter, dem durch die visuelle und praktische Gestaltung Ausdruck verliehen wurde, folgten die Maßnahmen ab September 1971 weitgehend den bewährten Formen der staatssozialistischen Massenbeeinflussung. Dazu gehörten stark formalisierte und ritualisierte, durch die Massenorganisationen veranstaltete Brief- und Postkartenaktionen, Resolutionsverabschiedungen und Stellungnahmen »bekannter Persönlichkeiten der DDR«.[215]

Der *Freie Deutsche Gewerkschaftsbund* (FDGB), der DFD, die FDJ und der Friedensrat organisierten beispielsweise eine breit angelegte Brief- und Postkartenaktion, bei der vorgedruckte Protest- oder Solidaritätsbekundungen in deutscher und englischer Sprache an den damaligen Justizminister (Evelle Younger), an US-Präsident Richard Nixon sowie an das NUCFAD-Büro in Kalifornien verschickt

---

212 »Sie hat sich nicht verändert. *Spiegel*-Interview mit Herbert Marcuse über Angela Davis«, in: *Der Spiegel* (46/1971), S. 148-150, hier: S. 148. Angela Davis erwähnt Marcuses Besuche ebenfalls positiv (siehe Davis, *An Autobiography*, S. 307).

213 »Sie hat sich nicht verändert«, in: *Der Spiegel* (46/1971), S. 148

214 Ebenda, S. 150.

215 SED/Abteilung Agitation, »Anlage Nr. 2 zum Protokoll. Verstärkung der Solidaritätsbewegung« (23.09.1971), in: Bundesarchiv, SAPMO, DY30-JIV-2-3-1785. Neben hier zitierten sogenannten Persönlichkeiten des Kulturlebens wie dem Nationalpreisträger Paul Dessau wurden auch Kollektive wie der DEFA-Drehstab oder die Dresdner Musikhochschule genannt (siehe Ministerium für Kultur, Abt. Information, »Übersicht Solidaritätserklärung von Künstlern und Kulturschaffenden der DDR« [12.03.1971], in: Bundesarchiv, SAPMO, DY34-9047).

werden konnten.[216] Im Verlauf dieser Aktion wurde der fast immer identische Text, einem Mantra gleich, in hunderten von Betriebs-, Frauen- und Jugendgruppen für Petitionen und Resolutionen verwendet.[217] Fortschrittlichkeit, Friedfertigkeit und Antirassismus waren die zentralen Attribute, mit denen die Parteiführung ihre sozialistische Herrschaft in Verbindung setzte, während sie Rassismus, Unterdrückung und Rückwärtsgewandtheit mit dem Westen assoziierte, allen voran mit den USA.[218] Laut eigenen Angaben gingen zwischen Oktober 1971 und Januar 1972 ungefähr 6.000 solcher Protestresolutionen mit den Unterschriften von 3,5 Millionen DDR-Bürgern allein beim Nationalrat ein.[219] Angeblich wurden 50.000 dieser vorgedruckten Postkarten allein bis Januar 1972 in die USA geschickt.[220]

Gleichzeitig sollten Kunst- und Liedwettbewerbe die DDR-Bevölkerung animieren, ihrer Solidarität in selbst komponierten Liedern persönlich Ausdruck zu verleihen.[221] Maximilian Scheer, Autor und Präsidiumsmitglied der *Liga für Völkerfreundschaft*, war mit seinem Hörspiel »Für Angela Davis. Der Weg nach San Rafael« zu einem Vorbild für diese Art der Solidaritätsbekundungen geworden. Angekündigt als »kämpferisch funkdramatisches« Stück, verarbeitete Scheer die Ereignisse um Davis' Verhaftung zu einem fiktiven Drama, an dessen Ende der Sozialismus als weltgeschichtlicher Hoffnungsträger und Erlöser von Davis dargestellt wurde.[222] Die DDR-Presse lobte den Nationalpreisträger für die Enthüllung der »wahren Gründe der herrschenden Klasse in den USA für die Verfolgung Davis«, die ihm in dem Stück gelungen sei. Darüber hinaus lasse Scheer, so eine Ankündigung im *Neuen Deutschland*, die »unbezwingbare Kraft der Ideen von Marx, Engel

216 Sekretariat des Nationalrats der Nationalen Front, »Verstärkung der Solidaritätsbewegung« (06.10.1971), Bundesarchiv, SAPMO, DY6-0408; Friedensrat/Int. Verbindungen, »Zur Ausstellung »Freiheit für A. Davis« (1971), Bundesarchiv, SAPMO, DZ9-2710.

217 Siehe zum Beispiel IG Metall, »Schreiben Nixon«, in: Bundesarchiv SAPMO, DY46-24; IG Wismut, »Protestresolutionen« (Nov. 1971-Jan. 1972), in: Bundesarchiv SAPMO, DY52-480; Kollektiv der Gewerkschaftsgruppe »Knauth«, Protestresolution, in: Protestresolution 1971, Bundesarchiv, SAPMO, DY-52-480. Ein Teil dieser Protestresolutionen findet sich in *Communist Party of the United States of America Records*, Box 137, Folder 7-20; *Communist Party of the United States of America Records*, Box 138, Folder 1-13; *Communist Party of the United States of America Records*, Box 139, Folder 6-9.

218 Siehe hierzu zum Beispiel auch Nationalrat des Nationalen Front (Hg.), *Kämpft Angela Davis frei*, Berlin (Ost) 1972.

219 »Nationalrat übergab neue Dokumentation über Angela Davis«, in: *Neues Deutschland* (22.01.1972).

220 »Millionenfach: Freiheit für Angela«, in: *Berliner Zeitung* (22.01.1972), S. 1.

221 Gerhard Thiele, »Schwarze Rose du sollst frei sein«, in: *Archiv Verband der Komponisten und Musikwissenschaftler der DDR*, Allgemeine Korrespondenzen, VKM-276, Archiv AdK; Friedensrat der DDR (Hg.), *Angela Davis. Lieder, Texte, Noten*, Berlin (Ost) 1973.

222 Maximilian Scheer, »Der Weg nach San Rafael [Liebste Angela, Erste unter Gleichen]«, in: *Maximilian-Scheer-Archiv*, Box 1.3.2., 724/725, Archiv AdK.

und Lenin, die Siegesgewißheit der Kämpfer für Fortschritt und Frieden« sowie die »machtvolle internationale Solidarität […] spürbar werden.«[223]

Das Hörspiel wurde als sogenannte Solidaritätsausgabe in Buchform in deutscher und englischer Sprache veröffentlicht und unter anderem in die USA verschickt.[224] Anlässlich des »Tags der Solidarität für Angela Davis«, den das NUCFAD für den 25. September 1971 ausgerufen hatte, veröffentlichte die DDR ein weiteres Hörspiel Scheers, das den Titel »Liebste Angela. Erste unter Gleichen« trug. Darin war eine Auswahl von George Jacksons Gefängnisbriefen an Davis zu hören.[225] Beide Hörspiele wurden im Verlauf der Solidaritätskampagne wiederholt im DDR-Rundfunk gesendet. Angela Davis erhielt eine englische Ausgabe und ein persönliches Schreiben von Scheer, in dem er ihr seine Erfahrungen unter der Naziherrschaft schilderte.[226]

Auf diese Vertrautheit und Nähe suggerierende Darstellung setzte auch der Friedensrat mit seiner Wanderausstellung »Freiheit für Angela«, die »einen Stein der Mauer, die Angela schützt« symbolisieren sollte.[227] Die Eröffnung der Ausstellung am 18. November 1971 in Ostberlin folgte eingespielten ritualisierten Abläufen.[228] So waren neben hochrangigen Parteifunktionären auch Claude Lightfoot, der afroamerikanische CPUSA-Repräsentant, und Dean Reed, der »Sänger des anderen Amerika«, anwesend.[229] Junge Pioniere überreichten Lightfoot Solidaritätspostkarten und gemeinsam wurden »Kampf- und Solidaritätslieder« gesungen. All das war inzwischen fester Programmpunkt offizieller Solidaritätsveranstaltungen.[230]

---

223 »Enthüllung eines Verbrechens«, in: *Neues Deutschland* (11.01.1971), S. 4.

224 So findet sich unter anderem auch ein Exemplar in der *Angela Y. Davis Collection*: Maximilian Scheer, *For Angela Davis. The Road to San Rafael*, Berlin (Ost) 1971, in: *Angela Y. Davis Collection*, Box 1 Folder 28.

225 Das ebenfalls in Buchform erschienene Hörspiel basiert auf dem 1970 von George Jackson veröffentlichten Buch »Soledad Brothers: The Prison Letters of George Jackson«, siehe Maximilian Scheer, *Liebste Angela. Erste unter Gleichen. Gefängnisbriefe von George Jackson*, Berlin (Ost) 1971.

226 Maximilian Scheer, »Brief an Angela Davis« (28.02.1972), in: *Maximilian-Scheer-Archiv*, 5.1.56, Archiv AdK.

227 »Der Ruf darf nicht verstummen: Free Angela«, in: *Für Dich* (46/1971).

228 Friedensrat der DDR, »Ablaufplan für die Eröffnung der Ausstellung«, Bundesarchiv, SAPMO, DZ-9-2710.

229 »Freiheit für Angela Davis. Ausstellung des Friedensrates eröffnet«, in: *Neues Deutschland* (19.11.1971). Lightfoot bekam im April 1973 von der Universität Rostock die Ehrendoktorwürde verliehen. Im selben Jahr veröffentlichte er ein Buch mit dem Titel »The Effect of Education on Racism. The Two German States and the USA«, in dem er die DDR als Vorzeigebeispiel für eine antirassistische Erziehung der Jugend darstellte (Claude M. Lightfoot, *The Effect of Education on Racism. The Two German States and the USA*, New York 1973).

230 Friedensrat der DDR, »Ablaufplan für die Eröffnung der Ausstellung«, Bundesarchiv, SAPMO, DZ-9-2710.

Die Ausstellung selbst wurde bis zu Davis' Freispruch im Juni 1972 an unterschiedlichen Orten in Ostberlin und der DDR gezeigt. Ein Ausstellungsbesuch war immer auch verbunden mit dem Unterschreiben von Protestresolutionen. Laut DDR-Pressemeldungen hatten allein bis Ende des Jahres 1971 bereits 12.000 Menschen die Wanderausstellung besucht. Genau wie die Lied- und Kunstwettbewerbe steht sie damit exemplarisch nicht nur für die alltägliche Praktizierung von Solidarität in der »durchherrschten Gesellschaft«, sondern auch für das starke Interesse an Angela Davis.[231]

Die DDR-Regierung nutzte das Interesse für weitere massentaugliche Mobilisierungsaktionen, zum Beispiel anlässlich von Davis' 28. Geburtstag im Januar 1972. Hierfür wiederholte der Nationalrat den Versand von 50.000 vorgedruckten Postkarten und publizierte verschiedene Broschüren in deutscher und englischer Sprache. Dazu zählte auch die von Klaus Steiniger verfasste Broschüre »Freiheit für Angela Davis – Heldin des anderen Amerika«, in der er die bisherigen Ereignisse um Davis' Fall dokumentierte (Auflage 50.000 Exemplare). Sie konnte zu einem »Solidaritätspreis« von 2 Mark bei allen Ausschüssen der Nationalen Front und in Buchhandlungen gekauft werden.[232] Das mit vorgedruckten Postkarten ergänzte Heft, namens »Kämpft Angela Davis frei«, oder die vom Friedensrat auf Englisch publizierte Kampfschrift »Save Angela Davis!« stellten weitere Beispiele dar.[233]

Das von Davis herausgegebene Buch »If they come in the morning«, das in deutscher Übersetzung mit Beiträgen von Oskar Negt und Martin Walser ergänzt und unter dem Titel »Materialien zur Rassenjustiz« herausgegeben worden war, wurde hingegen nur in Westdeutschland veröffentlicht.[234] Das subversive Potenzial einer solchen Übersetzung, die unter anderem Beiträge von Mitgliedern der *Black Panther* und Aktivisten der Neuen Linken enthielt, war wohl zu groß und hätte das von Davis gezeichnete Bild möglicherweise ins Schwanken gebracht.

---

231 »Ausstellung«, in: *Neues Deutschland* (16.12.1971); »Davis-Ausstellung«, in: *Der Morgen* (14.12.1971).

232 Klaus Steiniger, *Freiheit für Angela Davis – Heldin des anderen Amerika*, hg. vom Nationalrat der Nationalen Front, Berlin (Ost) 1972. Steinigers Pamphlet erschien auch auf Englisch unter dem Titel *Free Angela Davis. Hero of the Other America*, published by National Council of the National Front of the German Democratic Republic, Berlin (Ost), 1972. »Millionenfach: Freiheit für Angela«, in: *Berliner Zeitung* (22.01.1972), S. 1.

233 Nationalrat des Nationalen Front (Hg.), *Kämpft Angela Davis frei*, Berlin (Ost) 1972; Friedensrat (Hg.), *Save Angela Davis*, Berlin (Ost) Februar 1972.

234 Davis (Hg.), *If They Come in the Morning*. Das Buch wurde in Westdeutschland im Luchterhand Verlag auf Deutsch veröffentlicht (siehe Angela Davis [Hg.], *Materialien zur Rassenjustiz. Stimmen des Widerstands*, Neuwied am Rhein 1972). Aus einem Brief Bettina Apthekers, die sich persönlich um die deutsche Übersetzung kümmerte, an Davis geht hervor, dass eine DDR-Publikation angedacht war (siehe Bettina Aptheker, »To Angela Davis« [30.07.1971], in: *Bettina Aptheker Papers*, Box 50 Folder 7). Weshalb es nicht dazu kam, ist nicht belegt.

4.2.2 USA-Sonderkorrespondent Steiniger

Die Vorverfahrenssitzungen im Prozess endeten Anfang Februar 1972, am 28. Februar 1972 begannen die Hauptverhandlungen. Das NUCFAD richtete seine Aktivitäten weiterhin darauf aus, das öffentliche Interesse an Angela Davis und ihrem Fall aufrechtzuerhalten und sicherzustellen, dass die Protestaktionen inhaltlich auf Linie mit der angestrebten Verteidigungsstrategie verliefen.[235] Die CPUSA erwartete ein breites öffentliche Interesse an dem Prozess, das für sie nochmals eine konkrete Möglichkeit darstellte, sich vor den anstehenden Präsidentschaftswahlen (November 1972) prominent als Protestpartei in Szene zu setzen und den zur Wiederwahl stehenden Richard Nixon sowie das politische Establishment zu kritisieren. Entsprechend richtete sich der Fokus der Protestaktionen und Pressemeldungen des NUCFAD vor allem auf die Frage nach der demokratischen Rechtmäßigkeit des Prozesses.[236]

Diese Frage wurde beispielsweise öffentlichkeitswirksam zur Debatte gestellt, als es im Zusammenhang mit geplanten Protestkundgebungen vor dem Gerichtsgebäude zwischen den Behörden und NUCFAD-Aktivisten zu Auseinandersetzungen kam.[237] Währenddessen wurde Angela Davis beim XX. Parteitag der CPUSA (18. bis 21. Februar 1972) in New York in absentia zum Mitglied des ZK der CPUSA gewählt. Damit sollten vor Beginn des Prozesses einerseits die letzten Zweifel an

---

235 Das NUCFAD hielt sich dabei weiter an klassische Methoden der sozialistischen Massenmobilisierung, wie die Verbreitung des Newsletters, der nun wöchentlich erschien (siehe »Frameup. A Weekly Newsletter Concerning the Trial of Sister Angela Davis« [Ersterscheinung: 04.02.1972], in: *Bettina Aptheker Papers*, Box 50, Folder 10).

236 Die DDR-Führung griff das Thema der »demokratischen Rechtmäßigkeit« im Zusammenhang mit ihrer Darstellung des »Schandprozesses« gegen Davis ebenfalls auf. So ermahnte der jüdische DDR-Jurist Friedrich Karl Kaul, der in den 1960er Jahren als Nebenkläger im Frankfurter Auschwitz-Prozess aufgetreten war, den vorsitzenden Richter des Davis-Prozesses, Richard Arnason, die »Verfassungsprinzipien der USA« während des Prozesses einzuhalten. Nachdem die DDR erfolglos versucht hatte, den Brief in den US-amerikanischen Mainstreammedien zu veröffentlichen, wurde das Schreiben schließlich vom DDR-Friedensrat als Pamphlet herausgegeben und unter anderem an das NUCFAD versendet (siehe Friedensrat, »United States versus Angela Davis. Open letter by Attorney Professor Dr. Friedrich Karl Kaul to Judge Richard E. Arnason« [14.02.1972], in: *Bettina Aptheker Papers*, Box 50, Folder 11).

237 Dem war vorausgegangen, dass während der Vorverhandlungen Teilnehmer einer Protestveranstaltung verhaftet worden waren. Darunter befanden sich unter anderem die NUCFAD-Vorsitzenden Franklin Alexander und Charlene Mitchell, die vor dem Gerichtsgebäude gegen die eingeschränkte Teilnahme der Öffentlichkeit am Prozess aufgrund des begrenzten Platzes im Verhandlungssaal demonstriert hatten (siehe »Shift of Miss Davis's Trial Asked; Protesters Held«, in: *New York Times* [01.02.1972], S. 8). Die Verhaftung der Aktivisten basierte auf einem neuen Gesetzeserlass, der Demonstrationen vor Gerichtsgebäuden in Kalifornien untersagte (siehe »Protest at Courthouse«, in: *New York Times* [15.02.1972], S. 30).

Angela Davis' aufrichtiger Verbundenheit mit dem Kommunismus widerlegt werden. Andererseits sollten auch Spekulationen über eine kommunistische Infiltration der *Free Angela Davis*-Bewegung aus dem Weg geräumt werden, die im Zusammenhang mit antikommunistischen Verschwörungstheorien seit der McCarthy-Zeit immer wieder aufgekommen waren. Die Wahl von Davis in die Führungsriege der Partei kann aber auch als Ausdruck für das Bemühen der CPUSA gesehen werden, als ernstzunehmende politische Kraft an der Spitze einer Massenbewegung wahrgenommen zu werden.

In der DDR verfolgte man die Bemühungen der CPUSA um politischen Einflussgewinn im Kontext der *Free Angela Davis*-Bewegung aufmerksam.[238] In einem offiziellen Grußtelegramm an die Teilnehmenden des CPUSA-Parteitages bekundete Erich Honecker seine Freude darüber, dass die amerikanischen Genossen »einer breiten Volkskoalition im Kampf für Frieden, Demokratie und Sozialismus« in den USA neue Kraft verliehen hätten.[239] Mit »tiefer, vom Geiste des proletarischen Internationalismus getragener Solidarität« stehe man in der DDR an ihrer Seite und unterstütze, so Honecker, die »gerechten Forderungen der Afroamerikaner sowie aller der Rassenunterdrückung unterliegenden Teile des amerikanischen Volkes«, allen voran natürlich die »tapfere amerikanische Kommunistin Angela Davis.«[240]

Während die CPUSA in New York zu ihrem Parteitag zusammenkam, hob der Oberste Gerichtshof in Kalifornien am 18. Februar 1972 die Todesstrafe auf. Damit veränderte sich die bisherige juristische Sachlage des Davis-Prozesses fundamental. Denn durch die Aufhebung der Todesstrafe entfiel die bis dato aufgerufene juristische Begründung, den Kautionsantrag von Davis abzulehnen. Bereits am 23.

---

238 Klaus Steiniger, »Parteitag der KP der USA im Zeichen der Offensive. Amerikas Marxisten-Leninisten leiteten neue Kampfetappe ein«, in: *Neues Deutschland* (24.02.1972), S. 5. Außerdem nahmen zum ersten Mal auch hochrangige Gesandte der KPdSU am Parteitag der CPUSA teil. Dies deutet auf einen Bedeutungsgewinn der CPUSA innerhalb der sozialistischen Welt hin. Entsprechend wurde das Zusammentreffen auch von der US-Regierung überwacht (siehe CIA/Directorate of Intelligence, »Soviet delegation to CPUSA meeting«, in: *Central Intelligence Bulletin* Nr. 0031/72 [05.02.1972], S. 18, [via CREST]).

239 ZK SED/Abt. Internationale Verbindungen, »Grußtelegramm an den XX. Parteitag der KPUSA« (26.01.1972), in: Bundesarchiv, SAPMO, DY 30-9512. Dieses Grußtelegramm wurde auch in *Neues Deutschland* veröffentlicht (siehe »Grußadresse des an den XX. Parteitag der KP der USA«, in: *Neues Deutschland* [18.02.1972], S. 1). Beide Seiten waren darum bemüht, die gegenseitigen Beziehungen als Teil ihrer internationalen Politik zu stärken. So besuchten auch CPUSA-Repräsentanten dieser Zeit regelmäßig die DDR (siehe zum Beispiel der Besuch von Henry Winston, SED/Abt. Internationale Verbindungen, »Programmablauf Besuch Henry Winston«, in: Bundesarchiv, SAPMO, DY30-9512).

240 ZK SED/Abt. Internationale Verbindungen, »Grußtelegramm an den XX. Parteitag der KPUSA« (26.01.1972), in: Bundesarchiv, SAPMO, DY 30-9512.

Februar 1972 wurde Davis auf Kaution aus dem Gefängnis entlassen.[241] Sie hatte 16 Monate in Untersuchungshaft verbracht. Damit sei, so war im *Neuen Deutschland* zwei Tage später zu lesen, zwar ein »erster Erfolg der weltweiten Proteste und demokratischen Kräfte« erzielt worden, jedoch stehe der »entscheidende Kampf« noch bevor, weshalb es wichtig sei, dass sich die DDR-Bevölkerung »jetzt erst recht« solidarisch mit Angela Davis zeige.[242]

Tatsächlich entfaltete die mit der Hauptverhandlung beginnende letzte Phase der DDR-Solidaritätskampagne eine wohl auch für die DDR-Führung unerwartet große Wirkung im Ausland. Von besonderer Bedeutung dafür war Klaus Steinigers Einsatz als Sonderkorrespondent des *Neuen Deutschland* in den USA. Angesichts der nicht vorhandenen diplomatischen Beziehungen zwischen der DDR und den USA stellte er ein Novum dar. So schrieb *Der Spiegel*, Steinigers Anwesenheit im Gerichtssaal habe »zu Beginn der Verhandlungen mehr Aufmerksamkeit« erregt als die Geschworenenbefragung.[243] Aufgrund der räumlichen Nähe war es Steiniger möglich, Angela Davis und dem NUCFAD persönlich zu begegnen und diese Zusammentreffen in Pressebildern und Artikeln festzuhalten.

Von Januar bis zum 4. Juni 1972, dem Tag von Davis' Freispruch, verging kaum ein Tag, an dem Steiniger nicht einen Beitrag im *Neuen Deutschland* veröffentlichte. Darin berichtete er nicht nur über die »Ungebrochene Heldin des anderen Amerika« und den Verlauf des »antikommunistischen Schauprozesses«, sondern schilderte auch seine Begegnungen mit anderen Aktivisten sowie seine Eindrücke aus den USA.[244] Bei einer vom NUCFAD kurz nach Davis' Haftentlassung veranstalteten Pressekonferenz nutzte Steiniger die Chance, um dem Leiter des NUCFAD,

241 Die Kaution belief sich auf 102.500 Dollar und wurde von einem der CPUSA nahestehenden kalifornischen Farmer namens Roger McAfee gestellt (siehe »Miss Davis Freed on $102,500 Bail«, in: *New York Times* [24.02.1972], S. 1; »Miss Davis's Benefactor«, in: *New York Times* [25.02.1972], S. 33). Die langwierige juristische Auseinandersetzung um Davis' Kautionsantrag hatte in den Medien, aber auch im US-Kongress eine Debatte über die Rechtmäßigkeit der Kautionsregelung beziehungsweise über eine Reform der bisherigen Regelung angestoßen (siehe hierzu *Congressional Record*, Proccedings and Debates, Senate [03.03.1972], S. 6902; »Angela Davis and the Bail System«, in: *Washington Post* [27.02.1972], S. C6).

242 »Erster Erfolg des weltweiten Protestes«, in: *Berliner Zeitung* (25.02.1972), S. 2.

243 »Personalien«, in: *Der Spiegel* (13.03.1972), S. 186. Steiniger schrieb in seinen 2004 veröffentlichten Erinnerungen an seine Arbeit als Auslandskorrespondent der Zeitung *Neues Deutschland*, dass »Fernsehstationen, Rundfunksender und Zeitungen« ihn während seines Aufenthalts in den USA »am laufenden Band« interviewt hätten (Klaus Steiniger, *Bei Winston und Cunhal. Reporter auf vier Kontinenten*, Berlin 2004, S. 8).

244 Klaus Steiniger, »Dort, wo sich Amerikas letzter Lynchmord zutrug«, in: *Neues Deutschland* (12.01.1972), S. 6; Klaus Steiniger, »Ungebrochene Heldin des anderen Amerika«, in: *Neues Deutschland* (26.01.1972), S. 6; Klaus Steiniger, »San Jose. Ein präparierter Zeuge nach dem anderen«, in: *Neues Deutschland* (05.04.1972), S. 6; Klaus Steiniger, »Freunde stehen Angela zur Seite«, in: *Neues Deutschland* (02.03.1972), S. 6.

Franklin Alexander, ein Exemplar der Broschüre »Angela Davis – Heldin des anderen Amerika« zu übergeben und auf die große Solidaritätsbewegung in der DDR hinzuweisen.[245]

Als Steiniger anlässlich des Internationalen Frauentages am 8. März 1972 der »Genossin Angela« einen Strauß »flammend roter Nelken« vor dem Gerichtsgebäude überreichte, erzielte er damit erneut Aufmerksamkeit.[246] Unter einem Foto, das Steiniger mit einer sichtlich gerührten Davis zeigt, war im *Neuen Deutschland* zu lesen, Angela Davis habe diesen Moment genutzt, um sich für die »kämpferische Solidarität, die sie stets und ständig durch die DDR-Bevölkerung erfahren habe«, zu bedanken.[247] Ein anderes Mal übermittelte Steiniger während einer Verhandlungspause eine in »herzliche Worte gefaßte Botschaft« des DDR-Friedensratspräsidenten und überreichte eine weiße Fahne, auf der sich neben einer Friedenstaube und den Worten »Freiheit für Angela« auch Unterschriften befanden, die während der Wanderausstellung über Davis gesammelt worden waren.[248]

Das *TIME*-Magazin berichtete im April 1972 geradezu überrascht, dass in der DDR eine regelrechte »Angelamania« ausgebrochen sei.[249] Die Solidarität mit Davis werde als Kampf des »progressiven Teils der Welt gegen Rassismus und Imperialismus« dargestellt und sei ganz offensichtlich zu einem effektiven Propagandainstrument im Kalten Krieg-Arsenal der DDR geworden.[250] Steiniger selbst schien sich vom Sonderkorrespondenten des *Neuen Deutschland* zu einem regelrechten Sondergesandten der DDR-Regierung zu entwickeln.[251] Seine vor Ort be-

245 Klaus Steiniger, *Freiheit für Angela Davis – Heldin des anderen Amerika*, hg. vom Nationalrat der Nationalen Front, Berlin (Ost) 1972. Außerdem war Horst Schäfer ebenfalls als Sonderberichterstatter für den *Allgemeinen Deutschen Nachrichtendienst* (ADN) vor Ort. Im Unterschied zu Steiniger führte Schäfer jedoch die westdeutsche Staatsbürgerschaft. Noch vor Steiniger gelang es ihm, ein einstündiges Interview mit Davis zu führen, das in Teilen sogar im DDR-Fernsehen ausgestrahlt wurde (siehe »Angela Davis: Eure Briefe gaben mir Mut und Neue Kraft«, in: *Neues Deutschland* [23.02.1972], S. 6).

246 Klaus Steiniger, »Flammend rote Nelken für unsere Genossin Angela«, in: *Neues Deutschland* (09.03.1972), S. 6.

247 Ebenda. Dieses Foto wurde auch im *Der Spiegel* veröffentlicht (siehe »Personalien«, in: *Der Spiegel* [12/1972], S. 186).

248 Klaus Steiniger, »Kampfsolidarität im Zeichen der weißen Taube«, in: *Neues Deutschland* (26.04.1972), S. 6.

249 »East Germany: St. Angela«, in: *TIME* (03.04.1972).

250 Ebenda.

251 In einem seiner Briefe an Davis lud er diese nicht nur zu einem Besuch in die DDR ein, sondern bot ihr auch an, ihre Dissertation unter der Betreuung der »besten Philosophieprofessoren« der DDR in Ostberlin abzuschließen (Klaus Steiniger, »Brief an Angela Davis« [28.05.1972], in: *Bettina Aptheker Papers*, Box 50, Folder 5). In seinen 2004 verfassten Erinnerungen behauptet Steiniger, er sei während seines US-Aufenthalts, weil zu diesem Zeitpunkt noch keine offiziellen Kanäle existierten, von einem CIA-Agenten aufgefordert worden, nach Washington

triebene rot-schwarze Bündnispolitik im Namen der DDR-Regierung blieb nicht ohne Erfolg. Noch vor Abschluss des Prozesses betonte Davis bei einem persönlichen Treffen mit Steiniger, dass sich ihre »Freundschaft« zum »Volk der Deutschen Demokratischen Republik im Feuer des Klassenkampfs gestählt« habe. Sie versprach, nach Prozessende die DDR zu besuchen.[252]

4.3 Finaler Akt der Selbstinszenierung (1972-1975)

Als Angela Davis schließlich am 4. Juni 1972 in allen Anklagepunkten freigesprochen wird, feiert besonders die afroamerikanische Bevölkerung den Freispruch als Sieg im Kampf gegen Rassismus und für Gleichberechtigung. Sie hatte Angela Davis unabhängig von ihrer politisch-ideologischen Position aufgrund einer Rassenverbundenheit unterstützt. Der Titel »Free at Last«, mit dem das monatlich erscheinende afroamerikanische Magazin *Freedomways* den Freispruch begrüßte, resoniert diese Auffassung im Sinne eines »ruhmreichen Kapitels im endlosen Buch der Straße Richtung Freiheit«.[253]

In der DDR hob Klaus Steiniger vor allem den Erfolg der DDR-Bevölkerung hervor, die als Teil des »weltweiten Heers der Verteidiger Angelas« mit ihrer Solidarität »das Leben der tapferen Tochter des anderen Amerika Monat für Monat« beschirmt hätte.[254] Der Schlussfolgerung westlicher Medien, der Freispruch könne als Beleg für ein funktionierendes und gerechtes Rechtssystem interpretiert werden, widersprach Steiniger vehement.[255] Von einem »Sinneswandel des Feindes«

D.C. zu kommen und eine »Botschaft von Mister Kissinger an Herrn Honecker« zu übermitteln. Dieser CIA-Agent habe ihm gesagt, dass die USA plane »in zwei bis drei Jahren die DDR« anzuerkennen, wenn im Vorfeld noch einige Fragen geklärt würden (siehe Steiniger, *Bei Winston und Cunhal*, S. 10-11). Ähnlich äußerte sich Steiniger auch in einem Zeitzeugeninterview (siehe Klaus Steiniger, »Es gibt keinen Journalismus im luftleeren Raum«, in: Lutz Mükke [Hg.], *Korrespondenten im Kalten Krieg. Zwischen Propaganda und Selbstbehauptung*, Köln 2014, S. 46-67, hier: S. 59).

252 »Nach dem Prozeß werde ich die DDR besuchen«, in: *Neues Deutschland* (10.05.1972), S. 6.

253 »Free At Last«, in: *Freedomways*, 12/2 (1972), o.S.

254 Klaus Steiniger, »Die Millionen haben Angela Davis befreit«, in: *Neues Deutschland* (06.06.1972), S. 2. In Zeitungsberichten wurden immer wieder Angaben zur Menge der verschickten Solidaritätspost gemacht. Sie scheinen aufgrund der institutionalisierten Abläufe und mit Blick auf den Umfang der archivierten Solidaritätspost nicht unrealistisch zu sein. Als Beispiel für solche Zahlennennungen siehe »Solidarität mit Angela verstärken«, in: *Berliner Zeitung* (03.06.1972), S. 1.

255 Zur öffentlichen Debatte über die im Prozess erneut bewiesenen demokratischen Vorzüge des Geschworenengerichts in den USA siehe zum Beispiel »Angela Davis Acquitted of all Charges«, in: *Washington Post* (05.06.1972); »Acquittal«, in: *New York Times* (06.06.1972). Diese wurde auch in Westdeutschland rezipiert (siehe zum Beispiel Sabina Lietzmann, »Auch

könne nicht die Rede sein, stattdessen sei der Freispruch ein »Triumph der internationalen Solidarität«, der »das veränderte Kräfteverhältnis in der Welt« versinnbildliche.[256] Gesiegt habe »das andere Amerika« und »gesiegt haben alle, die an dieser großen Schlacht teilhatten. Damit auch jeder einzelne von uns.«[257] In einem Telefoninterview mit dem DDR-Rundfunk bedankte sich Angela Davis kurz nach ihrem Freispruch persönlich bei der DDR-Bevölkerung:

> »Dieses Urteil habe ich auch den vielen Millionen DDR-Bürgern zu verdanken, die sich für meine Freilassung eingesetzt haben. Insbesondere die unzähligen Kinder und Jugendlichen, die mir aus der DDR geschrieben haben, gaben mir immer wieder Mut, diesen Kampf durchzustehen, und auch die feste Zuversicht, daß wir ihn gewinnen werden. Dieser Sieg über die Reaktion beweist, daß wir alle gemeinsam stark genug sind, unsere Feinde zu schlagen.«[258]

Damit versicherte sie nochmals, dass die ihr von der DDR entgegengebrachte Solidarität auf Gegenseitigkeit beruhe. Die Einladung der DDR-Führung, als »leuchtendes Vorbild der Jugend« zu den Weltjugendfestspielen 1973 nach Ostberlin zu kommen, hatte sie bereits zugesagt.[259]

In der Bundesrepublik fand zur selben Zeit der vom Angela-Davis-Solidaritätskomitee organisierte Frankfurter Kongress »Am Beispiel Angela Davis« (3. bis 4. Juni 1972) statt.[260] Vor dem Hintergrund der jüngsten Bombenanschläge der *Roten Armee Fraktion* (RAF) und der Verhaftung der RAF-Kerngruppe um Andreas Baader und Ulrike Meinhof nahmen über 10.000 Teilnehmende aus ganz Westdeutschland an der Eröffnungskundgebung teil.[261] Zur den Rednern gehörten unter anderem Herbert Marcuse und Oskar Negt. Letzterer kritisierte die gewaltsamen Aktionen der RAF scharf und wurde dafür von den Teilnehmenden teils heftig attackiert. Zu den Kritikern zählte auch Joschka Fischer, der Negt vorwarf, einen »Prozeß der

---

McGovern feiert Angela Davis«, in: *FAZ* [06.06.1972], S. 3; Joachim Schwelien, »Militante Madonna mit Afro-Look«, in: *Die ZEIT* [09.06.1972], S. 2).

256 Klaus Steiniger, »Die Millionen haben Angela Davis befreit«, in: *Neues Deutschland* (06.06.1972), S. 2.

257 Ebenda.

258 »Die Kraft der Völker hat diesen Sieg errungen. Angela grüßt ihre Millionen Verteidiger in der DDR«, in: *Neues Deutschland* (06.06.1972), S. 6.

259 »Glückwünsche des ZK der SED an Genossin Angela Davis«, in: *Neues Deutschland* (06.06.1972), S. 1; FDJ Zentralrat, »Glückwunschtelegramm an Angela Davis« (05.06.1972), in: Bundesarchiv, SAPMO, DY24-22327.

260 FDJ, »Informationen über Am Beispiel Angela Davis – Solidaritätskongress am 3./4. Juni 1972 Frankfurt a.M.«, in: Bundesarchiv SAPMO, DY24-21330.

261 »Keine Alternative Gewalt – Gewaltlosigkeit«, in: *FAZ* (05.06.1972), S. 19; Kraushaar (Hg.), *Frankfurter Schule und Studentenbewegung*, Bd. 1, S. 521.

Entsolidarisierung eingeleitet zu haben, der sich für die gesamte radikale Linke rächen« werde.[262]

Eigentliches Ziel des Kongresses war es, am Beispiel von Angela Davis »Parallelen und Unterschiede zwischen der gesellschaftlichen Situation und der daraus resultierenden politischen Arbeit der Linken in den USA und der Bundesrepublik« herauszuarbeiten. Stattdessen bot er den Teilnehmenden ein Forum, um heftig über die »Gegengewalt der Baader-Meinhof-Gruppe« und folglich auch über das Selbstverständnis der Linken in der Bundesrepublik zu diskutieren.[263] Im Mittelpunkt stand die Frage, welche Wege es für »Erneuerungen der sozialistischen Bewegung« in der Bundesrepublik gebe. Die Veranstalter kamen zu dem Fazit, der Kongress habe das Potenzial der neuen linken Bewegungen in Westdeutschland gezeigt, obwohl »eine konzertierte Zurückdrängung linker Ansätze in fast allen Bereichen« festgestellt werden müsse.[264]

Euphorische Hochlieder auf den Sozialismus – wie sie in der DDR von Steiniger gesungen wurden und die von einem »veränderten Kräfteverhältnis in der Welt« erzählten – stimmten die Frankfurter Kongressteilnehmenden nicht an. Für sie war die Zukunft der Linken auch nach Davis' Freispruch nicht gesichert. Mit dem Kongress manifestierte sich aber auch in der bundesdeutschen Erinnerung – wie in den USA – das Bild von Angela Davis als Ikone der *Black Power*-Bewegung. Daran sollte auch ihre Entscheidung nichts mehr ändern, anstelle der Bundesrepublik die DDR zu besuchen.[265]

4.3.1 Bilder gelebter Solidarität: Angela Davis besucht die DDR

In den Wochen nach dem Freispruch versuchte man in der DDR durch unterschiedliche Aktionen, den Erfolg der Solidaritätskampagne nicht in Vergessenheit geraten zu lassen. Veranstaltungen wie die Weltfotoausstellung »Liebe – Freundschaft – Solidarität«, die im Ostberliner Fernsehturm gezeigt wurde, erinnerten an Angela Davis und die Kraft, die internationale Solidarität entfalten konnte.[266] Außerdem

262 Ebenda, S. 522.

263 »Nachwort«, in: Angela Davis Solidaritätskomitee (Hg.), *Am Beispiel Angela Davis*, S. 215.

264 Ebenda, S. 216.

265 Das bundesdeutsche *Angela Davis*-Komitee übermittelte in einem Glückwunschtelegramm nach dem Freispruch ebenfalls eine Einladung an Davis, in die Bundesrepublik zu kommen (siehe »Freispruch in Ost und West begrüßt«, in: *FAZ* [06.06.1972], S. 3; Höhn/Klimke, *A Breath of Freedom*, S. 121-122). Katharina Gerund argumentiert schlüssig, Davis' Entscheidung gegen einen Besuch der Bundesrepublik und für ihr Bündnis mit der DDR habe dazu beigetragen, dass sie in Westdeutschland mehr als kulturelle Ikone und kaum noch wegen ihres politischen Aktivismus in Erinnerung geblieben sei (siehe Gerund, *Transatlantic Cultural Exchange*, S. 154).

266 »Weltfotoausstellung«, in: *Neues Deutschland* (08.06.1972), S. 8.

wurden 837 Pioniergruppen ausgezeichnet, die sich an der »großen Solidaritätsbewegung für die Befreiung« von Davis beteiligt hatten. Das Lied »Wir brachen das Gitter« zählte ab diesem Zeitpunkt zum festen Repertoire der Singeklubs.[267] Mit Aktionen wie diesen sollte die Solidaritätskampagne in der kollektiven Erinnerung der DDR-Bevölkerung verankert werden. Die größte Wirkung erzeugten jedoch die persönlichen Begegnungen mit Angela Davis bei ihren Besuchen 1972 und 1973. Hier sollte sich endgültig bestätigen, dass Angela Davis in der DDR zu einer regelrechten sozialistischen »Volksheldin« geworden war.[268]

4.3.1.1 Die Bewegung hat sich verselbstständigt

Der erste Besuch von Angela Davis in der DDR (10. bis 16. September 1972) war Teil einer offiziellen »Dankestour« durch verschiedene Ostblockstaaten, die Davis in ihrer Rolle als Repräsentantin der CPUSA angetreten hatte.[269] Ziel war es auf der einen Seite, sich aufgrund der »großen Unterstützung aus diesen Ländern« erkenntlich zu zeigen. Auf der anderen Seite ging es aber auch darum, die internationalen Verbindungen zu den kommunistischen Regierungen zu stärken und deren Interesse weiterhin auf den Kampf für »politische Gefangene« in den USA zu richten.[270] Angela Davis machte also in Begleitung von Kendra und Franklin Alexander, den NUCFAD-Führern, im September 1972 auch in der DDR halt. Dafür hatte sie zuvor eine Einladung in die Bundesrepublik abgesagt.[271] Auch Besuche in anderen westeuropäischen Ländern wie Italien oder Frankreich, wo sich mit Unterstützung der Neuen Linken ebenfalls große Solidaritätsbewegungen für Davis formiert hatten, standen nicht auf ihrem Reiseplan.[272] Stattdessen hatten Davis und ihre Begleiter zwei Wochen in der Sowjetunion verbracht, wo sie neben Moskau auch das damalige Leningrad, Taschkent und Samarkand besucht hatten.

Entsprechend Davis' Rolle als Repräsentantin der CPUSA plante die DDR-Regierung einen umfassenden Staatsempfang, der das während der Solidaritätskampagne beschworene antirassistische Solidaritätsbündnis mit dem *anderen Amerika* endgültig besiegeln sollte. Am Flughafen Berlin-Schönefeld empfing die Parteispitze, vertreten durch Politbüro-Mitglied Werner Lamberz und FDJ-Sekretär Günther Jahn, Angela Davis und ihre Begleiter mit einem symbolischen Strauß roter Rosen.[273]

267 »Neues Davis-Lied«, in: *Berliner Zeitung* (09.06.1972), S. 6.
268 »West, East Europe Hail Davis Verdict«, in: *Washington Post* (06.06.1972).
269 Davis, *An Autobiography*, S. 398.
270 Ebenda.
271 Vgl. Gerund, *Transatlantic Cultural Exchange*, S. 103.
272 Zur Angela-Davis-Solidarität in Frankreich siehe Kaplan, *Dreaming in French*, S. 196-215.
273 Klaus Steiniger, »Die Jugend Berlins schloß Angela Davis freudig in die Arme«, in: *Neues Deutschland* (11.09.1972), S. 1.

Überraschenderweise waren zum Empfang statt der erwarteten 2.000 bis 3.000 knapp 50.000 Menschen gekommen. Sie schlossen Davis mit den Rufen »Friede, Freundschaft, Solidarität«, wie Steiniger es am nächsten Tag im *Neuen Deutschland* formulierte, »freudig in die Arme«.[274] Die Staatssicherheit berichtete später, der durch den Davis-Besuch ausgelöste Enthusiasmus und die bis dahin »noch nie da gewesene Konzentration von Menschen« habe die Kontrollmaßnahmen der Stasi an ihre Grenzen gebracht.[275] Damit übertraf das Ausmaß der Begeisterung bei Weitem die Planung der Parteiführung.

Abbildung 3: Ein überwiegend junges Publikum begrüßt Angela Davis bei ihrer Ankunft in Ostberlin, 11. September 1972

Quelle: Bundesarchiv, Bild 183-L0911-025, Allgemeiner Deutscher Nachrichtendienst – Zentralbild, Foto: Peter Koard

Bei der Menschenmenge handelte es sich zum Großteil um junge Leute, deren Begeisterung für Davis über den Rahmen der »verordneten Solidarität« hinausging.[276] Eine von ihnen war Erika Berthold, Mitbegründerin der »Kommune 1

274 Ebenda. Auch die Staatssicherheit sprach in ihrem Abschlussbericht von ungefähr 50.000 Menschen, die sich bei Davis' Ankunft am Flughafen Berlin-Schönefeld versammelt hatten (siehe Ministerium für Staatsicherheit, Abteilung PS/AIG, »Abschlußbericht. Aktion »Die Kämpferin« [04.10.1972], *MfS BV Potsdam* AR 3 [02.04.1972/21], S. 1-3, hier: S. 2).

275 Ebenda.

276 Die große Anzahl an jungen Menschen ist auch in Filmaufnahmen von Davis' Ankunft zu sehen (siehe »Angela Davis zu Besuch in der DDR«, in:*Der Augenzeuge* [39/1972]).

Ost«. Sie bezeichnete Davis rückblickend »als Schwarze, als Frau und als Philosophin, die eingesperrt worden war«, und stellte sie in eine Reihe mit Wolf Biermann, einem Leitbild der antiautoritären Neuen Linken.[277] Aussagen wie diese zeigen, dass Davis auch zu einer Projektionsfläche für jenen Teil der ostdeutschen Jugend geworden war, der sich – parallel zum Zeitgeist in Westdeutschland – nach einer »alternativen Linken«, mehr Individualismus und mehr Freiheit in der DDR sehnte.

Raum für ungeplante Begegnungen wie diese gab es nach Davis' Ankunft jedoch keinen mehr. Der einwöchige Besuch war vom Zentralkomitee der SED detailliert durchorganisiert worden.[278] Auf dem Programm standen die Verleihung des Großen Sterns der Völkerfreundschaft in Gold durch Walter Ulbricht, die Auszeichnung mit der Ehrendoktorwürde an der Karl-Marx-Universität in Leipzig[279],

277 Erika Berthold gehörte als Tochter von Lothar Berthold, der unter anderem Direktor des SED-eigenen *Instituts für Marxismus-Leninismus* (IML) gewesen war, zur politischen Elite der DDR. 1968 heiratete sie jedoch Frank Havemann, den Sohn des Dissidenten Robert Havemann, schloss sich einer Gruppe kritischer Studierender (meist andere Funktionärskinder) an und gründete mit diesen die »Kommune 1 Ost«, in Anlehnung an das westdeutsche Vorbild. In der Reformpolitik des Prager Frühlings sah die Gruppe um Berthold den Beleg dafür, dass eine sozialistisch-demokratische Gesellschaft möglich sei. Nach dem Einmarsch der Staaten des Warschauer Paktes in die Tschechoslowakei im August 1968 verteilten einige der Ost-Kommunarden kritische Flugblätter und wurden daraufhin kurzzeitig verhaftet. Zum Zeitpunkt von Davis' Besuch zählte Berthold folglich nicht zum Teil der systemkonformen Jugend der DDR. Ihre Erinnerungen können daher als Beispiel für eine eigensinnige Aneignung der Solidarität mit Angela Davis verstanden werden (siehe Erika Berthold, »Wir wollten dem Eheknast entkommen«. Erika Berthold und die Kommune 1 Ost, in: Ute Kätzel [Hg.], *Die 68erinnen. Portrait einer rebellischen Frauengeneration*, Berlin 2002, S. 221-236, hier: S. 232). Erika Bertholds Begeisterung für Davis wird auch auf einem Foto sichtbar, dass sie bei Davis' oben erwähnter Ankunft in Ostberlin zeigt (»Herzlicher Empfang für Angela Davis, 11. September 1972«, in: Bundesarchiv, Bild 183-L0912-411, Allgemeiner Deutscher Nachrichtendienst – Zentralbild, Foto: Klaus Franke). Warum es zu der auf dem Foto festgehaltenen intimen Geste der Umarmung kam und inwiefern die Begegnung mit Angela Davis ein Ereignis von persönlicher Bedeutung für sie darstellte, das die staatliche Inszenierung von Solidarität durchbrach, schilderte Erika Berthold der Historikerin Dorothee Wierling (siehe Dorothee Wierling, »Der Duft der Angela Davis. Politische Jugendkultur in der DDR der frühen 1970er Jahre«, in: Thomas Lindenberger/Martin Sabrow [Hg.], *German Zeitgeschichte: Konturen eines Forschungsfeldes*, Göttingen 2016, S. 265-281).

278 »Plan für den Aufenthalt der Delegation der KP der USA unter der Leitung von Angela Davis«, in: Bundesarchiv, SAPMO, DY30-9512.

279 Siehe »Ehrenpromotion Davis, Angela; 13.09.1972«, in: *Promotionsakten*, UAL Ehrenpromotion 002, Universitätsarchiv Leipig; »Ehrenpromotion Angela Davis«, in: *Rektorat*, Reden des Rektors 1972, Signatur: R 0545, Bd 10, Universitätsarchiv Leipzig.

die Ernennung zur Ehrenbürgerin der Stadt Magdeburg[280], Besuche verschiedener Denkmäler, die Besichtigung der deutsch-deutschen Grenze, Treffen mit Arbeiter- und Jugendgruppen sowie ein Empfang bei Erich Honecker. Dieser lud Angela Davis nun auch persönlich als Ehrengast zu den Weltjugendfestspielen in Ostberlin im darauffolgenden Jahr ein.[281] Dieser Ablaufplan garantierte, dass Davis' Besuch sowohl geografisch als auch gesellschaftlich geradezu allumfassend dazu genutzt werden konnte, die Solidaritätskampagne im kollektiven Gedächtnis der DDR zu verankern. Minutiös geplante Großkundgebungen in Leipzig und Magdeburg sollten wie schon beim Besuch von Davis' Schwester die Atmosphäre einer Protestbewegung vermitteln. Dazu war im Vorfeld organisiert worden, dass jeweils um die 15.000 Teilnehmende an der Kundgebung teilnehmen würden.[282] Und die Mühe sollte sich auszahlen: In ihrer Autobiografie zeigt sich Davis noch immer beeindruckt von den Menschenmassen.[283]

Alle offiziellen Programmpunkte wurden durch eine von der Abteilung Agitation zusammengestellte »Berichterstattergruppe«, bestehend aus Vertretern von Rundfunk, Zeitung und Fernsehen, dokumentiert.[284] Die von den staatlich kontrollierten Medien produzierten Bilder visualisierten auf einprägsame Weise die Botschaft des Parteiregimes: Davis als junge »Heldin des anderen Amerika« in solidarischer Verbundenheit mit der DDR. Außerdem reproduzierten die Bilder gängige Erzählmuster und die typische Darstellung von Angela Davis als Personifikation des radikalen Chics der 1968er Jahre. Häufig war sie zusammen mit freudestrahlenden Kindern und Jugendlichen zu sehen – ein wiederkehrendes Motiv. So war sie in der Berichterstattung der Presse gezeichnet worden und so war sie der DDR-Bevölkerung ans Herz gewachsen.[285]

Zugleich sollten die Bilder keinen Zweifel daran lassen, dass auch die Bevölkerung der DDR und allen voran die Jugend ergriffen war von wahren Solidaritätsgefühlen. Hinzu kamen Aufnahmen, die Davis zusammen mit Repräsentanten der

---

280 Vgl. »Magdeburgs erste Ehrenbürgerin« (12.09.1972), in: MDR Damals im Osten (Hg.), *Eine Amerikanerin in der DDR*, URL: www.mdr.de/damals/archiv/davis190.html#, (zuletzt abgerufen: 01.02.2020).

281 »Programm für den Aufenthalt der Genossin Angela Davis« (07.09.1972), Bundesarchiv, SAPMO, DY 30-9512.

282 Ebenda.

283 Davis, *An Autobiography*, S. 398.

284 Abteilung Agitation, »Plan für die Berichterstattung über den Besuch der Genossin Angela Davis« (07.09.1972), Bundesarchiv SAPMO, DY 30-9512.

285 »Angela Davis in der DDR stürmisch begrüßt« (10.09.1972), in: Bundesarchiv, Bild 183-L0910-033, Allgemeiner Deutscher Nachrichtendienst – Zentralbild, Foto: Peter Koard; »Herzlicher Empfang für Angela Davis im Herzen der Hauptstadt« (11.09.1972), in: Bundesarchiv, Bild 183-L0911-025, Allgemeiner Deutscher Nachrichtendienst – Zentralbild, Foto: Peter Koard; »Guten Tag, liebe Angela!« (13.09.1972), in: Bundesarchiv, Bild 183-L0913-020, Allgemeiner Deutscher Nachrichtendienst – Zentralbild, Foto: Peter Koard.

Partei- und Staatsführung, darunter Erich Honecker, Werner Lamberz und Günther Jahn, zeigten. Diese Bilder präsentierten die DDR mit der SED an ihrer Spitze als Mitglied einer jungen, internationalen »Solidaritätsbewegung« im vorwärtsgewandten Kampf gegen Imperialismus und Rassismus.

Zu den Höhepunkten der öffentlichen Inszenierung zählte ein von der FDJ veranstaltetes, im jugendlichen Jargon als »Freundschaftsmeeting« bezeichnetes Treffen der Ostberliner Jugend mit Davis im alten Friedrichstadt-Palast. Auch diese Kundgebung, die vom *Neuen Deutschland* als »unvergessliche Manifestation proletarischer Solidarität« dargestellt wurde, verlief nach festen, inhaltlich auf die angestrebte Selbstdarstellung ausgerichteten Ritualen.[286] Neben den Ansprachen von Studierenden und Thälmannpionieren als Repräsentanten der DDR-Jugend gehörte dazu auch das Singen von bekannten Bürgerrechtshymnen wie »We shall not be moved« oder des im Verlauf der Solidaritätskampagne komponierten Solidaritätslieds »Angela soll frei sein«.[287] In ihrer Rede bedankte sich Davis für die ihr entgegengebrachte Unterstützung aus der DDR, die »stärkste [...] Gefängnismauern« durchdrungen habe und »sie schließlich zerbröckeln ließ.«[288] Abschließend zeigte sich Davis beeindruckt von der geglückten Überwindung der nationalsozialistischen Vergangenheit in der DDR:

> »Aus einem Teil der Welt kommend, wo Ungleichheit, Ausbeutung und Rassismus noch immer das Bild beherrschen, haben wir in dem Geburtsland von Marx und Engels die Zukunft der Menschheit gesehen [...]. Uns beeindruckte tief, dass die DDR so konsequent die rassistische Vergiftung des Volkes durch Hitlers blutige Herrenmenschen-Ideologie überwunden und das Gefühl der Völkerfreundschaft in die Herzen gepflanzt hat [...]. Nur der Sozialismus hat diesen Wandel möglich gemacht.«[289]

Mit diesen Worten wurde Davis zu einer lebendigen Zeugin der vom Parteiregime proklamierten »Überlegenheit« des Sozialismus und der sozialistischen Zukunft. Davis schloss ihre Rede mit dem Versprechen, der Einladung Honeckers nachzukommen und im darauffolgenden Jahr in die DDR zurückzukehren.[290]

286 »Großartiges Meeting der Berliner Jugend. Mehr als 3000 feierten Angela Davis im Friedrichstadt-Palast«, in: *Neues Deutschland* (12.09.1972), S. 3. Auch hierzu bemängelte die Stasi, dass »Sicherheitsmaßnahmen« wegen des verfrühten Eintreffens »größere[r] FDJ-Gruppen« nicht ausreichend umgesetzt werden konnten (Ministerium für Staatsicherheit, Abteilung PS/AIG, »Abschlußbericht zum Einsatz Friedrichstadtpalast am 11.09.1972«, MfS AR 3 [02.04./1972/21]).

287 Abteilung Agitation, »Plan für die Berichterstattung über den Besuch der Genossin Angela Davis« (07.09.1972), Bundesarchiv SAPMO, DY 30-9512.

288 Angela Davis, »Zukunft der Menschheit«, in: *Neues Deutschland* (18.09.1972), S. 1.

289 Ebenda.

290 Ebenda.

Abbildung 4: FDJ-Freundschaftsmeeting mit Angela Davis, 11. September 1972

Quelle: Bundesarchiv, Bild 183-L0911-046, Allgemeiner Deutscher Nachrichtendienst – Zentralbild, Foto: Peter Koard

Das Abschlusstreffen mit mehreren Tausend Mitgliedern der FDJ endete mit dem gemeinsamen Singen der »Internationalen«.[291] Nichts konnte dieses Wir-Verständnis dabei eindrucksvoller versinnbildlichen als das Bild von Angela Davis in blauer FDJ-Bluse, die sich mit Erich Honecker zu ihrer Rechten und FDJ-Sekretär Günther Jahn zu ihrer Linken an den Händen hält.[292]

Die Kampagne für Angela Davis hatte dem Parteiregime den Rahmen für eine moderne, popkulturell anmutende Inszenierung von Solidarität geboten. Dargestellt als mutige Heldin des antiimperialistischen Kampfs wurde Angela Davis zum jugendlichen Pop-Idol in der alternden und zudem fast ausschließlich männlichen Helden-Ikonografie der DDR. Damit bot sie eine Projektionsfläche speziell für die Bedürfnislagen der DDR-Jugend zu Beginn der 1970er Jahre, für die die antirassistische Solidarität so erfahrbar wurde. Am Ende der Kampagne – vor allem aber

291 »Freundschaftsmeeting mit Angela Davis«, (11.09.1972), in: Bundesarchiv, Bild 183-L0912-417, Allgemeiner Deutscher Nachrichtendienst – Zentralbild, Foto: Klaus Franke; »Freundschaftsmeeting mit Angela Davis«, (11.09.1972), in: Bundesarchiv, Bild 183-L0912-415, Allgemeiner Deutscher Nachrichtendienst – Zentralbild, Foto: Klaus Franke.

292 »Freundschaftsmeeting mit Angela Davis«, (11.09.1972), in: Bundesarchiv, Bild 183-L0911-046, Allgemeiner Deutscher Nachrichtendienst – Zentralbild, Foto: Peter Koard.

durch die persönlichen Begegnungen mit Davis – gelang es der DDR-Führung, Antirassismus und Solidarität als Teil eines fortschrittlichen sozialistischen Lebensgefühls in der DDR erscheinen zu lassen.

Die in der Kampagne eingesetzten Mobilisierungsmethoden, wie etwa die Faltposter, wurden zum Ausdruck des Bemühens um moderne Weltgewandtheit in der Selbstdarstellung des Regimes. Popkulturelle Ästhetik, ursprünglich noch der US-amerikanischen Dekadenz verdächtig, war im Rahmen der *Free Angela Davis*-Kampagne zu einem Inszenierungselement geworden, das internationaler Solidarität optisch zu einer zeitgemäßen Erscheinung verhalf und zu ihrer Praktizierung beitrug.

4.3.1.2 Begeisterung in der DDR und kritische Stimmen in der Heimat

Nach dem erfolgreichen Verlauf des ersten Besuchs ordnete die Abteilung Internationale Verbindungen des ZK der SED (unter der Leitung Hermann Axens) nur wenige Tage nach Davis' Abreise die Erstellung einer Publikation mit dem Titel »Peace, Friendship, Solidarity. Angela Davis in the GDR« an.[293] Autor dieser Publikation sollte erneut Klaus Steiniger sein.[294] Inoffiziell erhoffte man sich mit der Herausgabe vor allem, die »Kontakte in den USA zu festigen« und die »Wahlkampagne der progressiven Kräfte unter den Friedensorganisationen der USA zu unterstützen«.[295]

Tatsächlich waren die Versuche der DDR-Führung, die US-Verbindungen im Sinne einer antirassistischen Bündnistradition weiter auszubauen, keineswegs erfolglos. Nach ihrer Rückkehr berichteten Davis und ihre Begleiter, Kendra und Franklin Alexander, dem CPUSA-National-Committee über die Erfahrungen, die sie während ihrer Tour durch die sozialistischen Länder gemacht hatten. Das Bild, das sie dabei von der DDR zeichneten, ragte besonders positiv unter den anderen Ostblockländern heraus.[296] Davis schlug der CPUSA-Führungsriege vor, in Zukunft

293 Verlag Zeit im Bild (Hg.), *Peace, Friendship, Solidarity. Angela Davis in the GDR*, Dresden o.J.

294 Abt. Internationale Verbindungen, »Umlaufvorlage Broschüre Angela Davis« (25.09.1972), in: Bundesarchiv SAPMO, DZ9-2071.

295 Ebenda. Zur selben Zeit entstand deutsches, aber auch englischsprachiges Informationsmaterial über die DDR, um im Hinblick auf die anstehenden Weltjugendfestspiele das selbstgewählte Image der DDR als weltoffene junge sozialistische Republik bei einer internationalen Leserschaft zu bewerben. Beispielsweise Amt für Jugendfragen beim Ministerrat der DDR (Hg.), *DDR – Staat der Jugend*, Berlin (Ost), 1973; Nationalrat (Hg.), *Where Power belongs to the People*, Dresden 1972; VEB Hermann Haack (Hg.), *German Democratic Republic. Political Map*, Leipzig o.J.

296 Davis besuchte unter anderem auch Polen und die Tschechoslowakei, wo ebenfalls Solidaritätsaktivitäten für sie stattgefunden hatten. In ihrem Bericht sprach sie davon, sie habe dort wiederholt eine rassistisch konnotierte Behandlung erfahren. So habe man sie bei ihrer Ankunft in Polen wegen ihrer Afro-Frisur mehrmals gefragt, ob sie nicht zum Friseur gehen wolle (siehe »National Committee Meeting Reports on Angela Davis Delegation to Cuba, Chile,

mehr Delegationen in die DDR zu entsenden. Auch erneuerte sie ihre Aussage, es sei der DDR gelungen, eine rassismusfreie Gesellschaft aufzubauen.[297] Das könnte auch für den Kampf gegen Rassismus in den USA hilfreich sein, sodass eine Verstärkung der Kontakte wünschenswert sei.[298]

Kendra Alexander ergänzte, die DDR-Kampagne für Davis' Freiheit sei ihrer Meinung nach die größte und engagierteste Aktion im Vergleich mit anderen sozialistischen Ländern gewesen.[299] Sie hob insbesondere die Bedeutung der Kampagne der DDR-Jugend hervor. Diese sei durch die Nähe zur Bundesrepublik einem starken und direkten imperialistischen Einfluss ausgesetzt.[300] Mangelnde Erfahrungen mit den Übeln des Imperialismus würde die DDR-Jugend leichter korrumpierbar für seine kulturellen Einflüsse wie Mode und Musik machen. Die Davis-Kampagne der DDR habe aber die imperialistischen Intrigen und Bedrohungen gerade für junge Menschen verdeutlicht. So sei es der DDR-Führung gelungen, große Teile ihrer Jugend erneut für den sozialistischen Kampf gegen den Imperialismus zu gewinnen.[301]

Die umfangreiche Beteiligung der Jugend an der Solidaritätskampagne führten weder Davis noch Kendra Alexander auf eine sorgfältig organisierte Solidaritätsinszenierung des Parteiregimes zurück. Vielmehr handelte es sich aus ihrer Sicht um eine wahrhafte Protestbewegung. Deshalb bestand für Davis und ihre Begleiter kein Zweifel daran, dass sie einen Bündnispartner im gemeinsamen Kampf gewonnen hatten. »Ich denken wir können stolz darauf sein«, resümierte Kendra Alexander ihren Beitrag, »dass nicht nur die DDR uns unterstützt, sondern dass auch wir ihnen in ihrem Kampf die Jugend zu gewinnen helfen können.«[302]

Somit stand für beide Seiten zu diesem Zeitpunkt fest, dass das Ende des Prozesses gegen Davis erst der Anfang einer transatlantischen, rassenübergreifenden Partnerschaft in der Tradition des kommunistischen Antirassismus war.

USSR, GDR etc.« [17.10.1972], in: *CPUSA Audio Collection TAM132.001, Series I: Reel-to-Reel Audio Tapes: Meetings, 1967-1998*, Box: 62, CD, 93 [disks 1-4]).

297 Ebenda.

298 Ebenda.

299 Ebenda.

300 Ebenda.

301 Im Wortlaut sagte Alexander hier: »And that's the reason why there was such a massive turnout, massive response to Angela when she came to GDR. Absolutely overwhelming. I think we can be proud of the fact that the GDR assists us, but that we also assist them in their struggle to win the youth in the GDR. And we attempted to say to talk about the dangers of how US-imperialism corrupts the youth movement in this country, how it's passed on in the hippie movement, drop out movement, use of drugs. We attempt to show people that imperialism does the same in our country in taking young people away from struggle, and fighting against the real enemy« (eigener Mitschrieb). Ebenda.

302 Ebenda.

Die Wiederbelebung der rot-schwarzen Verbundenheit durch die Davis-Kampagne versetzte Vertreter der alten Linken auch in den USA in einen geradezu euphorischen Zustand. Für CPUSA-Veteran William L. Patterson stellte die *Free Angela Davis*-Bewegung den seit seinen Scottsboro-Boys-Tagen ersehnten Beweis für die »unschlagbare Kraft schwarz-weißer Geschlossenheit« dar, die der »Ideologie des proletarischen Internationalismus« zu Beginn der 1970er Jahre zu neuer Stärke verholfen habe.[303]

Dagegen fiel die Resonanz im politischen Establishment der USA auf Davis' öffentlichen Schulterschluss mit der Sowjetunion und ihren Satellitenstaaten erwartungsgemäß weitaus weniger positiv aus. Nach ihrem Freispruch war Davis bei Großveranstaltungen vor Tausenden von Menschen in Los Angeles, Chicago, New York, Detroit und anderen amerikanischen Großstädten aufgetreten, um sich für die umfangreiche Unterstützung zu bedanken, die sie durch die *Free Angela Davis*-Bewegung in den USA erhalten hatte. Bei diesen Veranstaltungen und in Interviews sprach Davis davon, dass sie ihre zukünftige Aufgabe im weiteren Kampf für die »Befreiung aller unterdrückten Menschen«, speziell aber im Aufbau einer Bewegung zur Reform des amerikanischen Gefängnissystems sehe.[304] Daher rief ihre ausgedehnte Reise durch den Ostblock enttäuschte Reaktionen bei Teilen der afroamerikanischen Bevölkerung hervor. Diese hatten auf ein verstärktes Engagement für schwarze Programme und Organisationen gehofft. Anstatt sich dem von schwarzen Aktivisten und Organisationen geführten Befreiungskampf zu widmen, so der Vorwurf aus den Reihen der afroamerikanischen Community, komme ihr öffentliches Bekenntnis zu den sozialistischen Regierungen einem Verrat an der eigenen Sache gleich.[305]

Die *New York Times* berichtete über Zweifel an ihrer Glaubwürdigkeit, die Davis mit ihrer Tour durch den Ostblock unter anderem auch bei Vertretern der neu-

303 William L. Patterson, »Some significant features of the Angela Davis Case« (undatiert), in: *William L. Patterson Papers*, Box 20 Folder 7.

304 Diese Punkte nannte Davis auch in einem Interview mit dem afroamerikanischen Magazin *JET*. Das Interview mit Davis war Teil der Titelgeschichte der *JET*-Ausgabe und zeigte das große Interesse in der afroamerikanischen Community an Davis und ihrem Aktivismus (siehe »Angela Davis Talks About her Future and her Freedom«, in: *JET* [27.07.1972], S. 54-57).

305 *The Black Panther* (07.09.1972), o.S. Die *Daily World* verteidigte kurz darauf Davis' Reise und wies Vorwürfe des Rassismus zurück. Im Gegenzug warf das Sprachrohr der CPUSA der BPP eine antikommunistische Kampagne vor (siehe *Daily World* [12. und 13.09.1972]). Beide Meldungen zitiert nach Dorothy Miller, »Angela Davis in the GDR«, (18.09.1972), in: RFE/RL Background Reports, S. 2-3, URL: http://catalog.osaarchivum.org/catalog/osa:ebab0913-5ff3-4bf2-8b9f-ec8cbd3ea190 (zuletzt abgerufen: 01.02.2020). Dass *Black Panther*-Aktivisten Davis für ihr Bekenntnis zur Sowjetunion und deren Satellitenstaaten kritisierten, wurde auch in der westdeutschen Presse rezipiert (siehe zum Beispiel Hans Kirchmann, »Mit vollen Löffeln genießen. In der DDR: Ehrenbürgerwürde für die amerikanische Bürgerrechtlerin«, in: *Die ZEIT* [22.08.1972], S. 10).

en linken Protestbewegungen hervorgerufen habe.[306] Die *Washington Post* fragte, warum jemand, der seine marxistische Prägung durch Herbert Marcuse – einem der größten Kritiker des Sowjetkommunismus – erhalten habe, sich zu solch einer Lobeshymne auf den Staatssozialismus der Ostblockländer hinreißen lasse.[307] Die Antwort darauf liege wohl gerade in Davis' neuem linkem Aktivismus begründet. Es wurde spekuliert, die im Obstblock gemachten Erfahrungen würden Davis nun glauben machen, »dass ohne eine Partei nichts erreicht werden könnte und dass im weltweiten Kampf zwischen Sozialismus und Imperialismus diese Partei nur die Partei Lenins« sein könne. Um sich die Unterstützung des Ostblocks für ihren Aktivismus in den USA zu sichern, sei Davis auch bereit, »viele zweifelhafte Dinge zu sagen und über vieles andere zu schweigen«.[308]

Ähnlich sahen dies auch im Exil lebende osteuropäische Dissidenten wie der in Italien lebende tschechische Publizist Jiri Pelikan oder der systemkritische russischer Schriftsteller Alexander Solschenizyn.[309] Sie hatten Davis' Reisepläne zunächst hoffnungsvoll aufgenommen. Davis' kämpferische Aussagen werteten sie als Chance. Davis werde, so hofften sie, ihre Popularität nutzen und auch politische Gefangene auf der anderen Seite des Eisernen Vorhangs in ihren Kampf einschließen. Ganz konkret ersehnte man sich, sie werde sich bei dem Treffen mit der tschechoslowakischen Regierung für die Aktivisten einzusetzen, die wegen ihrer Beteiligung am Prager Frühling gerade vor Gericht standen. Genau wie in der DDR lobte Davis aber auch in der Tschechoslowakei ausschließlich die Errungenschaften des sozialistischen Regimes und sah von kritischen Kommentaren ab. Später erklärte Davis, dass Kritik an den sozialistischen Regimen »ein Bündnis mit Antikommunisten zur Verteidigung von Antikommunisten« bedeutet hätte.[310]

Schließlich bezog auch Herbert Marcuse, der bisher von direkter Kritik an Davis abgesehen hatte, Stellung. In einem Brief an Davis äußerte er die Hoffnung, dass sie in ihrem zukünftigen Handeln dazu beitragen würde »den Schaden wiedergutzumachen, den die Sache genommen hat«, für die sie gekämpft hatte.[311] Mit ihrem Schweigen und ihren Staatsbesuchen diskreditiere sie ihr »wiederholtes Eintreten für die Befreiung aller politischen Gefangenen.«[312] Die Gründe weshalb sie

306 »Miss Davis Hails Soviet's Policies«, in: *New York Times* (10.09.1972), S. 21.

307 »Angela Davis: A Puzzle for E. Europe«, in: *Washington Post* (11.10.1972), S. A17.

308 Ebenda

309 Jiri Pelikan, »Warum schweigen Sie, Angela Davis?«, in: *Die ZEIT* (04.08.1972), S. 2; Alexander Solschenizyn, »Speeches to Americans« (09.07.1975), in: Alexander Solschenizyn (Hg.), *Warning to the West*, New York 1975, S. 51-90, hier: S. 61.

310 Nach der *Prawda* vom 14.08.1972 zitiert in der *L.A. Free Press*, 9/42 (08.-18.09.1972), S. 8. Eine ähnliche Aussage Davis' findet sich auch in Neal Ascherson, »A European View of Angela Davis«, in: *Los Angeles Times* (13.10.1972).

311 Herbert, Marcuse, »Brief an Angela Davis« (24.10.1972), in: Jansen (Hg.), *Herbert Marcuse. Nachgelassene Schriften*, hier S. 181.

312 Ebenda.

sich zur Sowjetunion bekannte, hielt Marcuse – anders als die Medien – weder für naiv noch für zynisch. Marcuse fühlte sich ihr emotional verbunden und schätzte zudem ihren Glauben, dass der »Kampf für den Sozialismus von den Kommunistischen Parteien durchgeführt werde«.[313] Dabei ignoriere sie jedoch, dass die »Parteien in den osteuropäischen Ländern nicht unbedingt für den Sozialismus oder Kommunismus, sondern für das bestehende System« kämpften. Ihre Haltung könne daher »dem Kampf für den Sozialismus ernsten Schaden zufügen«, wenn sie nicht eine öffentliche Aussprache suchen werde. Schließlich sei sie, wie Marcuse am Ende seines Briefes festhielt, »mehr als nur ein Mitglied des Zentralkomitees der amerikanischen Kommunistischen Partei.«[314]

Der Appell ihres früheren Mentors erinnerte Davis unter anderem an ihre symbolische Bedeutung für den afroamerikanischen Freiheitskampf. Er schlug ihr vor, sich mithilfe ihrer marxistischen Überzeugungen, jedoch unabhängig von der CPUSA, weiter für ihre politischen Ziele einzusetzen. Dieser Vorschlag führte allerdings nicht zu einer Distanzierung von der CPUSA. Stattdessen festigte Davis in den darauffolgenden Monaten ihre Zusammenarbeit mit und ihre Rolle innerhalb der CPUSA, wobei sie versuchte, weitere Unterstützer für den »größeren Kampf« zu gewinnen.[315] Ihr Bestreben, mit der SED-Führung intensiver zusammenzuarbeiten, setzte sie mit der Teilnahme an den Weltjugendfestspielen in Ostberlin im darauffolgenden Jahr um.

4.3.2 Die Saat geht auf: Die DDR wird Teil der Weltgemeinschaft

Angela Davis nutzte ihre durch den Prozess und die Verteidigungskampagne gewonnene politische Handlungsmächtigkeit weiterhin im Rahmen ihrer CPUSA-Mitgliedschaft. Währenddessen drohte die *Black Power*-Bewegung immer weiter im Chaos zu versinken. Sie hatte mit ihrem Aufruf zur schwarzen Militanz in den Jahren 1965 bis 1970 zwar einen neuen Politisierungsschub speziell bei jungen Afroamerikanern ausgelöst,[316] allerdings war ein Großteil der Aktivisten infolgedessen zu Beginn der 1970er Jahre entweder tot oder verhaftet. Die führungslose und ideologisch zerrüttete Bewegung schien handlungsunfähig und machtlos zu sein.[317] Charles V. Hamilton, der als Co-Autor von Stokely Carmichaels *Black Power. The Politics of Liberation in America* (1967) der neuen schwarzen Radikalität ein theoretisches Fundament gegeben hatte, meinte 1973, in der afroamerikanischen Community die

313 Ebenda, S. 182.

314 Ebenda, S. 183. Ob Davis auf Marcuses Brief reagierte, ist nicht bekannt.

315 NUCFAD, »Special Letter to all Committees« (Juni 1972), in: *Bettina Aptheker Papers*, Box 50, Folder 8.

316 Joseph, *Waiting 'til the Midnight Hour*, S. 276ff.

317 »Rap Brown. The Jury's Verdict: Guilty«, in: *New York Times* (01.04.1973), S. 236.

Suche nach einer »neuen Ebene, einem neuen Fundament und einer neuen Richtung« für den schwarzen Freiheitskampf zu beobachten.[318] Dabei wandten sich ehemalige Protagonisten der Bewegung von ihren früheren revolutionären Vorhaben ab und versuchten nun, ihre politischen Ziele mithilfe der demokratischen Verfassungsstrukturen durchzusetzen.

Eine Rückbesinnung auf den Graswurzel-Aktivismus auf lokaler Ebene und eine Tendenz, den Kampf um politische und soziale Gleichheit vermehrt in der politischen Mitte auszufechten, charakterisierten zunehmend den afroamerikanischen Aktivismus der 1970er Jahre.[319] So kandidierte der BPP-Mitgründer, Bobby Seale, als Mitglied der Demokratischen Partei für das Bürgermeisteramt in Oakland, Kalifornien. Huey Newton versuchte dagegen mit seiner 1973 erschienenen Autobiografie *Revolutionary Suicide*, die revolutionäre Kraft der BPP vor dem Vergessen zu bewahren.[320] Auch Davis' Entscheidung, ihre politisch-ideologische Arbeit in der CPUSA fortzusetzen, kann als charakteristisch für den afroamerikanischen Aktivismus dieser Zeit interpretiert werden: Schwarze radikale Aktivisten strebten anstelle des revolutionären Kampfes nun Reformen innerhalb der gegebenen institutionellen Strukturen an. Davis knüpfte in diesem Sinne auch an den reformorientierten Aktivismus afroamerikanischer alter Linker und ihren Glauben an einen rassenübergreifenden Internationalismus an.

Im Mai 1973 fand in Chicago der Gründungskongress der *National Alliance Against Racist and Political Repression* (NAARPR) statt, an dem laut Medienberichten über 700 verschiedene Organisationen aus Politik und Gesellschaft teilnahmen.[321] Die NAARPR sollte an die Erfolge des NUCFAD, die mit der *Free Angela Davis*-Bewegung erreicht wurden, anknüpfen und den Kampf gegen politische und rassistische Unterdrückung weiter vorantreiben. Angela Davis gehörte zu seinen Gründungsmitgliedern. In ihrer Grundsatzrede vor den Kongressteilnehmenden wiederholte Davis einmal mehr ihre Warnung: Von den aktuellen Unterdrückungsformen in den USA gehe eine besondere Bedrohung aus, da sie in ihren verschiedenen Ausformungen einen sich im Entstehen befindlichen Faschismus darstellen würden.[322] Hoffnung auf eine erfolgreiche Überwindung der Unterdrückung lasse sich in den sozialistischen Ländern Ost- und Mitteleuropas gewinnen. Dort sei es bereits gelungen, den Faschismus zu besiegen.[323] Die entstandene

---

318 »Black Power. Groping for a New Level of Struggle«, in: *New York Times* (13.05.1973), S. 193.

319 Joseph, *Waiting 'til the Midnight Hour*, S. 276ff.

320 Newton, *Revolutionary Suicide*.

321 »Angela Davis Spearheads New Organization Against Racism And Repression«, in: *Jet* (31.05.1973), S. 9.

322 Angela Davis, »Keynote Address to the Founding Congress for a National Defense Org Against Racist Political Repression« (May 1973), in: *Angela Y. Davis Collection*, Box 1 Folder 23.

323 Ebenda. S. 4.

Machtverschiebung in der Welt ermögliche es unterdrückten Völkern zudem, den wahren Weg der Selbstbestimmung zu suchen.

So schlug Davis implizit den Bogen von der Dekolonialisierung über ihre eigene Solidaritätsbewegung bis zu der damit einhergehenden Stärkung der antiimperialistischen Kräfte.[324] Die NAARPR solle den organisatorischen Rahmen für die rassenübergreifende Einheit bilden, die als »mächtigste Waffe gegen Rassismus und politische Verfolgung« in den USA genutzt werden könne.[325] Während Davis weiterhin auf die revolutionäre Rhetorik der *Black Power*-Bewegung zurückgriff, um sich gezielt an ihre »Brüder und Schwestern« zu wenden, zeigte sich in ihrer Rede gleichzeitig auch eine klare Ausrichtung entlang des sozialistischen Internationalismus.[326]

4.3.2.1 X. Weltjugendspiele: Ein internationales Lebensgefühl

In der Praxis setzte Davis ihre internationalistischen Überzeugungen unter anderem auf einer Reise als offizielle Vertreterin des Zentralkomitees der CPUSA um. Bei einem Treffen mit den politischen Führern Kubas versuchte sie, ihre internationalen Beziehungen zu stärken.[327] Den vorläufigen Höhepunkt dieser internationalistischen Aktivitäten dürfte jedoch ihre Teilnahme an den X. Weltfestspielen der Jugend und Studenten in Ostberlin darstellen. Sie war dort als Leiterin der amerikanischen Delegation beteiligt. Hier sollte sie ein Jahr nach ihrem Freispruch zur jugendlichen Ikone der internationalen Solidarität östlich des Eisernen Vorhangs werden.

Auch für die DDR war das Jahr 1973 von zentraler Bedeutung: Das Ziel der Vollendung einer sozialistischen Staats- und Gesellschaftsordnung schien fast erreicht. Mit dem Abschluss des Grundlagenvertrags mit der Bundesrepublik (Dezember 1972) war das Fundament für eine gegenseitige Anerkennung und politische Entspannung geschaffen worden. In der SED-Sprachregelung hieß es damals »friedliche Koexistenz«. Gleichzeitig akzentuierte die DDR in Abgrenzung zur Bundesrepublik verstärkt ihre eigenständige sozialistische Identität. Zur Herstellung einer solchen kollektiven Identität war das SED-Regime auf die Verinnerlichung von Werten, Traditionen und kulturhistorischen Leistungen der Gemein-

---

324 Ebenda.

325 Davis, *An Autobiography*, S. 399.

326 Bettina Aptheker spricht in einem Brief an ihre Eltern von den Ereignissen als »historische Leistung«. Die Veranstaltung, an der »800 Delegierte von um die 210 unterschiedlichen Organisationen« teilgenommen hätten, habe gezeigt, dass es mit der Unterstützung des Angela-Davis-Falls gelungen sei, die Art der Beziehung »zwischen der Partei und den Freiheitsbewegungen« in den USA grundlegend zu transformieren und eine wahre Geschlossenheit zu schaffen (Bettina Aptheker, »Dear Mom and Dad« [14.05.1973], in: *Bettina Aptheker Papers*, Box 24, Folder 4, S. 1-2, hier: S. 1).

327 »Angela Davis in Cuba«, in: *New York Times* (02.01.1973), S. 78.

schaft angewiesen. Die Identitätsbildung fand in Abgrenzung zum »Anderen« des ideologischen Großkonflikts zwischen Ost und West statt.[328] Dabei maß die DDR-Führung den Weltjugendfestspielen (28. Juli bis 5. August 1973) größte Bedeutung bei.

Die von der Parteiführung für das Festival beschlossenen Hauptziele umfassten nicht weniger als eine Vergrößerung der »Anziehungskraft der sozialistischen Staatengemeinschaft« und eine Erhöhung des »Einflusses der marxistisch-leninistischen Kräfte in der internationalen Jugendbewegung«.[329] Ostberlin sollte als nach »außen und innen gerichtetes Schaufenster« der sozialistischen Leistungsfähigkeit die Bühne für diese politische Inszenierung der DDR als moderner Staat sein.[330] Westliche Beobachter, allen voran die CIA, sahen das geteilte Berlin als »wenig verheißungsvolle« Wahl des Austragungsortes für die Erfüllung der von der SED-Führung verfolgten Ziele.[331]

Während die Ausrichtung des Festivals offiziell in der Verantwortung der FDJ lag, übernahm Honecker persönlich den Vorsitz des Nationalen Vorbereitungskomitees.[332] Der Parteivorsitzende betrachtete die X. Weltfestspiele als Möglichkeit, die Identifikation der DDR-Jugend mit ihrem Land noch weiter zu erhöhen.[333] Mit einer Besucherzahl von rund 25.000 Delegierten aus über 140 Ländern wurde das

---

328 Vgl. Sophie Lorenz, »Heldin des anderen Amerikas. Die DDR-Solidaritätsbewegung für Angela Davis, 1970-1973«, in: *Zeithistorische Forschungen/Studies in Contemporary History*, Online-Ausgabe, 10 (2013), H. 1, URL: www.zeithistorische-forschungen.de/1-2013/id=4590 (zuletzt abgerufen: 01.02.2020), Druckausgabe: S. 38-60.

329 SED/Politbüro, »Konzeption zur Vorbereitung und Durchführung der X. WFS der Jugend und Studenten« (06.07.1971), in: Bundesarchiv, SAPMO, DY30 J IV 2/1344 Protokoll Nr. 3/71. Zur Bedeutung von Massenevents für Selbstlegitimierungen und Machtdemonstrationen in Diktaturen siehe Malte Rolf, »Die Feste der Macht und die Macht der Feste: Fest und Diktatur – zur Einleitung«, in: *Journal of Modern European History*, 4/1 (2006), S. 39-59.

330 Die hierfür städtebaulichen Neuerungen beschränkten sich auf das Zentrum Ostberlins. Neben städtebaulichen Maßnahmen sollte eine gesicherte Versorgung zur Attraktivität Ostberlins beitragen. So gehörten zum Verpflegungsangebot der Festival-Teilnehmenden auch Bananen und andere Mangelwaren der DDR (siehe hierzu Denise Wesenberg, »Die X. Weltfestspiele der Jugend und Studenten 1973 in Ost-Berlin im Kontext der Systemkonkurrenz«, in: Michael Lemke [Hg.], *Konfrontation und Wettbewerb. Wissenschaft, Technik und Kultur im geteilten Berliner Alltag [1948-1973]*, S. 333-352).

331 »East Germans Host 10th World Youth Festival« (25.03.1973), in: *CIA General Records* (via CREST). Die Weltfestspiele der Jugend und Studenten standen wegen ihrer gezielten Ausrichtung auf die Jugend als Zielgruppe im Ost-West-Konflikt seit der ersten Veranstaltung in Prag (1947) unter Beobachtung der CIA. Im Gegensatz zu den vorausgegangenen Festivals wurden die X. Weltfestspiele als politische Veranstaltung beworben.

332 Politbüro, »Anlage. Aufruf des Nationalen Festivalkomitees der DDR« (01.02.1972), in: Bundesarchiv, SAPMO, DY 30/J IV 2/2/1377 Protokoll Nr. 4/72.; vgl. Denise Wesenberg, »X. Weltfestspiele der Jugend und Studenten 1973. Kosten und Nutzen eines »antiimperialistischen Festivals«, in: *Deutschland Archiv* 36/4 (2003), S. 651-659, hier: S. 652.

333 Vgl. Mählert/Stephan, *Blaue Hemden*, S. 195ff.

Festival zur »Generalprobe für Honeckers Politik der kontrollierten Öffnung« in den 1970er Jahren. Zu den Besuchern gehörten nicht nur Kommunisten oder Vertreter der nationalen Befreiungsbewegungen aus Asien, Afrika und Lateinamerika, sondern etwa auch westdeutsche Teilnehmende.[334]

Mit der »kontrollierten Öffnung« ging jedoch auch die Verschärfung von Repressionsmaßnahmen einher. Diese unter der neuen politischen Führung subtil ausgeführten Maßnahmen sollten gewährleisteten, dass mögliches nicht-systemkonformes Verhalten von Teilen der Jugendlichen die staatlichen Repräsentations- und Sicherheitsinteressen während des Festivals nicht gefährdete.[335] Unter dem Motto »Für anti-imperialistische Solidarität, Frieden und Freundschaft« wollte die DDR-Führung das Festival nutzen, um sich den in- und ausländischen Gästen gegenüber weltoffen, großzügig und tolerant zu präsentieren.[336]

Die FDJ kam als »aktiver Helfer und zuverlässige Reserve der Partei« bei der Umsetzung der Festivalziele eine zentrale Rolle zu. In den Monaten vor Beginn des Festivals sollte die FDJ aus Sicht Honeckers alle Jugendlichen »bis in den letzten Ort unserer Republik für die Ziele des Festivals« begeistern. Um das zu erreichen, würden die FDJ-Leiter an die »persönlichen Interessen und Bedürfnisse der Jugendlichen« anknüpfen müssen.[337] Nachdem die FDJ im Rahmen der Solidaritätsbewegung für Angela Davis mit ihren Aktionen gezeigt hatte, dass sie die ihr zugedachte Rolle erfolgreich umsetzen konnte, sollte die Ausrichtung der Weltfestspiele zur Bewährungsprobe für den Jugendverband der SED werden. Sie sollte unter Beweis stellen, inwieweit sich die Jugend der DDR mit dem Parteiregime identifizierte.[338]

---

334 Siehe Stefan Wolle, *Die Heile Welt der Diktatur. Alltag und Herrschaft in der DDR 1971-1989*, Bonn 1998, S. 164-165.

335 Zu diesen Repressionsmaßnahmen gehörte unter anderem die Auflösung der als »negativ« bezeichneten Jugendgruppen oder die Verhinderung der Einreise von »unerwünschten Personen« durch Polizei und MfS (siehe Politbüro, »Zur Sicherung der Durchführung der X. Weltfestspiele der Jugend und Studenten ist der Einreisverkehr in die DDR einzuschränken« [22.05.1973], in: Bundesarchiv, SAPMO, Dy 30/J IV 2/2/1450 Protokoll Nr. 22/73; Wesenberg, »Die X. Weltfestspiele«, S. 343 ff; Wolle, *Heile Welt*, S. 164ff.). Wegen der umfassenden Kontroll- und Sicherheitsvorkehrung vor und während des Festivals spricht Kay Schiller von dem »größten Stasi-Einsatz« in der Geschichte der DDR (Kay Schiller, »Communism, Youth and Sport. The 1973 World Youth Festival in East Berlin«, in: Alan Tomlinson/Christopher Young/Richard Holt [Hg.], *Sport and the Transformation of Modern Europe. States, Media and Markets, 1950-2010*, London 2010, S. 50-66, hier: S. 55).

336 »Aufruf des IVK nach der Tagung in Sofia« (19.-20.01.1972), in: Zentralrat der FDJ (Hg.), *Geschichte der Weltfestspiele der Jugend und Studenten* (Kurzdokumentation der Abteilung Agitation), Berlin (Ost) 1973, S. 18.

337 Erich Honecker, »Die Jugend der Deutschen Demokratischen Republik und die Aufgaben unserer Zeit. Rede auf der Zentralen Funktionärskonferenz der FDJ« (20.10.1972), in: Erich Honecker, *Zur Jugendpolitik der SED*, S. 387-423, S. 418.

338 Ebenda, S. 421.

Gleichzeitig galt es, dafür zu sorgen, dass die politisch-ideologische Deutungshoheit des DDR-Regimes in den politischen Diskussionen nicht unterging, insbesondere vor dem Hintergrund der Teilnahme bundesdeutscher und Westberliner Jugendverbände.[339] Während sich die Wahrung der politisch-ideologischen Deutungshoheit in Gesprächen und Diskussion nur bedingt kontrollieren ließ, konnte die Art und Weise der Selbstinszenierung detailliert durchgeplant werden.

Am 28. Juli 1973 fand die Eröffnungsveranstaltung im »Stadion der Weltjugend« (zuvor Walter-Ulbricht-Stadion) statt, an der rund 60.000 Menschen teilnahmen.[340] Insgesamt besuchten neben den rund 25.000 ausländischen Gästen ungefähr 333.000 offizielle Teilnehmende aus der DDR das neun Tage andauernde Festival. Jeder Festivaltag stand unter einer anderen politischen Losung.[341] Es wurde ein breites politisches und kulturelles Angebot im Zeichen der internationalen Solidarität geboten und es fanden gut 1.500 Veranstaltungen statt, darunter Seminare und sogenannte Freundschaftstreffen, Massenveranstaltungen und Demonstrationen mit bis zu 20.000 Teilnehmenden, zudem gab es große Auftakt- und Schlusskundgebungen.[342]

Einen Tag nach der Eröffnung traf Angela Davis in Begleitung von rund 200 Delegierten aus den USA – darunter auch der Vorsitzende der YWLL (Jarvis Tuner) – in der »Festivalstadt« Berlin ein.[343] Dort nahmen Hermann Axen und Günther Jahn sie als Leiterin der »Delegation des anderen Amerika« und »Siegerin von San José« in Empfang.[344] In den folgenden Tagen trug Davis dazu bei, die neue Zwanglosigkeit und Weltgewandtheit des sozialistischen Deutschlands zu propagieren. Gekleidet im lässigen Modestil der 1970er Jahre verhalf sie als authentische Akteurin der internationalen Jugendprotestbewegung Vertretern der politischen Führungselite wie dem Politbüro-Mitglied Herbert Krolikoweki oder Günther Jahn

339 Zu den rund 800 westdeutschen Delegierten gehörten neben prosowjetisch orientierten Verbänden (zum Beispiel die Jusos oder die Gewerkschaftsjugend) auch sozialdemokratische Gruppen. Für eine ausführliche Darstellung siehe Carsten Schröder, »Hinter den Kulissen des X. Festivals«, in: bpb online, *Spezial Weltfestspiele 1973*, veröffentlicht am 25.07.2003, URL: www.bpb.de/geschichte/deutsche-geschichte/weltfestspiele-73/65346/hinter-den-kulissen-des-x-festivals?p=all (zuletzt abgerufen: 01.02.2020).

340 »Machvolles Bekenntnis der Weltjugend«, in: *Neues Deutschland* (29.07.1973), S. 1. Die Inszenierung der Eröffnungsveranstaltung erinnerte wie andere Aspekte an die Olympischen Spiele, weshalb *Der Spiegel* von der »roten Olympiade« sprach (»Lesen Sie mal Marx, Herr Dutschke«, in: *Der Spiegel* [32/1973], S. 47). Für eine wissenschaftliche Auseinandersetzung mit der Ähnlichkeit des Festivals speziell zu der ein Jahr zuvor in der Bundesrepublik ausgetragenen Olympiade siehe Schiller, »Communism, Youth and Sport«, S. 58-62.

341 Siehe Schröder, »Hinter den Kulissen des X. Festivals«.

342 Ebenda.

343 »Angela Davis in Berlin«, in: *Neues Deutschland* (30.07.1973), S. 1.

344 Ebenda.

bei Massenmeetings wie dem Solidaritätstreffen mit Afrika, Asien und Lateinamerika zu umjubelten Auftritten vor zehntausenden »Vertretern der fortschrittlichen Jugend und Studenten«.[345]

Als »lebendiges Symbol des Kampfes« betonte Davis mit erhobener Faust unter dem Jubel der Menge die besondere Bedeutung der »Staaten der sozialistischen Gemeinschaft« und vor allem der Sowjetunion für die revolutionären Befreiungsbewegungen.[346] Bei einem symbolischen Treffen mit Überlebenden des Massakers von Son My überbrachte Davis solidarische Grüße des *anderen Amerikas*. Beim »Tribunal der Weltjugend« klagte sie die »Verbrechen des Imperialismus« an.[347] Bei der internationalen Pressekonferenz im Café Moskau bezeichnete sie das Festival vor Journalisten aus 83 Ländern als einen Beweis für den »neuen Aufschwung der antiimperialistischen Bewegung.«[348] Bei einem von der *Internationalen Demokratischen Frauenföderation* (IDFF) veranstalteten Treffen im Marx-Engels-Auditorium der HU beriet Davis mit 140 »Schwestern« aus der »sozialistischen Welt« die Lage und Rolle der Frauen in der modernen Gesellschaft, darunter auch die sowjetische Kosmonautin Valentina Tereschkowa, die 1963 als erste Frau ins All geflogen war und in der DDR zur »Heldin der Moderne«[349] geworden war.[350] Zusammen mit den Mitgliedern der Partei- und Staatsführung, darunter Erich Honecker, Willi Stoph und Günther Jahn, besucht Angela Davis auch die FDJ-Abschlusskundgebung, bei der die »jungen Sozialisten der DDR« in »lockerer, spontaner und von unbändigem Elan beschwingter« Atmosphäre der Jugend der Welt und wohl auch den SED-Machthabern abschließend ihren politischen Kampfwillen bewiesen.[351]

345 »Höhepunkt des 31.7.73 war ein Massenmeeting auf dem August-Bebel-Platz«, (31.07.1973), in: Bundesarchiv Bild 183-M0731-418, Allgemeiner Deutscher Nachrichtendienst – Zentralbild, Foto: Klaus Franke.

346 »Drei Kontinente führen energisch den Kampf gegen Imperialismus«, in: *Neues Deutschland* (01.08.1973), S. 2; »Unüberhörbar gegen den Imperialismus«, in: *Berliner Zeitung* (01.08.1973), S. 2.

347 »Im herzlichen Gespräch« (30.07.1973), in: Bundesarchiv Bild 183-M0730-759, Allgemeiner Deutscher Nachrichtendienst – Zentralbild, Foto: Friedrich Gahlbeck.

348 »Angela Davis: Ein neuer Aufschwung der antiimperialistischen Bewegung«, in: *Neues Deutschland* (03.08.1973), S. 2.

349 Monika Gibas, »›Venus vom Sternenstädtchen‹. Walentina Tereschkowa, Heldin der Moderne in der DDR«, in: Silke Satjukow/Rainer Gries (Hg.), *Sozialistische Helden. Eine Kulturgeschichte von Propagandafiguren in Osteuropa und der DDR*, Berlin 2002, S. 147-157.

350 »Appell an die Frauen der Welt«, in: *Neues Deutschland* (04.08.1973), S. 4; siehe auch »Bei der Konferenz zum Thema ›Die Rolle und die Lage der Mädchen und Frauen in der modernen Gesellschaft‹«, (03.08.1973), Bundesarchiv Bild 183-M0803-414, Allgemeiner Deutscher Nachrichtendienst – Zentralbild, Foto: Ulrich Häßler.

351 »Junge Sozialisten der DDR grüßen die Jugend der Welt. In einer machtvollen Demonstration von 150000 FDJlern zeigte die junge Generation des Gastgeberlandes, wer sie ist, was sie will, mit wem sie geht und gegen wen sie kämpft«, in: *Neues Deutschland* (05.08.1973), S. 4.

4.3.2.2 DDR-Identität: Aufbau einer sozialistischen Nation

Während also ein Großteil der Rituale und Abläufe zum bereits bekannten Repertoire der sozialistischen Festivalkultur gehörte, trug Davis als »Symbol der internationalen Solidarität« zu der ungezwungenen Festivalatmosphäre bei, wie sie von der Parteiführung gewollt war. Zusammen mit Vertretern des Freiheitskampfes gegen Kolonialismus in Afrika und Asien, darunter der Vorsitzende der *Palästinensischen Befreiungsorganisation* (PLO) Jassir Arafat, verkörperte Davis während des Festivals einen »Pathos des Revolutionären, des Aufständischen« und des Widerständischen, der eine regelrecht »euphorisierende Wirkung« auf die zumeist jugendlichen DDR-Teilnehmenden hatte, wie sich eine Teilnehmerin später erinnerte.[352]

Während der Abschlussfeier auf dem Marx-Engels-Platz (heute Schlossplatz) wurde Davis als jugendliche Leitfigur der progressiven internationalen Kräfte dargestellt und endgültig zur Inkarnation der zeitgemäßen Politik des Internationalismus. In dem von ihr verlesenen »Appell an die Jugend der Welt« rief sie die 750.000 versammelten Besucher zum Kampf gegen »Kolonialismus und Neo-Kolonialismus« sowie zur »friedliche[n] Koexistenz« auf.[353] Davis' Teilnahme am Weltjugendfestival bot der SED-Führung die Möglichkeit, durch die inszenierte, aber auch praktizierte Solidarisierung Bezüge zu aktuellen internationalen Bewegungen und im weiteren Sinne zu Kämpfen in der sogenannten Dritten Welt herzustellen.[354] Ein Jahr nach dem Ende der Solidaritätskampagne war Davis in der öffentlichen Darstellung von der »Heldin des anderen Amerika« zu einer Leitfigur der progressiven Massen avanciert. Sie ging als jugendliche

---

352 Ina Merkel, »Hinterher war alles beim Alten«. Zeitzeugeninterview mit Ina Merkel (10.12.2004), in: *bpb Spezial: Weltfestspiele 73*, URL: www.bpb.de/geschichte/deutsche-geschichte/weltfestspiele-73/65303/hinterher-war-alles-beim-alten (zuletzt abgerufen: 01.02.2020).

353 Siehe »Abschlussappell der X. Weltfestspiel«, in: *Neues Deutschland* (06.08.1973), S. 1. Ein Mitschnitt der Rede wurde später auf einer LP veröffentlicht (siehe »Angela Davis spricht den Appell an die Jugend der Welt. Mitschnitt von der Abschlussveranstaltung der X. Weltfestspiele auf dem Marx-Engels-Platz am 05.08.1973 in Berlin«, in: Rundfunk der DDR [Hg.], *X. Weltfestspiele der Jugend und Studenten*, [LP], 1973).

354 In der Bundesrepublik bemühten sich studentische Protestakteure bei Demonstrationen und Protestaktionen ebenfalls darum, Bezüge zu Befreiungsbewegungen in der *Dritten Welt* herzustellen. Zur Bedeutung der *Dritten Welt* für die studentische Protestbewegung in der Bundesrepublik siehe Slobodian, *Foreign Front*; Quinn Slobodian, »What Does Democracy Look Like? (And Why Would Anyone Want to Buy It?) Third World Demands and West German Responses at 1960s World Youth Festivals«, in: Vowinckel/Payk/Lindenberger (Hg.), *Cold War Cultures*, S. 254-275; Ingo Juchler, *Rebellische Subjektivität und Internationalismus: der Einfluß Herbert Marcuses und der nationalen Befreiungsbewegungen in der sog. Dritten Welt auf die Studentenbewegung in der BRD*, Marburg 1989.

Ikone des Internationalismus in die kollektive Erinnerung der DDR ein.[355] Die Benennung beispielsweise von Arbeiterbrigaden oder Singeklubs nach Angela Davis in den folgenden Jahren zeigen, dass Angela Davis in die Heldenriege der DDR aufgenommen worden war.[356]

Umgekehrt hatte auch die DDR eine besondere Rolle für Davis' politisch-ideologische Identität eingenommen. Die X. Weltjugendfestspiele in Ostberlin zählten, wie Davis bei ihrer Abreise bekundete, neben ihrer Aufnahme in die kommunistische Partei und ihrer »Freilassung aus dem Gefängnis durch die Kraft der internationalen Solidarität« zu diesem Zeitpunkt zu den drei unvergesslichen Erlebnissen in ihrem Leben.[357] Hieran zeigt sich, dass der DDR-Regierung die bereits während der Solidaritätskampagne angefangene politisch-ideologische Vereinnahmung erfolgreich gelungen war. Davis' Treffen mit Entscheidungsträgern der SED, wie zum Beispiel mit Hermann Axen, zu offiziellen Gesprächen zeigen aber auch, dass sie ihre politischen Handlungsmöglichkeiten nutzte, über die sie als CPUSA-Repräsentantin verfügte.[358] Für beide Seiten war das Festival zur Manifestation einer gegenseitigen Verbundenheit im Kampf gegen den imperialistischen Klassenfeind geworden, die auch in den kommenden Jahren anhalten sollte.

Ausländische Beobachter sahen das Festival als Ausdruck einer zunehmenden politischen »Mündigkeit«. Diese erreichte die DDR tatsächlich nur wenige Wochen nach dem Ende des Festivals mit der Unterzeichnung des Grundlagenvertrags und mit der Aufnahme in die Vereinten Nationen am 18. September 1973.[359] Im Verlauf des Jahres 1973 war der SED-Führung damit – zumindest formal – die internationale Anerkennung als souveräner Staat in der Weltgemeinschaft gelungen.

Im September 1974 nahmen schließlich auch die USA diplomatische Beziehungen zur DDR auf. Während die Bundesrepublik das Fortbestehen einer gemeinsamen deutschen Nation betonte, akzentuierte die DDR mit dem Aufbau einer »sozialistischen Nation« verstärkt ihre eigenständige sozialistische Identität.[360] Die SED-Führung schien jedoch kein Interesse daran zu haben, das internationale Le-

---

355 Bis in das Jahr 1989 tauchte Davis als vorbildliche »kommunistische Friedenskämpferin« in den Geschichts-Schulbüchern der DDR auf (siehe Ministerium für Volksbildung der DDR [Hg.], *Geschichte. Lehrbuch Klasse 10*, Berlin [Ost] 1989, S. 206).

356 »Wie wird ein Jugendklub für viele attraktiv?«, in: *Neues Deutschland* (03.03.1973), S. 4; »Aus den Programmen in den Berliner Stadtbezirken«, in: *Neues Deutschland* (11.05.1973), S. 8; »Aktivitäten im Thälmannschen Geist«, in: *Neues Deutschland* (06.03.1974), S. 2.

357 »Angela Davis Leaves E. Berlin«, in: *Washington Post* (11.08.1973), S. D3.

358 »Herzliches Treffen mit Angela Davis«, in: *Neues Deutschland* (02.08.1973), S. 2.

359 Für die US-Rezeption des Festivals siehe beispielsweise »Youth Festival Marks East Germany's Coming of Age«, in: *Washington Post* (07.08.1973), S. A11.

360 Hermann Wentker spricht dabei von einem »wachsenden Selbstbewusstsein trotz prinzipieller Unterordnung« zur Sowjetunion. Siehe Wentker, *Außenpolitik in engen Grenzen*, S. 394.

bensgefühl und die erweiterten Freiheiten der Festivalwoche fortzusetzen.[361] Konkret bedeutete das die Fortsetzung der vom »VIII. Parteitag beschlossenen Linie in der Jugendpolitik« und eine Verstärkung der »Erziehung der Jugend im Thälmannschen Geist [...] zu sozialistischen Patrioten und proletarischen Internationalisten«.[362] Damit wurde den jugendlichen Selbstverwirklichungstendenzen – retrospektiv wurde das Festival als »Rotes Woodstock« bezeichnet – eine klare Absage erteilt.

Hatten ostdeutsche Jugendliche die von der Parteiführung inszenierte Ungezwungenheit während des Festivals nutzen können, um eine eigensinnig interpretierte sozialistische Jugendkultur auszuleben, die nicht immer konform zum politischen und kulturellen Festivalauftrag der Parteiführung war, sondern sich eher an Formen der internationalen Protestkultur um 1968 orientierte, kündigte sich nun eine politisch-ideologische Rückbesinnung an.[363] Statt einer »jugendpolitischen Kursänderung« verstand die Parteiführung das Festival wohl eher als eine »Episode im Klassenkampf«, die in Zeiten der Détente nun wieder mit »traditionellen Mitteln fortgesetzt werden müsse«.[364]

Mit der Produktion einer Schallplatte – anstelle der altbewährten Informationsbroschüren –, auf der die Originalaufnahme von Davis' »Appell an die Jugend der Welt«[365] zu hören war, knüpfte man jedoch an zeitgemäßere Formen der Propagierung von Solidarität an. Auf Vinyl gepresst sollte mit der Aufnahme Davis' zusammen mit »Songs aus der Sowjetunion, Ungarn, Bulgarien, Kuba und Guinea-Bissau« das Gefühl einer gewissen Weltläufigkeit festgehalten werden.[366] Neben diesem Tondokument wurde auch der Dokumentarfilm des DEFA-Regisseurs Joachim Hellwig »Wer die Erde liebt« veröffentlicht.[367] Der Film verzichtet auf jegliche Kommentare, zu hören sind ausschließlich Originaltöne. Gerade dadurch wurde

361 Politbüro, »Weitere Schlußfolgerungen aus der Durchführung der X. Weltfestspiele der Jugend und Sutdenten« (09.10.1973), in: Bundesarchiv SAPMO, DY 30/J IV 2/2/1471 Protokoll Nr. 43/73.

362 Ebenda.

363 Es ist davon auszugehen, dass das Festival im Rückblick nicht so erfolgreich hätte sein können, wenn nicht eine große Zahl von DDR-Jugendlichen, ohne dass sie Teil der offiziellen Delegierten waren, am Festival oder einzelnen Veranstaltungen teilgenommen hätten (siehe Ina Rossow, »›Rote Ohren, roter Mohn, sommerheiße Diskussion‹. Die X. Weltfestspiele der Jugend und Studenten 1973 als Möglichkeit vielfältiger Begegnungen«, in: Dokumentationszentrum Alltagskultur der DDR e.V. [Hg.], *Fortschritt, Norm und Eigensinn. Erkundungen im Alltag der DDR*, Berlin 1999, S. 251-275; siehe außerdem Andreas Ruhl, *Stalin-Kult und Rotes Woodstock. Die Weltjugendfestspiele 1951 und 1973 in Ostberlin*, Marburg 2009, S. 55ff.; Kay Schiller, »Communism, Youth and Sport«, S. 51).

364 Wesenberg, »Die X. Weltfestspiele«, S. 352.

365 »Angela Davis spricht den Appell an die Jugend der Welt«.

366 »Neue Langspielplatten vom Weltjugendtreffen«, in: *Neues Deutschland* (19.01.1974), S. 4.

367 Teile der Rede sind in dem Film »Wer die Erde liebt« zu sehen. Er wurde im Auftrag der DEFA als offizielle Festivaldokumentation produziert (Jürgen Böttcher/Joachim Hellwig, »Wer die

die Diskrepanz zwischen den steif agierenden FDJ-Funktionären und der in Interaktion mit anderen Festivalteilnehmenden agilen Angela Davis besonders auffällig. Auch wenn die Dokumentation einem propagandistischen Auftrag folgte, öffnete der Film dadurch unbeabsichtigt eine kritische Perspektive auf das Festival.

4.3.2.3 Ein letzter Besuch: Schwarzer Feminismus

Zur letzten Begegnung zwischen Angela Davis und der DDR kam es bei der UN-Weltfrauenkonferenz anlässlich des von der UN ausgerufenen Jahres der Frau im Oktober 1975 in Ostberlin.[368] Im Fokus des Kongresses, der von der Parteiführung als »bedeutendstes internationales Ereignis nach der Konferenz über Sicherheit und Zusammenarbeit in Europa« bezeichnet wurde, stand die Gleichberechtigung der Geschlechter als »Menschenrecht«.[369] Entgegen der durch die UN angestrebten Internationalisierung von Frauenrechten vertrat die DDR-Führung weiterhin ihre eigene sozialistische Definition von Frauenrechten. Wenn auch als Menschenrechte definiert, wurden Frauenrechte vom Parteiregime als »staatlich geschützte Rechte« und nicht im Sinne der Menschenrechtsdefinition als »unveräußerliche Rechte des Einzelnen« verstanden.[370]

Erde liebt« [1973], in: bpb [Hg.], *Parallelwelt: Film. Ein Einblick in die DEFA. Geschichte und Inszenierung* [DVD 2], Bonn 2006).

368 Die UN-Weltfrauenkonferenz in Mexiko-Stadt hatte im Juni 1975 stattgefunden. Sie war eine von drei Konferenzen (neben Kopenhagen und Nairobi), die im Rahmen der UN-Dekade der Frau (1976 bis 1985) ausgerufen wurden (siehe Jocelyn Olcott, »Globalizing Sisterhood. International Women's Year and the Politics of Representation«, in: Niall Ferguson et al. [Hg.], *The Shock of the Global*, Cambridge 2010, S. 281-293). Wie Ned Richardson-Little plausibel zeigt, versuchte die DDR-Führung von Anfang an, nicht zuletzt wegen eines Mangels an ideologischen Anknüpfungspunkten, eine eigene sozialistische Menschenrechtskonzeption durchzusetzen. Daraus ging laut Richardson-Little eine »simple Gleichsetzung von Sozialismus und Menschenrechten« hervor, die in der Folgezeit die »Grundachse der offiziellen Ideologie« bilden sollte. Das bereits thematisierte DDR-Komitee für Menschenrechte spielte für die Propagierung dieser sozialistischen Menschenrechtskonzeption eine wichtige Rolle (siehe Ned Richardson-Little, »Erkämpf das Menschenrecht. Sozialismus und Menschenrechte in der DDR«, in: Eckel/Moyn [Hg.], *Moral für die Welt?*, S. 120-143, hier: S. 123ff.).

369 »Weltkongreß im Jahr der Frau wird heute in Berlin eröffnet«, in: *Neues Deutschland* (20.10.1975), S. 1.

370 Siehe hierzu Celia Donert, »Wessen Utopie? Frauenrechte und Staatssozialismus im Internationalen Jahr der Frau 1975«, in: Eckel/Moyn [Hg.], *Moral für die Welt?*, S. 367-393, hier: S. 370. Entgegen dieser Selbstdarstellung wurde der geringe Anteil an Frauen in der politischen Führungsebene der DDR von Davis und ihren Begleitern als einzig negative Beobachtung während ihres Besuchs bereits im September 1972 genannt (siehe »National Committee Meeting Reports on Angela Davis Delegation to Cuba, Chile, USSR, GDR etc.« [17.10.1972], in: *CPUSA Audio Collection TAM132.001, Series I: Reel-to-Reel Audio Tapes: Meetings, 1967-1998*, Box: 62, CD, 93 [disks 1-4]).

Aufgrund ihrer Führungsrolle in der NAARPR wurde Davis von DDR-Medien als Vertreterin der »Nationalallianz gegen Rassismus und rassistische Diskriminierung der USA« bezeichnet. Sie nahm im Auftrag der CPUSA an der Weltfrauenkonferenz teil.[371] Seit 1974 hatte sie im Rahmen des Joan-Little-Falles begonnen, ihren *Prison Rights*-Aktionismus verstärkt mit Frauenrechtsfragen zu kombinieren, wobei Davis der Überwindung von Klassenbarrieren und ethnischen Schranken eine wichtige Bedeutung gerade für die Gleichstellung schwarzer Frauen zumaß.[372] Joan Little war 1975 wegen Mordes an einem Gefängniswärter in North Carolina angeklagt worden. Dieser hatte versucht, sie zu vergewaltigen, wurde dabei aber in Selbstverteidigung von Little getötet. Little floh daraufhin, stellte sich dann aber der Polizei und wurde später in einem Gerichtsverfahren freigesprochen. Auch hier hatte sich eine Unterstützungsbewegung für Little formiert, in der Angela Davis zu Littles prominenten Unterstützerinnen zählte. Im Kontext des Joan Little-Falls wurde deutlich, wie Frauenrechte nicht nur stärker in den Fokus des afroamerikanischen Bürgerrechtsaktivismus rückten, sondern auch in Davis' Aktivismus eine zentrale Rolle einzunehmen begannen. Ab Mitte der 1970er formierte sich ein schwarzer Feminismus, zu dessen prominentesten Vertreterinnen Angela Davis im Verlauf der 1970er Jahre werden sollte und der sich vor allem um Themen wie Gefängnisrechte schwarzer Frauen und Vergewaltigung drehte.[373] Derlei Themen fanden jedoch in den Pressemeldungen über den Kongress keine Erwähnung. Davis' Darstellung in den Medien beschränkte sich auf ihre repräsentative Rolle als CPUSA-Gesandte, bei der in erster Linie ihre mit der SED-Linie angeblich übereinstimmende Beurteilung der Bedeutung des kapitalistischen Imperialismus für die Unterdrückung der Frauen Betonung fand.

Angela Davis hatte also insgesamt in ihren Beziehungen zur DDR und zu den sozialistischen Staaten des sogenannten Ostblocks an die Tradition des linken schwarzen Internationalismus angeknüpft und maß ihnen als Teil einer rassenübergreifenden internationalen Bewegung im Kampf gegen Rassendiskriminierung eine hohe politisch-ideologische Bedeutung bei. Allerdings gab es weder für ihre ab Mitte der 1970er Jahre theoretisch-konzeptionelle Entwicklung eines schwarzen Feminismus noch für ihre intellektuelle Auseinandersetzung

---

371 »Aus der Arbeit der Kommissionen«, in: *Neue Zeit* (22.10.1975), S. 4.

372 Angela Davis, »Joan Little. The Dialectics of Rape«, in: *Ms. Magazine*, Vol. III, Nr. 12 (Juni 1975); siehe Genna McNeil, »›Joanne Is You and Joanne is Me‹: A Consideration of African American Women and the ›Free Joan Little‹ Movement, 1974-75«, in: Bettye Collier-Thomas (Hg.), *Sisters in the Struggle. African American Women in the Civil Rights-Black Power Movement*, New York 2001, S. 259-279; Danielle L. McGuire, *At the Dark End of the Street: Black Women, Rape, and Resistance – A New History of the Civil Rights Movement from Rosa Parks to the Rise of Black Power*, New York 2010.

373 Ihr hierzu entwickelter Theoriebeitrag findet sich hier: Angela Davis, *Women, Race, and Class*, New York 1981.

mit *Prison Rights* einen Raum in den Verbundenheitsnarrativen, die von der SED-Führung für sie entwickelt worden waren.

Nach 1975 schwächte sich die enge Beziehung zwischen der DDR und Angela Davis ab, blieb aber formell im Kontext ihrer CPUSA-Mitgliedschaft und in erinnerungskulturellen Beiträgen zur Solidaritätskampagne bestehen. Von Davis' politischen Aktivitäten dieser Zeit erfuhr die Bevölkerung der DDR jedoch nur noch wenig. Davis hielt bis zu ihrem Austritt 1991 an der CPUSA als strukturell-organisatorischem Handlungsrahmen fest. Darüber hinaus war ihr politisches Engagement thematisch und organisatorisch vielfältig und blieb nicht auf die CPUSA beschränkt.

Im Jahr 1976 wurde ihr schließlich eine einjährige Gastprofessur an der renommierten Stanford-Universität angeboten. Damit gelang es ihr – entgegen Reagans Drohung –, ihre akademische Arbeit fortzusetzen. Dieser Schritt löste erneut eine hitzige Debatte über den »right way of American democracy« aus, weil Davis ein Mitglied der CPUSA war und damit die Lehrfreiheit an der US-Westküste infrage stand.[374] Dass Davis die Stelle trotzdem mit Unterstützung der Universitätsleitung antrat, zeigt jedoch, dass sich die politische Kultur in den USA und der öffentliche Umgang mit der CPUSA seit der Zeit des *Liberalen Konsens* und der Auseinandersetzung um Davis' Parteieintritt 1968 weiterentwickelt hatte.

Während die Bundesrepublik Deutschland das Fortbestehen einer gemeinsamen deutschen Nation betonte, akzentuierte die DDR ab 1974 verstärkt ihre eigenständige sozialistische Identität. Dabei kam der internationalen Solidarität als Teil des sozialistischen Wertesystems weiterhin eine wichtige Rolle zu. Auch hielt die DDR-Führung in der zweiten Hälfte der 1970er Jahre an der Propagierung ihres antirassistischen Solidaritätsbündnisses mit dem *anderen Amerika* fest. Die Unterstützungsbemühungen für den afroamerikanischen Freiheitskampf nahmen allerdings zu keinem Zeitpunkt mehr ein solches Ausmaß wie in Angela Davis' Fall an. Als Angela Davis im Oktober 1975 am Weltfrauenkongress in Ostberlin teilnahm, machte sie auf den Fall von Ben Chavis und den »Wilmington 10« aufmerksam und rief dazu auf, auch hier »die gleiche Solidarität zu üben«, die so großen Anteil an ihrer »eigenen Befreiung aus dem Kerker« gehabt habe.[375] Die darauf folgenden

---

374 Zur Debatte um die Stanford-Gastprofessur siehe *Donald T. Carlson Papers*, Stanford University Special Collections & University Archives.

375 »Vereint gegen Rassismus und politische Unterdrückung«, in: Neue Zeit (23.10.1975), S. 1; »Rassenjustiz statt Rechtsprechung«, in: Berliner Zeitung (18.10.1975), S. 11. Ben Chavis führte eine Gruppe von Bürgerrechtsaktivisten in Wilmington, North Carolina, an, die 1972 wegen Brandstiftung und Verschwörung sowie ihrer Beteiligung bei Unruhen verurteilt wurden. Zuvor hatten afroamerikanische Studierende für die Desegregierung der lokalen Schule protestiert und ein Lebensmittelgeschäft war durch eine Brandbombe verwüstet worden. Die Wilmington Ten wurden zu insgesamt 282 Jahren Gefängnis verurteilt, woraufhin in den USA Proteste laut wurden (siehe Kenneth Robert Janken, *The Wilmington Ten. Violence, Injustice, and*

Presseberichte in der DDR reichten weder in ihrem Ausmaß noch in ihrer Botschaft an die Solidaritätskampagne für Angela Davis heran und zu einem Solidaritätsaufruf durch Repräsentanten des SED-Regimes kam es erst gar nicht. Es ist anzunehmen, dass dies – anders als bei Angela Davis – in der mangelnden politisch-ideologischen Anschlussfähigkeit der betroffenen Personen begründet lag.[376]

Nichtsdestotrotz diente Angela Davis auch in der Folgezeit im andauernden Propagandawettlauf des Kalten Krieges als Beweis für die »gelebte Solidarität« der DDR mit dem *anderen Amerika*. Auch im Verlauf der 1970er und 1980er Jahre erinnerten Pressebeiträge und Publikationen immer wieder an die »mächtige« DDR-Solidaritätskampagne und die durch den Freispruch erfolgte »Niederlage der Klassen- und Rassenjustiz der Vereinigten Staaten«, zu der »die Schulkinder der DDR« mit »ihren »Millionen selbstgemalten Rosen« beigetragen hatten.[377]

Darüber hinaus lebte Angela Davis als sozialistische Heldin der internationalen Solidarität in verschiedenen Sphären des Alltags fort. Noch im Jahr 1988 erinnerte der Thälmann-Pionierkalender auf der Januarseite an die erfolgreiche Aktion der »Eine Million Rosen für Angela«.[378] Geschichtsbücher zeigten die »Friedenskämpferin Angela Davis« und ihre »Entschlossenheit im Kampf gegen den Imperialismus und für antiimperialistische Solidarität« bei den Weltjugendfestspielen 1973.[379] Medienberichte anlässlich von Davis' Deutschlandbesuchen 2003 und 2010 oder der 40. Jahrestag ihrer DDR-Besuche griffen persönliche Erinnerungen an Solidaritätsaktionen auf. Aus diesen lässt sich schließen, dass die Solidaritätskampagne zumindest für einen Teil der ehemaligen DDR-Bevölkerung auch über den Zusammenbruch der DDR hinaus bedeutsam geblieben ist.[380]

---

the Rise of Black Politics in the 1970s, Chapel Hill 2015). Ab 1976 beteiligte sich auch Amnesty International an der Verteidigung. Das US-Bundesverfassungsgericht hob das Urteil schließlich 1980 auf.

376 »Eingekerkert bis zum Jahre 2009. Mit dem jetzt verhafteten amerikanischen Bürgerrechtskämpfer Benjamin Chavis sprach unser USA-Korrespondent Horst Schäfer«, in: *Neues Deutschland* (06.02.1976), S. 6.

377 Steiniger, *Schauprozeß in San Jose. Aussagen eines Zeugen*, Berlin (Ost) ²1986, S. 7.

378 »Auftrag an die Gruppen der Thälmannpioniere: ›An der Seite der Genossen – Immer bereit‹«, in: *Pionierkalender* 1988, Berlin (Ost) 1988, S. 2-3. Im Zusammenhang mit dem Selbstbild der DDR als antifaschistischer Staat und den damit verbundenen erinnerungskulturellen Kontinuitäten ist die Implementierung von Völkerfreundschaft und internationaler Solidarität als Bestandteil der offiziellen Erziehungsprogrammatik der DDR von Bedeutung. Für erste Untersuchungen über die internationalistische Solidarität als Lernziel in der DDR-Schulbildung siehe Krüger-Potratz/Krüger/Winter, »Völkerfreundschaft und internationale Solidarität«, S. 173ff.

379 Ministerium für Volksbildung der DDR (Hg.), *Geschichte. Lehrbuch Klasse 10*, Berlin (Ost) 1989, S. 206.

380 Einige Beispiele für diese ostdeutsche Erinnerungskultur aus der Zeit nach der deutschen Einheit: Petra Pau, »Angela, Erna und Rosenholz. Nachdenkliches über Prachtköpfe und Bürgerkriege« (2003), URL: www.petra-pau.de/person/lesbar/030903_disput-0308.htm (zuletzt

Auch Angela Davis blieb der DDR – trotz der Kritik, die sie wegen ihrer Besuche dort im Westen erfahren hatte – eng verbunden. So gehörte sie 1975 zu den Gründungsmitgliedern des *U.S. Friendship Committee for the GDR*, das nach Aufnahme der diplomatischen Beziehungen zur Imagepflege der DDR in den USA beitragen sollte.[381] Im Juli 1981 kehrte Angela Davis als Repräsentantin der CPUSA nach Ostberlin zurück, um an der *Kinder- und Jugendspartakiade* teilzunehmen.[382] Sie nutzte ihren Aufenthalt auch, um dort ihre mehr als zehn Jahre zuvor bei Herbert Marcuse begonnene Doktorarbeit fertigzustellen.[383] Die Deutsche Staatsbibliothek biete, so Davis, die besten Voraussetzungen, um über Kant und die klassische deutsche Philosophie als »eine der Quellen des Marxismus« zu arbeiten.[384]

Noch 2010 schrieb sie im Vorwort zu Klaus Steinigers *Angela Davis. Eine Frau schreibt Geschichte*, dass die Erinnerung an die millionenfache Solidaritätspost aus der DDR ihr immer wieder vor Augen führe, wie wichtig es sei, die »historische Erinnerung an das zu bewahren, was die sozialistischen Länder erreichen« könnten.[385]

abgerufen: 01.02.2020); Michael Pilz, »Angela und ich«, in: *Berliner Morgenpost* (17.07.2003); Wolfgang Kohrt, »Eine Million Rosen für Angela Davis. Die Frau, die man zur Ikone machte, ist wieder in Berlin«, in: *Berliner Zeitung* (08.01.2005); Steffen Reichert, »Rote Rosen für Angela Davis«, in: *Sächsische Zeitung* (23.06.2010), URL: https://www.saechsische.de/rote-rosen-fuer-angela-davis-206392.html (zuletzt abgerufen: 01.02.2020); Steiniger, *Angela Davis*; Klaus Steiniger, »Solidarität in Postsäcken«, URL: www.mdr.de/damals/archiv/davis228.html (zuletzt abgerufen: 01.02.2020).

381 Weßel, *Bild und Gegenbild*, S. 58; Heinrich Bortfeld, »In the Shadow«, in: Detlef Junker et al. (Hg.), *The United States and Germany in the Era of the Cold War*, S. 308.

382 »VIII. Kinder- und Jugendspartakiade eröffnet. Mit Elan und Willenskraft zu hohen sportlichen Zielen«, in: *Neues Deutschland* (21.07.1981), S. 1.

383 Dass Davis eine entsprechende Doktorarbeit abgeschlossen hat, ließ sich im Rahmen dieser Untersuchung nicht bestätigen. Die Existenz einer Promotionsakte von Davis im Universitätsarchiv der Humboldt-Universität Berlin konnte auf Nachfrage ebenfalls nicht bestätigt werden.

384 »Schwarze Rose kämpft für Recht und Frieden«, in: *Neues Deutschland* (25./26.07.1981), S. 11. Scheinbar nahm Davis, die in der Zwischenzeit an verschiedenen US-amerikanischen Universitäten Lehraufträge (unter anderem in Philosophie) ausgeübt hatte, zu diesem Zeitpunkt die Arbeiten an ihrer Promotion noch einmal auf. Leider seien die Vorarbeiten, wie es in dem Interview weiter heißt, »die bereits vor zehn Jahren sehr weit gediehen waren, nicht mehr greifbar. Einen Teil des Materials hat das FBI seinerzeit beschlagnahmt, der andere wurde durch eine dubiose Brandstiftung vernichtet.«

385 Angela Davis, »Vorwort«, in: Steiniger, *Angela Davis*, S. 9-13, hier: S. 13.

Abschlussbetrachtung

Das Erkenntnisinteresse dieser Arbeit galt den Vorstellungswelten und Wirklichkeitskonstruktionen, die als Grundlage der DDR-Solidarisierung mit Angela Davis dienten. Es wurde untersucht, in welchen Bedeutungszusammenhang das SED-Regime die Afroamerikanerin Angela Davis, ihren Fall und ihren Aktivismus einbettete. Von Relevanz waren demnach die Vorstellungswelten und kollektiven Sinngebungen, die in der ersten Hälfte der 1970er Jahre bereits zur Verfügung standen oder erst noch bereitgestellt werden mussten.

Ein zentraler Begriff in diesem Zusammenhang ist die internationale Solidarität – verstanden als dezidiert antirassistische Solidarität. Nach dem Zweiten Weltkrieg wurde dieser Begriff im Zuge der Staatsgründung der DDR und der damit einhergehenden Selbstlegitimierungsbestrebungen nach innen und außen zu einem spezifischen Merkmal der sozialistischen Gesellschafts- und Staatsordnung erhoben. Darüber hinaus spielte auch die US-Rassenfrage für die Abgrenzungsbemühungen des SED-Regimes gegenüber der Bundesrepublik Deutschland eine wesentliche Rolle. Rassismus wurde als spezifisches Merkmal der imperialistischen und kapitalistischen Gesellschaften im Westen dargestellt.

Das SED-Regime konnte diesbezüglich auf bereits existierende Vorstellungswelten zurückgreifen, die in den 1920er und 1930er Jahren in der Sowjetunion politisch-ideologisch konstruiert worden waren: die Anerkennung der revolutionären Bedeutung des afroamerikanischen Freiheitskampfes und die Etablierung einer Idee des *anderen Amerikas*. Damit war die Grundlage einer rassenübergreifenden Klassenverbundenheit geschaffen worden, aus der weiße Kommunisten und afroamerikanische Linke ein kommunistisch-afroamerikanisches Verbundenheitsgefühl ableiten konnten.

Die Solidaritätskampagne der DDR für Angela Davis wurde infolge dieser antirassistischen Bündnistradition mit dem *anderen Amerika* der linken afroamerikanischen Akteure ideologisch aufgeladen. Durch die deutsche NS-Vergangenheit und die Anerkennungs- beziehungsweise Abgrenzungsbemühung der SED-Führung erhielt diese antirassistische Bündnistradition eine DDR-spezifische Auslegung. Als kollektive Sinngebung und symbolisches Deutungsmuster konnte das Imaginäre des rot-schwarzen Verbundenheitsgefühls seine Wirkung entfalten.

Aufgeladen wurden sowohl die Solidaritätskampagne als auch die Begegnungen zwischen Angela Davis und der DDR.

Zudem konnte aufgezeigt werden, dass die besondere Verbindung zwischen Angela Davis und der DDR keineswegs ein Einzelfall war. Vielmehr zeugt sie von der Etablierung eines sozialen und ideologischen Netzwerkes, dessen afroamerikanische Mitglieder lange vor Davis die Sowjetunion besucht und so zur Entstehung der rot-schwarzen Verbundenheit beigetragen hatten. Damals begriffen sich kommunistische Parteien wie die CPUSA weltweit als Teil einer globalen revolutionären Bewegung. Dementsprechend knüpften sie Kontakte und etablierten internationale Strukturen. Später griffen afroamerikanische linke Akteure auf diese internationalen Organisationsstrukturen zurück, um ihre internationalistischen Aktivitäten gezielt weiterzuentwickeln.

Mit dem Aufkommen der militanten *Black Power*-Bewegung Mitte der 1960er Jahre deutete sich zunächst ein Ende dieser antirassistischen Bündnistradition an. Doch durch Angela Davis und ihren Fall bot sich sowohl für afroamerikanische Kommunisten als auch das SED-Regime die Chance, die rot-schwarze Verbundenheit fortzuführen. Deshalb war es besonders interessant, die politisch-ideologische Prägung von Angela Davis zu untersuchen. Welcher Wahrnehmungs- und Handlungshorizont war für sie vor allem in der Zeit zwischen ihrem ersten Besuch in der DDR im Jahr 1965 bis in die Mitte der 1970er Jahre leitend?

Die Ergebnisse relativieren und widerlegen in Teilen die im wissenschaftlichen Diskurs und in der populärkulturellen Darstellung vorherrschende Wahrnehmung von Angela Davis als *Black Power*-Ikone der 1960er Jahre. Anhand des biografischen Ansatzes kann die politisch-ideologische Identitätsbildung von Angela Davis in drei Phasen unterteilt werden: Kindheit und Jugend (1944-1961), Studium und Politisierung (1961-1967) und Radikalisierung und Verhaftung (1967-1970). In den ersten beiden Phasen fand die politisch-ideologische Sozialisierung (1944-1961) statt. In dieser Zeit bildete sich ihr grundlegendes Revolutionsverständnis. Sie glaubte an die revolutionäre Bedeutung internationaler, rassenübergreifender Bündnisse – eine Trias aus Rassen-, Klassen- und Geschlechtergleichheit – und entwickelte ein eigenes Verständnis von Sozialismus. Danach folgte Sozialismus einem rassismusfreien Gesellschaftsentwurf. Für Davis, die enge persönliche Verbindungen zu schwarzen und weißen Kommunisten pflegte, war die rot-schwarze Verbundenheit Teil eines real existierenden Werte-Ideen-Systems. Somit lässt sie sich in die politisch-ideologische Tradition des schwarzen Internationalismus einordnen.

Aufgrund ihrer Auslandsaufenthalte und durch die Begegnungen mit Herbert Marcuse brachte sie den afroamerikanischen Freiheitskampf nunmehr mit den weltweit aufkommenden Protesten in Zusammenhang. Auf ihrer Suche nach einer politisch-ideologischen Identität kam es schließlich zur Radikalisierung, als die *Black Power*-Bewegung in den USA an Bedeutung gewann. Dementsprechend prägte die radikale Militanz der *Black Power*-Bewegung die Jahre 1961 bis 1967, obwohl sich Davis dieser Bewegung letztlich organisatorisch nicht anschloss. Sie musste feststellen, dass *Black Power* keineswegs eine kohärente Bewegung war. Vielmehr war sie durch organisatorische Zersplitterung und starke Heterogenität in den politisch-ideologischen Konzeptionen gekennzeichnet. Außerdem musste Davis erkennen, dass sie als Frau in der von Männern dominierten Bewegung keine Akzeptanz erfuhr. Dies widersprach nicht nur ihren persönlichen Ambitionen, sondern auch ihrem Revolutionsverständnis. Letztlich führte das zu ihrer Abkehr von der *Black Power*-Bewegung als organisatorischem Rahmen für ihren Aktivismus.

Der Beitritt in die CPUSA markiert den Beginn der Radikalisierungsphase. Damit entschied sie sich für einen rassenübergreifenden und umfassenden Bewegungsbegriff, wie ihn die Kommunisten seit den frühen Rassismusdebatten in der Komintern vertraten. Dennoch nutzte Davis weiterhin die Sprache und Ästhetik der militanten *Black Power*-Bewegung, um ihre politisch-ideologischen Forderungen zum Ausdruck zu bringen. Zudem befürwortete sie Bündnisse mit neuen, radikalen linken Gruppen und trat für *Black Power*-Positionen wie das Recht auf Selbstverteidigung ein. Damit unterschied sie sich von den alten Linken und gehörte einer neuen Mitgliedergeneration der CPUSA an, die als neue alte Linke bezeichnet werden kann.

Anschlussfähig war sie für das SED-Regime aufgrund ihres Bekenntnisses zum Parteikommunismus in Kombination mit ihrem Aktivismus gegen Rassismus und für die Rechte der diskriminierten afroamerikanischen Bevölkerung. Auch befand sie sich im Freund-Feind-Schema der DDR auf der richtigen Seite. Ihr eigentlicher politisch-ideologischer Identitätsentwurf und ihr Aktivismus wurden hingegen außer Acht gelassen.

Mit der Untersuchung der Solidaritätsaktionen der DDR für Angela Davis konnte gezeigt werden, dass größtenteils bereits bestehende personelle und ideologische Verbindungen fortgesetzt wurden. Es konnte auch gezeigt werden, dass das SED-Regime im Rahmen der Solidaritätsaktionen der DDR für Angela Davis ein transnationales antirassistisches Bündnis zwischen afroamerikanischen Kommunisten, der Sowjetunion und ihren Satellitenstaaten fortführte. Sowohl für das SED-Regime unter Erich Honecker als auch für Angela Davis wurde es zu Beginn der 1970er Jahre handlungsleitend. Kontinuitäten zeigen sich vor allem in Hinblick auf die Akteure, die Solidaritätsrhetorik und die Darstellung von Angela Davis als schwarze Kommunistin.

Allerdings gab es auch zentrale Neuerungen, denn infolge ihrer die westliche Protestästhetik widerspiegelnden Erscheinung und ihrer Bedeutung als internationales Protestsymbol entsprach Angela Davis vielmehr dem rebellischen Zeitgeist der westlichen Jugend als dem Dogmatismus der Parteifunktionäre. Dementsprechend konnte das SED-Regime eine moderne, fast schon popkulturelle Solidaritätspolitik inszenieren und zumindest vorübergehend an Integrationskraft gewinnen. So bot die Solidaritätskampagne für Angela Davis besonders der DDR-Jugend einen Zugang zu Formen westlicher Protestkultur, jedoch unter politisch korrekten Vorzeichen.

Gleichzeitig sah sich die DDR-Führung gezwungen, das subversive Potenzial durch eine eigene Darstellung zu entschärfen. Als gefährlich wurden insbesondere Davis' Verbindungen zu Leitfiguren der Neuen Linken wie Herbert Marcuse oder *Black Power*-Akteuren eingeschätzt. Auch sollten antiautoritäre und schwarzmilitante Dimensionen ihrer politisch-ideologischen Symbolik aufgehoben werden. Das gelang, indem Davis in ihrer Andersartigkeit als schwarze Frau exotisiert und objektiviert wurde, beispielsweise durch Bezeichnungen wie »Schwarze Rose von Alabama«.[1] Trotz der von ihr ausgehenden subversiven Gefahr diente die »Schwarze Schwester Angela« als Beispiel für eine vorbildliche sozialistische Entwicklung. Dafür sprachen ihre uneingeschränkte Loyalität zur Arbeiterklasse und ihr Bekenntnis zum rassenübergreifenden Kampf unter Führung der Kommunistischen Partei.

Am Ende der Kampagne und bei den persönlichen Begegnungen zwischen der DDR-Bevölkerung und Angela Davis in den Jahren 1972 und 1973 entstand der Eindruck, dass es der DDR-Führung zwischenzeitlich gelungen war, Solidarität nicht mehr nur als ein Grundprinzip der Arbeiterklasse, sondern auch als Teil eines fortschrittlichen sozialistischen Lebensgefühls zu etablieren. Davis wurde vor allem für die Jugend zu einer Ikone der internationalen Solidarität. Als solche vermittelte sie ein vorwärtsgewandtes, modernes Selbstbild der DDR und trug so zur Aufrechterhaltung der Idee der sozialistischen Überlegenheit und sozialistischen Zukunft in den Köpfen der Menschen bei.

Darüber hinaus zeigt die Untersuchung der Solidaritätskampagne auch, dass Angela Davis' Beziehungen zur DDR und zu den sozialistischen Staaten des Ostblocks in der Tradition des schwarzen linken Internationalismus standen, die sie als Teil einer rassenübergreifenden internationalen Bewegung im Kampf gegen Rassendiskriminierung betrachtete. Damit unterschied sie sich von profilierten *Black Power*-Akteuren wie Stokely Carmichael, die ihre internationalistischen Bestrebungen in panafrikanischer Tradition an Afrika ausrichteten. Die Nähe zur DDR und zum Staatssozialismus bedeutete für Angela Davis eine Stärkung ihrer Position in der CPUSA, die sie weiterhin als strukturell-organisatorischen Handlungsrahmen zur Umsetzung ihrer politischen Ziele ansah.

Die Arbeit hat gezeigt, dass sich Angela Davis und die DDR-Führung auch über das Ende der Solidaritätskampagne hinaus als Verbündete in einem transnationalen Handlungsrahmen wahrnahmen. Somit lässt sich auch die eingangs formulierte These bestätigen, dass die Verbindung der DDR und Angela Davis nicht ausschließlich als Propagandastrategie des Kalten Krieges interpretiert werden kann.

---

1 Siehe hierzu auch Hagen, »Ambivalences and Desire«, S. 177.

Stattdessen handelte es sich um ein transnationales kommunistisch-afroamerikanisches Bündnis, bei dem beide Seiten sich als Verbündete im gemeinsamen Kampf gegen Rassismus und Imperialismus wahrnahmen, weil sie von einer besonderen Solidarität zwischen Kommunisten und Afroamerikanern ausgingen. Auch wenn es zunächst nicht zu der erhofften Intensivierung der Beziehungen und zu Austauschprozessen zwischen der CPUSA und dem SED-Regime kam, prägte sich die Verbundenheit zwischen Angela Davis und der DDR in das ideologisch-politische Selbstverständnis beider Seiten ein.

Die vorliegende Untersuchung trägt damit in mehrfacher Hinsicht zur Schließung einer Forschungslücke bei: Die Verbindung zwischen Angela Davis und der DDR verdeutlicht, dass bis in die 1970er Jahre hinein der schwarze linke Internationalismus sowohl fortgeführt als auch teilweise neuinterpretiert wurde. Bisher wurde davon ausgegangen, dass es sich vor allem um ein Phänomen der Zwischenkriegszeit gehandelt habe. Gleichermaßen lag der Forschungsfokus, sofern der afroamerikanische Freiheits- und Gleichheitskampf in den 1970er Jahren betrachtet wurde, vor allem auf der *Black Power*-Bewegung und ihrem Niedergang. Jedoch lassen sich diese Entwicklungen nicht ausschließlich im Sinne einer Untergangsthese interpretieren. Im Gegenteil, die 1970er Jahre sind als Dekade des afroamerikanischen Freiheitskampfes zu interpretieren, in der sich afroamerikanische Proteste – »auf den Errungenschaften der Bewegungen« der 1960er Jahre aufbauend – in unterschiedlichen Formen fortentwickeln konnten.[2] Auch Angela Davis' internationaler antirassistischer Aktivismus kann als eine solche Fortsetzung gesehen werden.

Zudem trägt die Arbeit dazu bei, die internationale Solidarität nicht nur als Propagandapolitik zu interpretieren, die *von oben* verordnet wurde. Vielmehr entfaltete sie auf kollektiver gesellschaftlicher Ebene eine kulturelle Wirkung, verlieh also gesellschaftlichen Strukturen einen Sinn und prägte sie durch transnationale Wechselwirkungen und Austauschprozesse.

Erstmals wurde die DDR-Solidaritätskampagne überhaupt umfassend untersucht und die hier geleistete Quellenarbeit bietet zukünftiger Forschung einen analytischen Ausgangspunkt, um die Ereignisse beispielsweise um eine individuelle Dimension zu erweitern. Das Imaginäre – verstanden als kollektive Deutungsmuster und Sinngebungen – vermag in dieser Hinsicht weitere aufschlussreiche Erkenntnisgewinne zu liefern. Denn, wie in der vorliegenden Arbeit gezeigt, entfaltete gerade das Imaginäre, das über nationale Grenzen und über unterschiedliche Ebenen hinweg zirkulierte, im Ost-West-Konflikt seine Wirkung und half,

2 Stephen Tuck, »›We Are Taking Up Where the Movement of the 1960s Left Off‹: The Proliferation and Power of African American Protest during the 1970s«, in: *Journal of Contemporary History*, 43/4 (2008), S. 637-654, hier: S. 138.

den Kalten Krieg den Menschen zu erklären. So bildete der Antagonismus des Kalten Krieges den Rahmen, in dem das antirassistische, rot-schwarze Bündnis seine Wirkung entfalten konnte, und zwar sogar – blickt man auf seine erinnerungskulturelle Bedeutung – über die Epoche des Kalten Krieges hinaus.

Außerdem erweitern die vorgestellten Entwicklungen zwischen Kaltem Krieg, Rassismus und *Black Power* den Blick auf Angela Davis und die DDR in Richtung Osten. Anstelle des transnationalen Austausches und der Adaption von gegenkulturellen Ausdrucks- und antiautoritären Protestformen westlich des Eisernen Vorhangs rücken plötzlich persönliche Vernetzungen, kulturelle Wechselwirkungen sowie offiziell autorisierte Formen des interkulturellen Austauschs im Sinne der »Socialist Sixties«[3] in den Fokus. Daran können zukünftige Forschungsarbeiten anknüpfen, indem sie beispielsweise Angela Davis' Beziehungen zur Sowjetunion oder zu anderen sozialistischen Staaten in den Blick nehmen. Dadurch wäre es möglich, Vergleiche zwischen einzelnen Ländern herzustellen, was wiederum die Perspektive auf die Verbindung zwischen Davis und der DDR im Kontext des noch jungen Felds der Geschichte der Kultur des Kalten Krieges erweitern würde. Denn Davis und ihr Kampf gegen Rassismus – das hat der Blick auf die DDR-Solidaritätskampagne für Angela Davis gezeigt – kann auch jenseits eines westlichen und kapitalistischen Handlungsrahmens im Kontext einer Kultur des Kalten Kriegs interpretiert werden.

---

3 Für die Begriffsprägung *Socialist Sixties* siehe Anne E. Gorsuch/Diane P. Koenker (Hg.), *The Socialist Sixties. Crossing Borders in the Second World*, Bloomington 2013.

Abkürzungsverzeichnis

ADN Allgemeiner Deutscher Nachrichtendienst

AFL American Federation of Labor

AFSC American Friends Service Committee

AI Amnesty International

BPP Black Panther Party for Self-Defense, ab 1968 Black Panther Party

BPPP Black Panther Political Party

BRD Bundesrepublik Deutschland

CIA Central Intelligence Agency

CIO Congress of Industrial Organizations

COINTELPRO Counterintelligence Program

CPUSA Communist Party of the USA

CRC Civil Rights Congress

CREST CIA Records Search Tool, US National Archives

DASR Deutsche Akademie für Staats- und Rechtswissenschaft

DDR Deutsche Demokratische Republik

DFD Demokratischer Frauenbund Deutschlands

FAZ Frankfurter Allgemeine Zeitung

FBI Federal Bureau of Investigation

FDGB Freier Deutscher Gewerkschaftsbund

FDJ Freie Deutsche Jugend

FLN Front de Libération Nationale

FOIA Freedom of Information Act

FSM Free Speech Movement

GDR German Democratic Republic (*Deutsche Demokratische Republik*)

HUAC The House Committee on Un-American Activities

IAA Internationale Arbeiterassoziation

IBW Institute of the Black World

IDFF Internationale Demokratische Frauenföderation

ILD International Labor Defense

IML Institut für Marxismus-Leninismus

ITUCNW International Trade Union Committee of Negro Workers

KKK Ku Klux Klan

KOMINTERN Kommunistische Internationale

KP Kommunistische Partei

KPD Kommunistische Partei Deutschlands

KPdSU Kommunistische Partei der Sowjetunion

KUTV Kommunistische Universität der Werktätigen des Ostens

MOPR International Red Aid

MOWC March on Washington Committee

NAACP National Association for the Advancement of Colored People

NAARPR National Alliance Against Racist and Political Repression

NCNW National Council of Negro Women

NNC National Negro Congress

NUCFAD National United Committee to Free Angela Davis and all Political Prisoners

OLAS Organization of Latin American Solidarity

PIC Peace Information Center

PLO Palestine Liberation Organization
(Palästinensische Befreiungsorganisation)

RAF Rote Armee Fraktion

RAM Revolutionary Action Movement

SBDC Soledad Brothers Defense Committee

SCLC Southern Christian Leadership Conference

SDS Sozialistischer Deutscher Studentenbund (Westdeutschland)

SED Sozialistische Einheitspartei Deutschlands

SNCC Student Nonviolent Coordination Committee

SNYC Southern Negro Youth Congress

SOBU Student Organization of Black Unity

SPD Sozialdemokratische Partei Deutschlands

SU Sowjetunion

TWWA Third World Women's Alliance

UCLA University of California, Los Angeles

UdSSR Union der Sozialistischen Sowjetrepubliken

UN/UNO United Nations/United Nations Organization

UNESCO UN Educational, Scientific and Cultural Organization

UNIA Universal Negro Improvement Association

WBDJ Weltbund der Demokratischen Jugend

WFDY World Federation of Democratic Youth

WYC World Youth Council

YWCA National Board of Young Women Christian Association

YWLL Young Workers Liberation League

ZK Zentralkomitee

Quellen

Archivsammlungen Deutschland

Archiv der Akademie der Künste (AdK), Berlin

Akademie der Künste (Ost)
Archiv Verband der Komponisten und Musikwissenschaftler der DDR
Maximilian-Scheer-Archiv
Paul-Robeson-Archiv
Verband Bildender Künstler der DDR – Fotos

BStU – Die Behörde des Bundesbeauftragten für die Stasi-Unterlagen

Ministerium für Staatssicherheit (MfS)
BV Potsdam
BV Magdeburg
MfS ZAIG

Bundesarchiv, Koblenz

BArch, B 106 Bundesministerium des Innern

Bundesarchiv, Historische Bilder und Dokumente, Koblenz

Digitales Bildarchiv des Bundesarchivs

Bundesarchiv, Stiftung Archiv der Parteien und Massenorganisationen der DDR im Bundesarchiv (SAPMO), Berlin-Lichterfelde

DDR-Komitee für Menschenrechte
Demokratischer Frauenbund Deutschlands
Freie Deutsche Jugend
Freier Deutscher Gewerkschaftsbund
Friedensrat der DDR

Liga für Völkerfreundschaft
Ministerium für Kultur
Nationalrat der Nationalen Front, Büro des Sekretariats
Politbüros des ZK der SED
SED, ZK, Büro Hermann Axen
SED, ZK, Büro Werner Lamberz
Sekretariat des ZK der SED, Protokolle
Verlag der Nationen

DEFA-Stiftung – Archivbestand/Dokumentarfilmarchiv
Der Augenzeuge
Das Wochenmagazin

Georg-Eckert-Institut für internationale Schulbuchforschung, Braunschweig
Schulbuchsammlung

Leipzig Stadtarchiv

Leipzig Universitätsarchiv
Rektorat
Promotionsakten

Archivsammlungen USA

Library of Congress (LOC), Washinton D.C.
Congressional Records
87thCongress. 2nd Session 1962, Hearings before the Committee on Un-American Activities House of Representatives, »Communist Youth Activities« (25.-27.04. und 04.10.1962).
91th Congress. 2nd Session 1970, Hearings before Committee on Internal Security House of Representatives, »The Theory and Practice of Communism in 1970« (23.-25.06.1971).
92th Congress. 1st Session 1971, Hearings before Committee on Internal Security House of Representatives »The Theory and Practice of Communism in 1971«, Part I-A (23.03.1971).
92th Congress. 1st Session 1971, House Report Nr. 92-470, Committee on Internal Security House of Representatives »Gun-Barrel Politics. The Black Panther Party, 1966-1971«.

92th Congress. 1st Session, Congressional Record, Proccedings and Debates, House of Representatives (17.02.1971).
92th Congress. 1st Session, Congressional Record, Proccedings and Debates, Senate (19.02.1971).
92th Congress. 1st Session, Congressional Record, Proccedings and Debates, Senate (02.03.1971).
92th Congress. 1st Session, Congressional Record, Proccedings and Debates, Senate (16.07.1971).
92th Congress. 2nd Session, Congressional Record, Proccedings and Debates, Senate (03.03.1972).
92th Congress. 2nd Session, Congressional Record, Proccedings and Debates, House of Representatives (24.05.1972).
92th Congress. 2nd Session, Congressional Record, Proccedings and Debates, House of Representatives (14.09.1972).

Moorland-Spingarn Research Center, Manuscript Division, Howard University, Washington D.C.
William L. Patterson Papers

National Archives at College Park, ML
Records of the Central Intelligence Agency via CIA Records Search Tool
Records of the Foreign Service Posts of the Department of State, 1788 – ca. 1991

New York Public Library, Schomburg Center for Research in Black Culture, New York
National Alliance Against Racist and Political Repression (U.S.) Angela Davis Defense Committee collection, 1970-1976 (Sc MG 155)
Angela Davis Legal Defense Collection (Sc MG 410)

Ronald Reagan Presidential Library, Simi Valley, CA
California Governor Reagan's Papers, 1967-1975
Series II: Education Unit, 1967-1974
Series III: Legal Affairs Unit, 1967-1974

Southern California Library for Social Studies and Research, Los Angeles, CA
Angela Davis Academic Freedom Case & Trial Defense Movement 1969-1972 (MSS 093)
Series 1: The Academic Freedom Case materials

Series 2: The Trial and Defense Movement papers
Series 3: The Press Clippings

Stanford University Special Collections & University Archives, Stanford, CA
Angela Davis Trial Collection, 1972-1974 (M0308)
Davis (Angela) »Freiheit für Angela Davis« Ephemera Collection, 1971-1972 (M2086)
Donald T. Carlson Papers (SC0539)
Dr. Huey P. Newton Foundation Inc. Collection (M0864)
Herbert Aptheker Papers, 1842-2005 (M1032)
National United Committee to Free Angela Davis Records, circa 1970-1972 (M0262)

Stuart A. Rose Manuscript, Archives, and Rare Book Library, Emory University, Atlanta, GA
Angela Y. Davis Collection
Louise Thompson Patterson Papers

Tamiment Library/Robert F. Wagner Labor Archives, New York University, New York
Communist Party of the United States of America Records (TAM.132)
CPUSA Audio Collection (TAM132.001)
Series I: Reel-to-Reel Audio Tapes: Meetings, 1967-1998
James E. Jackson and Esther Cooper Jackson Papers (TAM.347)
Marxist Studies Pamphlet Collection (PE.043)
Printed Ephemera Collection on Organizations (PE.036)

University of California, Special Collections and Archives, Santa Cruz, CA
Bettina Aptheker Papers (MS 157)

University of Virginia Library Special Collection, Charlottesville, VA
Papers of the United States House of Representatives Committee on Internal Security, 1971-1974 (MSS 11406)

Digitale Archive und Datenbanken

Alabama Department of Archives and History (ADHA) Digital Collections (http://digital.archives.alabama.gov/cdm/)

Civil Rights Struggle, African American GIs, and Germany (AACVR) – *Digital Archive*, German Historical Institute, Washington D.C. (www.aacvr-germany.org/)
CREST: 25-Year Program Archive (https://www.cia.gov/library/readingroom/collection/crest-25-year-program-archive)
Dokumentarchiv: historischen Dokumenten- und Quellensammlung zur deutschen Geschichte ab 1800 (www.documentarchiv.de/index.html)
Materialien zur Kulturgeschichte (http://erinnerungsort.de/)
MDR – Damals im Osten »Eine Amerikanerin in der DDR. Angela Davis. Einem Mythos auf der Spur« (https://www.mdr.de/zeitreise/stoebern/damals/angela-davis124.html)
Political & Rights Issues & Social Movements (PRISM) Digital Collection(http://palmm.digital.flvc.org/islandora/search/?type=edismax&collection=palmm %3Asmc)
Wer war wer in der DDR? (https://www.bundesstiftung-aufarbeitung.de/wer-war-wer-in-der-ddr- %2363 %3B-1424.html)
Zeitungsinformationssystem ZEFYS (http://zefys.staatsbibliothek-berlin.de/ddr-presse/?no_cache=1)

Filme

Böttcher, Jürgen/Joachim Hellwig, »Wer die Erde liebt« (1973), in: bpb (Hg.), *Parallelwelt: Film. Ein Einblick in die DEFA. Geschichte und Inszenierung* (DVD 2), Bonn 2006.
DuLuart, Yolanda, *Angela Davis: Portrait of a Revolutionary*, USA 1972.
Fanelli, Dan, et al., *Like it is. Angela Davis*, USA 1970.
Juutilainen, Paul Alexander, *Herbert's Hippopotamus: Marcuse and Revolution in Paradise*, USA 1996, URL: https://www.youtube.com/watch?v=gbzhmMDFcFQ (zuletzt abgerufen: 01.02.2020).
Lynch, Shola, *Free Angela & All Political Prisoners*, USA 2012.
Olsson, Göran Hugo, *The Black Power Mixtape 1967-1975*, Schweden 2011.
Priemer, Christel/Ingeborg Weber, *Angela Davis. Eine Legende Lebt*, 1998 Deutschland.

Zeitungen

Berliner Morgenpost
Berliner Zeitung
Black Panther Intercommunal News Service
Black Scholar

Christian Science Monitor
Daily World
Der Morgen
Der Spiegel
Die ZEIT
Ebony
Frankfurter Allgemeine Zeitung (FAZ)
Freedomways. A Quarterly Review of the Freedom Movement
Für Dich
Informationen der Friedensbewegung der Deutschen Demokratischen Republik
International Press Correspondence
JET
Junge Welt
Konkret
LIFE Magazin
Los Angeles Times
Ms. Magazine
Muhammed Speaks
National Guardian
Neue Zeit
Neues Deutschland
Neues Forum
New York Amsterdam News
New York Times
Newsweek
Ostseezeitung
People's World
Ramparts
San Francisco Examiner
Süddeutsche Zeitung
The Baltimore Sun
The Black Panther
The Crisis
The Daily Worker
The Harvard Crimson
The New York Review of Books
TIME Magazine
UCLA Daily Bruin
Washington Post
Wochenpost
Young Worker

Publizierte Quellen

»Angela Davis spricht den Appell an die Jugend der Welt. Mitschnitt von der Abschlussveranstaltung der X. Weltfestspiele auf dem Marx-Engels-Platz am 5.8.1973 in Berlin«, in: Rundfunk der DDR (Hg.), *X. Weltfestspiele der Jugend und Studenten*, (LP), 1973.

Adorno, Gretel/Rolf Tiedemann (Hg.), *Ästhetische Theorie*, Frankfurt a.M. 1970.

Adorno, Theodor W., *Studien zum autoritären Charakter*, Frankfurt a.M. 1973.

Adorno, Theodor W./Else Frenkel-Brunswik/Daniel J. Levinson/R. Nevitt Sanford, *The Authoritarian Personality*, New York 1949.

Adorno, Theodor, *Negative Dialektik*, Frankfurt a.M. 1966.

Afro-Asiatisches Solidaritätskomitee der DDR, »Bericht über die Solidaritätsbewegung in der Deutschen Demokratischen Republik zur Unterstützung des kämpfenden vietnamesischen Volkes«, in: Göktürk/Gramling/Kaes (Hg.), *Transit Deutschland*, S. 101-102.

Alain Locke (Hg.), *The New Negro: Voices of the Harlem Renaissance*, New York 1992.

Amt für Jugendfragen beim Ministerrat der DDR (Hg.), *DDR – Staat der Jugend*, Berlin (Ost), 1973.

Angela Davis Solidaritätskomitee (Hg.), *Am Beispiel Angela Davis*, Frankfurt 1972.

Aptheker, Bettina, *Intimate Politics: How I Grew Up Red, Fought for Free Speech, and Became a Feminist Rebel*, Emeryville 2006.

Aptheker, Bettina, *The Morning Breaks. The Trial of Angela Davis*, Ithaca 1999.

Aptheker, Herbert (Hg.), *Documentary History of the Negro People in the United States (1951-1994)*, New York 1969.

Aptheker, Herbert (Hg.), *The Correspondence of W.E.B. Du Bois*, 1877-1963, 3 Bd, Amherst 1973, 1976, 1978.

Babing, Alfred »Einführung«, in: DDR-Komitee für die Kampfdekade gegen Rassismus und Rassendiskriminierung (Hg.), *Gegen Rassismus, Apartheid und Kolonialismus. Dokumente der DDR 1949-1977*, Berlin (Ost) 1978, S. 43-63

Bentley, Eric (Hg.), *Thirty Years of Treason: Excerpts from Hearings Before the House Committee on Un-American Activities, 1938-1968*, New York 1971.

Berthold, Erika, »›Wir wollten dem Eheknast entkommen‹. Erika Berthold und die Kommune 1 Ost«, in: Ute Kätzel (Hg.), *Die 68erinnen. Portrait einer rebellischen Frauengeneration*, Berlin 2002, S. 221-236.

Bollinger, Klaus, *Freedom now – Freiheit sofort! Die Negerbevölkerung der USA im Kampf um Demokratie*, Berlin (Ost), 1968.

Brigitte Bogelsack, »Paul Robeson's Legacy in the German Democratic Republic«, in: *Freedomways. A Quarterly Review of the Freedom Movement. A Special Issue: Paul Robeson. The Great Forerunner*. 11/1 (1971), S. 91-94.

Brown, Elaine, *A Taste of Power. A Black Woman's Story*, New York 1994.

Bundesministerium des Inneren, »Einreisesperre für politisch radikale Ausländer. Zurückweisung zweier Funktionäre der Black-Panther-Party« (19.12.1969), in: *Das Parlament* Nr. 5 (31.01.1970).

Carmichael, Stokely, »Black Power«, in: David Cooper (Hg.), *Dialektik der Befreiung*, Hamburg 1969, S. 32-36.

Carmichael, Stokely, *Stokely Speaks: From Black Power to Pan-Africanism*, New York 1971.

Cooper Jackson, Esther (Hg.), *Freedomways Reader. Prophets in Their Own Country*, Boulder 2000.

Cooper, David (Hg.), *Dialektik der Befreiung*, Hamburg 1969.

Davis, Angela (Hg.), *If They Come in the Morning. Voices of Resistance*, London 1971.

Davis, Angela (Hg.), *Materialien zur Rassenjustiz. Stimmen des Widerstands*, Neuwied am Rhein 1972.

Davis, Angela »James and Esther Jackson. Connecting the Past to the Present«, in: Lewis/Nash/Leab (Hg.), *Red Activists and Black Freedom*, S. 101-106.

Davis, Angela, »Afro Images. Politics, Fashion, and Nostalgia«, in: *Critical Inquiry*, Vol. 21/1 (1994), S. 37-45.

Davis, Angela, »Die Soledad Brüder. Ein Aufruf«, in: Davis (Hg.), *Materialien zur Rassenjustiz*, S. 198-210.

Davis, Angela, »I am a Revolutionary Black Women«, in: *Muhammad Speaks* (Dezember 1970).

Davis, Angela, »Interviews im Gefängnis«, in: Davis (Hg.), *Materialien zur Rassenjustiz*, S. 152-165.

Davis, Angela, »Living Justice. Life and Time of Charlene Mitchell«, *Black Women and the Radical Tradition Conference* (28.03.2009), New York, URL: http://vimeo.com/10354190 (zuletzt abgerufen: 01.02.2020).

Davis, Angela, »Statemen to the Court«, in: Angela Davis (Hg.), *If They Come in the Morning. Voices of Resistance*, London 1971, S. 212-213.

Davis, Angela, »Vorwort«, in: Steiniger, *Angela Davis. Eine Frau schreibt Geschichte*, S. 9-13.

Davis, Angela, *Angela Davis. An Autobiography*, New York [2]1988.

Davis, Angela, *Women, Race, and Class*, New York 1981.

Davis, Jr., Ben, »U.S.S.R. – The Land for Me«, *Sunday Worker* (10.05.1936), in: Foner (Hg.), *Paul Robeson Speaks*, S. 105-109.

DDR-Komitee für die Kampfdekade gegen Rassismus und Rassendiskriminierung (Hg.), *Gegen Rassismus, Apartheid und Kolonialismus. Dokumente der DDR 1949-1977*, Berlin (Ost) 1978.

Deutscher Fernsehfunk (Hg.), *Paul Robeson. Feier zu Ehren seines 60. Geburtstags* (09.04.1958), Berlin (Ost) 1958.

Dietz Verlag (Hg.), *Kleines Politisches Wörterbuch*, Berlin (Ost) 1967.

Divale, William Tulio/James Joseph, *I lived Insight the Campus Revolution*, New York 1970.

Durden-Smith, Jo, *Who Killed George Jackson*, New York 1976.

Dutschke, Rudi/Hans-Jürgen Krahl, »Organisationsreferat« (1967), in: Kraushaar (Hg.), *Frankfurter Schule und Studentenbewegung*, Bd. 2, S. 287-290.

Fanon, Frantz, *Die Verdammten dieser Erde*, (Originalausgabe 1961), Frankfurt a.M. 2008.

Finke, Blythe F., *Angela Davis. Traitor or Martyr of the Freedom of Expression*, Charlotteville 1972.

Foner, Philip S. (Hg.), *American Communism and Black Americans. A Documentary History, 1919-1929*, Philadelphia 1987.

Foner, Philip S., (Hg), *Paul Robeson Speaks; Writings, Speeches, Interviews, 1918-1974*, Secaucus 1978.

Foner, Philipp S. (Hg.), *Paul Robeson Speaks; Writings, Speeches, Interviews, 1918-1974*, Secaucus 1978.

Friedensrat der DDR (Hg.), *»Jede Wolke hat einen silbernen Rand…« Pastor Ralph D. Abernathy, Präsident der Southern Christian Leadership Conference, zu Gast in der Deutschen Demokratischen Republik, 27.-29. September 1971*, Dresden 1971.

Friedensrat der DDR (Hg.), *Angela Davis. Lieder, Texte, Noten*, Berlin (Ost) 1973.

Friedensrat der DDR (Hg.), *Peace, Friendship, Solidarity. Angela Davis in the GDR*, Dresden o.J.

Friedensrat der DDR (Hg.), *Save Angela Davis*, Berlin (Ost) Februar 1972.

Friedensrat der Deutschen Demokratischen Republik (Hg.), *Days with Paul Robeson*, Berlin (Ost) 1961.

General Assembly, »Programme for the observance in 1971 of the International Year for Action to Combat Racism and Racial Discrimination« (11.12.1969), 1829th plenary meeting, URL: www.un.org/en/ga/search/view_doc.asp?symbol=A/RES/2544 %20 %28XXIV %29 (zuletzt abgerufen: 01.02.2020).

Grossman, Victor, »African Americans in the German Democratic Republic«, in: Greene/Ortlepp (Hg.), *Germans and African Americans*, S. 3-16.

Hall, Gus, *Fighting Racism: Selected Writings*, New York 1985.

Harrington, Michael, *The Other America. Poverty in the United States*, New York 1962.

Haywood, Harry, *Black Bolshevik. Autobiography of Afro-American Communist*, Chicago 1978.

Healey, Dorothy, *California Red: A Life in the American Communist Party*, Urbana 1993.

Honecker, Erich, »Die Jugend der Deutschen Demokratischen Republik und die Aufgaben unserer Zeit. Rede auf der Zentralen Funktionärskonferenz der FDJ« (20.10.1972), in: Erich Honecker, *Zur Jugendpolitik der SED. Reden und Aufsätze von 1945 bis zur Gegenwart*, Berlin (Ost) 1977, S. 387-423.

Honecker, Erich, *Reden und Aufsätze*, Bd. I, Berlin (Ost) 1975.

Honecker, Erich, *Zur Jugendpolitik der SED. Reden und Aufsätze von 1945 bis zur Gegenwart*, Berlin (Ost) 1977.

Horkheimer, Max/Theodor W. Adorno, *Dialektik der Aufklärung. Philosophische Fragmente*, Amsterdam 1947.

Hughes, Langston, »One More ›S‹ in the USA«, in: Arnold Rampersad (Hg.), *The Collected Poems of Langston Hughes*, New York 1995, S. 177.

Hughes, Langston, *I Wonder as I Wander. An Autobiographical Journey*, New York 1994.

Institut für Internationale Beziehungen (Hg.), *Wörterbuch der Außenpolitik und des Völkerrechts*, Berlin (Ost) 1980.

Institut für Marxismus-Leninismus beim Zentralkomitee der SED (Hg.), *W.I. Lenin. Werke*, Bd. 31 April-Dezember 1920, Berlin (Ost) 1959.

Institut für Marxismus-Leninismus beim Zentralkomitee der SED (Hg.), *W.I. Lenin. Werke*, Bd. 20 Dezember 1913 – August 1914, Berlin (Ost) 1965.

Institut für Marxismus-Leninismus beim ZK der SED (Hg.), *Walter Ulbricht. Zur Geschichte der Deutschen Arbeiterbewegung. Aus Reden und Aufsätzen*, Bd. VII, 1957-1959, Berlin (Ost), 1964.

Jackson, George, *Soledad Brother: The Prison Letters of George Jackson*, 1970.

Jackson, George, *Soledad Brother: The Prison Letters of George Jackson*, Chicago [2]1994.

Jackson, James, »Three Philosophers: Frederick Engels, Herbert Marcuse and Angela Davis« (1970), in: James Jackson, *Revolutionary Tracings in World Politics and Black Liberation*, New York 1974, S. 45-56.

Jackson, James, *Revolutionary Tracings in World Politics and Black Liberation*, New York 1974.

Jansen, Peter-Erwin (Hg.), *Herbert Marcuse. Nachgelassene Schriften. Die Studentenbewegung und ihre Folgen*, Bd. 4, Springe 2004.

Kätzel, Ute (Hg.), *Die 68erinnen. Portrait einer rebellischen Frauengeneration*, Berlin 2002.

Kaufmann, Walter, *Unterwegs zu Angela. Amerikanische Impressionen*, Berlin (Ost) 1973, aktualisierte und überarbeitete Neuaufl.: *Unterwegs zu Angela Davis*, Bremen 2005.

Kommunistische Internationale (Hg.), *Bibliothek der Kommunistischen Internationale*, Bd. I, Hamburg 1920.

Kommunistische Internationale (Hg.), *Der Zweite Kongress der Kommunistischen Internationale. Protokolle der Verhandlungen vom 19. Juli in Petrograd und vom 23. Juli bis 7. August 1920 in Moskau*, Hamburg 1921.

Kongreß der Bürgerlichen Rechte (Hg.), *Rassenmord! Wir klagen an! Petition an die Vereinten Nationen zum Schutz der Negerbevölkerung in den Vereinigten Staaten von Amerika*, deutsche Fassung, Magdeburg 1953.

Lehmann, Werner, *Schwarze Rose aus Alabama*, Berlin (Ost) 1972.

Lenin, Vladimir I., *Was tun? Brennende Frage unserer Bewegung* (1902), Berlin (Ost) 1970.

Lenin, Wladimir I., »Über das Selbstbestimmungsrecht der Nationen« (März 1914), in: Institut für Marxismus-Leninismus beim Zentralkomitee der SED (Hg.), *W.I. Lenin. Werke*, Bd. 20 Dezember 1913 – August 1914, Berlin (Ost) 1965, S. 395-461.

Lenin, Wladimir I., »Ursprünglicher Entwurf der Thesen zur Nationalen und zur Kolonialen Frage«, in: Institut für Marxismus-Leninismus beim Zentralkomitee der SED (Hg.), *W.I. Lenin. Werke, Bd. 31* April-Dezember 1920, Berlin (Ost) 1959, S. 132-139, hier: S. 136.

Lightfoot, Claude M., *The Effect of Education on Racism. The Two German States and the USA*, New York 1973.

Logan, Whittingha Rayford (Hg.), *What the Negro Wants*, Chapel Hill 1944.

Marcuse, Herbert, »Angela Davis and Herbert Marcuse KPIX Newsclips 1969-1972«, in: Herbert Marcuse, *Marxism, Revolution and Utopia. Collected Papers of Herbert Marcuse*, Vol. 6, London 2014, S. 212.

Marcuse, Herbert, »Befreiung von der Überflussgesellschaft«, in: David Cooper (Hg.), *Dialektik der Befreiung*, Reinbek 1969.

Marcuse, Herbert, »Brief an Angela Davis« (24.10.1972), in: Peter-Erwin Jansen (Hg.), *Herbert Marcuse. Nachgelassene Schriften. Die Studentenbewegung und ihre Folgen*, Bd. 4, Springe 2004, S. 181-183.

Marcuse, Herbert, »Re-examination of the Concept of Revolution«, in: Herbert Marcuse, *Marxism, Revolution and Utopia. Collected Papers of Herbert Marcuse*, Vol. 6, London 2014, S. 199-206.

Marcuse, Herbert, »Repressive Toleranz«, in: Robert Paul Wolff/Barrington Moore/Herbert Marcuse (Hg.), *Kritik der reinen Toleranz*, Frankfurt a.M. 1966

Marcuse, Herbert, »Socialism in the Developed Countries« (1965), in: Herbert Marcuse, *Marxism, Revolution and Utopia. Collected Papers of Herbert Marcuse*, Vol. 6, London 2014, S. 169-189.

Marcuse, Herbert, »Solidaritätsrede Berkeley« (24.10.1969), in: Peter-Erwin Jansen (Hg.), *Herbert Marcuse. Nachgelassene Schriften. Die Studentenbewegung und ihre Folgen*, Bd. 4, Springe 2004, S. 158-164.

Marcuse, Herbert, »The Obsolescence of Marxism«, in: Herbert Marcuse, *Marxism, Revolution and Utopia. Collected Papers of Herbert Marcuse*, Vol. 6, London 2014, S. 188-195.

Marcuse, Herbert, *Der Eindimensionale Mensch. Studien zur Ideologie der fortgeschrittenen Industriegesellschaft*, Frankfurt a.M. 1968.

Marcuse, Herbert, *Marxism, Revolution and Utopia. Collected Papers of Herbert Marcuse*, Vol. 6, London 2014.

McKay, Claude, *A Long Way From Home* (1937), New York 1969.

Merkel, Ina, »Hinterher war alles beim Alten«. Zeitzeugeninterview mit Ina Merkel (10.12.2004), in: *bpb Spezial: Weltfestspiele 73*, URL: www.bpb.de/geschichte/deutsche-geschichte/weltfestspiele-73/65303/hinterher-war-alles-beim- alten (zuletzt abgerufen: 01.02.2020).

Miller, Dorothy, »Angela Davis in the GDR«, (18.09.1972), in: RFE/RL Background Reports, S. 2-3, URL: http://catalog.osaarchivum.org/catalog/osa:ebab0913-5ff3-4bf2-8b9f-ec8cbd3ea190 (zuletzt abgerufen: 01.02.2020).

Ministerium für Volksbildung der DDR (Hg.), *Geschichte. Lehrbuch Klasse 10*, Berlin (Ost) 1989.

Myrdal, Gunnar, *An American Dilemma. The Negro Problem and Modern Democracy*, New York 1944.

Nadelson, Regina, *Who is Angela Davis. The Biography of a Revolutionary*, New York 1972.

National Negro Congress, *A Petition to the United Nations on Behalf of 13 Million Oppressed Negro Citizens of the United States of America*, New York 1946.

Nationalrat (Hg.), *Where Power belongs to the People*, Dresden 1972.

Nationalrat des Nationalen Front (Hg.), *Kämpft Angela Davis frei*, Berlin (Ost) 1972.

Newton, Huey, »Reply to William Patterson«, in: Newton, *To Die for The People*, S. 163-177.

Newton, Huey, *Revolutionary Suicide*, New York 1973.

Newton, Huey, *To Die for The People. The Writing of Huey P. Newton*, New York 1972.

Patterson, William L. (Hg.), *We Charge Genocide. The Crime of Government Against the Negro People*, New York 1951.

Patterson, William L., »Letter to AdK Grossman regarding Paul Robeson Archive« (undatiert), in: *William Lorenzo Patterson Papers*, Box 208-23, Folder 12, Manuscript Division, Moorland-Spingarn Research Center, Howard University, Washington D.C.

Patterson, William L., »Letter to Franz Loeser, Paul Robeson Committee of the GDR« [25.07.1978], in: *William Lorenzo Patterson Papers*, Box 208-23, Folder 12.

Patterson, William L., »The Black Panther Party. A Force Against U.S. Imperialism«, in: *Political Affairs*, (September 1970), S. 26-36.

Patterson, William L., *The Man Who Cried Genocide. An Autobiography*, New York 1971.

Pau, Petra, »Angela, Erna und Rosenholz. Nachdenkliches über Prachtköpfe und Bürgerkriege« (2003), URL: http://www.petra-pau.de/person/lesbar/030903_disput-0308.htm (zuletzt abgerufen: 01.02.2020).

Peace Council of the German Democratic Republic (Hg.), *»Every cloud has a silver lining ...« Pastor Ralph D. Abernathy, President of the Southern Christian Leadership Conference visits the German Democratic Republic, 27.-29. September 1971*, Dresden 1971.

Pionierkalender 1988, 1988 Berlin (Ost) 1988.

Protokoll der 25. Sitzung des Bundestages, »Kleine Anfrage MdB Strauß: Einreise von Mitgliedern der amerikanischen Farbigenorganisation Schwarzer Panther« (14.01.1970), in: *Das Parlament* Nr. 5 (31.01.1970).

Protokoll der 25. Sitzung des Bundestages, »Warum wurde das Einreiseverbot für Elbert Howard aufgehoben?«, in: *Das Parlament* Nr. 5 (31.01.1970).

Rampersad, Arnold (Hg.), *The Collected Poems of Langston Hughes*, New York 1995.

Robeson, Paul, »Greeting to World Youth Festival in Berlin« (September 1951), in: Foner (Hg.), *Paul Robeson Speaks*, S. 285-286.

Robeson, Paul, »The Negro People and the Soviet Union« (10.11.1949), in: Foner (Hg.), *Paul Robeson Speaks*, S. 236-241.

Robinson, Robert, *My 44 Years Inside the Soviet Union*, Washington D.C. 1988.

Sartre, Jean-Paul, »1968: Mai. Prag. Bruch mit der Kommunistischen Partei«, in: Jean-Paul Sartre/Philippe Gavi/Pierre Victor (Hg.), *Der Intellektuelle als Revolutionär. Streitgespräche*, Hamburg 1976, S. 45-53.

Scheer, Maximilian, *Der Weg nach San Rafael. Ein Hörspiel für Angela Davis*, Berlin (Ost) 1971.

Scheer, Maximilian, *For Angela Davis. The Road to San Rafael*, Berlin (Ost) 1971.

Scheer, Maximilian, *Liebste Angela. Erste unter Gleichen. Gefängnisbriefe von George Jackson*, Berlin (Ost) 1971.

Seale, Bobby, *A Lonely Rage. The Autobiography of Bobby Seale*, New York1978.

Segher, Anna, *Der Erste Schritt*, Berlin (Ost) 1953.

Shakur, Assata, *Assata: An Autobiography*, New York1987.

Smith, Homer, *Black Man in Red Russia. A Memoir*, Chicago 1964.

Smith, Vern, »›I am at Home‹ Says Robeson at Reception in Soviet Union«, *Daily Worker* (15.01.1935), in: Philip S. Foner (Hg), *Paul Robeson Speaks; Writings, Speeches, Interviews, 1918-1974*, Secaucus 1978.

Solschenizyn, Alexander, »Speeches to Americans« (09.07.1975), in: Alexander Solschenizyn (Hg.), *Warning to the West*, New York 1975, S. 51-90.

Steiniger, Klaus, »Es gibt keinen Journalismus im luftleeren Raum«, in: Lutz Mükke (Hg.), *Korrespondenten im Kalten Krieg. Zwischen Propaganda und Selbstbehauptung*, Köln 2014, S. 46-67.

Steiniger, Klaus, *Angela Davis. Eine Frau schreibt Geschichte*, Berlin 2010.

Steiniger, Klaus, *Bei Winston und Cunhal. Reporter auf vier Kontinenten*, Berlin 2004.

Steiniger, Klaus, *Free Angela Davis. Hero of the Other America*, published by National Council of the National Front of the German Democratic Republic, Berlin (Ost), 1972.

Steiniger, Klaus, *Freiheit für Angela Davis – Heldin des anderen Amerika*, hg. vom Nationalrat der Nationalen Front, Berlin (Ost) 1972.

Steiniger, Klaus, *Schauprozeß in San Jose. Aussagen eines Zeugen*, Berlin (Ost) ^{2}1986.

Timothy, Mary, *Jury Woman. The Story of the Trial of Angela Y. Davis – Written by a Member of the Jury*, San Francisco 1974.

Tormey, James J., »The Need for a National Defense Organization«, in: *Political Affairs*, 49/10 (1970), S. 30-40.

Ulbricht, Walter, »Der Kampf um den Frieden, für den Sieg des Sozialismus, für die nationale Wiedergeburt Deutschlands als friedliebender, demokratischer Staat. Aus dem Referat auf dem V. Parteitag der SED vom 10. Bis 16. Juli 1958. Grundsätze der sozialistischen Ethik und Moral«, in: Institut für Marxismus-Leninismus beim ZK der SED (Hg.), *Walter Ulbricht. Zur Geschichte der Deutschen Arbeiterbewegung. Aus Reden und Aufsätzen, Bd. VII, 1957-1959*, Berlin (Ost) 1964, S. 283-411.

VEB Hermann Haack (Hg.), *German Democratic Republic. Political Map*, Leipzig o.J.

Winston, Henry, »Die Arbeiterbewegung und das Negervolk«, in: *Probleme des Friedens und des Sozialismus* 3 (1967), S. 176-180.

Winston, Henry, *The Meaning of San Rafael*, New York 1971.

Wolff, Robert Paul/Barrington Moore/Herbert Marcuse (Hg.), *Kritik der reinen Toleranz*, Frankfurt a.M. 1966.

Yancy, George, »Interview with Angela Y. Davis«, in: Naomi Zack (Hg.), *Women of Color and Philosophy. A Critical Reader*, Hoboken 2000, S. 135-151.

Zentralrat der FDJ (Hg.), *Geschichte der Weltfestspiele der Jugend und Studenten* (Kurzdokumentation der Abteilung Agitation), Berlin (Ost) 1973.

Zimmermann, Max, »Willie McGhee« (1951), in: Max Zimmermann, *Im herben Morgenwind. Ausgewählte Gedichte aus zwei Jahrzehnten*, Berlin (Ost), 1958, S. 190.

ZK der SED (Hg.), Dokumente der SED, *Beschlüsse und Erklärungen des ZK sowie seines Politbüros*, Bd. X, Berlin (Ost) 1967.

ZK der SED, »Die ideologische Waffe der Partei für Frieden und Sozialismus – Presse, Rundfunk und Fernsehen beim umfassenden Aufbau des Sozialismus in der Deutschen Demokratischen Republik«, in: ZK der SED (Hg.), Dokumente der SED, *Beschlüsse und Erklärungen des ZK sowie seines Politbüros*, Bd. X, Berlin (Ost) 1967, S. 275-287, S. 257.

Sekundärliteratur

Adi, Hakim, »Pan-Africanism and Communism: The Comintern, the ›Negro Question‹ and the First International Conference of Negro Workers, Hamburg 1930«, in: *African and Black Diaspora: An International Journal*, 1/2 (2008), S. 237-254.

Adi, Hakim, »The Negro Question. The Communist International and Black Liberation in the Interwar Years«, in: Michael O. West et al. (Hg.), *From Toussaint to Tupac. The Black International since the Age of Revolution*, Chapel Hill 2009, S. 155-178.

Adi, Hakim, *Pan-Africanism and Communism. The Communist International, Africa and the Diaspora, 1919-1939*, Trenton 2013.

Alexander, Amy, *Fifty Black Women Who Changed America*, Seacaucus 1999.

Alkebulan, Paul, *Survival Pending Revolution. The History of the Black Panther Party*, Tuscaloosa 2007.

Altrichter, Helmut, *Kleine Geschichte der Sowjetunion*, München 2013.

Anderson, Benedict R., *Die Erfindung der Nation: Zur Karriere eines folgenreichen Konzepts*, Frankfurt a.M. 2005.

Anderson, Benedict R., *Imagined Communities. Reflections on the Origin and Spread of Nationalism*, London 1996.

Anderson, Carol, »Bleached Souls and Red Negroes: The NAACP and Black Communists in the Early Cold War, 1948-1952«, in: Brenda Gayle (Hg.), *Window on Freedom: Race, Civil rights, and Foreign Affairs, 1945-1988*, Chapel Hill 2003, S. 93-113.

Anderson, Carol, *Eyes off the Prize. The United Nations and the African American Struggle for Human Rights, 1944-1955*, Cambridge 2003.

Arnold, Klaus, »Propaganda als ideologische Kommunikation«, in: *Publizistik*, 48/1 (2003), S. 63-82.

Austin, Curtis J., *Up against the Wall. Violence in the Making and Unmaking of the Black Panther Party*, Fayetteville 2006.

Baberowski, Jörg, *Verbrannte Erde. Stalins Herrschaft der Gewalt*, München 2012.

Bailey, Beth/David Farber, »Introduction«, in: Beth Bailey, David Farber (Hg.), *America in the Seventies*, Lawrence 2004, S. 1-8.

Balbier, Uta A./Christiane Rösch (Hg.), *Umworbener Klassenfeind. Das Verhältnis der DDR zu den USA*, Berlin 2006.

Balbier, Uta A./Christiane Rösch »Mehr als eine Fußnote: Das Verhältnis zwischen der DDR und den Vereinigten Staaten von Amerika«, in: dies. (Hg.), *Umworbener Klassenfeind. Das Verhältnis der DDR zu den USA*, S. 11-23.

Baldwin, Kate A., »The Russian Routes of Claude McKay's Internationalism«, in: Maxim Matusevich (Hg.), *Africa in Russia, Russia in Africa. Three Centuries of Encounters*, Trenton 2007, S. 85-109.

Baldwin, Kate A., *Beyond the Color Line and the Iron Curtain. Reading Encounters Between Black and Red, 1922-1963*, Durham 2002.

Bates, Beth Tompkins, *Pullman Porters and the Rise of Protest Politics in Black America, 1925-1945*, Chapel Hill 2001.

Baum, Bruce, *The Rise and Fall of the Caucasian Race: A Political History of Racial Identity*, New York 2008.

Bechhaus-Gerst, Marianne, »W.E.B. Du Bois in Berlin,« in: Ulrich van der Heyden/Joachim Zeller (Hg.), *»Macht und Anteil an der Weltherrschaft«. Berlin und der deutsche Kolonialismus*, Berlin 2005, S. 231-236.

Beck, Hamilton, »Censoring Your Ally: W.E.B. Du Bois in the German Democratic Republic«, in: David McBride/Leroy Hopkins/C. Aisha Blackshire-Belay (Hg.), *Crosscurrents. African-Americans, Africa, and Germany in the Modern World*, Columbia 1998, S. 197-232.

Belliger, Andrea/David J. Krieger, »Einleitung«, in: Andrea Belliger, David J. Krieger (Hg.), *Ritualtheorien. Ein einführendes Handbuch*, Wiesbaden 2006, S. 7-31.

Berg, Manfred, »Black Civil Rights and Liberal Anticommunism. The NAACP during the McCarthy Era«, in: *The Journal of American History*, 94/1 (2007), S. 75-96.

Berg, Manfred, »Die innere Entwicklung: Vom Zweiten Weltkrieg bis zur Watergate-Krise 1974«, in: Bundeszentrale für politische Bildung (Hg.), *Länderbericht USA: Geschichte, Politik, Wirtschaft, Gesellschaft, Kultur*, Bonn 1998, S. 144-168.

Berg, Manfred, »Ein amerikanisches Dilemma. Die Rassenfrage und der Kalte Krieg«, in: Manfred Berg et al. (Hg.), *Macht und Moral. Beträge zur Ideologie und Praxis amerikanischer Außenpolitik im 20. Jahrhundert*, Münster 1999, S. 189-207.

Berg, Manfred, *A Ticket to Freedom. The NAACP and the Struggle for Black Political Integration*, Gainesville 2005.

Berg, Manfred, *Lynchjustiz in den USA*, Hamburg 2014.

Berg, Manfred. »American Wars and the Black Struggle for Freedom and Equality.«, in: Georg Schild (Hg.), *The American Experience of War*, Paderborn 2009, S. 133-154.

Berg, Manfred/Paul Schor/Isabel Soto, »The Weight of Words. Writing about Race in the United States and Europe«, in: *American Historical Review*, 119/3 (2014), S. 800-808.

Berg, Manfred/Simon Wendt (Hg.), *Racism in Modern World: Historical Perspectives on Cultural Transfer and Adaptation*, New York 2011.

Berger, Dan, »America's fortress of blood: The death of George Jackson and the birth of the prison-industrial complex«, in: *Salon*, 07.09.2014, URL: www.salon.com/2014/09/07/americas_fortress_of_blood_the_death_of_george_jackson_and_the_birth_of_the_prison_industrial_complex/ (zuletzt abgerufen: 01.02.2020).

Berger, Dan, *Captive Nation: Black Prison Organizing in the Civil Rights Era (Justice, Power, and Politics)*, Chapel Hill 2014.

Berger, Peter L./Thomas Luckmann, *Die gesellschaftliche Konstruktion der Wirklichkeit. Eine Theorie der Wissenssoziologie*, Frankfurt a.M. 1980, S. 185-195.

Bernhard, Patrick/Holger Nehring (Hg.), *Den Kalten Krieg denken. Beiträge zur sozialen Ideengeschichte seit 1945*, Essen 2014.

Bernhard, Patrick/Holger Nehring/Anne Rohstock, »Der Kalte Krieg im langen 20. Jahrhundert. Neue Aufsätze, Befunde und Perspektiven«, in: Bernhard/Nehring (Hg.), *Den Kalten Krieg denken. Beiträge zur sozialen Ideengeschichte*, Essen 2014, S. 11-39.

Bernstein, Lee, America is the Prison. Arts and Politics in Prison in the 1970s, Chapel Hill 2010.

Bispinck, Henrik et al., »Die Zukunft der DDR-Geschichte. Potentiale und Probleme zeithistorischer Forschung«, in: *Vierteljahresheft für Zeitgeschichte*, 53/4 (2005), S. 547-570.

Blakely, Allison, *Russia and the Negro. Blacks in Russian History and Thought*, Washington D.C. 1986.

Borowsky, Peter, »Die DDR in den siebziger Jahren«, in: *Zeiten des Wandels* (Informationen zur politischen Bildung Heft 258), URL: www.bpb.de/izpb/10111/die-ddr-in-den-siebziger-jahren?p=all, (zuletzt abgerufen: 01.02.2020).

Borstelmann, Thomas, *The 1970s. A New Global History from Civil Rights to Economic Inequality*, Princeton 2012.

Borstelmann, Thomas. *The Cold War and the Color Line. American Race Relations in the Global Arena*, Cambridge 2001.

Bortfeldt, Heinrich, »In the Shadow of the Federal Republic. Cultural Relations Between the GDR and the United States – Cultural Relations Before Diplomatic Recognition«, in: Detlef Junker et al. (Hg.), *The United States and Germany in the Era of the Cold War, 1945-1990: A Handbook*, Bd. 1, New York 2004, S. 305-311.

Bradley, Mark Philip, »Decolonization, the Global South, and the Cold War, 1919-1962«, in: Melvyn P. Leffler/Odd Arne Westad (Hg.), *The Cambridge History of the Cold War, Vol. 1: Origins*, Cambridge 2010, S. 464-486.

Braggs, Rashida K., *Jazz Diasporas. Race, Music, and Migration in Post-World War II Paris*, Berkeley 2016.

Bratfisch, Rainer (Hg.), *Freie Töne. Die Jazzszene in der DDR*, Berlin 2005.

Bröskamp, Bernd (Hg.), *Schwarz-weisse Zeiten. AusländerInnen in Ostdeutschland vor und nach der Wende. Erfahrungen der Vertragsarbeiter aus Mosambik*, Bremen 1993.

Brown, Kimberly N., *Writing the Black Revolutionary Diva. Women's Subjectivity and the Decolonizing Text*, Bloomington 2010.

Brown, Scott, *Fighting for US. Maulana Karenga, the US Organization, and Black Cultural Nationalism*, New York 2003.

Brown, Timothy Scott, *West Germany and the Global Sixties: The Anti-Authoritarian Revolt, 1962-1978*, Cambridge 2013.

Brunner, Detlev, »DDR ›transnational‹. Die ›internationale Solidarität‹ der DDR«, in: Alexander Gallus/Axel Schildt/Detlef Siegfried (Hg.), *Deutsche Zeitgeschichte – transnational*, Göttingen 2015, S. 64-80.

Bühler, Grit, *Mythos Gleichberechtigung in der DDR. Politische Partizipation von Frauen am Beispiel des Demokratischen Frauenbundes Deutschlands*, Frankfurt 1997.

Bulgakowa, Oksana, »Der erste sowjetische Filmstar«, in: Klaus Heller (Hg.): *Personality Cults in Stalinism – Personenkulte im Stalinismus*, Göttingen 2004, S. 365-390.

Büschel, Hubertus, *Hilfe zur Selbsthilfe: Deutsche Entwicklungsarbeit in Afrika 1960-1975*, Frankfurt a.M. 2014.

Carew, Joy Gleason, *Blacks, Reds, and Russians. Sojourners in Search of the Soviet Promise*, New Brunswick 2008.

Carson, Clayborne (Hg.), *Reporting Civil Rights. Part One: American Journalism 1941-1963*, New York 2003.

Castillo, Greg, *Cold War on the Home Front. The Soft Power of Midcentury Design*, Minneapolis 2010.

Caute, David, *The Dancer Defects. The Struggle for Cultural Supremacy during the Cold War*, Oxford 2003.

Christiansen, Samantha/Zachary Scarlett (Hg.), *The Third World in the Global 1960s*, New York 2011.

Churchill, Ward/Jim Vander Wall, *Agents of Repression. The FBI's secret wars against the Black Panther Party and the American Indian Movement*, Cambridge 2002.

Churchill, Ward/Jim Vander Wall, *The COINTELPRO Papers: Documents from the FBI's Secret Wars Against Domestic Dissent: Documents from the Federal Bureau of Investigation's Secret Wars Against Dissent in the United States*, Cambridge 1990.

Cleaver, Kathleen, »Back to Africa. The Evolution of the International Section of the Black Panther Party (1969-1972)«, in: Charles E. Jones (Hg.). *The Black Panther Party Reconsidered*, Baltimore 2005, S. 211-254.

Cleaver, Kathleen, »Woman, Power, and Revolution«, in: Cleaver/Katsiaficas (Hg.), *Liberation, Imagination, and the Black Panther Party. A New Look at the Panthers and their Legacy*, New York 2001, S. 123-127.

Clemons, Michael L./Charles E. Jones, »Global Solidarity. The Black Panther Party in the International Arena«, in: Cleaver/Katsiaficas (Hg.), *Liberation, Imagination, and the Black Panther Party*, New York 2001, S. 20-39.

Cohen, Robert, *When the Old Left Was Young. Student Radicals and America's First Mass Student Movement, 1929-1941*, New York 1993.

Cook, Alexander (Hg.), *Mao's Little Red Book. A Global History*, New York 2014.

Crowley, David, *Cold War Modern. Design 1945-1970*, London 2008.

Davies, Carole Boyce, *Left of Karl Marx. The Political Life of Black Communist Claudia Jones*, Durham 2007.

Dennis, Mike/Norman LaPorte, *State and Minorities in Communist East Germany*, New York 2011.

Depkat, Volker, »Autobiographien und die soziale Konstruktion von Wirklichkeit«, in: *Geschichte und Gesellschaft*, 29 (2003), S. 441-476.

Dibbern, Ursula/Horst Ihde, »Das Echo der Kultur und des Freiheitskampfes der nordamerikanischen Neger in der DDR, 1945-1969«, in: *ZZA*, 20/3 (1972), S. 429-442.

Dinkel, Jürgen, »Globalisierung des Widerstands: Antikoloniale Konferenzen und die ›Liga gegen Imperialismus und für nationale Unabhängigkeit‹ 1927-1937«, in: Sönke Kunkel/Christoph Meyer (Hg.), *Aufbruch ins postkoloniale Zeitalter: Globalisierung und die außereuropäische Welt in den 1920er und 1930er Jahren*, Frankfurt a.M. 2012, S. 123-144.

Dokumentationszentrum Alltagskultur der DDR e.V. (Hg.), *Fortschritt, Norm und Eigensinn. Erkundungen im Alltag der DDR*, Berlin 1999.

Donert, Celia, »Wessen Utopie? Frauenrechte und Staatssozialismus im Internationalen Jahr der Frau 1975«, in: Jan Eckel/Samuel Moyn (Hg.), *Moral für die Welt? Menschenrechtspolitik in den 1970er Jahren*, Göttingen 2012, S. 367-393.

Dorestal, Philipp, *Style Politics. Mode, Geschlecht und Schwarzsein in den USA, 1943-1975*, Bielefeld 2012.

Dorinson, Joseph, »Paul Robeson and Jackie Robinson. Athletes and Activists at Armageddon«, in: Joseph Dorinson/William Peneak (Hg.), *Paul Robeson: Essays on His Life and Legacy*, Jefferson 2002, S. 113-119.

Dowd Hall, Jacquelyn, »The Long Civil Rights Movement and the Political Uses of the Past«, in: *The Journal of American History*, 91/4 (2005), S. 1233-1263.

Draper, Theodore, *American Communism and Soviet Russia. The Formative Period*, New York 1960.

Dudziak, Mary L., *Cold War Civil Rights. Race and the Image of American Democracy*, Princeton 2000.

Düffler, Jost, »›Self-Sustained Conflict‹ – Systemerhaltung und Friedensmöglichkeiten im Ost-West-Konflikt 1945-1991«, in: Corinna Hauswedell (Hg.), *Deeskalation von Gewaltkonflikten seit 1945*, Essen 2006, S. 33-60.

Durkheim, Emile, *Die Elementaren Formen des religiösen Lebens* [1912], Frankfurt a.M. 1981.

Eckel, Jan, *Die Ambivalenz des Guten. Menschenrechte in der internationalen Politik seit den 1940ern*, Göttingen 2014.

Eckel, Jan/Samuel Moyn (Hg.), *Moral für die Welt? Menschenrechtspolitik in den 1970er Jahren*, Göttingen 2012.

Ege, Moritz, *Schwarz werden – ›Afroamerikanophilie‹ in den 1960er und 1970er Jahren*, Bielefeld 2007.

Emmerling, Inge, *Die DDR und Chile. Außenpolitik, Außenhandel und Solidarität*, Berlin 2013.

Estes, Steve, *I Am a Man! Race, Manhood, and the Civil Righs Movement*, Chapel Hill 2005.

Eugster, David/Sybille Marti (Hg.), *Das Imaginäre des Kalten Krieges. Beiträge zu einer Kulturgeschichte des Ost-West-Konfliktes in Europa*, Essen 2015.

Fehrenbach, Heide, *Race after Hitler. Black Occupation Children in Postwar Germany and America*, Princeton 2005.

Feldman, Glenn, *Politics, Society, and the Klan in Alabama, 1915-1949*, Tuscaloosa 1999.

Fiedler, Anke, »DDR-Zeitungen und Staatssicherheit: Zwischen staatlicher Öffentlichkeitsarbeit und operativer Absicherung«, in: *Deutschland Archiv Online*, 10.05.2013, URL: www.bpb.de/159750 (zuletzt abgerufen: 01.02.2020).

Fiedler, Anke, *Medienlenkung in der DDR*, Köln 2014.

Fiedler, Anke/Michael Meyen (Hg.), *Fiktionen für das Volk: DDR-Zeitungen als PR-Instrument, Fallstudien zu den Zentralorganen Neues Deutschland, Junge Welt, Neue Zeit und Der Morgen*, Münster 2011.

Fiedler, Anke/Michael Meyen, »Jenseits von Gleichförmigkeit und Propaganda. Warum es sich lohnt, DDR-zeitungen zu untersuchen«, in: Anke Fiedler/Michael Meyen (Hg.), *Fiktionen für das Volk. DDR-Zeitungen als PR-Instrument*, Münster 2011, S. 7-24.

Fiedler, Anke/Michael Meyen, »Zeitungslesen in der DDR«, in: *Presse in der DDR: Beiträge und Materialien*, 01.04.2014, URL: https://pressegeschichte.docupedia.de/wiki/Zeitunglesen_in_der_DDR.html (zuletzt abgerufen: 01.02.2020).

Fix, Ulla, »Rituelle Kommunikation im öffentlichen Sprachgebrauch der DDR und ihre Begleitumstände. Möglichkeiten und Grenzen der selbstbestimmten und mitbestimmenden Kommunikation in der DDR«, in: Gotthard Lerchner (Hg.), *Sprachgebrauch im Wandel. Anmerkungen zur Kommunikationskultur in der DDR vor und nach der Wende*, Frankfurt a.M. 1992, S. 3-99.

Foner, Nancy/George M. Fredrickson (Hg.), *Not Just Black and White: Historical and Contemporary Perspectives on Immigration, Race, and Ethnicity in the United States*, New York 2004.

Foner, Nancy/George M. Fredrickson, »Immigration, Race, and Ethnicity in the United States. Social Constructions and Social Relations in Historical and Contemporary Perspective«, in: Nancy Foner/George M. Fredrickson (Hg.), *Not Just Black and White: Historical and Contemporary Perspectives on Immigration, Race, and Ethnicity in the United States*, New York 2004, S. 1-22.

Frank Hirschinger, *Der Spionage verdächtig. Asylanten und ausländische Studenten in Sachsen-Anhalt 1945-1970*, Göttingen 2009.

Frazier, Robeson Taj, *The East is Black. Cold War China in the Black Radical Imagination*, Durham 2015.

Fredrickson, George M., *Black Liberation. A Comparative History of Black Ideologies in the Unites States and South Africa*, New York 1995.

Fredrickson, George M., *Rassismus. Ein historischer Abriss*, Hamburg 2004.

Friedemann, Peter/Lucian Höscher, »Internationale. International, Internationalismus«, in: *Geschichtliche Grundbegriffe. Historisches Lexikon zur politisch-sozialen Sprache in Deutschland*, Bd. 3, Stuttgart 2004.

Fulbrook, Mary, »The Concept of ›Normalisation‹ and the GDR in Comparative Perspective«, in: Mary Fulbrook (Hg.), *Power and Society in the GDR, 1961-1979. The ›Normalisation of Rule‹?*, New York 2009, S. 1-30.

Fulbrook, Mary, *Anatomy of a Dictatorship: Inside the GDR, 1949-1989*, New York 1995.

Fulbrook, Mary, *The People's State: East German Society from Hitler to Honecker*, New Haven 2005.

Gaddis, John Lewis, *Der Kalte Krieg. Eine Neue Geschichte*, München [2]2007.

Gaines, Kevin K., »The Civil Rights Movement in World Perspective«, in: Gary W. Reichard/Ted Dickson (Hg.), *America on the World Stage: A Global Approach to U.S. History*, Urbana 2008, S. 189-207.

Galkin, Alexsandr, »Über einige Entstehungsphasen der internationalen Arbeiterbewegung«, in: Hermann Weber/Jakov Drabkin/Bernhard Bayerlein/Alexsandr Galkin (Hg.), *Deutschland, Russland, Komintern. Überblicke, Analysen, Diskussionen*, Berlin 2014, S. 401-435.

Gallicchio, Marc S., *The African-American Encounter with Japan and China: Black Internationalism in Asia, 1895-1945*, Durham 2000.

Gallus, Alexander/Axel Schildt/Detlef Siegfried (Hg.), *Deutsche Zeitgeschichte – transnational*, Göttingen 2015.

Gellman, Erik S., *Death Blow to Jim Crow. The National Negro Congress and the Rise of Militant Civil Rights*, Chapell Hill 2012.

Gerund, Katharina, *Transatlantic Cultural Exchange. African American Women's Art and Activism in West Germany*, Bielefeld 2013.

Gibas, Monika, »›Venus vom Sternenstädtchen‹. Walentina Tereschkowa, Heldin der Moderne in der DDR«, in: Silke Satjukow/Rainer Gries (Hg.), *Sozialistische Helden. Eine Kulturgeschichte von Propagandafiguren in Osteuropa und der DDR*, Berlin 2002, S. 147-157.

Gilcher-Holtey, Ingrid, »Kritische Theorie und Neue Linke«, in: Ingrid Gilcher-Holtey (Hg.), *1968: Vom Ereignis zum Gegenstand der Geschichtswissenschaft*, Göttingen 1998, S. 168-187.

Gildea, Robert/James Mark/Niek Pas, »European Radicals and the ›Third World‹. Imagined Solidarities and Radical Networks, 1958-1973«, in: *Cultural and Social History*, 8/Nr. 4 (2011), S. 449-472.

Gill, Stephen, »Internationale Beziehungen«, in: Wolfgang Fritz Haug (Hg.), *Historisch-Kritisches Wörterbuch des Marxismus*, Bd. 6/II, Berlin 2004, S. 1371.

Gilmore, Glenda Elizabeth, *Defying Dixie. The Radical Roots of Civil Rights, 1919-1950*, New York 2009.

Gilroy, Paul, *The Black Atlantic. Modernity and. Double Consciousness*, Cambridge 1995.

Goedde, Petra, *GIs and Germans. Culture, Gender, and Foreign Relations, 1945-1949*, New Haven 2003.

Göktürk, Deniz/David Gramling/Anton Kaes (Hg.), *Transit Deutschland. Debatten zu Nation und Migration*, Konstanz 2011.

Gore, Dayo F./Jeanne Theoharis/Komozi Woodard (Hg.), *Want to start a revolution? Radical Women in the Black Freedom Struggle*, New York 2009.

Gore, Dayo, *Radicalism at the Crossroads: African American Women Activists in the Cold War*, New York 2011.

Gorsuch, Anne E./Diane P. Koenker (Hg.), *The Socialist Sixties. Crossing Borders in the Second World*, Bloomington 2013.

Grant, Colin, *Negro with a Hat. The Rise and Fall of Marcus Garvey and His Dream of Mother Africa*, London 2009.

Greene, Larry A./Anke Ortlepp (Hg.), *Germans and African Americans. Two Centuries of Exchange*, Jackson 2011.

Greenhaw, Wayne, *Fighting the Devil in Dixie. How Civil Rights Activist Took on The Ku Klux Klan in Alabama*, Chicago 2011.

Greiner, Bernd/Dierk Walter/Christian Th. Müller (Hg.), *Angst im Kalten Krieg*, Hamburg 2009.

Greiner, Bernd/Tim B. Müller/Claudia Weber (Hg.), *Macht und Geist im Kalten Krieg*, Hamburg 2011.

Gries, Rainer, »Die Heldenbühne der DDR. Zur Einführung«, in: Silke Satjukow/Rainer Gries (Hg.), *Sozialistische Helden. Eine Kulturgeschichte von Propagandafiguren in Osteuropa und der DDR*, Berlin 2002, S. 84-100.

Gries, Rainer, »Propagandageschichte als Kulturgeschichte. Methodische Erwartungen und Erfahrungen«, in: *Deutschland Archiv*, 33/4 (2000), S. 558-570.

Gries, Rainer, »Zur Ästhetik und Architektur von Propagemen. Überlegungen zu einer Propagandageschichte als Kulturgeschichte«, in: Rainer Gries/Wolfgang Schmale (Hg.), *Kultur der Propaganda*, Bochum 2005, S. 9-36.

Gries, Rainer/Silke Satjukow, »Feindbilder des Sozialismus. Eine theoretische Einführung«, in: Rainer Gries, Silke Satjukow (Hg.), *Unsere Feinde. Konstruktionen des Anderen im Sozialismus*, Leipzig 2004, S. 13-70.

Gries, Rainer/Silke Satjukow, »Von Feinden und Helden. Inszenierte Politik im realen Sozialismus«, in: *Aus Politik und Zeitgeschichte (APuZ). Beilage zur Wochenzeitung das Parlament*, 29. Dezember 2003 (B 53/2003), S. 20-29.

Große, Jürgen, *Amerikapolitik und Amerikabild der DDR: 1974-1989*, Bonn 1999.

Gunilla, Budde/Sebastian Conrad/Oliver Janz (Hg.), *Transnationale Geschichte: Themen, Tendenzen und Theorien*, Göttingen 2006.

Haas, Astrid, »A Raisin in the East. African American Civil Rights Drama in GDR Scholarship and Theater Practice«, in: Greene/Ortlepp (Hg.), *Germans and African Americans*, S. 166-184.

Hagen, Katrina M., »Ambivalences and Desire in the East German ›Free Angela Davis‹ Campaign«, in: Quinn Slobodian (Hg.), *Comrades of Color. East Germany in the Cold War World*, New York 2015, S. 157-187.

Hagen, Katrina M., *Internationalism in Cold War Germany*, Ph.D. Diss., University of Washington 2008 (zugänglich via ProQuest).

Hall, Simon, »Protest Movements in the 1970s: The Long 1960s«, in: *Journal of Contemporary History*, 43/4 (2008), S. 655-672.

Hammerstein, Katrin, »Schuldige Opfer? Der Nationalsozialismus in den Gründungsmythen der DDR, Österreichs und der Bundesrepublik Deutschland«, in: Regina Fritz/Carola Sachse/Edgar Wolfrum (Hg.), *Nationen und ihre Selbstbilder. Postdiktatorische Gesellschaften in Europa*, Göttingen 2008.

Hammond, Andrew (Hg.), *Global Cold War Literature. Western, Eastern and Postcolonial Perspectives*, New York 2011.

Hammond, Andrew, *Cold War Literature. Writing the Global Conflict*, London 2006.

Haviland, Sara Rzeszutek, *James and Esther Cooper Jackson. Love and Courage in the Black Freedom Movement*, Lexington 2015.

Hayes, Floyd W./Francis A. Kiene, »›All Power to the People‹. The Political Thought of Huey P. Netwon and the Black Panther Party«, in: Charles E. Jones (Hg.), *The Black Panther Party Reconsidered*, Baltimore 2005, S. 157-176.

Haynes, John Earl, *Red Scare or Red Menace. American Communism and Anticommunism in the Cold War Era*, Chicago 1996.

Helbig, Louis F., »The Myth of the ›Other‹ America in East German Popular Consciousness«, in: *Journal of Popular Culture*, 10/4 (1977), S. 797-807.

Hermann, Sebastian/Leonard Schmieding, »Ambivalent Americanization«, in: Sebastian Hermann et al. (Hg.), *Ambivalent Americanization. Popular and Consumer Culture in Central and Eastern Europe*, Heidelberg 2008, S. 7-21.

Hildermeier, Manfred, *Die Sowjetunion 1917-1991*, München ^{2}2007.

Hobsbawm, Eric, *Das Zeitalter der Extreme. Weltgeschichte des 20. Jahrhunderts*, München 2009.

Hobsbawm, Eric/Terence Ranger, *The Invention of Tradition*, Cambridge 1983.

Hoenicke Moore, Michaela, *Know Your Enenemy. The American Debate on Narzism, 1933-1945*, New York 2009.

Höhn, Maria, »›We Will Never Go Back to the Old Way Again‹. Germany in the African-American Debate on Civil Rights«, in: *Central European History*, 41/4 (2008), S. 605-637.

Höhn, Maria, »The Black Panther Solidarity Committees and the Voice of the Lumpen«, in: *German Studies Review*, 31/1 (2008), S. 133-154.

Höhn, Maria, *GIs and Fräuleins. The German-American Encounter in 1950s West Germany*, Chapel Hill 2002.

Höhn, Maria/Martin Klimke, *A Breath of Freedom: The Civil Rights Struggle, African American GIs, and Germany*, New York 2010.

Höhn, Maria/Martin Klimke, *Ein Hauch von Freiheit. Afroamerikanische Soldaten, die US-Bürgerrechtsbewegung und Deutschland*, Bielefeld 2016.

Holzweißig, Gunter, »Massenmedien in der DDR«, in: Jürgen Wilke (Hg.), *Mediengeschichte der Bundesrepublik Deutschland*, Bonn 1999, S. 573-602.

Hong, Young-Sun, »›The Benefits of Health Must Spread Among All‹: International Solidarity, Health, and Race in the East German Encounter with the Third World«, in: Katherine Pence, Paul Betts (Hg.), *Socialist Modern. East German Everyday Culture and Politics*, Ann Arbor 2008, S. 183-210.

Hong, Young-Sun, *Cold War Germany, the Third World, and the Global Humanitarian Regime*, Cambridge 2015.

Horn, Gerd-Rainer, *The Spirit of '68. Rebellion in Western Europe and North America, 1956-1976*, Oxford 2006.

Horne, Gerald, »Toward a Transnational Research Agenda for African American History in the 21st Century«, in: *Journal of African American History*, 91/3 (2006), S. 288-303.

Horne, Gerald, *Black Liberation/Red Scare: Ben Davis and the Communist Party*, London 1994.

Horne, Gerald, *Black Revolutionary. William Patterson and the Globalization of the African American Freedom Struggle*, Urbana 2013.

Horne, Gerald, *Communist Front? The Civil Rights Congress, 1946-1956*, London 1988.

Horne, Gerald, *Mau Mau in Harlem? The U.S. and the Liberation of Kenya*, New York 2009.

Horne, Gerald, *Paul Robeson. The Artist as Revolutionary*, London 2016.

Horne, Gerald, *Race Woman. The Lives of Shirley Graham Du Bois*, New York 2000.

Horne, Gerald, *The End of Empire. African Americans and India*, Philadelphia 2008.

Hutchinson, Earl Ofari, *Blacks and Reds: Race and Class in Conflict, 1919-1990*, East Lansing 1995.

Isserman, Maurice, *The Other American: The Life of Michael Harrington*, New York 2000.

Jahn, Hagen, »Jugend, Musik und Ideologie. Zur Geschichte der FDJ-Singebewegung«, in: *Hallische Beiträge zur Zeitgeschichte*, Heft 12 (2002), S. 5-28.

James, Joy (Hg.), *The Angela Y. Davis Reader*, Malden 2008.

Janken, Kenneth Robert, *The Wilmington Ten. Violence, Injustice, and the Rise of Black Politics in the 1970s*, Chapel Hill 2015.

Janssen, Wiebke, *Halbstarke in der DDR: Verfolgung und Kriminalisierung einer Jugendkultur*, Berlin 2010.

Jarausch, Konrad (Hg.), *Dictatorship as Experience: Towards a Socio-Cultural History of the GDR*, New York 1999.

Jay, Martin, *Dialektische Phantasie. Die Geschichte der Frankfurter Schule und des Instituts für Sozialforschung, 1923-1950*, Frankfurt a.M. 1976.

Jeffrie, Judson L. (Hg.), *Comrades. A Local History of the Black PantherParty*, Bloomington 2007.

Jessen, Ralph, »Diktatorische Herrschaft als kommunikative Praxis. Überlegungen zum Zusammenhang von ›Bürokratie‹ und Sprachnormierung in der DDR-Geschichte«, in: *Presse in der DDR: Beiträge und Materialien*, 01.06.2011, URL: https://pressegeschichte.docupedia.de//wiki/Diktatorische_Herrschaft_als_kommunikative_Praxis_Version_1.html (zuletzt abgerufen: 01.02.2020).

Johnson, James Weldon, »Harlem: The Cultural Capital«, in: Alain Locke (Hg.), *The New Negro. Voices of the Harlem Renaissance*, New York 1992, S. 301-311.

Jones, Charles (Hg.), *The Black Panther Party Reconsidered*, Baltimore 1998.

Joseph, Peniel E. (Hg.), *The Black Power Movement. Rethinking the Civil Rights – Black Power Era*, New York 2006.

Joseph, Peniel E., »The Black Power Movement: A State of the Field«, in: *The Journal of American History*, 96/3 (2009), S. 751-776.

Joseph, Peniel E., *Waiting 'til the Midnight Hour. A Narrative History of Black Power in America*, New York 2006.

Juchler, Ingo, *Die Studentenbewegungen in den Vereinigten Staaten und der Bundesrepublik Deutschland der sechziger Jahre. Eine Untersuchung hinsichtlich ihrer Beeinflussung durch Befreiungsbewegungen und -theorien aus der Dritten Welt*, Berlin 1996.

Juchler, Ingo, *Rebellische Subjektivität und Internationalismus: der Einfluß Herbert Marcuses und der nationalen Befreiungsbewegungen in der sog. Dritten Welt auf die Studentenbewegung in der BRD*, Marburg 1989.

Kaelble, Hartmut/Jürgen Kocka/Hartmut Zwahr (Hg.), *Sozialgeschichte der DDR*, Stuttgart 1994.

Kaelble, Hartmut/Martin Kirsch/Alexander Schmidt-Gernig (Hg.), *Transnationale Öffentlichkeiten und Identitäten im 20. Jahrhundert*, Frankfurt a.M. 2002.

Kaelble, Hartmut/Martin Kirsch/Alexander Schmidt-Gernig, »Zur Entwicklung transnationaler Öffentlichkeiten und Identitäten im 20. Jahrhundert. Eine Einleitung«, in: Hartmut Kaelble/Martin Kirsch/Alexander Schmidt-Gernig (Hg.). *Transnationale Öffentlichkeiten und Identitäten im 20. Jahrhundert*, Frankfurt a.M. 2002, S. 7-33.

Kahgram, Sanjeev/Peggy Levitt (Hg.), *The Transnationalism Studies Reader. Intersections and Innovations*, London 2007.

Kaiser, Monika, *Machtwechsel von Ulbricht zu Honecker. Funktionsmechanismen der SED-Diktatur in Konfliktsituationen 1962-1972*, Berlin 1997.

Kaldor, Mary, *Der Imaginäre Krieg. Eine Geschichte des Ost-West-Konflikts*, Hamburg 1992.

Kaplan, Alice, *Dreaming in French. The Paris Years of Jacqueline Bouvier Kennedy, Susan Sontag, and Angela Davis*, Chicago 2012.

Kelley, Robin D. G., »›But a Local Phase of a World Problem‹. Black History's Global Vision, 1883-1950«, in: *Journal of American History* 86, Nr. 3 (1999), S. 1045-1077.

Kelley, Robin D. G., *Hammer and Hoe: Alabama Communists during the Great Depression*, Chapel Hill 1990.

Kelley, Robin D. G., »›Afric's Sons with Banner Red‹: African-American Communists and the Politics of Culture, 1919-1934«, in: Robin D. G. Kelley (Hg.), *Imagining Home: Class, Culture and Nationalism in the African Diaspora*, New York 1994, S. 35-54.

Kelley, Robin D. G., »Interview of Herbert Aptheker«, in: *The Journal of American History*, 87/1 (2000), S. 151-171.

Kelley, Robin D. G., *Race Rebels. Culture, Politics, and the Black Working Class*, New York 1996.

Kelley, Robin D. G./Betsy Esch, »Black Like Mao. Red China and Black Revolution«, in: *Souls* 1 (4) 1999, S. 6-41.

Kersten, Andrew Edmund, *A. Philip Randolph. A Life in Vanguard*, Landham 2007.

Khalfani, Akil K., »Pan-Africanism«, in: Gerald Horne/Mary Young (Hg.), *W.E.B. Du Bois. An Encyclopedia*, Westport 2001, S. 158-162.

Klehr, Harvey, *The Heyday of American Communism: The Depression Decade*, New York 1984.

Klehr, Harvey/John E. Haynes/Kyrill M. Anderson (Hg.), *The Soviet World of American Communism*, New Haven 1998.

Klehr, Harvey/John Earl Haynes, *The American Communist Movement: Storming Heaven Itself*, Boston 1992.

Klehr, Harvey/John Earl Haynes/Fridrikh Igorevich Firsov, *The Secret World of American Communism*, New Haven 1995.

Klehr, Harvey/William Tompson, »Self-Determination in the Black Belt: Origins of a Communist Policy«, in: *Labor History*, 30/3 (1989), S. 354-366.

Kleßmann, Christoph, »Verflechtungen und Abgrenzung. Umrisse einer gemeinsamen deutschen Nachkriegsgeschichte«, in: Klaus Schönhoven/Dietrich Staritz (Hg.), *Sozialismus und Kommunismus im Wandel. Hermann Weber zum 65. Geburtstag*, Köln 1993, S. 486-499.

Klimke, Martin, »Black Panther, die RAF und die Rolle der Black Panther-Solidaritätskomitees«, in: Kraushaar (Hg.), *Die RAF und der linke Terrorismus*, S. 562-582.

Klimke, Martin, *The ›Other‹ Alliance: Student Protest in West Germany and the United States in the Global Sixties*, Princeton 2010.

Klimó, Árpád von/Jürgen Danyel, »Popkultur und Zeitgeschichte«, in: *Zeitgeschichte-online. Thema: Pop in Ost und West. Populäre Kultur zwischen Ästhetik und Politik*, hg. von Árpád von Klímo und Jürgen Danyel, April 2006, URL: www.zeitgeschichte-online.de/zol/portals/_rainbow/documents/pdf/pop_klimo_danyel.pdf (zuletzt abgerufen: 01.02.2020).

Klotz, Katharina, *Das politische Plakat der SBZ/DDR 1945-1963. Zur politischen Ikonographie der sozialistischen Sichtagitation*, Aachen 2006.

Kocka, Jürgen/Martin Sabrow (Hg.), *Die DDR als Geschichte. Fragen, Hypothesen, Perspektiven*, Berlin 1994.

Könczöl, Barbara, *Märtyrer des Sozialismus. Die SED und das Gedenken an Rosa Luxemburg und Karl Liebknecht*, Frankfurt a.M. 2008.

Kraushaar, Wolfgang (Hg.), *Die RAF und der linke Terrorismus*, 2 Bde., Hamburg 2006.

Kraushaar, Wolfgang (Hg.), *Frankfurter Schule und Studentenbewegung. Von der Flaschenpost zum Molotowcocktail 1946 bis 1995*, 3 Bde., Hamburg 1998.

Kraushaar, Wolfgang, »›Die Revolte der Lebenstriebe‹. Marcuse als Mentor gegenkultureller Bewegungen«, in: Jansen (Hg.), *Herbert Marcuse. Nachgelassenen Schriften*, S. 15-25.

Kraushaar, Wolfgang, »Denkmodelle der 68er-Bewegung,« in: *Aus Politik und Zeitgeschichte (APuZ). Beilage zur Wochenzeitung das Parlament*, 25. Mai 2001 (B 22-23/2001), S. 14-27.

Kraushaar, Wolfgang, »Die transatlantische Protestkultur. Der zivile Ungehorsam als amerikanisches Exempel und als bundesdeutsche Adaption«, in: Heinz Bude (Hg). *Westbindungen. Amerika in der Bundesrepublik*. Hamburg 1999, S. 257-284.

Kraushaar, Wolfgang, »Einleitung. Kritische Theorie und Studentenbewegung«, in: Kraushaar (Hg.), *Frankfurter Schule und Studentenbewegung*, Bd. 1, S. 17-32.

Krüger-Potratz, Marianne/Annette Krüger/Werner Winter, »Völkerfreundschaft und internationale Solidarität«, in: Ministerium für Bildung, Jugend und Sport des Landes Brandenburg (Hg.), *Freundschaft! Die Volksbildung der DDR in ausgewählten Kapiteln*, Berlin 1996, S. 171-255.

Krüger-Potraz, Marianne, *Anderssein gab es nicht. Ausländer und Minderheiten in der DDR*, Münster 1991.

Kuck, Dennis, »›Für den sozialistischen Aufbau ihrer Heimat?‹ Ausländische Vertragsarbeiter in der DDR«, in: Jan C. Behrends/Thomas Lindenberger/Patrice G. Poutrus (Hg.), *Fremde und Fremd-Sein in der DDR. Zu Historischen Ursachen der Fremdenfeindlichkeit in Ostdeutschland*, Berlin 2003, S. 245-256.

Kwon, Heonik, *The Other Cold War*, New York 2010.

Lake, Marilyn/Henry Reynolds, *Drawing the Global Colour Line. White Men's Countries and the International Challenge of Racial Equality*, Cambridge 2008.

Layton, Azza Salama, *International Politics and Civil Rights Politics in the United States, 1941-1960*, Cambridge 2000.

Lazerow, Jama/Yohuru Williams (Hg.), *In Search of the Black Panther Party. New Perspectives on a Revolutionary Movement*, Durham 2006.

Leab, Daniel J./Michael Nash/David Levering Lewis, »Remembering the Jacksons«, in: *American Communist History*, Vol. 7/2 (2008), S. 163-174.

Leffeler, Melvyn P./Odd Arne Westad (Hg.), *The Cambridge History of the Cold War*, 3 Bde., Cambridge 2010.

Lehman, Christopher P., *Power, Politics, and the Decline of the Civil Rights Movement. A Fragile Coalition, 1967-1973*, Santa Barbara 2014.

Leonhard, Wolfgang, Die Dreispaltung des Marxismus. Ursprung und Entwicklung des Sowjetmarxismus, Maoismus & Reformkommunismus, Düsseldorf 1970.

Lewis, David Levering, »Paul Robeson and the U.S.S.R.«, in: Jeffrey C. Stewart (Hg.), *Paul Robeson. Artist and Citizen*, New Brunswick 1999, S. 217-233.

Lewis, David Levering, *W.E.B. Du Bois. Biography of a Race 1868-1919*, New York 1993.

Lewis, David Levering, *W.E.B. Du Bois. The Fight for Equality and the American Century 1919-1963*, New York 2001.

Lewis, David Levering/Michael H. Nash/Daniel J. Leab (Hg.), *Red Activists and Black Freedom. James and Esther Jackson and the Long Civil Rights Revolution*, New York 2010.

Lewis, George, »White South, Red Nation: Massive Resistance and the Cold War«, in: Clive Webb (Hg.), *Massive Resistance: Southern Opposition to the Second Reconstruction*, Oxford 2005, S. 117-135.

Lewy, Guenter, *The Cause That Failed: Communism in American Political Life*, New York 1997.

Lichtenstein, Nelson, *State of the Union. A Century of American Labor*, Princeton 2003.

Lindenberger, Thomas (Hg.), *Herrschaft und Eigen-Sinn in der Diktatur. Studien zur Gesellschaftsgeschichte der DDR*, Köln 1999.

Lindenberger, Thomas (Hg.), *Massenmedien im Kalten Krieg. Akteure, Bilder, Resonanz*, Köln 2006.

Lindenberger, Thomas, »Ist die DDR ausgeforscht? Phasen, Trends und ein optimistischer Ausblick«, in: *Aus Politik und Zeitgeschichte (APuZ). Beilage zur Wochenzeitung das Parlament*, 3. Juni 2014 (24-26/2014), S. 27-32.

Lindenberger, Thomas, *SED-Herrschaft als soziale Praxis, Herrschaft und »Eigen-Sinn«: Problemstellung und Begriffe*, Göttingen 2007.

Lindenberger, Thomas/Martin Sabrow (Hg.), *German Zeitgeschichte: Konturen eines Forschungsfeldes*, Göttingen 2016.

Lorenz, Sophie, »Heldin des anderen Amerikas«. Die DDR-Solidaritätsbewegung für Angela Davis, 1970-1973, in: *Zeithistorische Forschungen/Studies in Contemporary History*, Online-Ausgabe, 10 (2013), H. 1, URL: www.zeithistorische-forschungen.de/1-2013/id=4590 (zuletzt abgerufen: 01.02.2020), Druckausgabe: S. 38-60.

Lorenz, Sophie, »Konstruktionen einer Emotionskultur des Kalten Krieges. Das Beispiel der DDR-Solidaritätskampagne für Angela Davis, 1970-1972«, in: Eugster/Marti (Hg.), *Das Imaginäre des Kalten Krieges*, S. 213-239.

Lorenz, Sophie, *Zwischen Rassenkampf und Klassenkampf. Black Power, die studentische Protestbewegung und Black-Panther-Solidarität im Westdeutschland der 1960er und 1970er Jahre*, unveröffentlichte Magisterarbeit, Historisches Seminar Universität Heidelberg (vorgelegt am 15.01.2009).

Lorenzini, Sara, »East-South Relations in the 1970s and the GDR involvement in Africa. Between Bloc Loyalty and Self-Interest«, in: Max Guderzo/Bruna Bagnato (Hg.), *The Globalization of the Cold War. Diplomacy and Local Confrontation, 1975-85*, New York 2010, S. 104-116.

Lüdtke, Alf, »Lohn, Pausen, Neckereien. Eigensinn und Politik bei Fabrikarbeitern in Deutschland um 1900«, in: Alf Lüdtke (Hg.), *Eigen-Sinn. Fabrikalltag, Arbeitererfahrungen und Politik vom Kaiserreich bis in den Faschismus*, Hamburg 1993, S. 120-160.

Lüthi, Lorenz M., *The Sino-Soviet Split: Cold War in the Communist World*, Princeton 2008.

Lytle, Mark Hamilton, *America's Uncivil Wars. The Sixties Era from Elvis to the Fall of Richard Nixon*, New York 2006.

Maase, Kaspar, *BRAVO Amerika. Erkundungen zur Jugendkultur der Bundesrepublik in den fünfziger Jahren*, Hamburg 1992.

Mac Con Uladh, Damian, »Studium bei Freunden? Ausländische Studierende in der DDR bis 1970«, in: Christian Th. Müller/Patrice G. Poutrus (Hg.), *Ankunft, Alltag, Ausreise. Migration und interkulturelle Begegnung in der DDR-Gesellschaft*, Köln 2005, S. 175-220.

Mählert, Ulrich/Gerd-Rüdiger Stephan, *Blaue Hemden – Rote Fahnen. Die Geschichte der FDJ*, Opladen 1996.

Major, Patrick/Rana Mitter (Hg.), *Across the Blocks. Cold War Culture and Social History*, London 2004.

Makalani, Minkah, »Internationalizing the Third International. The African Blood Brotherhood, Asian Radicals, and Race, 1919-1922«, in: *Journal of African American History*, 96/2 (2011), S. 151-178.

Makalani, Minkah, *In the Cause of Freedom. Radical Black Internationalism from Harlem to London, 1917-1939*, Chapel Hill 2011.

Malycha, Andreas/Peter Jochen Winters, *Geschichte der SED. Von der Gründung bis zur Linkspartei*, Bonn 2009.

Marable, Manning, *Race, Reform and Rebellion. The Second Reconstruction in Black America, 1945-1990*, Jackson [2]1991.

Marable, Manning/Vanessa Agard-Jones, *Transnational Blackness. Navigating the Global Color Line*, New York 2008.

Marwick, Arthur, *The Sixties. Cultural Revolution in Britain, France, Italy, and the United States, 1958-1974*, New York 1998.

Mary Fulbrook, *Ein ganz normales Leben. Alltag und Gesellschaft in der DDR*, Darmstadt 2008.

Matusevich, Maxim (Hg.), *Africa in Russia, Russia in Africa. Three Centuries of Encounters*, Trenton 2007.

Matusevich, Maxim, »›Harlem Globe-Trotters‹: Black Sojourners in Stalin's Soviet Union«, in: Jeffrey O. G. Ogbar (Hg.), *The Harlem Renaissance Revisited. Politics, Arts, and Letters*, Baltimore 2010, S. 211-244.

Mausbach, Wilfried, »Erdachte Welten. Deutschland und der Westen in den 1950er Jahren«, in: Manfred Berg/Philipp Gassert (Hg.), *Deutschland und die USA in der Internationalen Geschichte des 20. Jahrhunderts*, Stuttgart 2004, S. 423-448.

Maxwell, William J., *New Negro, Old Left. African-American Writing and Communism Between the Wars*, New York 1999.

McCarthy, Timothy/John McMillian (Hg.), *The Radical Reader: A Documentary History of the American Radical Tradition*, New York 2003.

McCellan, Woodford, »Africans and Black Americans in the Comintern Schools, 1925-1934«, in: *International Journal for African American Historical Studies*, 26/2 (1993), S. 371-390.

McCellan, Woodford, »Black Hajj to ›Red Mecca‹«. Africans and Afro-Americans at KUTV, 1925-1938«, in: Maxim Matusevich (Hg.), *Africa in Russia, Russia in Africa. Three Centuries of Encounters*, Trenton 2007, S. 61-83.

McDuffie, Erik S., *Sojourning for Freedom. Black Women, American Communism, and the Making of Black Left Feminism*, Durham 2011.

McDuffie, Erik, »Esther V. Cooper's ›The Negro Woman Domestic Worker in Relation to Trade Unionism‹: Black Left Feminism and the Popular Front«, in: Lewis/Nash/Leab (Hg.), *Red Activists and Black Freedom*, S. 33-40.

McGirr, Lisa, »The Passion of Sacco and Vanzetti: A Global History«, in: *Journal of American History*, 93/4 (2007), S. 1085-1115.

McGuire, Danielle L., *At the Dark End of the Street: Black Women, Rape, and Resistance – A New History of the Civil Rights Movement from Rosa Parks to the Rise of Black Power*, New York 2010.

McNeil, Genna, »›Joanne Is You and Joanne is Me‹: A Consideration of African American Women and the ›Free Joan Little‹ Movement, 1974-75«, in: Bettye Collier-Thomas (Hg.), *Sisters in the Struggle. African American Women in the Civil Rights-Black Power Movement*, New York 2001, S. 259-279.

Menzel, Rebecca, *Jeans in der DDR. Vom tieferen Sinn einer Freizeithose*, Berlin 2004.

Mercer, Kobena, *Welcome to the Jungle: New Positions in Black Cultural Studies*, New York 1994.

Meriwether, James H., *Proudly We Can Be Africans. Black Americans and Africa, 1935-1961*, Chapel Hill 2002.

Metzler, Gabriele, »Konfrontation und Kommunikation. Demokratischer Staat und linke Gewalt in der Bundesrepublik und den USA in den 1970er Jahren«, in: *Vierteljahrshefte für Zeitgeschichte*, 2/2012, S. 248-277.

Meyen, Michael, *Hauptsache Unterhaltung. Mediennutzung und Medienbewertung in Deutschland in den 50er Jahren*, Münster 2001.

Meyen, Michael/Anke Fiedler, »Totalitäre Vernichtung der politischen Öffentlichkeit? Tageszeitungen und Kommunikationsstrukturen in der DDR«, in: Stefan Zahlmann (Hg.), *Wie im Westen, nur anders: Medien in der DDR*, Berlin 2010.

Meyer-Lenz, Johanna, »Angela Davis und Ulrike Meinhof. Ein biographischer Vergleich im Kontext unterschiedlicher Protestkulturen«, in: Karl Christian Führer/Karen Hagemann/Birthe Kundrus (Hg.) *Eliten im Wandel. Gesellschaftliche Führungsschichten im 19. und 20. Jahrhundert*, Münster 2004, S. 314-335.

Meyer-Lenz, Johanna/Nina Mackert, »Angela Davis. Zur Konstruktion einer afroamerikanischen Identität im Kontext der 68er-Bewegung«, in: Burghart Schmidt (Hg.), *Menschenrechte und Menschenbilder von der Antike bis zur Gegenwart*, Hamburg 2006, S. 255-276.

Miller, James A./Susan D. Pennybacker/Eve Rosenhaft, »Mother Ada Wright and the International Campaign to Free the Scottsboro Boys, 1931-1934«, in: *American Historical Review*, 106/2 (April 2001), S. 387-430.

Mooney, Jadwiga E. Pieper, »East Germany. Chilean Exile and the Politics of Solidarity in the Cold War«, in: Kim Christiaens/Idesbald Goddeeris/Magaly Rodriguez García (Hg.), *European Solidarity with Chile, 1970s-1980s*, Frankfurt a.M. 2014, S. 275-299.

Mükke, Lutz (Hg.), *Korrespondenten im Kalten Krieg. Zwischen Propaganda und Selbstbehauptung*, Köln 2014.

Müller, Christian Th./Patrice G. Poutrus (Hg.), *Ankunft, Alltag, Ausreise. Migration und interkulturelle Begegnungen in der DDR-Gesellschaft*, Berlin 2003

Müller, Tim B., *Krieger und Gelehrte. Herbert Marcuse und die Denksysteme im Kalten Krieg*, Hamburg 2010.

Münkler, Herfried, »Guerillakrieg und Terrorismus. Begriffliche Unklarheit mit politischen Folgen«, in: Wolfgang Kraushaar (Hg.), *Die RAF und der linke Terrorismus*, 2 Bde., Hamburg 2006, Bd. 1, S. 78-102.

Murrell, Gary‹ ›*The Most Dangerous Communist in the United States*‹. *A Biography of Herbert Aptheker*, Amherst 2015.

Muth, Ingrid, *Die DDR-Außenpolitik 1949-1972. Inhalte, Strukturen, Mechanismen*, Berlin 2000.

Nelson, Bruce, *Divided We Stand. American Workers and the Struggle for Black Equality*, Princeton 2001.

Nesbitt, Francis Njubi, *Race for Sanctions. African American Against Apartheid, 1946-1994*, Bloomington 2004.

Neumann, Peter, »Radikalisierung, Deradikalisierung und Extremismus«, in: *Aus Politik und Zeitgeschichte (APuZ). Beilage zur Wochenzeitung das Parlament*, 15. Juli 2013 (29-31/2013), S. 3-10.

Nollen, Scott Allen, *Paul Robeson: Film Pioneer*, Jefferson 2010.

O'Han, Nicholas, »The Little School That Could. Tough Economic Times Created the Rationale for One School«, in: *Independent School Magazine*, Summer 2009, URL: www.nais.org/Magazines-Newsletters/ISMagazine/Pages/The-Little-School-That-Could.aspx (zuletzt abgerufen: 01.02.2020).

O'Reilly, Kenneth, *Racial Matters. The FBI's Secret File on Black America 1960-1972*, New York 1989.

Oakes, Guy, *The Imaginary War. Civil Defense and American Cold War Culture*, New York 1994.

Ogbar, Jeffrey O. G., »Introduction«, in: Jeffrey O. G. Ogbar (Hg.), *The Harlem Renaissance Revisited. Politics, Arts, and Letters*, Baltimore 2010, S. 1-4.

Ogbar, Jeffrey O. G., *Black Power. Radical Politics and African American Identity*, Baltimore 2005.

Ohse, Marc-Dietrich, *Jugend nach dem Mauerbau. Anpassung. Protest. Eigensinn (DDR 1961-1974)*, Berlin 2003.

Olcott, Jocelyn, »Globalizing Sisterhood. International Women's Year and the Politics of Representation«, in: Niall Ferguson et al. (Hg.), *The Shock of the Global*, Cambridge 2010, S. 281-293.

Patel, Kiran Klaus (Hg.), *Nach der Nationalfixiertheit. Perspektiven einer transnationalen Geschichte*, Berlin 2004.

Pence, Katherine/Andrew Zimmerman, »Transnationalism«, in: *German Studies Review*, 35/3 (2012), S. 495-500.

Perkins, Margo V., *Autobiography as Activism. Three Black Women of the Sixties*, Jackson 2011.

Plamper, Jan, *Geschichte und Gefühle. Grundlagen der Emotionsgeschichte*, München 2012.

Plummer, Brenda Gayle (Hg.), *Window on Freedom: Race, Civil rights, and Foreign Affairs, 1945-1988*, Chapel Hill 2003.

Plummer, Brenda Gayle, *Rising Wind: Black Americans and US Foreign Affairs, 1935-1960*, Chapel Hill 1996.

Poiger, Uta G., *Jazz, Rock, and Rebels: Cold War Politics and American Culture in Divided Germany*, Berkeley 2000.

Port, Andrew, *Conflict and Stability in the German Democratic Republic*, Cambridge 2007.

Poutrus, Patrice G., »›Teure Genossen‹. Die ›Politischen Emigranten‹ als ›Fremde‹ im Alltag der DDR-Gesellschaft«, in: Christian Th. Müller/Patrice G. Poutrus (Hg.), *Ankunft, Alltag, Ausreise. Migration und interkulturelle Begegnungen in der DDR-Gesellschaft*, Berlin 2003, S. 221-266.

Poutrus, Patrice G., »An den Grenzen des proletarischen Internationalismus. Algerische Flüchtlinge in der DDR«, in: *Zeitschrift für Geschichtswissenschaft*, 2/2007, S. 162-178.

Poutrus, Patrice G., »Die DDR als Hort der internationalen Solidarität. Ausländer in der DDR«, in: Thomas Großbölting (Hg.), *Friedensstaat, Leseland, Sportnation. DDR-Legenden auf dem Prüfstand*, Bonn 2010, S. 134-154.

Poutrus, Patrice G./Jan C. Behrends/Dennis Kuck, »Fremd-Sein in der sozialistischen Diktatur. Zu historischen Ursachen von Fremdenfeindlichkeit und rassistischer Gewalt in den Neuen Bundesländern«, in: Susan Arndt (Hg.), *Afrikabilder. Studien zu Rassismus in Deutschland*, Münster 2001, S. 184-204.

Poutrus, Patrice G./Jan C. Behrends/Thomas Lindenberger (Hg.), *Fremde und Fremd-Sein in der DDR*, Berlin 2003.

Przybylski, Peter, *Tatort Politbüro. Die Akte Honecker*, Berlin 1991.

Pugach, Sara, »African Students and the Politics of Race and Gender in the German Democratic Republic«, in: Quinn Slobodian (Hg.), *Comrades of Color*, S. 131-156.

Rampersad, Arnold, *The Life of Langston Hughes, Vol. 1, 1920-1941, I, too, Sing America*, New York 1986.

Randolph, A. Phillip, »March on Washington Movement Presents Program for the Negro«, in: Rayford Whittingha Logan (Hg.), *What the Negro Wants*, Chapel Hill 1944.

Ransby, Barbara, *Eslanda: The Large and Unconventional Life of Mrs. Paul Robeson*, New Haven 2013.

Rauch, Elisabeth, *Sprachrituale in institutionellen und institutionalisierten Text- und Gesprächssorten*, Frankfurt a.M. 1992.

Rauhut, Michael, »The Voice of the Other America. African-American Music and Political Protest in the German Democratic Republic«, in: Timothy Scott Brown/Lorena Anton (Hg.), *Between the Avant-Garde and the Everyday. Subversive Politics in Europe from 1957 to the Present*, New York 2011, S. 92-108.

Rauhut, Michael, *Beat in der Grauzone. DDR-Rock 1964 bis 1972. Politik und Alltag*, Berlin 1993.

Rauhut, Michael, *Ein Klang – Zwei Welten. Blues im geteilten Deutschland, 1945 bis 1990*, Bielefeld 2016.

Reckwitz, Andreas, »Die Kontingenzperspektive der ›Kultur‹. Kulturbegriff, Kulturtheorien und das kulturwissenschaftliche Forschungsprogramm«, in: Friedrich Jaeger/Jörn Rüsen (Hg.), *Handbuch der Kulturwissenschaft*, Bd. 3, Stuttgart 2004, S. 1-20.

Rentola, Kimmo, »The Year 1968 and the Soviet Communist Party«, in: Katharina Fahlenbrach et al. (Hg.), *The Establishment Responds. Power, Politics, and Protest since 1945*, New York 2012, S. 139-156.

Rhodes, Jane, *Framing the Black Panther. The Spectacular Rise of a Black Power Icon*, New York 2007.

Richards, Johnetta, »Fundamentally Determined: James E. Jackson and Esther Cooper Jackson and the Southern Negro Youth Congress, 1937-1946«, in: *American Communist History*, 7/2 (2008), S. 191-202.

Richardson-Little, Ned, »Erkämpf das Menschenrecht. Sozialismus und Menschenrechte in der DDR«, in: Jan Eckel, Samuel Moyn (Hg.), *Moral für die Welt? Menschenrechtspolitik in den 1970er Jahren*, Göttingen 2012, S. 120-143.

Riffel, Andreas, »The Invisible Empire – der Ku Klux Klan von 1866-1871 als Geheimgesellschaft«, in: Frank Jacob (Hg.): *Geheimgesellschaften: Kulturhistorische Sozialstudien/Secret Societies: Comparative Studies in Culture, Society and History*, Würzburg 2013, S. 237-273.

Robb, David, »The GDR ›Singebewegung‹: Metamorphosis and Legacy«, in: *Monatshefte*, 92/2 (2000), S. 199-216.

Robeson, Paul Jr., *The Undiscovered Paul Robeson. Quest for Freedom 1939-1976*, Hoboken 2010.

Robinson, Cedric J., *Black Marxism. The Making of the Black Radical Tradition*, Chapel Hill 2000.

Rolf, Malte, »Die Feste der Macht und die Macht der Feste: Fest und Diktatur – zur Einleitung«, in: *Journal of Modern European History*, 4/1 (2006), S. 39-59.

Roman, Meredith L., *Opposing Jim Crow: African Americans and the Soviet Indictment of U.S. Racism, 1928-1937*, Lincoln 2012.

Roman, Meredith, »Racism in a ›Raceless‹ Society: The Soviet Press and Representations of American Racial Violence at Stalingrad in 1930«, in: *International Labor and Working-Class History*, 71 (Spring 2007), S. 185-203.

Rosenberg, Jonathan, »›Sounds Suspiciously like Miami‹. Narzism and the U.S. Civil Rights Movement, 1933-1941«, in: Frank Ninkovich/Liping Bu (Hg.), *The Cultural Turn*, Chicago 2001, S. 105-130.

Rosenberg, Jonathan, *How Far the Promised Land? World Affairs and the American Civil Rights Movement from the First World War to Vietnam*, Princeton 2006.

Rosenwein, Barbara, »Worrying about Emotions in History«, in: *American Historical Review*, 107/3 (2002), S. 821-845.

Rossow, Ina, »›Rote Ohren, roter Mohn, sommerheiße Diskussion.‹ Die X. Weltfestspiele der Jugend und Studenten 1973 als Möglichkeit vielfältiger Begegnungen«, in: Dokumentationszentrum Alltagskultur der DDR e.V. (Hg.), *Fortschritt, Norm und Eigensinn. Erkundungen im Alltag der DDR*, Berlin 1999, S. 251-275.

Rucht, Dieter/Friedhelm Neidhardt, »The Analysis of Social Movements. The State of Art and some Perspectives of further Research«, in: Dieter Rucht (Hg.), *Research on Social Movements. The State o Art in Western Europe and the United States*, Frankfurt 1991, S. 421-464.

Ruhl, Andreas, *Stalin-Kult und Rotes Woodstock. Die Weltjugendfestspiele 1951 und 1973 in Ostberlin*, Marburg 2009.

Ruppert, Wolfgang, »Zur Konsumwelt der 60er Jahre«, in: Axel Schildt/Detlef Siegfried/Karl Christian Lammers (Hg.), *Dynamische Zeiten. Die 60er Jahre in den beiden deutschen Gesellschaften*, Hamburg 2000, S. 752-767.

Rutter, Nick, »Look Left, Drive Right. Internationalism at the 1968 World Youth Festival«, in: Anne E. Gorsuch/Diane P. Koenker (Hg.), *The Socialist Sixties. Crossing Borders in the Second World*, Bloomington 2013.

Ryan, James G., *Earl Browder: The Failure of American Communism*, Tuscaloosa 1997.

Rytlewski, Ralf/Birgit Sauer/Ulrike Treziak, »Politische und soziale Rituale in der DDR«, in: *Politische Vierteljahresschrift*, Sonderheft Nr. 18 (1987), S. 247-257.

Sabrow, Martin, »Der führende Repräsentant. Erich Honecker in generationsbiographischer Perspektive«, in: *Zeithistorische Forschungen/Studies in Contemporary History*, Online-Ausgabe, 10 (2013), H. 1, URL: www.zeithistorische-forschungen.de/1-2013/id=4665, (zuletzt abgerufen: 01.02.2020), Druckausgabe: S. 61-88.

Sabrow, Martin, »Die NS-Vergangenheit in der geteilten deutschen Geschichtskultur«, in: Christoph Kleßmann/Peter Lautzas (Hg.), *Teilung und Integration. Die doppelte deutsche Nachkriegsgeschichte als wissenschaftliches und didaktisches Problem*, Schwalbach/Ts. 2006, S. 132-151.

Sabrow, Martin, »Kollektive Erinnerung und kollektiviertes Gedächtnis. Die Liebknecht-Luxemburg-Demonstrationen in der Gedenkkultur der DDR«, in: Alexander Escudier/Brigitte Sauzay/Rudolf von Thadden (Hg.), *Gedenken im Zwiespalt. Konfliktlinien europäischen Erinnerns*, Göttingen 2001, S. 117-138.

Sabrow, Martin, »Sozialismus als Sinnwelt. Diktatorische Herrschaft in kulturhistorischer Perspektive«, in: Martin Sabrow (Hg.), *Zeiträume. Potsdamer Almanach des Zentrums für Zeithistorische Forschung 2007*, Göttingen 2008, S. 164-181.

Satjukow, Silke/Rainer Gries (Hg.), *Sozialistische Helden. Eine Kulturgeschichte von Propagandafiguren in Osteuropa und der DDR*, Berlin 2002.

Satjukow, Silke/Rainer Gries (Hg.), *Unsere Feinde. Konstruktionen des Anderen im Sozialismus*, Leipzig 2004.

Satjukow, Silke/Rainer Gries, »Zur Konstruktion des ›sozialistischen Helden‹«. Geschichte und Bedeutung«, in: Silke Satjukow, Rainer Gries (Hg.), *Sozialistische Helden. Eine Kulturgeschichte von Propagandafiguren in Osteuropa und der DDR*, Berlin 2002, S. 15-34.

Sauer, Birgit, »Politische Inszenierung und Visualisierung von Macht«, in: Andreas Pribersky (Hg.), *Symbole und Rituale des Politischen. Ost- und Westeuropa im Vergleich*, Frankfurt a.M. 1999, S. 75-102.

Saunders, Frances Sonor, *The Cultural Cold War. The CIA and the World of Arts and Letters*, New York 2000.

Sawyer, Mark Q., »Cuban Revolution and African Diaspora«, in: Carole Boyce Davies (Hg.), *Encyclopedia of the African Diaspora. Origins, Experiences, and Culture*, Santa Barbara 2008, S. 347-348.

Schiller, Kay, »Communism, Youth and Sport. The 1973 World Youth Festival in East Berlin«, in: Alan Tomlinson/Christopher Young/Richard Holt (Hg.), *Sport and the Transformation of Modern Europe. States, Media and Markets, 1950-2010*, London 2010, S. 50-66.

Schmelz, Andrea, »Bildungsmigration und Interkulturalität: Ausländische Studierende aus afrikanischen und asiatischen Ländern in Ostdeutschland vor und nach 1989«, in: *Deutschland Archiv*, 38/1 (2005), S. 84-91.

Schmieding, Leonard, *»Das ist unsere Party«. HipHop in der DDR*, Stuttgart 2014.

Schneider, Kurt/Detlef Nakat, »Demokratischer Block, Nationale Front und die Rolle und Funktion der Blockparteien«, in: Gerd-Rüdiger Stephan et al. (Hg.), *Die Parteien und Organisationen der DDR. Ein Handbuch*, Berlin 2002.

Schnoor, Rainer, »Das gute und das schlechte Amerika: Wahrnehmungen der USA in der DDR«, in: Detlef Junker (Hg.), *Die USA und Deutschland im Zeitalter des Kalten Kriegs 1945-1990, Bd. 1: 1945-1968*, Stuttgart 2001, S. 932-943.

Schnoor, Rainer, »The Good and the Bad America«, in: Detlef Junker et al. (Hg.), *The United States and Germany in the Era of the Cold War, 1945-1990: A Handbook*, Bd. 2, New York 2004, S. 618-626.

Schröder, Carsten, »Hinter den Kulissen des X. Festivals«, in: bpb online, *Spezial Weltfestspiele 1973* (25.07.2003), URL: www.bpb.de/geschichte/deutsche-geschichte/weltfestspiele-73/65346/hinter-den-kulissen-des-x-festivals?p=all (zuletzt abgerufen: 01.02.2020).

Schroeder, Aribert, »Ollie Harrington. His Portrait Drawn on the Basis of East German (GDR) Secret Service Files«, in: Greene/Ortlepp (Hg.), *Germans and African Americans*, S. 185-200.

Schroer, Timothy L., *Recasting Race After World War II. Germans and African Americans in American-Occupied Germany*, Boulder 2007.

Schüle, Annegret, »›Proletarischer Internationalismus‹ oder ›ökonomischer Vorteil für die DDR‹?«, in: *Archiv für Sozialgeschichte*, 42 (2002), S. 191-210.

Schwenkel, Christina, »Rethinking Asian Mobilities. Socialist Migration and Post-Socialist Repatriation of Vietnamese Contract Workers in East Germany«, in: *Critical Asian Studies*, 42/2 (2014), S. 235-258.

Scott, William R., *The Sons of Sheba's Race. Afro-Americans and the Italo-Ethiopian War, 1935-1941*, Bloomington 1993.

Seidman, Sarah, »Tricontinental Routes of Solidarity. Stokely Carmichael in Cuba«, in: *Journal of Transnational American Studies*, 4/2 (2012), S. 1-25.

Shaw, Tony, *Hollywood's Cold War*, Edinburgh 2007.

Shaw, Tony/Denise Jeanne Youngblood, *Cinematic Cold War. The American and Soviet Struggle for Hearts and Minds*, Lawrence 2010.

Shelby, Tommie, *The Philosphical Foundation of Black Solidarity*, Cambridge 2005.

Siegfried, Detlef, »Pop und Politik«, in: Alexa Geisthövel/Bodo Mrozek (Hg.), *Popgeschichte. Bd. 1 Konzepte und Methode*, S. 33-56.

Siegfried, Detlef, »White Negroes. The Fascination of the Authentic in the West German Counterculture of the 1960s« in: Belinda Davis et al. (Hg.), *Changing the World, Changing Oneself: Political Protest and Collective Identities in West Germany and the U.S. in the 1060s and 1970s*, New York 2010, S. 191-215.

Siegfried, Detlef, *Time is on my Side. Konsum und Politik in der Westdeutschen Jugendkultur der 1960er Jahre*, Göttingen 2006.

Singh, Nikhil Pal, *Black Is a Country. Race and the Unfinished Struggle for Democracy*, Cambridge 2004.

Skyba, Peter, *Vom Hoffnungsträger zum Sicherheitsrisiko. Jugend in der DDR und Jugendpolitik der SED; 1949-1961*, Köln 2000.

Slobodian, Quinn (Hg.), *Comrades of Color. East Germany in the Cold War World*, New York 2015.

Slobodian, Quinn, »Bandung in Divided Germany. Managing Non-Aligned Politics in East and West, 1955-1963«, in: *The Journal of Imperial and Commonwealth History*, 41/4 (2013), S. 644-662.

Slobodian, Quinn, »Introduction«, in: Quinn Slobodian (Hg.), *Comrades of Color. East Germany in the Cold War World*, New York 2015, S. 1-22.

Slobodian, Quinn, »Socialist Chromatism. Race, Racism, and the Racial Rainbow in East Germany«, in: Quinn Slobodian (Hg.), *Comrades of Color. East Germany in the Cold War World*, New York 2015, S. 23-42.

Slobodian, Quinn, »What Does Democracy Look Like? (And Why Would Anyone Want to Buy It?) Third World Demands and West German Responses at 1960s World Youth Festivals« in: Annette Vowinckel, Marcus M. Payk, Thomas Lindenberger (Hg.), *Cold War Cultures. Perspectives on Eastern and Western European Societies*, New York 2012, S. 254-275.

Slobodian, Quinn, *Foreign Front. Third World Politics in Sixties West Germany*, Durham 2012.

Slutsky, Beth, *Gendering Radicalism. Women and Communism in Twentieth-Century California*, Lincoln 2015.

Smethurst, James, *The Black Arts Movement: Literary Nationalism in the 1960s and 1970s*, Chapel Hill 2005.

Solomon, Mark, *The Cry was Unity. Communists and African Americans, 1917-1936*, Jackson 1998.

Spencer, Robyn Ceanne, »Engendering the Black Freedom Struggle: Revolutionary Black Womanhood and the Black Panther Party in the Bay Area, California«, in: *Journal of Women's History*, 20/1 (2008), S. 99-113.

Spencer, Robyn Ceanne, »Merely One Link in the Worldwide Revolution. Internationalism, State Repression, and the Black Panther Party, 1966-1972«, in: Michael O. West et al. (Hg.), *From Toussaint to Tupac. The Black International since the Age of Revolution*, Chapel Hill 2009, S. 215-231.

Springer, Kimberly, *Living for the Revolution: Black Feminist Organizations, 1968-1980*, Durham 2005.

Staab, Andreas, *National Identity in Eastern Germany. Inner Unification or Continued Separation?*, London 1998.

Stearns, Peter N./Carol Z. Stearns, »Emotionology: Clarifying the History of Emotions and Emotional Standards«, in: *American Historical Review*, 90/4 (1985), S. 813-836.

Stein, Judith, *The World of Marcus Garvey. Race and Class in Modern Society*, Baton Rouge 1986.

Stjernø, Steinar, *Solidarity in Europe. The History of an Idea*, Cambridge 2005.

Stone-Richards, Michael, »Race, Marxism, and Colonial Experience: Du Bois and Fanon«, in: Shamoon Zamir (Hg.), *The Cambridge Companion to W.E.B. Du Bois*, Cambridge 2008, S. 145-161.

Storkmann, Klaus, *Geheime Solidarität. Militärbeziehungen und Militärhilfe der DDR in die ›Dritte Welt‹*, Berlin 2012.

Stovall, Tylor, *Paris Noir. African Americans in the City of Light*, Boston 1996.

Stöver, Bernd, *Der Kalte Krieg 1947-1991. Geschichte eines radikalen Zeitalters*, München 2007.

Stuber, Petra, *Spielräume und Grenzen. Studien zum DDR-Theater*, Berlin 1998.

Sullivan, Patricia, *Days of Hope. Race and Democracy in the New Deal Era*, Chapel Hill 1996.

Sullivan, Patricia, *Lift Every Voice. The NAACP and the Making of the Civil Rights Movement*, New York 2009.

Suri, Jeremi, *Power and Protest. Global Revolution and the Rise of Détente*, Cambridge MA, 2003.

Thelen, David, »The Nation and Beyond: Transnational Perspectives on United States History«, *Journal of American History*, 86/3 (1999), S. 965-975.

Tomlinson, Alan/Christopher Young/Richard Holt (Hg.), *Sport and the Transformation of Modern Europe. States, Media and Markets, 1950-2010*, London 2010.

Trappe, Heike, *Emanzipation oder Zwang? Frauen in der DDR zwischen Beruf, Familie und Sozialpolitik*, Berlin 1995.

Trotter Jr., Joe William, »From A Raw Deal to a New Deal, 1929-1945«, in: Robin D. G. Kelley/Earl Lewis (Hg.), *To Make Our World Anew, Vol. II, A History of African Americans from 1880*, Oxford 2005, S. 131-166.

Tschopp, Silvia Serena/Wolfgang E. J. Weber, *Grundfragen der Kulturgeschichte*, Darmstadt 2007.

Tuck, Stephen, »›We Are Taking Up Where the Movement of the 1960s Left Off‹: The Proliferation and Power of African American Protest during the 1970s«, in: *Journal of Contemporary History*, 43/4 (2008), S. 637-654.

Tuck, Stephen, »Introduction: Reconsidering the 1970s – The 1960s to a Disco Beat?«, in: *Journal of Contemporary History*, 43/4 (2008), S. 617-620.

Tuck, Stephen, *We Ain't What We Ought To Be. The Black Freeddom Struggle from Emancipation to Obama*, Cambridge 2010.

Turner, Joyce Moore, *Caribbean Crusaders and the Harlem Renaissance*, Chicago 2005.

Tyson, Timothy B., *Radio Free Dixie. Robert F. Williams and the Roots of Black Power*, Chapel Hill 1999.

Van Deburg, William L., *New Day in Babylon: Black Power and American Culture, 1965-1975*, Chicago 1992.

van der Heyden, Ulrich, *Kalter Krieg in Ostafrika. Die Beziehungen der DDR zu Sansibar und Tansania*, Münster 2009.

van der Heyden, Ulrich/Ilona Schleicher/Hans-Georg Schleicher (Hg.), *Die DDR und Afrika*, Münster 1993.

Varon, Jeremy, Bringing the War Home. The Weathermen Underground, the Red Army Faction, and Revolutionary Violence in the Sixties and Seventies, Berkeley 2004.

Varon, Jeremy/Michael Foley/John McMillian, »Time is an Ocean. The Past and Future of the Sixties«, in: *The Sixties*, 1/1 (2008), S. 1-7.

Vatlin, Alexander, »Zur Frage der ›Russifizierung‹ der Komintern«, in: Michael Buckmiller/Klaus Meschkat (Hg.), *Biographisches Handbuch zur Geschichte der Kommunistischen Internationale. Ein deutsch-russisches Forschungsprojekt*, Berlin 2007, S. 329-345.

Vatlin, Alexander, *Die Komintern. Gründung, Programmatik, Akteure*, Berlin 2009.

von Eschen, Penny, *Race against Empire. Black Americans and Anticolonialism, 1937-1957*, Ithaca 1997.

Vowinckel, Annette/Marcus M. Payk/Thomas Lindenberger (Hg.), *Cold War Cultures. Perspectives on Eastern and Western European Societies*, New York 2012.

Walter-Busch, Emil, *Geschichte der Frankfurter Schule: Kritische Theorie und Politik*, München 2010.

Ward, Stephen, »The Third World Women's Alliance. Black Feminist Radicalism and Black Power Politics«, in: Peniel E. Joseph (Hg.), *The Black Power Movement. Rethinking the Civil Rights – Black Power Era*, New York 2006, S. 119-144.

Weber, Max, *Gesammelte Aufsätze zur Religionssoziologie* [1920], Bd. 1, Tübingen [9]1988.

Weigand, Kate, *Red Feminism. American Communism and the Making of Women's Liberation*, Baltimore 2002.

Weis, Toni, »The Politics Machine. On the Concept of ›Solidarity‹ in East German Support for SWAPO«, in: *Journal of Southern African Studies*, 37/2 (2011), S. 351-367.

Weiss, Karin/Mike Dennis (Hg.), *Erfolg in der Nische? Die Vietnamesen in der DDR und in Ostdeutschland*, Münster 2005.

Weitbrecht, Dorothee, *Aufbruch in die Dritte Welt. Der Internationalismus der Studentenbewegung von 1968 in der Bundesrepublik Deutschland*, Göttingen 2012.

Welzer, Harald (Hg.), *Eine offene Geschichte. Zur kommunikativen Tradierung der nationalsozialistischen Vergangenheit*, Tübingen 1999.

Wemheuer, Felix, »Die westeuropäische Neue Linke und die chinesische Kulturrevolution«, in: *Aus Politik und Zeitgeschichte (APuZ). Beilage zur Wochenzeitung das Parlament*, 6. Juni 2016 (23/2016), S. 32-38.

Wendt, Simon, »The Black Power Mixtape 1967-1975. Dir. by Göran Hugo Olsson. Prod. by Annika Rogell, Joslyn Barnes, and Danny Glover. Louverture Films, 2011«, in: *Journal of American History*, 99/1 (2012), S. 380-382.

Wendt, Simon, »They Finally Found Out that We Really Are Men: Violence, Non-Violence and Black Manhood in the Civil Rights Era«, in: *Gender & History*, 19/3 (2007), S. 543-564.

Wendt, Simon, »Transnational Perspectives on the History of Race and Racism in North America«, in: *Amerikastudien*, 54/3 (2009), S. 473-498.

Wendt, Simon, »Transnationalizing American Studies: Historians‹ Perspectives« (with Heike Bungert), in: Birte Christ et al. (Hg.), *American Studies/Shifting Gears*, Heidelberg 2010, S. 89-116.

Wendt, Simon, *The Spirit and the Shotgun: Armed Resistance and the Struggle for Civil Rights*, Gainesville 2007.

Wentker, Hermann, *Außenpolitik in engen Grenzen. Die DDR im internationalen System, 1949-1989*, München 2007.

Werner, Kilian, *Die Hallstein-Doktrin. Der diplomatische Krieg zwischen der BRD und der DDR 1955-1973. Aus den Akten der beiden deutschen Außenministerien*, Berlin 2001.

Wesenberg, Denise, »Die X. Weltfestspiele der Jugend und Studenten 1973 in Ost-Berlin im Kontext der Systemkonkurrenz«, in: Michael Lemke (Hg.), *Konfrontation und Wettbewerb. Wissenschaft, Technik und Kultur im geteilten Berliner Alltag (1948-1973)*, Berlin 2008, S. 333-352.

Wesenberg, Denise, »X. Weltfestspiele der Jugend und Studenten 1973. Kosten und Nutzen eines »antiimperialistischen Festivals«, in: *Deutschland Archiv*, 36/4 (2003), S. 651-659.

Weßel, Daisy, *Bild und Gegenbild. Die USA in der Belletristik der SBZ und der DDR (bis 1987)*, Wiesbaden 1989.

West, Michael O. et al. (Hg.), *From Toussaint to Tupac. The Black International since the Age of Revolution*, Chapel Hill 2009.

Westad, Odd Arne, *The Global Cold War. Third World Interventions and the Making of Our Time*, Cambridge 2005.

Wierling, Dorothee, »Der Duft der Angela Davis. Politische Jugendkultur in der DDR der frühen 1970er Jahre«, in: Thomas Lindenberger/Martin Sabrow (Hg.), *German Zeitgeschichte: Konturen eines Forschungsfeldes*, Göttingen 2016, S. 265-281.

Wiggershaus, Rolf, *Die Frankfurter Schule – Geschichte – Theoretische Entwicklung – Politische Bedeutung*, München 1986.

Wildenburg, Dorothea, »Sartres Heiliges Monster«, in: *Aus Politik und Zeitgeschichte (APuZ). Beilage zur Wochenzeitung das Parlament*, 4. Oktober 2010 (40/2010), S. 19-25.

Williams, Rhonda Y., »Black Women and Black Power«, in: *OAH Magazine of History*, 22/3 (2008), S. 22-26.

Williams, Rhonda Y., *Concrete Demands. The Search for Black Power in the 20th Century*, New York 2015.

Williams, Rhonda Y., *The Politics of Public Housing: Black Women's Struggles against Urban Inequality*, New York 2004.

Williams, Yohuru, *Black Politics/White Power. Civil Rights, Black Power, and the Black Panthers in New Haven*, New York 2000.

Wolle, Stefan, *Der Traum von der Revolte. Die DDR 1968*, Bonn 2008.

Wolle, Stefan, *Die Heile Welt der Diktatur. Alltag und Herrschaft in der DDR 1971-1989*, Bonn 1998.

Woods, Jeff, *Black Struggle, Red Scare. Segregation and Anti-Communism in the South, 1948-1968*, Baton Rouge 2004.

Wurschi, Peter, *Rennsteigbeat. Jugendliche Subkulturen im Thüringer Raum 1952-1989*, Köln 2007.

Young, Cynthia A., *Soul Power. Culture, Radicalism, and the Making of a U.S. Third World Left*, Durham 2006.

Zahlmann, Stefan, »Medien in der DDR. Medienproduktion und Medienrezeption als kulturelle Praktik«, in: Stefan Zahlmann (Hg.), *Wie im Westen, nur anders*, Berlin 2010 S. 9-34.

Zilch, Dorle, »Die FDJ – Mitgliederzahlen und Strukturen«, in: Jugendwerk der Deutschen Shell (Hg.), *Jugend '92. Lebenslagen, Orientierungen und Entwicklungsperspektiven im vereinigten Deutschland. Band 3: Die neuen Länder: Rückblick und Perspektiven*, Wiesbaden 1992, S. 61-80.

Zilch, Dorle, *Millionen unter der blauen Fahne. Die FDJ – Zahlen, Fakten, Tendenzen 1946 bis 1989. Unter besonderer Berücksichtigung der Funktionäre und der Mädchenpolitik*, Berlin 2009.

Zinn, Howard, *A People's History of United States*, New York 2010.

Geschichtswissenschaft

Reinhard Bernbeck
Materielle Spuren des nationalsozialistischen Terrors
Zu einer Archäologie der Zeitgeschichte

2017, 520 S., kart., 33 SW-Abbildungen, 33 Farbabbildungen
39,99 € (DE), 978-3-8376-3967-4
E-Book: 39,99 € (DE), ISBN 978-3-8394-3967-8

Gertrude Cepl-Kaufmann
1919 – Zeit der Utopien
Zur Topographie eines deutschen Jahrhundertjahres

2018, 382 S., Hardcover, 39 SW-Abbildungen,
35 Farbabbildungen
39,99 € (DE), 978-3-8376-4654-2
E-Book: 39,99 € (DE), ISBN 978-3-8394-4654-6

Thomas Etzemüller (Hg.)
Der Auftritt
Performanz in der Wissenschaft

2019, 428 S., kart., 42 SW-Abbildungen, 44 Farbabbildungen
44,99 € (DE), 978-3-8376-4659-7
E-Book: 44,99 € (DE), ISBN 978-3-8394-4659-1

Leseproben, weitere Informationen und Bestellmöglichkeiten finden Sie unter www.transcript-verlag.de